计算机辅助设计
——AutoCAD 2014(中文版)
通用教程

理论介绍篇

主 编 吕 晖

河南大学出版社
·郑州·

图书在版编目(CIP)数据

计算机辅助设计:AutoCAD2014(中文版)通用教程／吕晖主编.—郑州:河南大学出版社,2018.1(2019.1重印)

ISBN 978-7-5649-3205-3

Ⅰ.①计… Ⅱ.①吕… Ⅲ.①AutoCAD 软件—教材 Ⅳ.①TP391.72

中国版本图书馆 CIP 数据核字(2018)第 006555 号

责任编辑	阮林要　朱春华
责任校对	郑　鑫
助理校对	李亚涛
封面设计	郭　灿

出版发行　河南大学出版社
　　　　　地址:郑州市郑东新区商务外环中华大厦 2401 号　邮编:450046
　　　　　电话:0371-86059712(高等教育与职业教育出版分社)
　　　　　　　　0371-86059713(营销部)　　　　　网址:www.hupress.com

排　版	河南宏运蓝图文化传媒有限公司			
印　刷	新乡市豫北印务有限公司			
版　次	2018 年 2 月第 1 版		印　次	2019 年 1 月第 2 次印刷
开　本	787mm×1092mm　1/16		印　张	28
字　数	664 千字		定　价	60.00 元(全 2 册)

(本书如有印装质量问题,请与河南大学出版社营销部联系调换)

序

  德是育人的灵魂统帅,是一个国家道德文明发展的显现。坚持"育人为本、德育为先"的育人理念,把"立德树人"作为教育的根本任务,为郑州工商学院校本教材建设指引方向。

  立德树人,德育为先。教材编写应着眼于促进学生全面发展,创新德育形式,丰富德育内容,将习近平新时代中国特色社会主义思想渗透至教材各个章节中,引导广大学生努力成为有理想、有本领、有担当的人才,使他们真正做到像习近平总书记在十九大报告中要求的"坚定理想信念,志存高远,脚踏实地,勇于做时代的弄潮儿"。

  立德为先,树人为本。要培养学生的创新创业能力,强化创新创业教育。要以培养学生创新精神、创业意识与创业能力为核心,以培养学生的首创与冒险精神、创业能力和独立开展工作等能力的提升为教育指向,改革教育内容和教学方法,突出学生的主体地位,注重学生个性化发展,强化创新创业教育与素质教育的充分融合,把创新创业作为重要元素融入素质教育。

  郑州工商学院校本教材注重引导学生积极参与教学活动过程,突破教材建设过程中过分强调知识系统性的思路,把握好教材内容的知识点、能力点和学生毕业后的岗位特点。编写以必需和够用为度,适应学生的知识基础和认知规律,深入浅出,理论联系实际,注重结合基础知识、基本训练以及实验实训等实践活动,培养学生分析、解决实际问题的能力和提高实践技能,突出技能培养目标。

前　言

在众多计算机辅助设计软件中,美国 Autodesk 公司开发的 AutoCAD 软件是一款大众化的通用图形设计软件,因为其具有简便的操作方法和强大的制图功能,所以一直以来是广大辅助设计和制图人员的首选软件。考虑到 AutoCAD 软件更新换代飞速,几乎每年都有新版本出现,本教材在软件版本上采用最新版 AutoCAD 2014(中文版)进行讲解。

本教材属于系列教材,分为上下两册。采用"由浅入深、由易到难、循序渐渐"的方法,通过"基本理论介绍+专业应用实战练习"的模式进行编写。具体包括两大模块:理论模块+专业应用实战模块。

上册为"理论介绍模块",分别从二维和三维的角度介绍了 AutoCAD 2014 的基本界面与绘图设置。在二维绘图内容中,介绍了二维图形的基本绘制与基本编辑功能,以及如何组合与引用图形资源、如何进行工程图形的尺寸标注及文字与表格的创建等。在三维绘图内容中,具体介绍了三维绘图基础与三维图形绘制与编辑的基本过程。最后介绍了图形输出打印的基本知识。

下册为"专业应用模块",分别介绍了测绘工程、土木工程、机械工程等专业的绘图基础与实例。其中在测绘工程专业中分别从 AutoCAD 2014 的角度,以及在 CAD 基础上通过二次开发产生的测绘工程专业绘图软件 CASS9.0 的角度两方面进行工程实例介绍,使读者由浅入深了解到测绘图纸的绘图方法与技巧。在土木工程专业中分别从 AutoCAD 2014 的角度,以及在 CAD 基础上通过二次开发产生的绘图软件天正建筑 T20 软件以及 BIM 建模介绍等三方面进行土木工程实例介绍,使读者由浅入深了解到土木工程大类专业图纸的绘图方法与技巧。在机械图中分别讲解了机械零件图的绘制基础与机械制图环境设置及常用机械零件的绘制等。

本系列教材适用于初次接触 AutoCAD 软件的大中专院校的学生或者应用该类绘图软件的自学者,以及经常使用该类软件的绘图工程师。

作为一套计算机辅助设计通用系列教程,为了适应不同理工类专业的使用,教学编写团队进行了人力资源的优化组合,尽量使各位编者尽其所能,发挥专业优势。其中主编吕晖老师有着多年的测绘工程制图及一线教学经验,对 CAD 命令"如数家珍",自创"命令记忆"教学法,通过对 CAD 各个命令的快捷键分析讲解的方式,使学生能够课堂记忆各种绘图快捷命令,提高学生计算机绘图效率,深受学生喜欢。参编人员郭雪白老师有着丰富的 CAD 教学经验,在三维制图方面尤其突出;曹鸿老师参加过全图第二次土地调查工作,农经权确权工作等相关测绘类项目,在CASS制图方面有深入研究;石磊老师有着丰富的建筑工程识图与制图经验,指导过多届的土木工程专业本科生毕业设计的工作,制图规范美观;王修贵老师常年从事CAD制图教学,同时是国家一级注册建造师,天正制图软件实战经验丰富;郭正阳老师多次带领学生进行车辆工程专业的实验实训,对于机械图纸的制作规范、制图方法技术娴熟;董浩工程师在通信工程传输部门长期从事一线CAD制图工作,制图效率高,经验丰富。

基于此,本系列教材具体章节分配如下:上册第1章、第2章由河南机电职业学院郭正阳编写,第3章、第4章、第5章由郑州工商学院吕晖编写,第7章、第8章、第9章由郑州工商学院郭雪白编写,第6章、第10章及附录由中国通信建设集团设计院有限公司董浩编写;下册第11章、第12章由郑州工商学院曹鸿编写,第13章由郑州工商学院石磊编写,第14章由郑州工商学院王修贵编写,第15章由河南机电职业学院郭正阳编写。本教材由吕晖统稿。

本系列教材在编写过程中参考了大量的同类CAD教材、相关论文、制图规范与标准等,在此,对本系列教材所引用资料的单位和个人表示由衷的感谢。由于新技术、新产品的不断升级和发展,加上编者水平有限,书中缺点和谬论难免,敬请各位读者批评指正。

编者

2017年12月

目　　录

第 1 章　AutoCAD 2014 基础知识 ... 1
  1.1　认识 AutoCAD 2014 ... 1
  1.2　AutoCAD 2014 启动与退出 ... 5
  1.3　AutoCAD 2014 工作界面 ... 9
  1.4　AutoCAD 2014 文件的创建与保存 ... 17
  1.5　视图管理 ... 19
  小结 ... 25
  习题 ... 26

第 2 章　AutoCAD 2014 绘图设置 ... 27
  2.1　绘图环境设置 ... 27
  2.2　坐标系 ... 30
  2.3　基本输入操作 ... 31
  2.4　图形资源的规划与管理——图层 ... 34
  2.5　精确绘图的辅助工具——草图设置 ... 45
  小结 ... 52
  习题 ... 52

第 3 章　二维图形的基本绘制方法 ... 54
  3.1　绘制不同的线性符号 ... 54
  3.2　绘制不同的点状符号 ... 59
  3.3　绘制不同的多边形符号 ... 62
  3.4　绘制不同的弧度符号 ... 65
  3.5　绘制面域符号 ... 71
  3.6　绘制图案填充符号 ... 74
  小结 ... 75
  习题 ... 75

第4章 二维图形的基本编辑功能 ... 76
- 4.1 常用对象选择方式 ... 76
- 4.2 对象位置改变方式 ... 78
- 4.3 对象修改方式 ... 80
- 4.4 对象复制方式 ... 90
- 4.5 夹点编辑对象方式 ... 102
- 小结 ... 106
- 习题 ... 107

第5章 组合与引用图形资源方式 ... 108
- 5.1 组合图块方式 ... 108
- 5.2 引用与嵌套图块方式 ... 111
- 5.3 块编辑器 ... 112
- 5.4 动态块使用方式 ... 114
- 5.5 属性定义与编辑方式 ... 115
- 5.6 块属性管理器的使用方式 ... 118
- 小结 ... 119
- 习题 ... 119

第6章 图形尺寸标注简介 ... 120
- 6.1 尺寸标注样式简介 ... 120
- 6.2 尺寸标注简介 ... 126
- 6.3 尺寸标注编辑简介 ... 131
- 小结 ... 135
- 习题 ... 135

第7章 文字与表格 ... 137
- 7.1 文字 ... 137
- 7.2 引线文字 ... 145
- 7.3 表格 ... 146
- 小结 ... 151
- 习题 ... 151

第8章 三维建模基础 ... 152
- 8.1 三维建模工作空间 ... 152
- 8.2 三维模型简介 ... 153
- 8.3 三维对象的观察方式 ... 154
- 8.4 三维对象的显示 ... 162

8.5 三维空间坐标系 …………………………………………………………… 171
小结 ………………………………………………………………………… 176
习题 ………………………………………………………………………… 176

第9章 三维图形对象绘制与编辑基础 …………………………………… 178
9.1 三维图形对象绘制 ……………………………………………………… 178
9.2 三维模型编辑基础 ……………………………………………………… 205
小结 ………………………………………………………………………… 227
习题 ………………………………………………………………………… 228

第10章 图形输出与打印 …………………………………………………… 230
10.1 图形的输入与输出 …………………………………………………… 230
10.2 图形的打印 …………………………………………………………… 230
小结 ………………………………………………………………………… 245
习题 ………………………………………………………………………… 245

第 1 章 AutoCAD 2014 基础知识

1.1 认识 AutoCAD 2014

1.1.1 AutoCAD 2014 基本概念

AutoCAD 是计算机辅助设计软件之一,是由美国 Autodesk 公司为计算机上应用 CAD 技术而开发的绘图程序软件包,它能快速而又准确地绘制各种各样的图形。AutoCAD 2014 中"Auto"是英语 Automation 单词的词头,意思是"自动化";"CAD"是英语 Computer -Aided-Design 的缩写,意思是"计算机辅助设计";而"2014"则表示 AutoCAD 软件的版本号。

AutoCAD 是一款集多种功能于一体的高精度计算机辅助设计软件,具有功能强大、易于掌握、使用方便等特点,不仅在机械、建筑、服装和电子等设计领域得到了广泛的应用,而且在地理、气象、航天、造船等行业特殊图形的绘制,甚至乐谱绘制、灯光和广告设计等领域也得到了多方面的应用,是当今世界上最畅销的计算机辅助绘图软件之一。

1.1.2 AutoCAD 2014 配置需求

AutoCAD 具有广泛的适应性,可以在各种操作系统支持的微型计算机和工作站上运行,本节主要介绍 AutoCAD 2014 软件的配置需求。

1.32 位操作系统的配置需求

针对 32 位的 Windows 操作系统而言,其硬件和软件的最低配置需求如下:

(1)操作系统

以下操作系统的 Service Pack 3(SP3)或更高版本。

Microsoft Windows XP Professional。

Windows XP Home。

其他操作系统。

Mircosoft Windows 7 Enterprise。

Mircosoft Windows 7 Ultimate。

Mircosoft Windows 7 Professional。

Mircosoft Windows 7 Home Premium。

（2）Web 浏览器

Internet Explorer 7.0 或更高版本。

（3）处理器

➢ 对于 Windows XP 系统而言，需要使用 Intel Pentium 4 或 AMD Athlon 双核处理器，1.6GHz 或更高，采用 SSE2 技术。

➢ 对于 Windows 7 系统而言，需要使用 Intel Pentium 4 或 AMD Athlon 双核，3.0GHz 或更高，采用 SSE2 技术。

（4）内存

无论是在哪种操作系统下，至少需要 2GB RAM，建议使用 4GB 内存。

（5）显示分辨率

1024×768 真彩色，建议使用 1600×1050 或更高。

（6）硬盘

6GB 的安装空间。不能在 64 位 Windows 操作系统上安装 32 位的 AutoCAD，反之亦然。

（7）定点设备

MS-Mouse 兼容。

（8）.NET Framework

.NET Framework4.0 版本或更新。

（9）3D 建模其他要求

➢ Intel Pentium 4 或 AMD Athlon 处理器，3.0GHz 或更高；Intel 或 AMD Dual/Core 处理器，2.0GHz 或更高。

➢ 4GB RAM 或更大。

➢ 6GB 可用硬盘空间（不包括安装需要的空间）。

➢ 1280×1024 真彩色视频显示适配器，具有 128MB 或更大显存，采用 Pixel Shader 3.0 或更高版本，且支持 Direct3D 功能的工作站级图形卡。

2. 64 位操作系统的配置需求

在安装 AutoCAD 2014 的过程中，会自动检测 Windows 操作系统是 32 位还是 64 位版本，然后安装适当版本的 AutoCAD。而针对 64 位的操作系统而言，其硬件和软件的最低配置需求如下：

（1）操作系统

Microsoft Windows XP Professional Service Pack 2（SP2）或更高版本。

其他操作系统。

Mircosoft Windows 7 Enterprise。

Mircosoft Windows 7 Ultimate。

Mircosoft Windows 7 Professional。

Mircosoft Windows 7 Home Premium。

(2)Web 浏览器

Internet Explorer 7.0 或更高版本。

③处理器

- AMD Athlon 64 处理器,采用 SSE2 技术。
- AMD Opteron,采用 SSE2 技术。
- Intel Xeon,具有 Intel EM64T 支持并采用 SSE2 技术。
- Intel Pentium 4,具有 Intel EM64T 支持并采用 SSE2 技术。

④内存

无论是在哪种操作系统下,至少需要 2GB RAM,建议使用 4GB 内存。

(5)显示分辨率

1024×768 真彩色,建议使用 1600×1050 或更高。

(6)硬盘

6GB 的安装空间。

(7)定点设备

MS-Mouse 兼容。

(8).NET Framework

.NET Framework4.0 版本或更新。

(9)3D 建模其他要求

- Intel Pentium 4 或 AMD Athlon 处理器,3.0GHz 或更高;Intel 或 AMD Dual/ Core 处理器,2.0GHz 或更高。
- 4GB RAM 或更大。
- 6GB 可用硬盘空间(不包括安装需要的空间)。
- 1280×1024 真彩色视频显示适配器,具有 128MB 或更大显存,采用 Pixel Shader 3.0 或更高版本,且支持 Direct3D 功能的工作站级图形卡。

1.1.3 AutoCAD 2014 下载与安装

在官网 https://www.autodesk.com.cn/products/autocad/overview 下载 AutoCAD 2014 简体中文安装版文件,然后按照以下步骤进行安装:

①首先查看操作系统的版本,若是 64 位操作系统则下载 64 位的,反之则下载 32 位的。

②点击安装程序,解压到默认路径即可,如图 1-1 所示。

图 1-1 解压

③点击安装本地电脑,如图1-2所示。

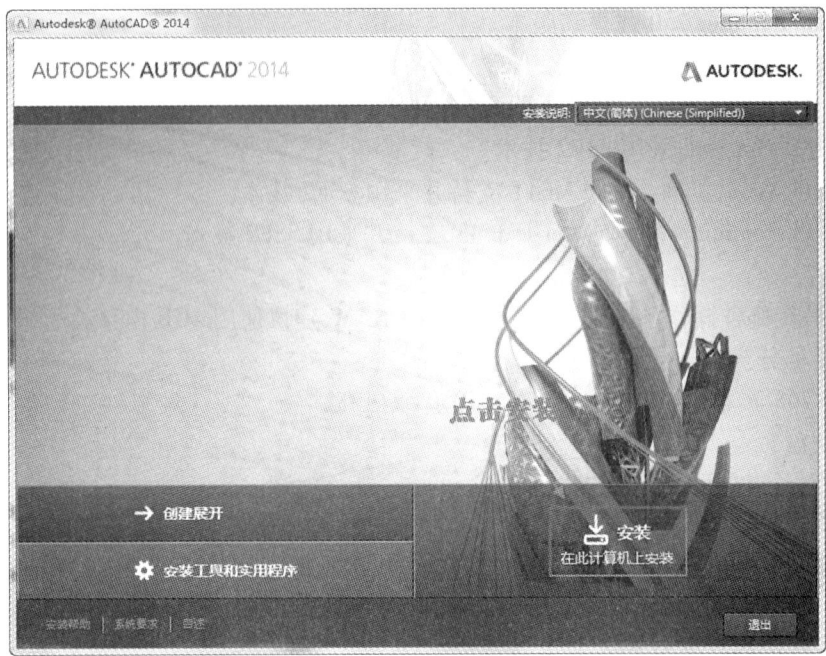

图1-2 安装

④待出现序列号时,请输入购买的序列号,如图1-3所示。

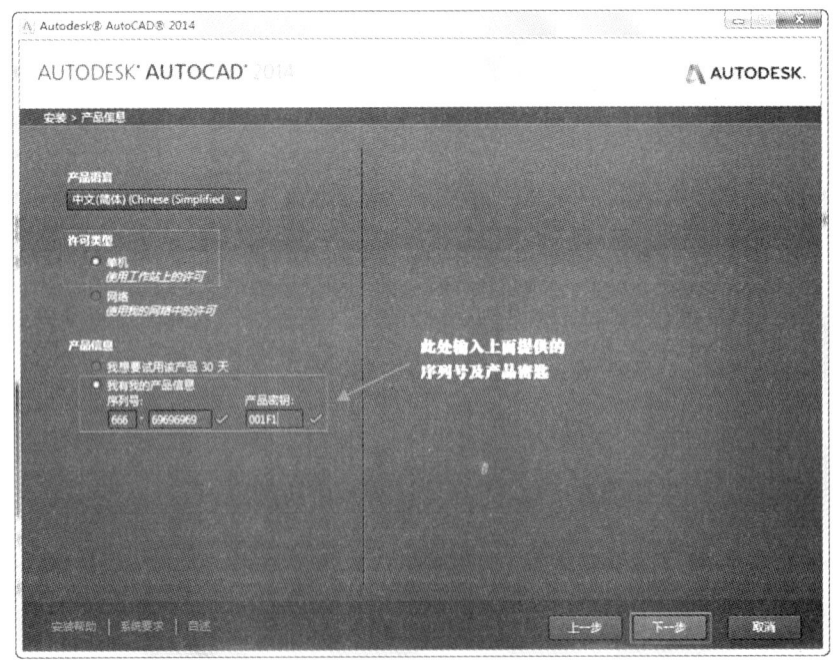

图1-3 输入序列号

⑤自定义安装路径并选择配置文件,如图1-4所示。

注意:安装配置文件保持默认即可,不要更改,安装路径则可自行选择。

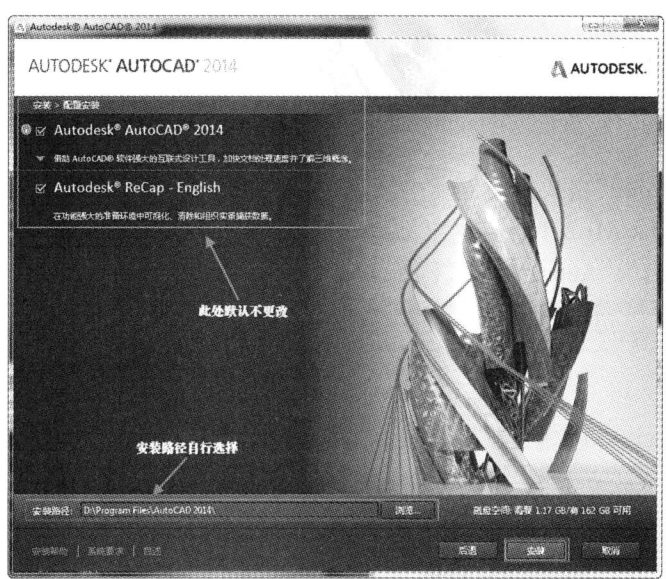

图 1-4　选择安装路径

⑥开始安装 AutoCAD 2014,注意这一步的安装时间较长,如图 1-5 所示。

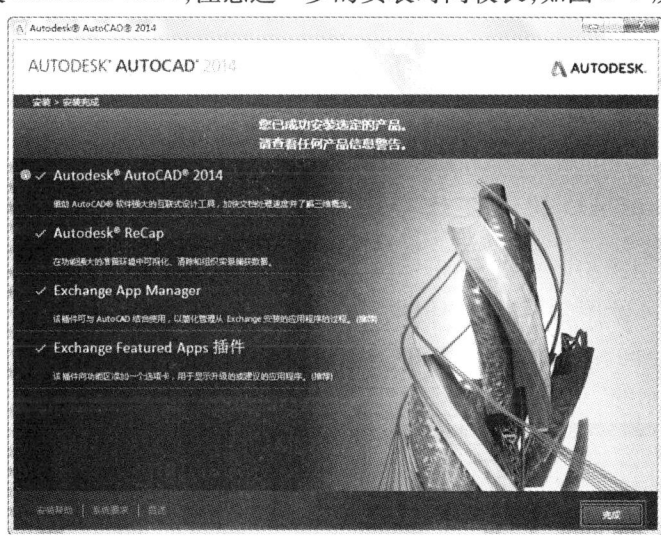

图 1-5　安装完成

1.2　AutoCAD 2014 启动与退出

本节主要学习 AutoCAD 2014 绘图软件的启动方式、工作空间的切换以及退出方式等技能。

1.2.1　AutoCAD 2014 启动方式

当成功安装 AutoCAD 2014 绘图软件之后,通过以下几种方式可以启动 AutoCAD 2014 软件。

➢ 双击桌面上的软件图标 。

➢ 单击桌面任务栏"开始"→"所有程序"→"Autodesk"→"AutoCAD 2014"中的选项。

➢ 双击"*.dwg"格式的文件。

启动软件 AutoCAD 2014 绘图软件之后,即可进入如图 1-6 所示的经典工作界面,同时自动打开一个名为"AutoCAD 2014 Drawing1.dwg"的默认绘图文件。

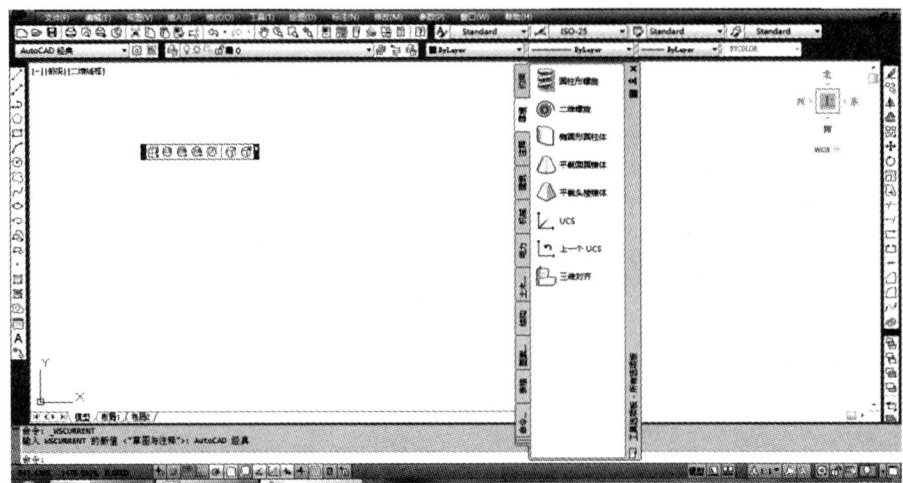

图 1-6　AutoCAD 2014 经典工作界面

1.2.2　AutoCAD 2014 工作空间

1. 认识 AutoCAD 2014 工作空间

AutoCAD 2014 绘图软件为用户提供了多种工作空间,如图 1-6 所示的界面为"Auto-CAD 经典"工作空间,如果用户为 AutoCAD 初始用户,那么启动 AutoCAD 2014 后,则会进入如图 1-7 所示的"草图与注释"工作空间。

图 1-7　AutoCAD 2014 草图与注释工作空间

除了"AutoCAD 经典"和"草图与注释"两种工作空间外，AutoCAD 2014 软件还为用户提供了"三维基础"和"三维建模"两种工作空间，其中"三维基础"工作空间如图 1-8 所示，这种空间在三维基础制图方面比较方便。

图 1-8　三维基础工作空间

"三维建模"工作空间如图 1-9 所示，在此工作空间内可以非常方便地访问新的三维功能，而且新窗口中的绘图区可以显示出渐变背景色、地平面或工作平面（UCS 的 XY 平面）以及新的矩形栅格，这将增强三维效果和三维模型的构造。

图 1-9　三维建模工作空间

2. AutoCAD 2014 工作空间的切换

AutoCAD 2014 软件为用户提供了多种工作空间，用户可以根据自己的作图习惯和需要选择相应的工作空间。工作空间的相互切换方式具体有以下几种。

单击标题栏上的 AutoCAD 经典 按钮，在展开的按钮菜单中选择相应的工作空间，如图 1-10 所示。

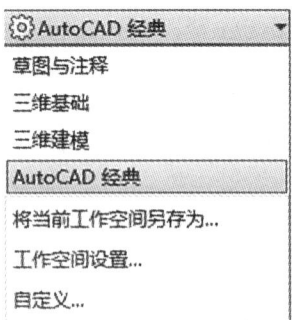

图 1-10 "工作空间"按钮菜单

单击"工具"菜单中的"工作空间"下一级菜单选项,如图 1-11 所示。

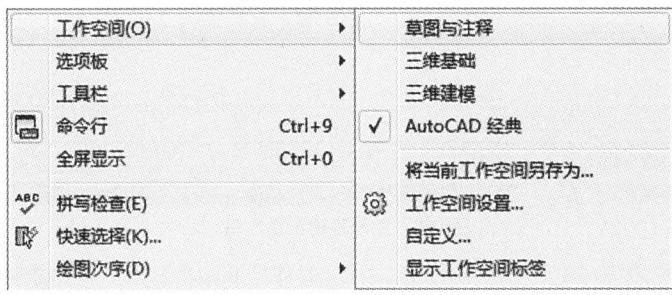

图 1-11 "工作空间"级联菜单

展开"工作空间"工具栏上的"工作空间控制"下拉列表,从中选择所需的工作空间,如图 1-12 所示。

单击状态栏上的  按钮,从弹出的按钮菜单中选择所需的工作空间,如图 1-13 所示。

图 1-12 "工作空间控制"下拉列表

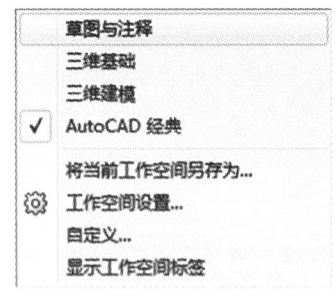

图 1-13 按钮菜单

提示:无论选择何种工作空间,用户都可以在日后对其进行更改,也可以自定义保存在自己的工作空间。

1.2.3 AutoCAD 2014 退出方式

当退出 AutoCAD 2014 软件时,首先要退出当前的 AutoCAD 文件,如果当前文件已经保存,那么用户可以使用以下几种方式退出 AutoCAD 绘图软件。

> 单击 AutoCAD 2014 标题栏控制按钮 ⬚ ⊠ 。
> 按组合键 Alt+F4。
> 执行菜单中的"文件"→"退出"命令。
> 在命令行中输入 Quit 或 Exit 后按 Enter 键。
> 展开应用程序菜单,单击 退出 AutoCAD 按钮。

在退出 AutoCAD 2014 软件之前,如果没有将当前的 AutoCAD 绘图文件保存,那么系统将会弹出如图 1-14 所示的提示对话框,单击"是(Y)"按钮,将弹出"图形另存为"对话框,用于对图形进行命名保存;单击"否(N)"按钮,系统将放弃保存并退出 AutoCAD 2014;单击"取消"按钮,系统将取消执行的退出命令。

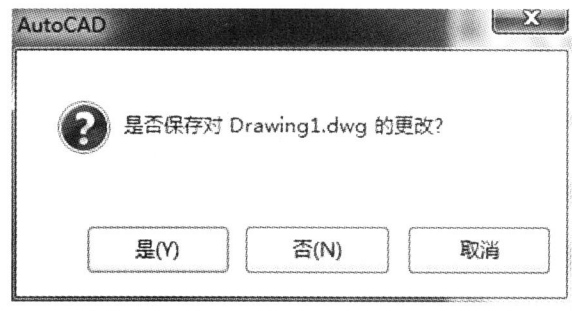

图 1-14 AutoCAD 提示框

1.3 AutoCAD 2014 工作界面

AutoCAD 2014 具有良好的用户界面,从图 1-6 和 1-7 所示的工作界面中可以看出,AutoCAD 2014 的界面主要包括标题栏、菜单栏、工具栏、绘图窗口、命令行、状态栏、功能区等,本节将简单讲述各组成部分的功能及相关的操作。

1.3.1 标题栏

标题栏位于 AutoCAD 2014 工作界面的最顶部,包括"快速访问"工具栏、工作空间、程序名称显示区、信息中心和窗口控制按钮等内容。

> "快速访问"工具栏:通过此工具栏不但可以快速访问某些命令,还可以在工具栏上添加、删除常用命令按钮,控制菜单栏的显示以及各工具的开关状态等。
> 工作空间:单击按钮,可以在多种工作空间之间进行切换。
> 程序名称显示区:主要用于显示当前正在运行的程序名和当前被激活的图形文件名称。
> 信息中心:可以快速获取所需信息、搜索所需资源等。
> 窗口控制按钮:位于标题栏最右端,主要有"最小化""恢复""最大化""关闭",分别用于控制 AutoCAD 窗口的大小和关闭。

1.3.2 菜单栏

菜单栏位于标题栏的下面,如图1-15所示,AutoCAD的常用制图工具和管理编辑等工具都分门别类地排列在这些菜单中,在主菜单项上单击鼠标左键,即可展开此主菜单,然后将光标移至所需命令选项上单击鼠标左键,即可激活该命令。

文件(F) 编辑(E) 视图(V) 插入(I) 格式(O) 工具(T) 绘图(D) 标注(N) 修改(M) 参数(P) 窗口(W) 帮助(H)

图1-15 菜单栏

AutoCAD共为用户提供了"文件""编辑""视图""插入""格式""工具""绘图""标注""修改""参数""窗口"和"帮助"等12个主菜单。各菜单的主要功能如下:

- ➢ 文件:用于对图形文件进行设置、保存、清理、打印以及发布等。
- ➢ 编辑:用于对图形进行一些常规编辑,包括复制、粘贴、链接等。
- ➢ 视图:用于调整和管理视图,以方便视图内图形的显示,便于查看和修改图形。
- ➢ 插入:用于向当前文件中引用外部资源,如块、参照、图像、布局以及超链接等。
- ➢ 格式:用于设置与绘图环境有关的参数和样式等,如绘图单位、颜色、线型以及文字、尺寸样式等。
- ➢ 工具:为用户设置了一些辅助工具和常规的资源组织管理工具。
- ➢ 绘图:是一个二维和三维图元的绘制菜单,几乎所有的绘图和建模工具都组织在此菜单内。
- ➢ 标注:是一个专用于为图形标注尺寸的菜单,包含了所有与尺寸标注相关的工具。
- ➢ 修改:用于对图形进行修整、编辑、细化和完善。
- ➢ 参数:用于为图形添加几何约束和标注约束等。
- ➢ 窗口:用于控制AutoCAD多文档的排列方式以及AutoCAD界面元素的锁定状态。
- ➢ 帮助:用于为用户提供一些帮助性的信息。

菜单栏左边是"菜单浏览器"图标,最右边是AutoCAD文件的窗口控制按钮,包括"最小化""还原""最大化""关闭",用于控制AutoCAD图形文件的显示和关闭。

1.3.3 工具栏

工具栏位于绘图窗口的两侧和上侧,将光标移至工具栏按钮上单击鼠标左键,即可快速激活该命令。在默认设置下,AutoCAD 2014共为用户提供了52种工具栏,如图1-16所示。在任意工具栏上单击鼠标右键,即可打开此菜单;在需要打开的选项上单击,即可打开相应的工具栏;将打开的工具栏拖到绘图窗口任一侧,释放鼠标左键可将其固定;相反,也可以将固定工具栏拖至绘图窗口,灵活控制工具栏的开关状态。

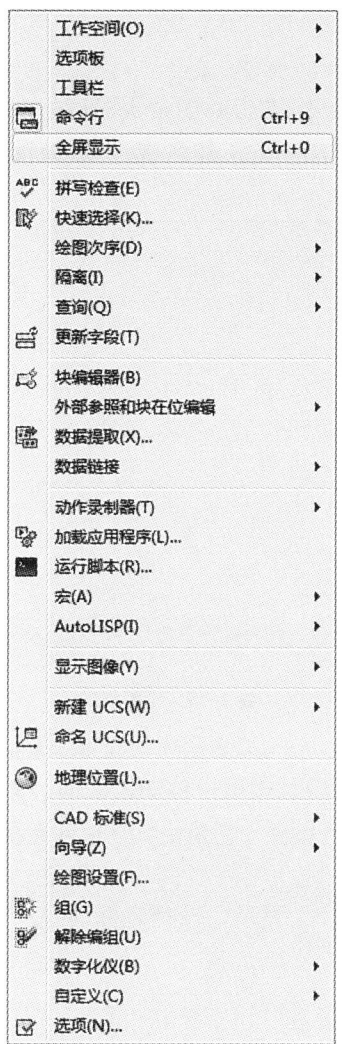

图 1-16　工具栏菜单

在工具栏右键菜单上选择"锁定位置"→"固定的工具栏/面板"命令，可以将绘图窗口四侧的工具栏固定，如图 1-17 所示，工具栏一旦固定后，是不可以被拖动的。另外，用户可以单击状态栏上的 按钮，从弹出的按钮菜单中控制工具栏和窗口的固定状态，如图 1-18 所示。

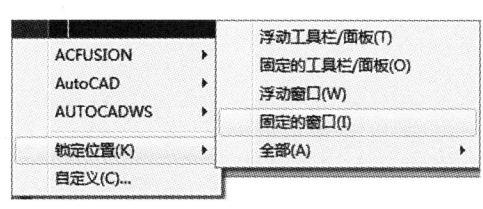

图 1-17　固定工具栏

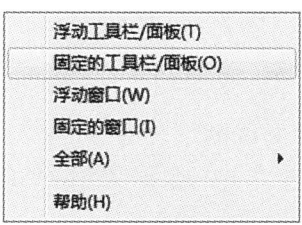

图 1-18　按钮菜单

1.3.4 绘图窗口

绘图窗口即绘图区,位于工作界面的正中央,即被工具栏和命令行所包围的整个区域,如图1-19所示。此区域是用户的工作区域,图形的设计与修改工作就是在此区域内完成的。

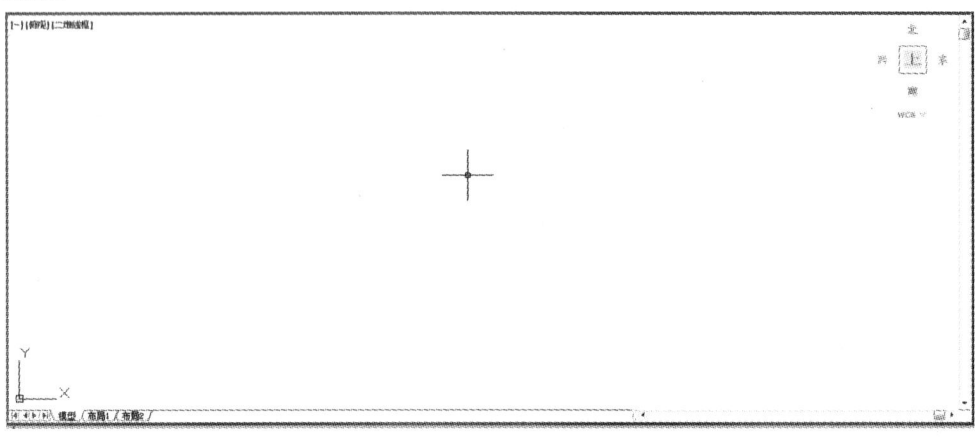

图1-19 绘图窗口

默认状态下,绘图窗口是一个无限大的电子屏幕,无论尺寸多大或多小的图形,都可以在绘图窗口中绘制和灵活显示。当用户移动鼠标时,绘图窗口出现一个随光标移动的十字符号,此符号被称为"十字光标",它是由"拾取点光标"和"选择光标"叠加而成的,其中"拾取点光标"是点的坐标拾取器,当执行绘图命令时,显示为拾点光标;"选择光标"是对象拾取器,当选择对象时,显示为选择光标;在没有任何命令执行的前提下,显示为十字光标,如图1-20所示。

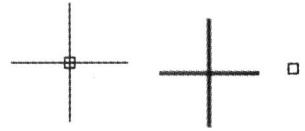

图1-20 光标的三种状态

在绘图窗口左下方有3个标签,即模型、布局1、布局2,分别代表了两种绘图空间,即模型空间和布局空间。模型标签代表当前绘图区窗口处于模型空间,通常在模型空间进行绘图。布局1和布局2是默认设置下的布局空间,主要用于图形的打印输出。用户可以通过单击标签,在这两种操作空间中进行切换。

1.3.5 命令行

绘图窗口的下侧是AutoCAD独有的窗口组成部分,即"命令行",它是用户与AutoCAD软件进行数据交流的平台,主要功能就是用于提示命令和显示用户当前的操作步骤,如图1-21所示。

图 1-21 命令行

"命令行"分为"命令历史窗口"和"命令输入窗口"两部分,上面四行为"命令历史窗口",用于记录执行过的操作信息;下面一行是"命令输入窗口",用于提示用户输入命令或命令选项。

提示:由于"命令历史窗口"的显示有限,如果需要直观快速地查看更多的历史信息,按 F2 功能键,系统就会以"文本窗口"的形式显示历史信息,如图 1-22 所示,再次按 F2 功能键,即可关闭文本窗口。

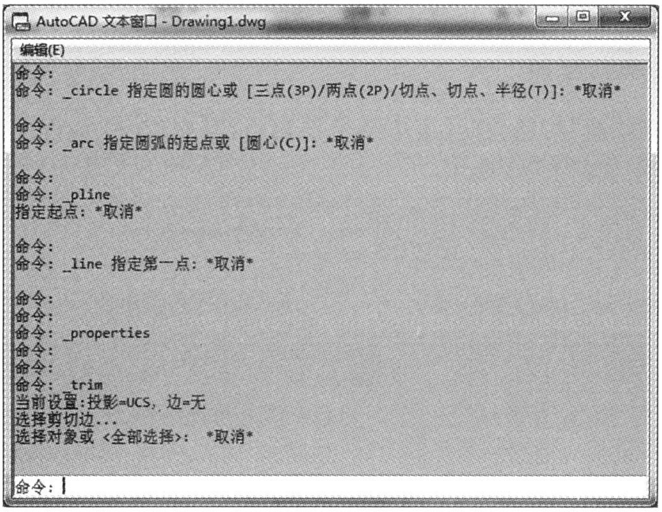

图 1-22 文本窗口

1.3.6 状态栏

状态栏位于 AutoCAD 操作界面的最底部,由坐标读数器、辅助功能区、状态栏菜单三部分组成,如图 1-23 所示。

图 1-23 状态栏

状态栏左端为坐标读数器,用于显示十字光标所处位置的坐标值;坐标读数器右端为辅助功能区,辅助功能区左端的按钮主要用于控制点的精确定位和追踪,中间的按钮主要用于快速查看布局、查看图形、定位视点、注释比例等,右端的按钮主要用于对工具栏和窗口进行固定、切换工作空间以及全屏显示绘图窗口等,都是一些辅助绘图功能。

单击状态栏右侧的下拉按钮,将打开如图 1-24 所示的状态栏快捷菜单,菜单中的各选项与状态栏上的各按钮功能一致,用户也可以通过各菜单项以及菜单中的各功能键控制各辅助按钮的开关状态。

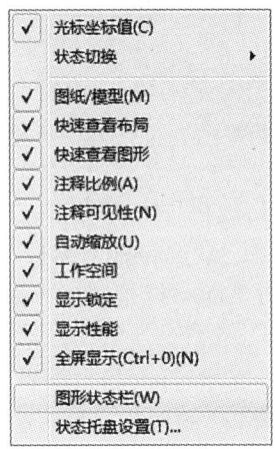

图1-24 状态栏菜单

1.3.7 菜单浏览器

单击"菜单浏览器"按钮,打开菜单浏览器窗口,其中包含"最近使用的文档"和"打开文档"两个选项,如图1-25所示。

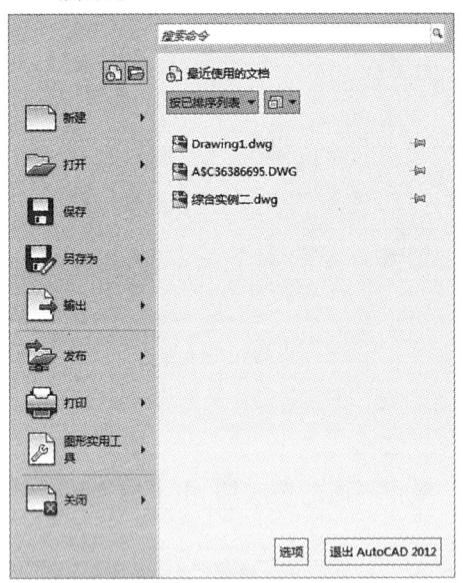

图1-25 菜单浏览器

此窗口中还包含"新建""打开""保存""另存为""输出""打印""关闭"等命令按钮,部分按钮说明如下:

发布:将图形发布为DWF、DWFx、PDF文件或发布到绘图仪。

发送:将一组文件打包以进行Internet传递。

图形实用工具:用于维护图形的一系列工具。

选项:单击该按钮,打开"选项"对话框,根据需要设置参数选项。

退出AutoCAD:退出AutoCAD绘图软件。

1.3.8 快速访问工具栏

快速访问工具栏如图 1-26 所示,此工具栏中有"新建""打开""保存""放弃""重做""打印"和"特性"等常用命令,还可以将经常使用的命令存储在快速访问工具栏中。在"快速访问"工具栏上单击鼠标右键,然后选择快捷菜单中的"自定义快速访问工具栏"命令。将打开如图 1-27 所示的"自定义用户界面"对话框,并显示可用命令的列表。将想要添加的命令从"自定义用户界面"对话框中的"命令列表"选项组拖动到快捷访问工具栏即可。

图 1-26 快速访问工具栏

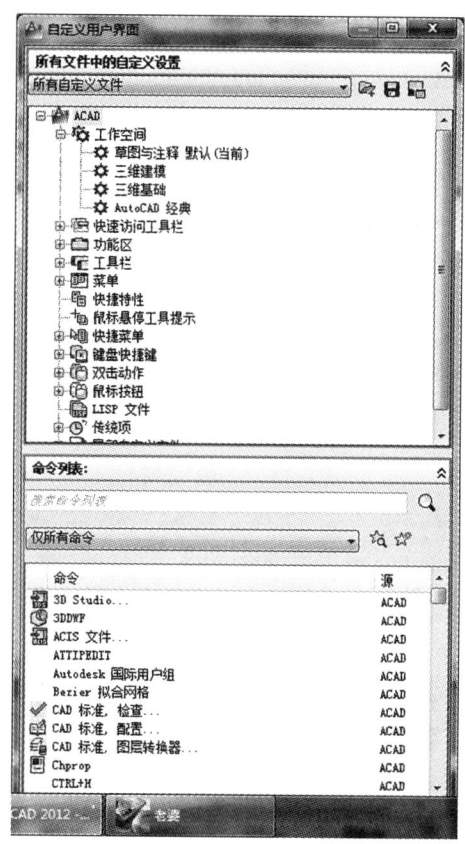

图 1-27 "自定义用户界面"对话框

1.3.9 选项卡和面板

功能区由许多面板组成,这些面板被组织到依照任务进行标记的选项卡中。选项卡由"常用""插入""注释""参数化""视图""管理"和"输出"七部分组成。选项卡可控制面板在功能区上的显示和顺序。用户可以在"自定义用户界面"对话框将选项卡添加至工作空间,以控制在功能区中显示哪些功能区选项卡。

单击不同的选项卡可以打开相应的面板,面板包含的很多工具和控件与工具栏和对话框中的相同。图1-28至图1-34展示了不同选项卡及面板。

图1-28 "常用"选项卡

图1-29 "插入"选项卡

图1-30 "注释"选项卡

图1-31 "参数化"选项卡

图1-32 "视图"选项卡

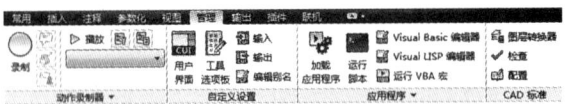

图1-33 "管理"选项卡

图1-34 "输出"选项卡

1.3.10 功能区

功能区主要出现在"草图与注释""三维建模""三维基础"等工作空间内,它代替了AutoCAD众多的工具栏,以面板的形式将各工具按钮分门别类地集合在选项卡内,如图1-35所示。

图 1-35　功能区

用户在调用工具时,只需在功能区中展开相应的选项卡,然后在所需面板上单击相应的按钮即可。由于在使用功能区时,无须再显示 AutoCAD 的工具栏,因此,使得应用程序窗口变得单一、简洁有序。通过这个单一、简洁的界面,功能区还可以将可用的工作区最大化。

1.4　AutoCAD 2014 文件的创建与保存

在 AutoCAD 2014 绘图环境中,对绘图文件的创建、打开、保存和关闭操作是进行 AutoCAD 2014 绘制图形的基础。本节具体介绍如何使用 AutoCAD 2014 实现这些功能。

1.4.1　新建图形文件

在 AutoCAD 2014 中有三种方法来创建一个新的图形文件,具体如下:选择"文件"→"新建"命令,单击"标准注释"工具栏中的"新建"按钮,命令行中输入 NEW 命令。使用上述任一种方法,都会弹出如图 1-36 所示的"选择样板"对话框,接下来可以在名称栏的列表中选择一种样板。

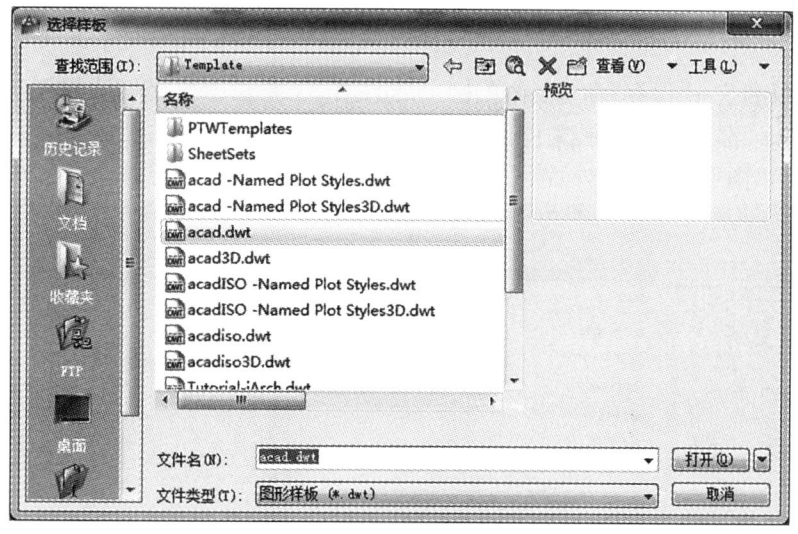

图 1-36　"选择样板"对话框

打开"选择样本"对话框之后,系统自动定位到样板文件所在的文件夹,用户无须做更多设置,在样板列表中选择合适的样板,单击"打开"按钮即可。单击"打开"按钮右侧的下三角按钮,弹出下拉菜单,用户可以采用英制或公制的无样板菜单创建新图形。执行"无样板打开"命令后,新建的图形不以任何样板为基础。

1.4.2 打开图形文件

选择"文件"→"打开"命令,弹出如图 1-37 所示的"选择文件"对话框,在"搜索栏"下拉列表框中选择所要打开的图形文件,单击"打开"按钮,便可以打开已有文件。

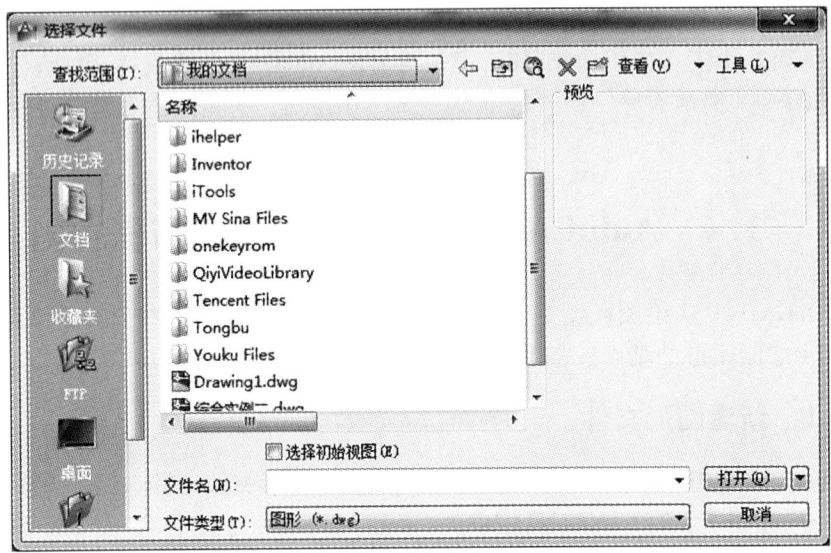

图 1-37 "选择文件"对话框

1.4.3 保存图形文件

选择"文件"→"保存"命令,或单击"标准注释"工具栏中的"保存"按钮,或在命令行中输入 SAVE,都可以对图形文件进行保存。若当前的图形文件已经命名,则弹出如图 1-38 所示的"图形另存为"对话框,该对话框用于保存已经创建但尚未命名的图形文件。

图 1-38 "图形另存为"对话框

在"图形另存为"对话框中,"保存于"下拉列表框用于设置图形文件保存的路径,"文件名"文本框用于输入图形文件的名称,"文件类型"下拉列表框用于选择文件保存的格式。在保存格式中,dwg 和 dwt 是 AutoCAD 2014 的样板文件,这两种格式最常用。

1.4.4 关闭图形文件

在完成一幅图形的绘制后要关闭 AutoCAD 2014,此时可以单击右上角的"关闭"按钮,也可以选择"文件"→"退出"命令。

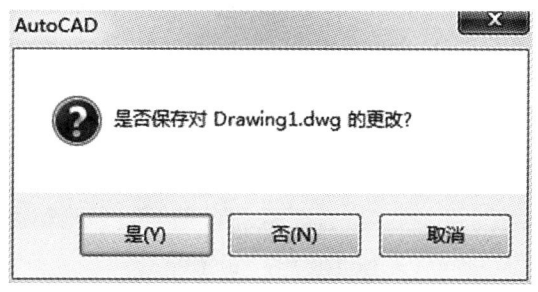

图 1-39 "退出"对话框

当用户想退出一个已经修改的图形文件时,会弹出如图 1-39 所示的对话框。单击"是"按钮,AutoCAD 2014 将退出并保存所做的修改;单击"否"按钮,AutoCAD 2014 将退出并不保存所做的修改;单击"取消"按钮,AutoCAD 2014 将取消退出。这个对话框可以给用户一个机会确认自己的选择,以免误操作。

1.5 视图管理

在绘制比较复杂的图形时,为了更好地查看细节和全局对象,需要在保证图形实际大小、形状不变的情况下调整视图的显示方式。

1.5.1 平移视图

在编辑图形对象时,如果当前视图不能显示全部图形,可以适当平移视图,以显示被隐藏的部分图形。就像日常生活中使用相机平移一样,执行平移操作不会改变图形中对象的位置和视图比例,它只改变当前视图中显示的内容。下面对具体操作进行介绍。

1. 实时平移视图

需要实时平移视图时,可以在菜单栏中选择"视图"→"平移"→"实时"命令;也可以调出"标准"工具栏,单击"实时平移"按钮；也可以在"视图"选项卡的"导航"面板中单击"平移"按钮；或在命令行中输入 pan 命令后按下 Enter 键,当十字光标变为"手形标志"后,再按住鼠标左键进行拖动,以显示需要查看的区域,图形显示将随光标向同一方向移动,如图 1-40(a)、(b)所示。

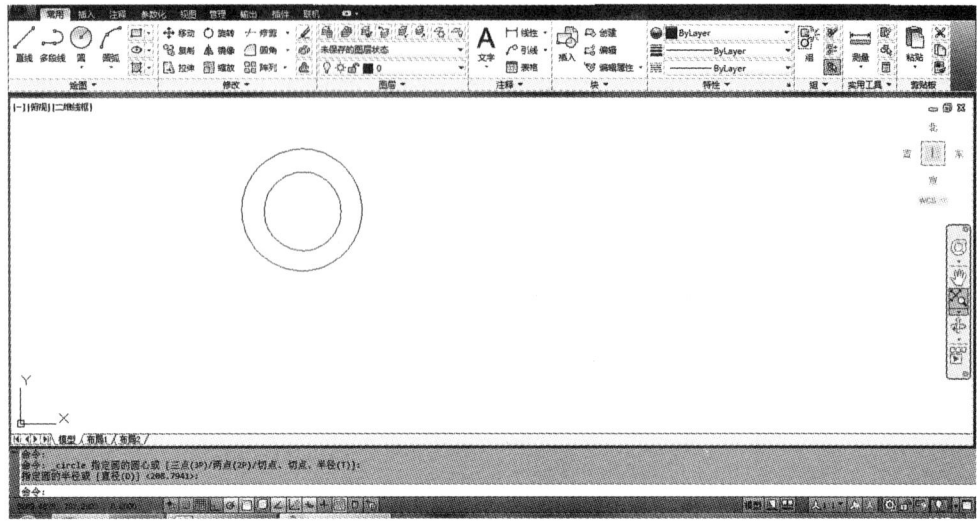

(a) 实时平移前的视图

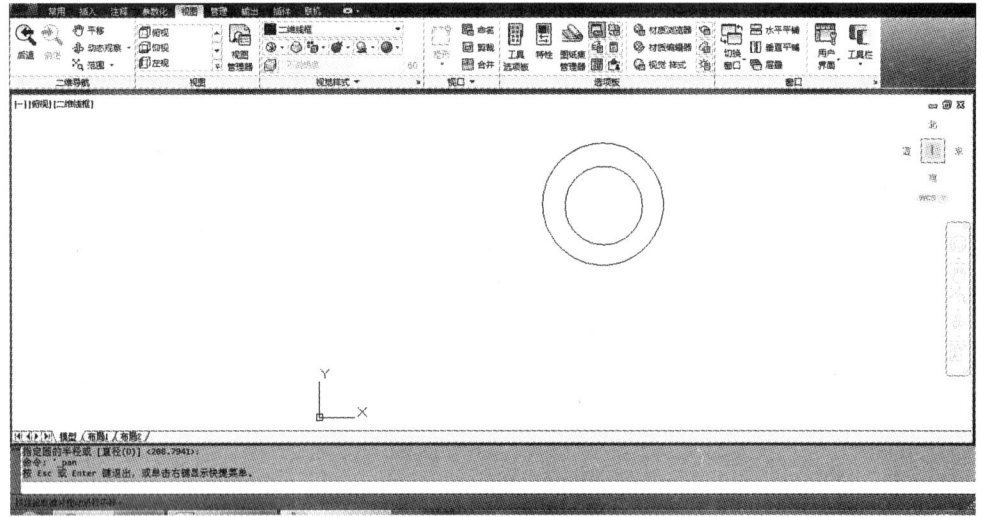

(b) 实时平移后的视图

图 1-40　实时平移视图

当释放鼠标按键之后将停止平移操作。如果要结束平移视图的任务，可按下 Esc 键或按下 Enter 键，或者单击鼠标右键执行快捷菜单中的"退出"命令，光标即可恢复至原来的状态。

2. 定点平移视图

需要通过指定点平移视图时，可以在菜单栏中选择"视图"→"平移"→"定点"命令，当十字光标中间的正方形消失之后，在绘图区中单击鼠标可指定平移基点位置，再次单击鼠标可指定第二点的位置，即刚才指定的变更点移动后的位置，此时 AutoCAD 将会计算出从第一点至第二点的位移，如图 1-41(a)、(b)、(c)所示。

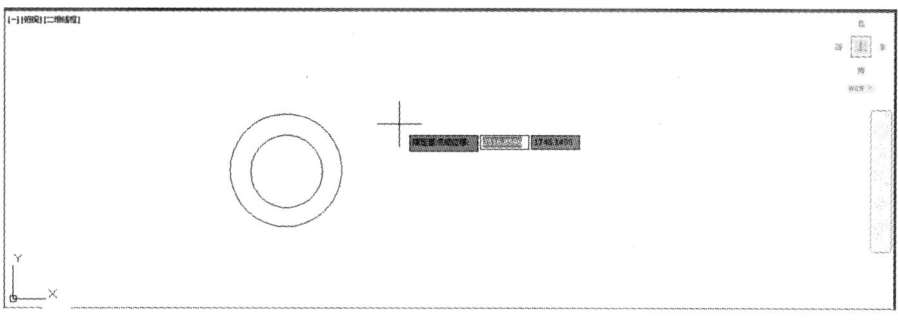

（a）指定定点平移基点位置

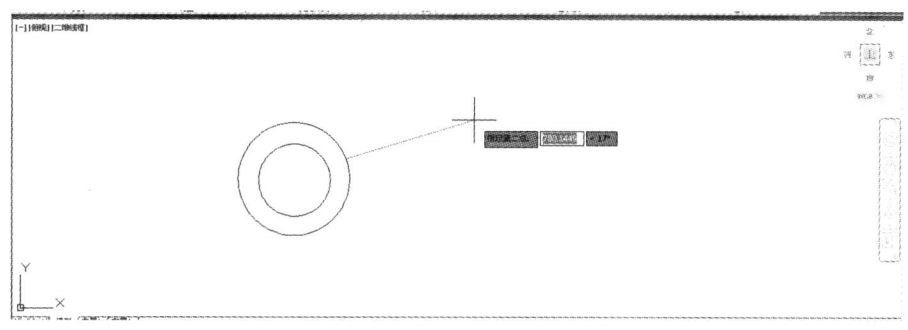

（b）指定定点平移第二点位置

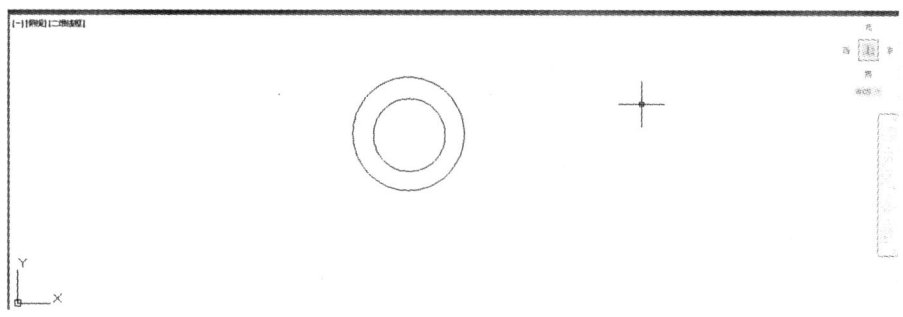

（c）定点平移后的位置

图 1-41　指定定点平移视图

另外，在菜单栏中选择"视图"→"平移"中的"左""右""上"或"下"命令，可使视图向左（或右或上或下）移动固定的距离。

1.5.2　缩放视图

在绘图时，有时需要放大或缩小视图的显示比例。对视图进行缩放不会改变对象的绝对大小，改变的只是视图的显示比例。下面介绍具体内容。

1. 实时缩放视图

实时缩放视图是指向上或向下移动鼠标对视图进行动态缩放。在菜单栏中选择"视图"→"缩放"→"实时"命令，或在"标准"工具栏中单击"实时缩放"按钮，或在"视图"选项卡的"导航"面板中单击"实时"按钮，当十字光标变成放大镜标志之后，按住鼠标左键垂直进行拖动,即可放大或缩小视图,如图1-42所示。当缩放到适合的尺寸后,按下 Esc 或 Enter 键,或者单击鼠标右键执行快捷菜单中的"退出"命令,光标即可恢复至原来的状态,结束该操作。

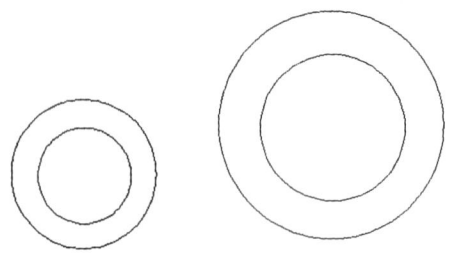

图1-42　实时缩放前后的视图

2. 上一个

当需要恢复到上一个设置的视图比例和位置时,在菜单栏中选择"视图"→"缩放"→"上一步"命令,或在"标准"工具栏中单击"缩放上一个"按钮,或在"视图"选项卡的"导航"面板中单击"上一个"按钮,但它不能恢复到以前编辑图形的内容。

3. 窗口缩放视图

当需要查看特定区域的图形时,可采用窗口缩放的方式,在菜单栏中选择"视图"→"缩放"→"窗口"命令,或在"标准"工具栏中单击"窗口缩放"按钮,或在"视图"选项卡的"导航"面板中单击"窗口"按钮,用鼠标在图形中圈定要查看的区域,释放鼠标后在整个绘图区就会显示要查看的内容,如图1-43所示。

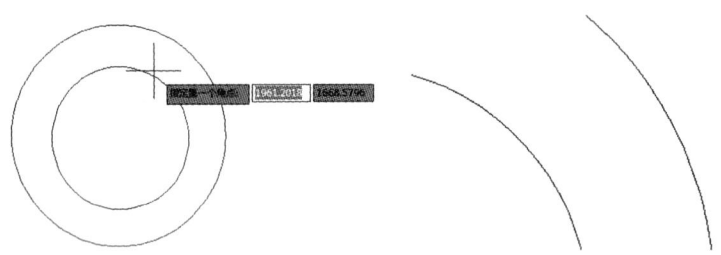

图1-43　采用窗口缩放前后的视图

4. 动态缩放视图

当进行动态缩放时,在菜单栏中选择"视图"→"缩放"→"动态"命令,或在"视图"选项卡的"导航"面板中单击"动态"按钮,这时绘图区将出现颜色不同的线框,蓝色的虚线框表示图纸的范围,即图形实际占用的区域,黑色的实线框为选取视图框,在未执行缩放操作前,中间有一个"×"符号,在其中按住鼠标左键进行拖动,视图框右侧会出现一个箭头,用户可根据需要调整该框至合适的位置后单击鼠标,重新出现"×"符号后按下 Enter 键,则绘图区只显示视图框的内容。

其他的还有比例缩放视图、中心点缩放视图、对象缩放视图、放大、缩小视图、全部缩放视图以及范围缩放视图等,这里不再一一介绍。

1.5.3 命名视图

按一定比例、位置和方向显示的图形称为视图。按名称保存特定视图后,可以在布局和打印或者需要参考特定的细节时恢复它们。在每一个图形任务中,可以恢复每个视口中显示的最后一个视图,最多可恢复前 10 个视图。命名视图随图形一起保存并可以随时使用。在构造布局时,可以将命名视图恢复到布局的视口中。下面具体介绍保存、恢复、删除命名视图的步骤。

1. 保存命名视图

①在菜单栏中选择"视图"→"命名视图"命令,或者调出"视图"工具栏,在其中单击"命名视图"按钮 ,打开"视图管理器"对话框,如图 1-44 所示。

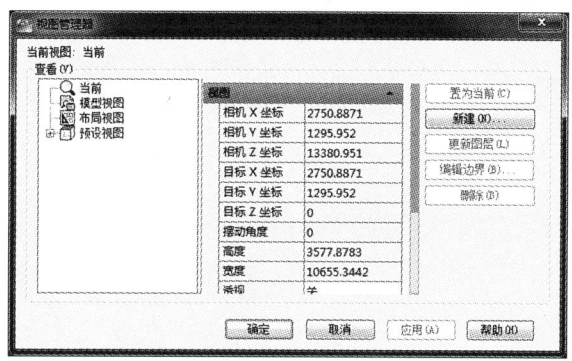

图 1-44 "视图管理器"对话框

②在"视图管理器"对话框中单击"新建"按钮,打开如图 1-45 所示的"新建视图/快照特性"对话框。在该对话框中为该视图输入名称,输入视图类别(可选)。

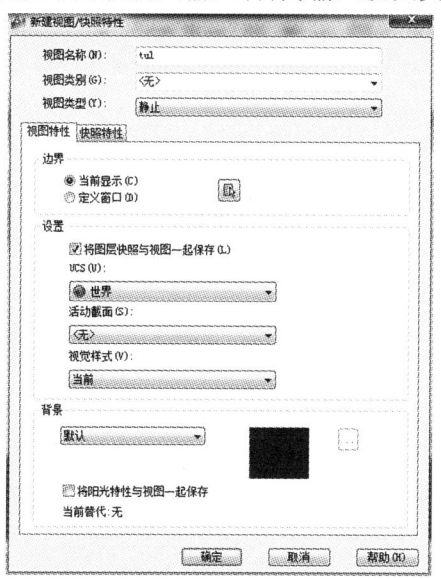

图 1-45 "新建视图/快照特性"对话框

③选择以下单选按钮之一来定义视图区域。

"当前显示":包括当前可见的所有图形。

"定义窗口":保存部分当前显示。使用定点设备指定视图的对角点时,该对话框将关闭。单击"定义视图窗口"按钮,可以重定义该窗口。

④单击"确定"按钮,保存新视图并返回"视图管理器"对话框,再单击"确定"按钮。

2. 恢复命名视图

①在菜单栏中选择"视图"→"命名视图"命令,或者在"视图"工具栏中单击"命名视图"按钮，打开保存过的"视图管理器"对话框,如图1-46所示。

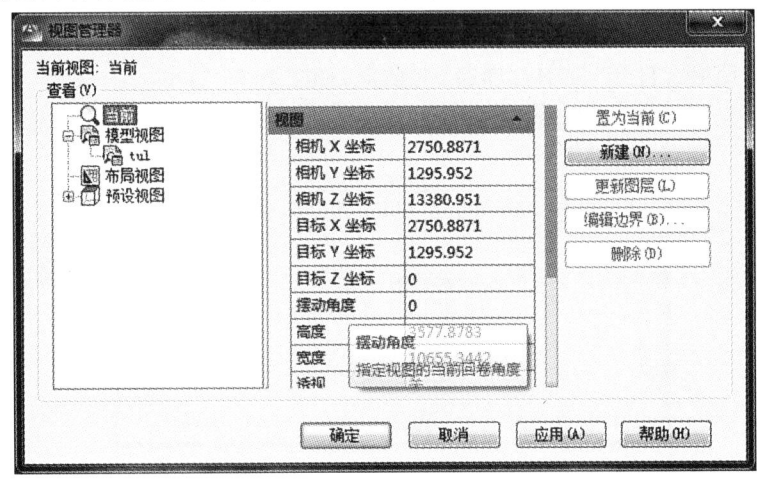

图1-46 保存过的"视图管理器"对话框

②在"视图管理器"对话框中,选择想要恢复的视图后,单击"置为当前"按钮,如图1-47所示。

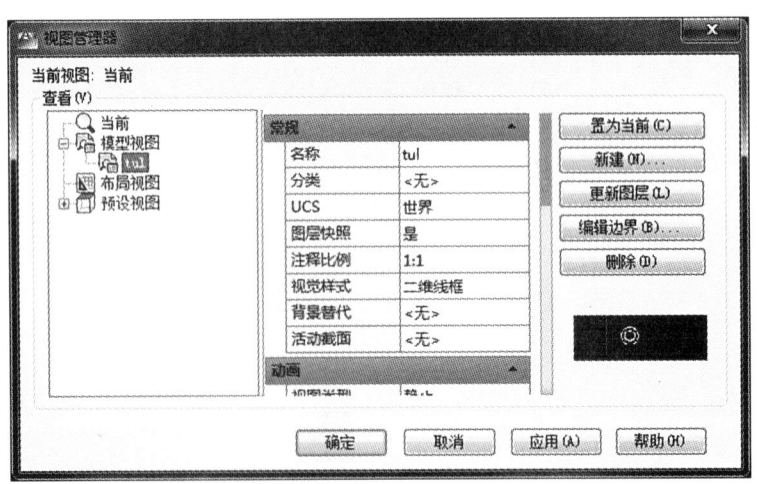

图1-47 "置为当前"的设置

③单击"确定"按钮恢复视图并退出所有对话框。

3. 删除命名视图

①在菜单栏中选择"视图"→"命名视图"命令,或者在"视图"工具栏中单击"命名视

图"按钮 ,打开保存过的"视图管理器"对话框。

②在"视图管理器"对话框中选择想要删除的视图后,单击"删除"按钮。

③单击"确定"按钮删除视图并退出所有对话框。

1.5.4 视图窗口的重画

在进行建筑制图过程中,常会遇到因建筑图形文件较大,部分操作完成后,其结果并未及时显示出来,或在视图中显示了残留的点痕迹,此时就需要重画或重新生成图形。

1. 视图重画

使用重画命令将重新显示当前视窗中的图形,消除残留的标记点痕迹,使图形变得清晰。视图重画的显示速度很快。它是将虚拟屏幕上的图形传送到实际屏幕,并不需要重新计算图形。

视图重画首先需要执行重画命令,其方法有如下两种:

- 在菜单栏中选择"视图"→"重画"命令。
- 在命令行中输入 redrawall 命令。

执行重画命令后,视图中图形将重新显示。

2. 图形重生成

图形重生成又称为刷新,图形重生成会重新计算当前图形的尺寸,并将计算的图形存储在虚拟屏幕上。当图形较复杂时,图形重生成过程需要占用较长的时间。

执行重生成命令的方法有如下两种:

- 在菜单栏中选择"视图"→"重生成"命令。
- 在命令行中输入 regen 命令。

当执行重生成命令后,开始重新计算当前激活视窗中对象的几何数据及其属性,并重绘当前视窗图形,在计算过程中,用户可以按下 Esc 键将操作中断。

1.5.5 全屏显示

全屏显示是指将视图中显示的工具栏和可固定的窗口隐藏,以扩大绘图区的命令。

执行全屏显示命令的方法有如下两种:

- 在菜单栏中选择"视图"→"全屏显示"命令。
- 在命令行中输入 CleanScreenON 命令。

在清除屏幕命令显示模式下,再次在菜单栏中选择"视图"→"全屏显示"命令,或执行 CleanScreenON 命令可恢复原设置。

小　　结

本章主要介绍了启动 AutoCAD 2014 的方法、AutoCAD 2014 工作界面的结构、图形不同的显示方法、图形文件管理的相关操作以及视图管理知识,使读者对 AutoCAD 2014 有了基本的认识,以便于以后的学习。

习 题

1. AutoCAD 2014 的用户界面主要由哪些部分组成?
2. 创建新图形文件时使用的样板有哪几种类型?
3. AutoCAD 2014 中最常见的菜单栏包括哪 12 种?
4. 打开文件的方式有哪几种?
5. SAVEAS 命令和"文件(F)"→"保存(S)"菜单命令有什么区别?
6. 在 AutoCAD 2014 中,若菜单中某一命令后有"…",代表什么意思?
7. AutoCAD 2014 默认工具栏是哪些?
8. 状态栏位于屏幕底部,其主要作用是什么?
9. 视图主要有哪几种视图模式? 平移视图、缩放视图的操作步骤是什么?
10. AutoCAD 2014 绘图命令的输入方式有哪些?

第 2 章　AutoCAD 2014 绘图设置

2.1　绘图环境设置

使用 AutoCAD 2014 绘制图形时,需要先定义图形符号要求的绘图环境,如设置绘图单位、图层以及坐标系统、对象捕捉、极轴跟踪等,这样不仅可以方便修改,而且可以实现与绘图团队的沟通和协作,本节将对设置绘图环境做具体的介绍。

2.1.1　参数选项设置

要想提高绘图的速度和质量,必须有一个合理的、适合自己绘图习惯的参数设置。

在菜单栏中选择"工具"→"选项"命令,或在命令行中输入 Option 命令后按下 Enter 键,打开"选项"对话框,在该对话框中包括"文件""显示""打开和保存""打印和发布""系统""用户系统配置""草图""三维建模""选择集"和"配置"10 个选项卡,如图 2-1 所示,用户可以从中进行参数选项的设置。

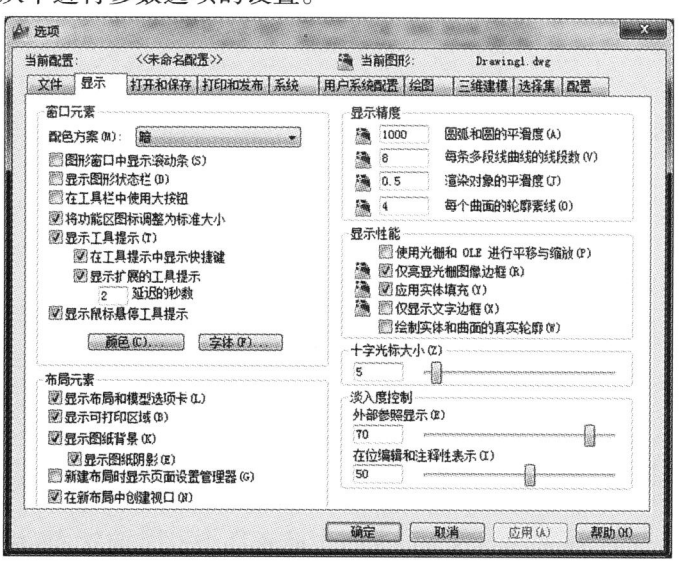

图 2-1　"选项"对话框

在绘制图形时,灵活使用鼠标的右键将使操作方便快捷,在"选项"对话框中可以自定义鼠标右键的功能。

在"选项"对话框中单击"用户系统配置"标签,切换到"用户系统配置"选项卡,如图 2-2 所示。

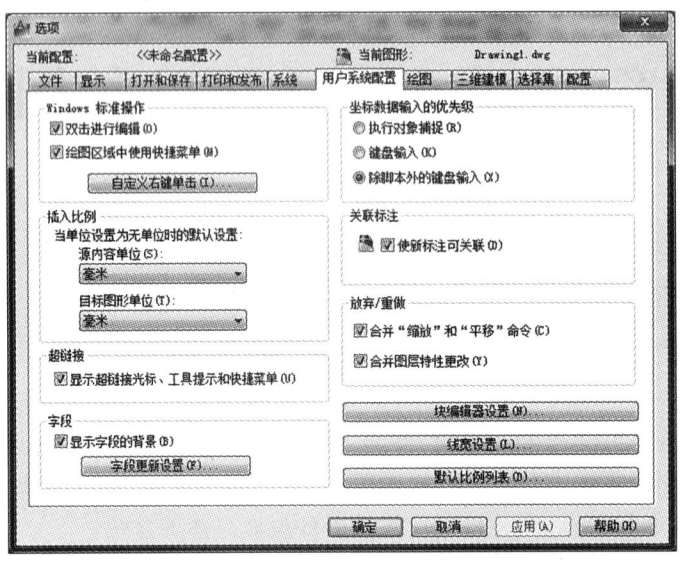

图 2-2 "选项"对话框中的"用户系统配置"选项卡

单击"Windows 标准操作"选项组中的"自定义右键单击"按钮,弹出"自定义右键单击"对话框,如图 2-3 所示。用户可以在该对话框中根据需要进行设置。

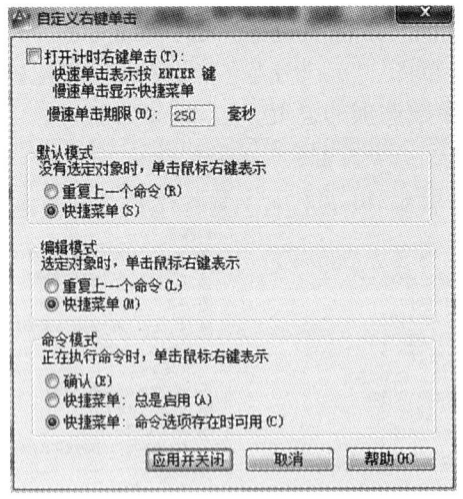

图 2-3 "自定义右键单击"对话框

2.1.2 绘图单位设置

选择"格式"→"单位"命令,或在命令行中输入 DDUNITS 命令,弹出如图 2-4 所示的"图形单位"对话框,在该对话框中可以对图形单位进行设置。

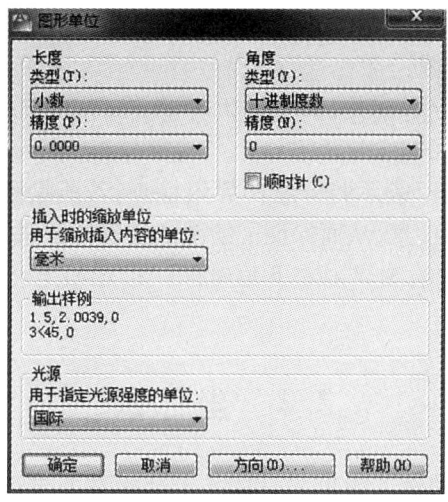

图 2-4 "图形单位"对话框

"长度"选项组中的"类型"下拉列表框用于设置长度单位的格式类型,其下的"精度"下拉列表框用于设置长度单位的显示精度;"角度"选项组中的"类型"下拉列表框用于设置角度单位的格式类型,其下的"精度"下拉列表框用于设置角度单位的显示精度。选中"顺时针"复选框,表明角度测量方向是顺时针方向,未选中此复选框则角度测量方向默认为逆时针方向。"光源"选项组用于设置当前图形中光源强度的测量单位,下拉列表框中提供了"国际""美国"和"常规"三种测量单位。

单击"方向"按钮,弹出如图 2-5 所示的"方向控制"对话框,在对话框中可以设置起始角度(0B)的方向。在 AutoCAD 2014 的默认设置中,0B 方向是指向右(正东)的方向,逆时针方向为角度增加的正方向。在对话框中可以选中 5 个单选按钮中的任意一个来改变角度测量的起始位置,也可以通过选中"其他"单选按钮,并单击"拾取角度"按钮,在图形窗口中拾取两个点来确定 AutoCAD 2014 中 0B 的方向。

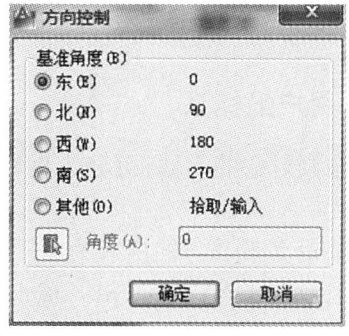

图 2-5 "方向控制"对话框

2.1.3 绘图界限设置

默认情况下,AutoCAD 2014 对绘图范围是没有限制的,可以将绘图区看作是一副无穷大的图纸。选择"格式"→"图形界限"命令,命令行提示如下:

> 命令：LIMITS
> 重新设置模型空间界限：
> 指定左下角点或[开(ON)/关(OFF)]<0.0000,0.0000>：
> 指定右上角点<420.0000,297.0000>：

命令行提示区中的"开"表示打开绘图界限检查，若所绘图形超出了图限，则系统不绘制出此图形并给出提示信息，从而保证了绘图的正确性；"关"表示关闭绘图界限检查；"指定左下角点"表示设置绘图界限左下角坐标；"指定右上角点"表示设置绘图界限右上角坐标。

2.2 坐标系

在图形系统中，图形的输入输出都是在一定坐标系下进行的，为准确描绘出图形的形状大小和位置，在其输入、输出的不同阶段需要采用不同的坐标系，在 AutoCAD 2014 绘图中常用的坐标系为世界坐标系(WCS)。世界坐标系是在实体物体所处的空间(二、三维)中，用以协助用户表达物体的几何尺寸和位置的坐标系，也称为用户坐标系或者绝对坐标系，世界坐标系的定义域为实数域$(-\infty, +\infty)$。启动 AutoCAD 2014，屏幕左下角出现的坐标系就是世界坐标系。其中包括如下几种坐标系。

①直角坐标系。直角坐标系是绘图工程中最常用的基本坐标系。

②极坐标系。用极径和夹角来表示直角坐标系中任一点位置的坐标系称为极坐标系。平面直角坐标系中任意一点 $P(x,y)$ 的极坐标形式为 (ρ,θ)。

在 AutoCAD 中，相对坐标的表示方法通常有以下两种方式：

①已知 x,y 方向增量值的表达方式，即@$\Delta x, \Delta y$。

②已知长度和角度的表达方式，即@$\rho<\theta$。

在 AutoCAD 2014 中绘制工程图时，可以按工程形体的实际尺寸来绘图，也可以按一定的比例来绘图，这些都是通过在 AutoCAD 2014 的绘图命令提示中给出点的位置来实现的。

2.2.1 世界坐标系与用户坐标系

AuotoCAD 中的坐标系按定制对象的不同，可分为世界坐标系(WCS)和用户坐标系(UCS)。

根据笛卡尔坐标系的习惯，沿 X 轴正方向向右为水平距离增加的方向，沿 Y 轴正方向向上为竖直距离增加的方向，垂直于 XY 平面，沿 Z 轴正方向从所视图方向向外为距离增加的方向。这一套坐标轴确定了世界坐标系，简称 WCS。该坐标系的特点是：它总是存在于一个设计图形之中，并且不可更改。

相对于世界坐标系 WCS，可以创建无限多的坐标系，这些坐标系通常称为用户坐标系 UCS，并且可以通过调用 UCS 命令去创建用户坐标系。尽管世界坐标系 WCS 是固定不变的，但可以从任意角度、任意方向来观察或旋转世界坐标系，而不用改变其他坐标系。AutoCAD 提供的坐标系图标，可以在同一图纸不同坐标系中保持同样的视觉效果。

这种图标将通过指定 X,Y 轴的正方向来显示当前 UCS 的方位。

调用用户坐标首先需要执行用户坐标命令,其方法有以下几种:
➢ 在菜单栏中选择"工具"→"新建 UCS"→"三点"命令,执行用户坐标命令。
➢ 调出 UCS 工具栏,单击其中的"三点"按钮,执行用户坐标命令。
➢ 在命令行中输入 UCS 命令,执行用户坐标命令。

2.2.2 坐标输入法

在具体的绘图过程中,坐标点的精确输入主要包括绝对坐标输入和相对坐标输入两种,其中绝对坐标又包括绝对直角坐标和绝对极坐标两种。

1. 绝对坐标输入法

绝对直角坐标是以坐标系原点(0,0)作为参考点定位其他点的,其表达式为(X,Y,Z),用户可以直接输入该点的 X,Y,Z 绝对坐标值来表示点。

绝对极坐标也是以坐标系原点作为参考点,通过某点相对于原点的极长和角度来定义点,其表达式为(L<α)。L 表示某点与原点之间的极长,即长度;α 表示某点连接原点的边线与 X 轴的夹角。例如,(6<30°)点用绝对极坐标表示的,6 表示该点和原点连线的长度,30°表示该点和原点连线与 X 轴的正向夹角。

2. 相对坐标输入法

与绝对坐标相似,相对坐标输入法也包括相对直角坐标和相对极坐标两种。

相对直角坐标是某一点相对于对照点 X 轴、Y 轴、Z 轴三个方向上的坐标变化,其表达式为(@X,Y,Z)。在实际绘图中常把上一个点看作参照点,后续绘图操作是相对于前一点而进行的。

相对极坐标是通过相对于参照点的极长距离和偏移角度来表示的,其表达式为(@L<α),L 表示极长,α 表示角度。

3. 动态输入

在输入相对坐标点时,可配合状态栏上的动态输入功能,当激活该功能后,输入的坐标点被看作是相对坐标点,用户只需要输入点的坐标值即可,不需要输入相对于符号"@",因系统会自动在坐标值前添加此符号。

2.3 基本输入操作

在 AutoCAD 2014 中,菜单命令、工具栏按钮、命令和系统变量大都是相互对应的,可以选择某一菜单命令,或单击某个工具栏按钮,或在命令行中输入命令和系统变量来执行相应命令。可以说,命令是 AutoCAD 2014 绘制与编辑图形的核心。

2.3.1 命令输入方式

AutoCAD 交互绘图必须输入必要的指令和参数。命令输入方式包括键盘输入、菜单输入及按钮(工具栏)输入、菜单输入、屏幕菜单输入等,下面详细讲解 CAD 中命令输入的四种方式。

1. 键盘输入

所有的命令均可以通过键盘输入(不分大小写)。在"命令:"提示下,可以通过键盘输入命令名,并按下 Enter 键或空格键予以确认。对命令提示中必须输入的参数,也需要通过键盘输入。大部分命令通过键盘输入时可以缩写,此时可以只键入很少的字母即可执行该命令。如"Circle"命令的缩写为"C"(不分大小写)。用户可以定义自己的命令缩写。

在大多数情况下,直接输入命令会打开相应的对话框。如果不想使用对话框,可以在命令前加上"-",如"-Layer"。此时不打开"图层特性管理器"对话框,而是显示等价的命令提示信息,同样可以对图层特性进行设定。

2. 菜单输入及按钮(工具栏)输入

工具栏由表示各个命令的图标组成。单击工具栏中的图标可以调用相应的命令,并根据对话框中的选项或命令行中的命令提示执行该命令。

3. 菜单输入

通过鼠标左键在主菜单中单击下拉菜单,再移动到相应的菜单条上单击对应的命令。若有下一级子菜单,则移动到菜单条后略停顿,自动弹出下一级子菜单,移动光标到对应的命令上单击即可。

如果使用快捷菜单,右击鼠标弹出快捷菜单,移动鼠标到对应的菜单项上单击即可。通过快捷键输入菜单命令,可用"Alt"键和菜单中带下划线的字母或光标移动键选择菜单条和命令回车即可。

4. 屏幕菜单输入

屏幕菜单是另一种输入 AutoCAD 命令的方法。在 AutoCAD 2014 中,屏幕菜单的默认设置是关闭的。我们可以在命令行中输入 Options 命令,通过在"选项"对话框中的复选框打开屏幕菜单,如图 2-6 所示。

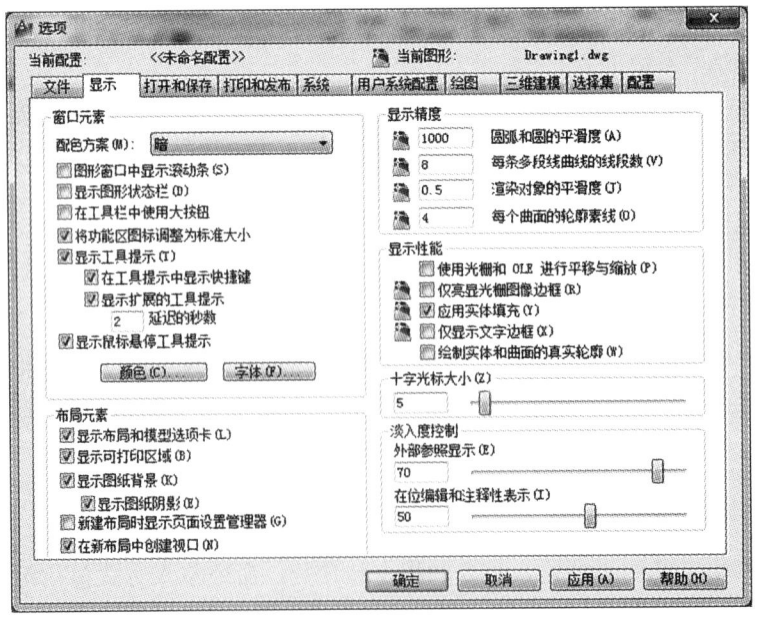

图 2-6 选项对话框

使用屏幕菜单输入命令时,将鼠标移到绘图窗口的右侧,在屏幕菜单区中上下移动光标,可使被选菜单项目高亮。当需要的菜单项目高亮时,单击定点设备的拾取键可以选取该高亮菜单。如果该菜单项目是一个命令,那么该命令将被输入到命令行中,同时在屏幕菜单处列出该命令的选项。屏幕菜单由菜单及其子菜单组成。在屏幕菜单的顶部出现的是一个 AutoCAD 的英文标识。当点取这个标识时,屏幕菜单将返回到主菜单中,即回到打开屏幕菜单时首次显示的菜单。

除以上输入方式之外,我们还可以通过直接使用鼠标完成一些简单的和不精确的命令的输入,如用鼠标左键选择命令或移动滑块或选择命令提示区中的文字等。在绘图区,当光标呈十字形时,可以在屏幕绘图区按下左键,相当于输入该点的坐标;当光标呈小方块,可以用鼠标左键选取实体。在不同的区域右击,弹出不同的快捷菜单(直接利用软件演示)。如[Shift]+鼠标右键,打开"对象捕捉"快捷菜单。

2.3.2 命令执行方式

在 AutoCAD 2014 中,默认情况下"命令行"是一个可固定的窗口,可以在当前命令行提示下输入命令、对象参数等内容。对大多数命令,"命令行"中可以显示执行完的两条命令提示(也叫命令历史),而对于一些输出命令,如 Time、List 命令,需要在放大的"命令行"或"AutoCAD 文本窗口"中才能完全显示。

1. 透明命令

在 AutoCAD 中,透明命令是指在执行其他命令的过程中可以执行的命令。常使用的透明命令多为修改图形设置的命令、绘图辅助工具命令,如 Snap、Grid、Zoom 等。

要以透明方式使用命令,应在输入命令之前输入单引号(')。命令行中,透明命令的提示前有一个双折号(>>)。完成透明命令后,将继续执行原命令。

2. 重复命令

无论使用何种方法,输入一个命令后,都可以在一个"命令:"提示符出现以后,通过按空格键或回车键(Enter 键)来重复这个命令。

2.3.3 实例-绘制线段

直线是基本的图形对象之一。AutoCAD 2014 中的直线其实为几何学中的线段。AutoCAD 2014 用一系列的直线连接各指定点。line 命令是为数不多的可以自动重复的命令之一。它可以将一条直线的终点作为下一条直线的起点,并连续地提示直线的下一个终点。

选择"绘图"→"直线"命令,或在"面板"选项板的"二维绘图"控制台中单击"直线"按钮,激活该命令后,命令行提示如下:

命令:_line 指定第一点:
指定下一点或[放弃(U)]:
指定下一点或[闭合(C)/放弃(U)]:

2.4 图形资源的规划与管理——图层

图层是 AutoCAD 的一大特点,也是计算机绘图不可缺少的功能,用户可以使用图层来管理图形的显示和输出。图层像透明的覆盖图,运用它可以很好地组织不同类型的图形信息,图形对象都具有很多图形特性,如颜色、线型、线宽等,对象可以直接使用其所在图层定义的特性,也可以专门给各个对象指定特性,颜色有助于区分图形中相似的元素,线宽则可以区分不同的绘图元素,线宽可以表示对象的大小和类型,提高了图形的表达能力和可读性。合理组织图层和图层上的对象能使图形中信息的处理更加容易。

2.4.1 图层特性管理器

1. 图层颜色

图层颜色就是为选定图层指定颜色或修改颜色。颜色在图形中具有非常重要的作用,可以用来表示不同的组件、功能和区域。当我们要设置图层颜色时,可以通过以下几种方式。

➢ 在"视图"选项卡中的"选项卡"面板中单击"特性"按钮,打开"特性"选项板,如图 2-7 所示,在"常规"选项组中的"颜色"下拉列表中选择需要的颜色。

➢ 在"图层特性管理器"选项板中设置。在"图层特性管理器"选项板中选中要指定修改颜色的图层,选择其"颜色"图标,即可打开"选择颜色"对话框,如图 2-8 所示。

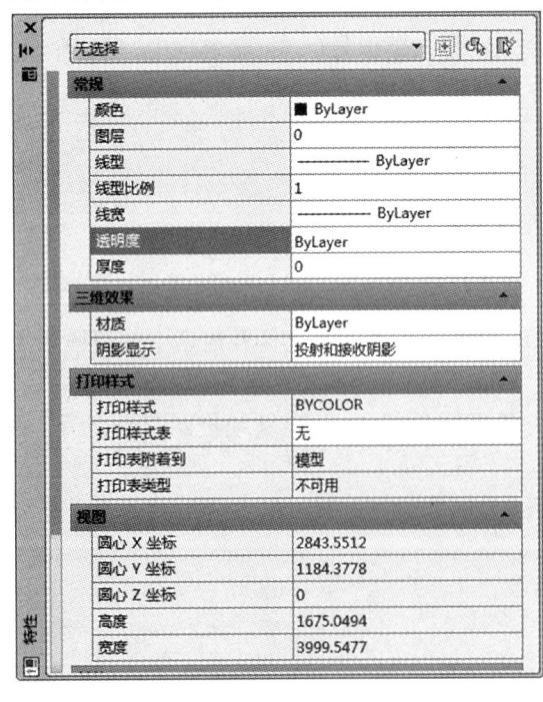
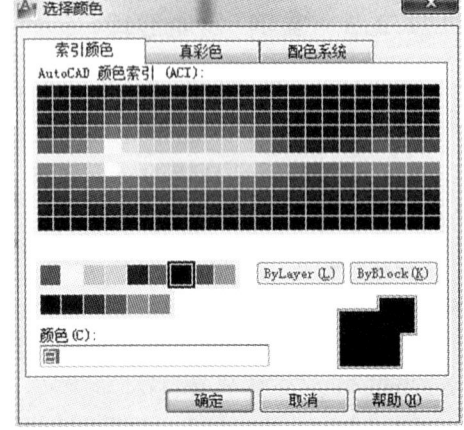

图 2-7 "特性"选项板图　　　　　图 2-8 "选择颜色"对话框

如何改变图层中对象的颜色,操作步骤如下:

①在"常用"选项卡中的"图层"面板中单击"图层特性"按钮,将打开"图层特性管理器"选项卡,在"名称"列中单击鼠标右键,选中"新建图层",并将名称修改为"墙体"。

②单击"墙体"图层的颜色特性图标,打开"选择颜色"对话框,如图 2-9 所示。

③单击"红色"色块,或在"颜色"文本框中输入"红",如图 2-10 所示,此时,右侧的色块变为红色,单击"确定"按钮即可。

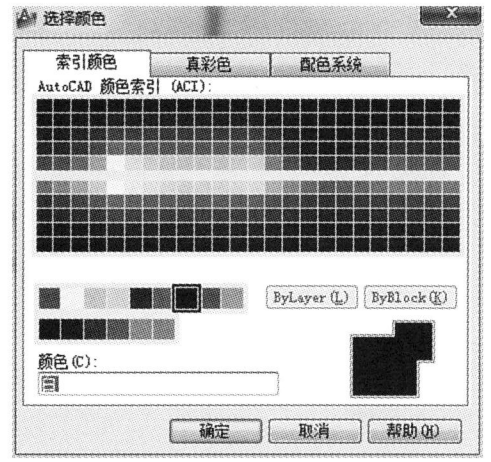 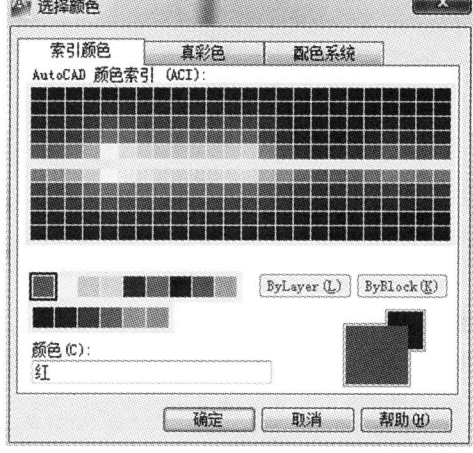

图 2-9 "选择颜色"对话框　　　　　图 2-10 单击"红色"色块

2. 图层线型

线型是指图形基本元素中线条的组成和显示方式,如虚线和实线等。在 AutoCAD 中既有简单线型,也有一些特殊符号组成的复杂线型,以满足不同国家或行业标准的要求。

如创建并命名一个"中心线"图层,设置其线型为 CENTER,其操作步骤如下:

①创建好"中心线"图层后,在"图层特性管理器"选项板中选择"中心线"图层,然后在"线型"列单击与该图层相关联的线型,打开"选择线型"对话框,如图 2-11 所示。

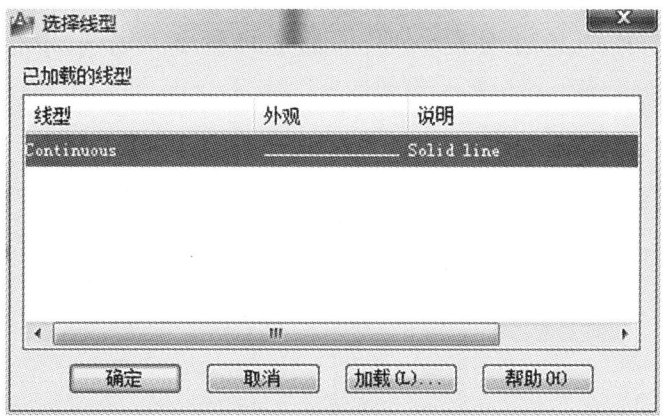

图 2-11 "选择线型"对话框

②单击"加载"按钮,打开"加载或重载线型"对话框,在"可用线型"列表框中选择 CENTER 线型,如图 2-12 所示。

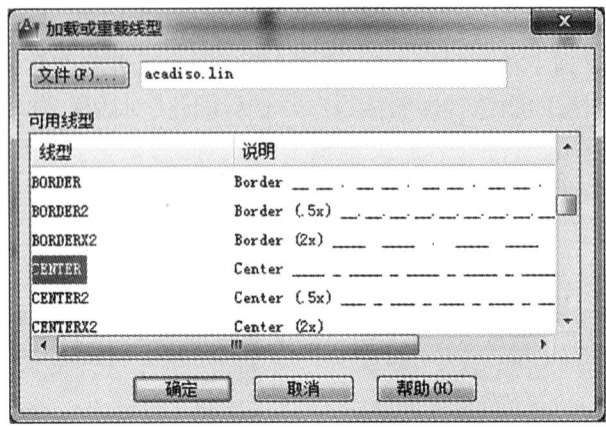

图 2-12　在"可用线型"列表框中选择 CENTER 线型

③单击"确定"按钮,返回"选择线型"对话框。此时在"选择线型"对话框中即显示了新加载的线型,从中选择 CENTER 线型,如图 2-13 所示。

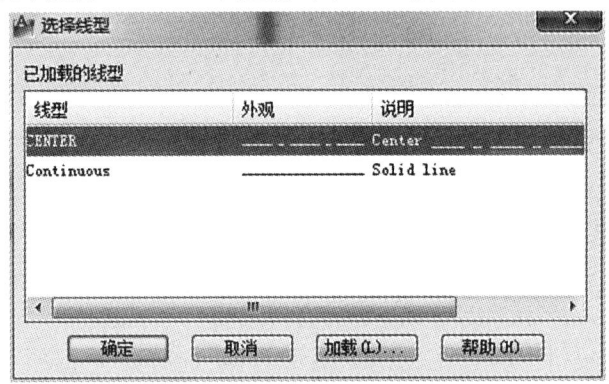

图 2-13　从加载的线型中选择 CENTER

④单击"确定"按钮,返回"图层特性管理器"选项板,即可看到"中心线"层的线型已改,如图 2-14 所示,再次单击"确定"按钮即可。

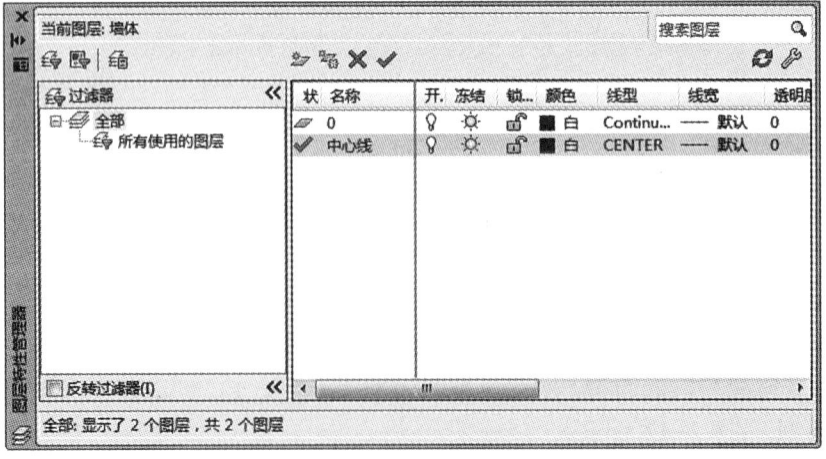

图 2-14　"中心线"层的线型更改为 CENTER

3. 图层线宽

线宽设置就是改变线条的宽度,可用于除 TrueType 字体、光栅图像、点和实体填充之外的所有图形对象,通过更改图层和对象的线宽设置来更改对象显示于屏幕和纸面上的宽度特性。在 AutoCAD 中,使用不同宽度的线条表现对象的大小和类型,可以提高图形的表达能力和可读性。若为图形对象指定线宽,则对象将根据此线宽的设置进行显示和打印。

如将"中心线"图层的线宽设置为 0.30mm,操作步骤如下:

①在"图层特性管理器"选项板中选择"中心线"图层,然后再"线宽"列单击与该图层相关联的线宽,打开"线宽"对话框,如图 2-15 所示,在 AutoCAD 中可用的线宽预定义值包括 0.00mm、0.05mm、0.09mm、0.13mm、0.15mm、0.18mm、0.20mm 一直到 2.11mm 等。

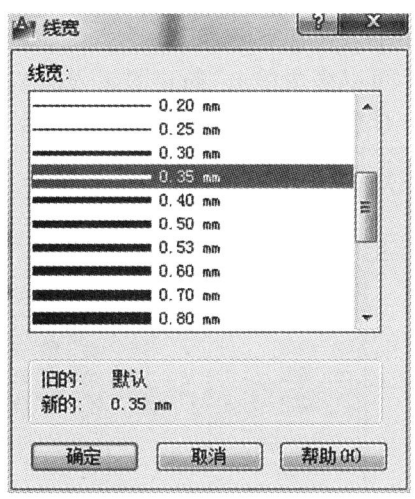

图 2-15 "线宽"对话框

②从中选择 0.35mm 的线宽,单击"确定"按钮,退出"线宽"对话框。"中心线"层的线宽变为 0.35mm,如图 2-16 所示。

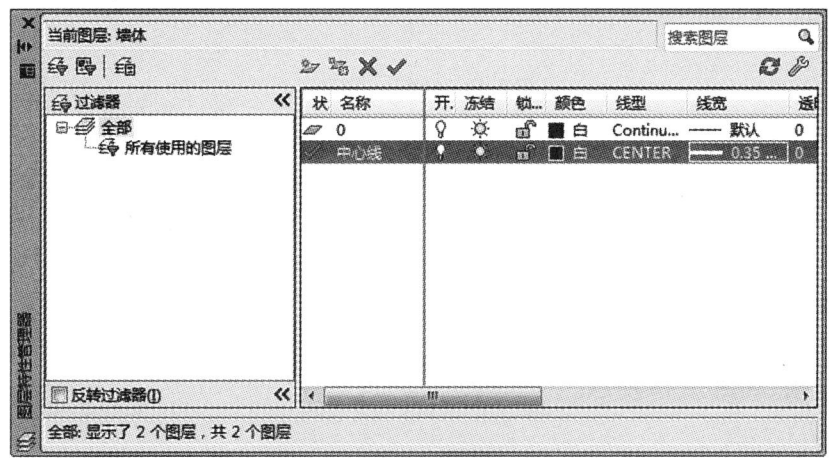

图 2-16 "中心线"层线宽设置为 0.35mm

2.4.2 创建和设置当前图层

1. 创建图层

在绘图设计中,用户可以为设计概念相关的一组对象创建和命名图层,并为这些图层指定通用特性。通过创建图层,可以将类型相似的对象指定给同一个图层使其相关联。例如,可以将构造线、文字、标注和标题栏置于不同的图层上,然后进行控制。

创建图层的步骤如下:

①在"常用"选项卡中的"图层"面板中单击"图层特性"按钮,将打开"图层特性管理器"选项板,图层列表中将自动添加名称为"图层1"的图层,所添加的图层呈被选中即高亮显示状态。

②在"名称"列为新建的图层命名。图层名最多可包含255个字符,其中包括字母、数字和特殊字符,但图层名中不可包含空格。

③如果要创建多个图层,可以多次单击"新建图层"按钮,并以同样的方法为每个图层命名,按名称的字母顺序来排列图层,创建完成的图层如图2-17所示。

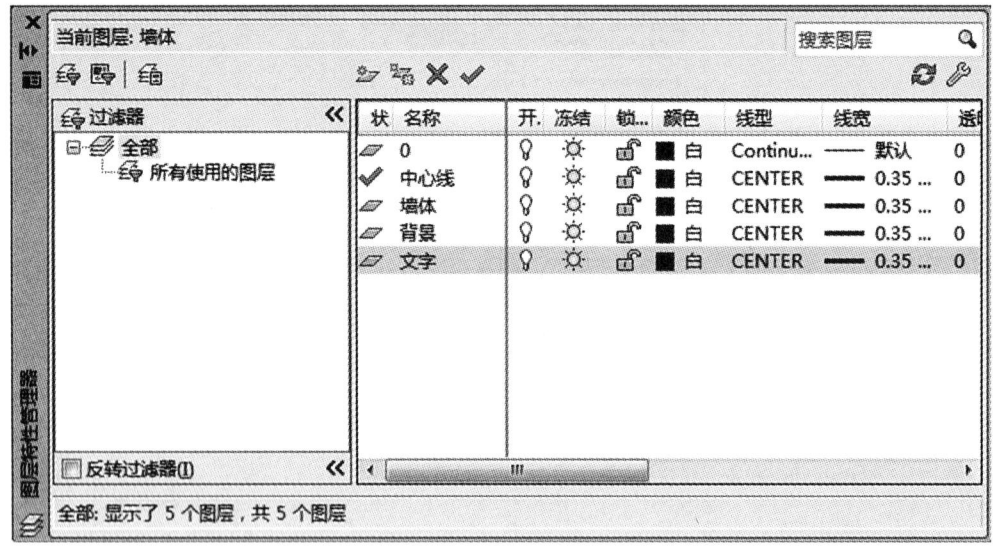

图2-17 创建多个图层

2. 设置当前图层

绘图时,新创建的对象将置于当前图层上。当前图层可以使默认图层0,也可以是用户自己创建并命名的图层。通过将其他图层置为当前图层,可以从一个图层切换到另一个图层;随后创建的任何对象都与新的当前图层关联并采用其颜色、线型和其他特性。但是不能将冻结的图层或依赖外部参照的图层设置为当前图层。其操作步骤如下:

在"图层特性管理器"选项板中选择图层,单击"置为当前"按钮,则选定的图层被设置为当前图层,如图2-18所示。

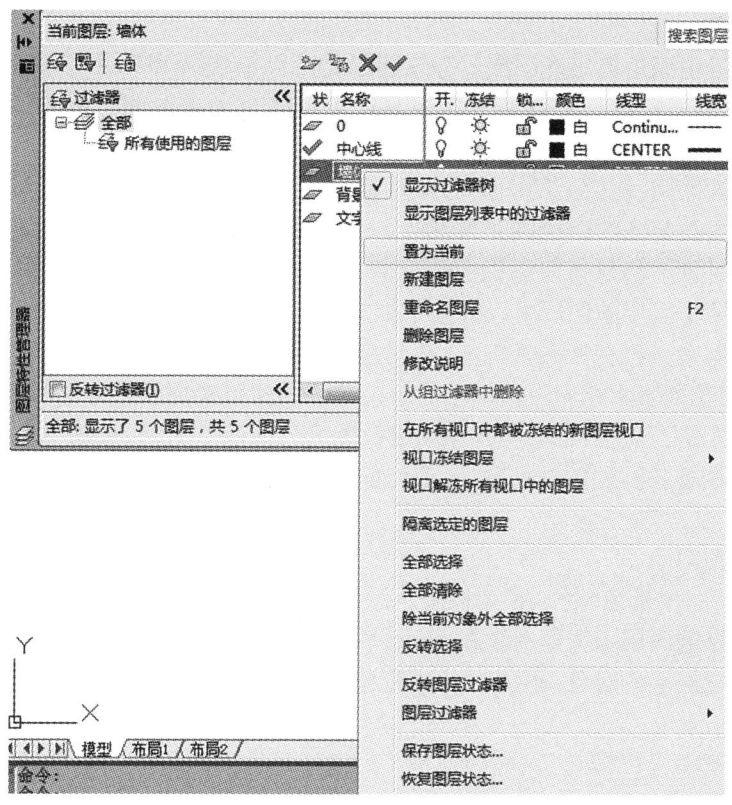

图 2-18 将"墙体"设置为当前图层

2.4.3 设置和控制图层

图层设置包括图层状态和图层特性。在"图层特性管理器"选项板列表图中显示了图层和图层过滤器状态及其特性和说明。用户可以通过单击状态和特性图标来设置或修改图层的特性和状态。

1. "状态"列

双击其图标,可以改变图层的使用状态。

✔图标表示该图层正在使用,◢图标表示该图标未被使用。

2. "名称"列

显示图层名。可以选择图层名后单击并输入新图层名。

3. "开"列

确定图层打开还是关闭。如果图层被打开,该层上的图形可以在绘图区显示或在绘图区中绘出。被关闭的图层仍然是图的一部分,但关闭图层上的图形不显示,也不能通过绘图区绘制出来。用户可以根据需要,打开或关闭图层。

在图层列表框中,与"开"对应的列是"小灯泡"图标。通过单击"小灯泡"图标可以实现打开或关闭图层的切换。如果灯泡颜色是黄色,表示对应层是打开的;如果是灰色,则相反。如果关闭的是当前层,AutoCAD 会显示出对应的提示信息,警告正在关闭当前层,但用户可以关闭当前层。很显然,关闭当前层后,所绘的图形均不能显示出来。

4. "冻结"列

在所有视口中冻结选定的图层。冻结图层是可以加快 ZOOM、PAN 和许多其他操作的运行速度,增强对象选择的性能并减少复杂图形的重生成时间。AutoCAD 不显示、打印、隐藏、渲染或重生成冻结图层上的对象。

如果图层被冻结,该层上的图形对象不能被显示出来或绘制出来,而且也不参与土星之间的运算。被解冻的图层则正好相反。从可见性来说,冻结层与关闭层是相同的,但冻结层上的对象不参与处理过程中的运算,关闭层的对象则要参与运算。所以,在复杂的图形中冻结不需要的图层可以加快系统重新生成图形时的速度。

图层列表框中,与"在所有视口冻结"对应的列是太阳或雪花图标。太阳表示所对应层没有冻结,雪花则表示相应层被冻结。单击这些图标可实现图层冻结与解冻的切换。

用户不能冻结当前层,也不能将冻结层设置为当前层。另外,依次单击"在所有视口冻结"标题,可调整各图层的排列顺序,使当前冻结的图层放在列表的最前面或最后面。

5. "锁定"列

锁定和解锁图层。

🔒图标表示图层是锁定的,🔓图标表示图层是解锁的。

锁定并不影响图层上图形对象的显示,即锁定层上的图形仍然可以显示出来,但用户不能改变锁定层上的对象,不能对其进行编辑操作。如果锁定层是当前层,用户仍可在该层上绘图。

图层列表框中,与"锁定"对应的列是关闭或打开的小锁图标。锁打开表示该层是非锁定层,关闭则表示对应层是锁定的。单击这些图标可实现图层锁定或解锁的切换。

同样,依次单击图层列表中的"锁定"按钮,可以调整各图层的排列顺序,使当前锁定的图层放在列表的最前面或最后面。

6. "打印样式"列

修改与选定图层相关联的打印样式。若正在使用颜色相关打印样式(PSTYLEPOLICY 系统变量设为1),则不能修改与图层关联的打印样式。单击任意打印样式均可显示"选择打印样式"对话框。

7. "打印"列

控制是否打印选定的图层。即使关闭了图层的打印,该图层上的对象仍会显示出来。关闭图层打印只对图形中的可见图层有效。若图层设为打印但该图层在当前图形中是冻结的或关闭的,则 AutoCAD 不打印该图层。若图层包含了参照信息,则关闭该图层的打印可能有益。

8. "新视口冻结"列

冻结或解冻新创建视口中的图层。

9. "说明"列

为所选图层或过滤器添加说明,或修改说明中的文字。过滤器的说明将添加到该过滤器及其中的所有图层。

2.4.4 实例-设置工程图中常用图层

本例通过设计机械工程制图中的常用图层及图层的内部特性,对本章所学知识进行综合练习和巩固应用。

具体操作步骤：

①执行"新建"命令，以"acadiso.dwt"作为基础样板，创建空白文件。

②设置常用图层。单击"图层"工具栏或面部上的按钮，打开"图层特性管理器"对话框。

③单击"图层特性管理器"对话框中的"新建图层"按钮，新图层将以临时名称"图层1"显示在列表中。

④用户在反白显示的"图层1"区域输入新图层的名称，如图2-19所示，创建第一个新图层。

图 2-19 输入图层名

⑤按 Alt+N 组合键，或再次单击"新建图层"按钮，创建第二个图层，结果如图2-20所示。

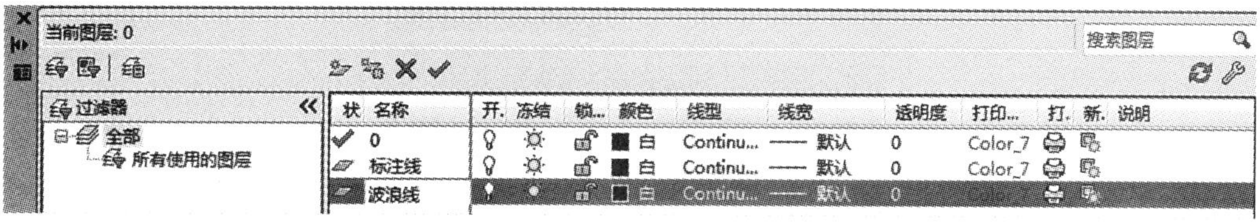

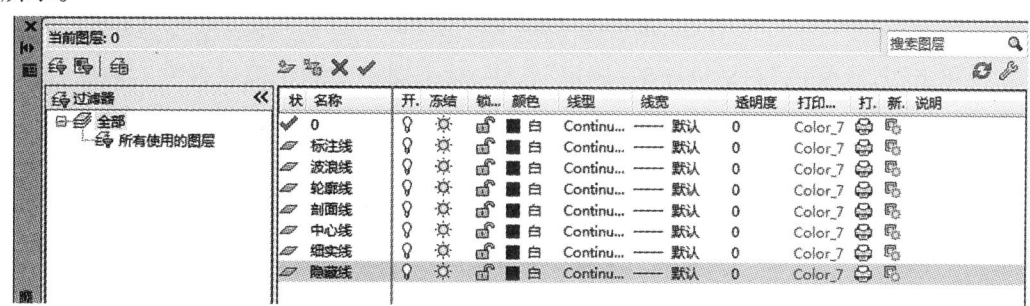

图 2-20 创建图层

⑥重复上一操作步骤，或连续按 Enter 键，快速创建其他新图层，创建结果如图2-21所示。

图 2-21 创建其他图层

⑦设置图层颜色特性。在"图层特性管理器"对话框中单击名为"标注线"的图层，使其处于激活状态，如图2-22所示。

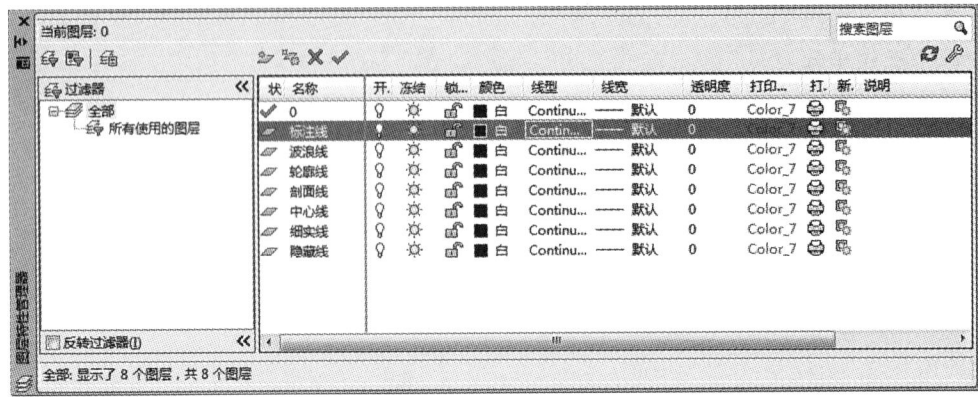

图 2-22 修改图层颜色

⑧在如图 2-23 所示的图层颜色区域上单击鼠标左键,打开"选择颜色"对话框,然后设置图层的颜色值为 150 号色,如图 2-23 所示。

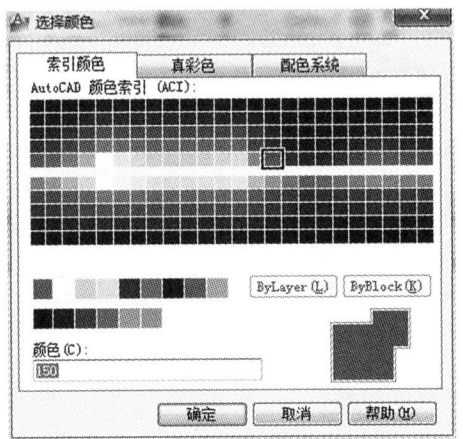

图 2-23 "选择颜色"对话框

⑨单击"选择颜色"对话框中的"确定"按钮,结果图层的颜色被设置为 150 号色,如图 2-24 所示。

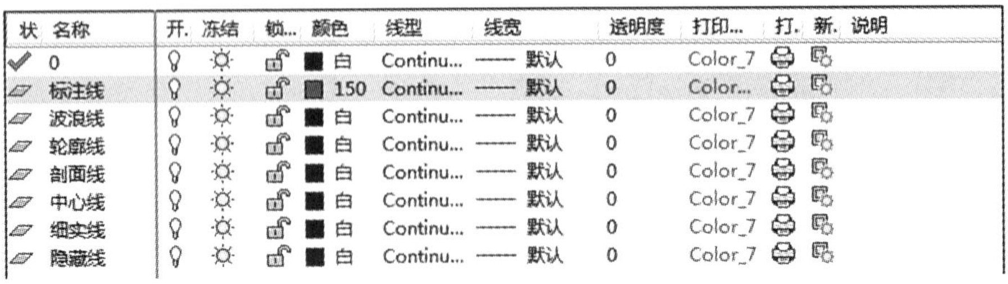

图 2-24 设置颜色后的图层

⑩参照上述操作,分别在其他图层的颜色区域单击鼠标左键,设置其他图层的颜色特性,结果如图 2-25 所示。

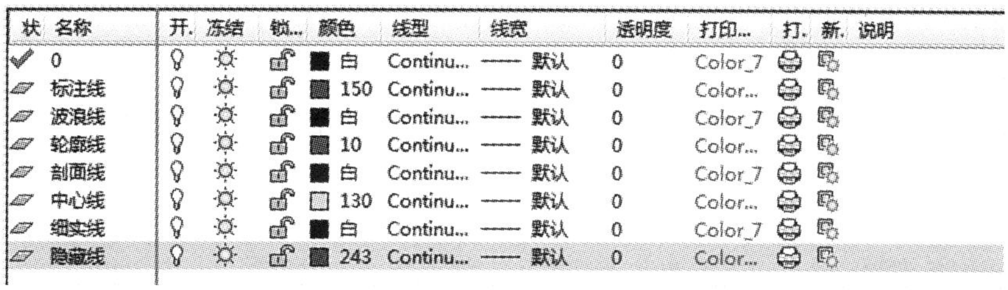

图 2-25　设置结果

⑪设置图层线型特性,在"图层特性管理器"对话框中单击名为"隐藏线"的图层,使其处于激活状态,如图 2-26 所示。

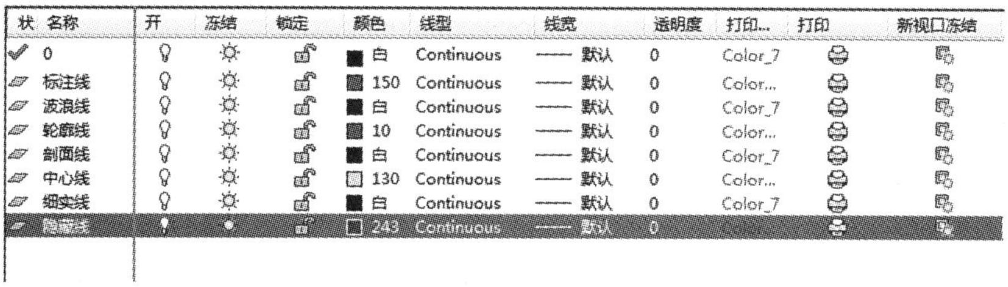

图 2-26　指定单击位置

⑫在如图 2-26 所示的图层线型位置上单击鼠标左键,打开"选择线型"对话框。

⑬在"选择线型"对话框中单击"加载"按钮,打开"加载或重载线型"对话框,选择如图 2-27 所示的线型进行加载。

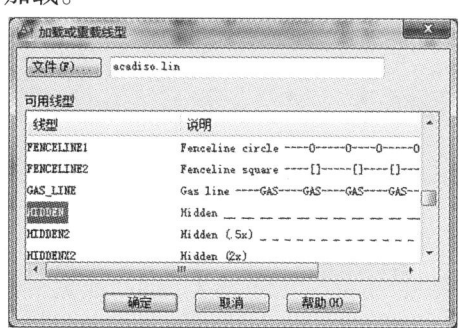

图 2-27　"加载或重载线型"对话框

⑭单击"确定"按钮,结果选择的线型被加载到"选择线型"对话框内,如图 2-28 所示。

图 2-28　加载线型

⑮选择刚加载的线型，单击“确定”按钮，即将此线型附加给当前被选择的图层，结果如图 2-29 所示。

状	名称	开.	冻结	锁...	颜色	线型	线宽	透明度	打印...	打.	新.	说明
✓	0				白	Continu...	—— 默认	0	Color_7			
	标注线				150	Continu...	—— 默认	0	Color...			
	波浪线				白	Continu...	—— 默认	0	Color_7			
	轮廓线				10	Continu...	—— 默认	0	Color...			
	剖面线				白	Continu...	—— 默认	0	Color_7			
	中心线				130	Continu...	—— 默认	0	Color...			
	细实线				白	Continu...	—— 默认	0	Color_7			
	隐藏线				243	HIDDEN	—— 默认	0	Color...			

图 2-29　设置线型

⑯参照上述操作，为“中心线”图层设置“CENTER”线型特性，结果如图 2-30 所示。

状	名称	开.	冻结	锁...	颜色	线型	线宽	透明度	打印...	打.	新.	说明
✓	0				白	Continu...	—— 默认	0	Color_7			
	标注线				150	Continu...	—— 默认	0	Color...			
	波浪线				白	Continu...	—— 默认	0	Color_7			
	轮廓线				10	Continu...	—— 默认	0	Color...			
	剖面线				白	Continu...	—— 默认	0	Color_7			
	中心线				130	CENTER	—— 默认	0	Color...			
	细实线				白	Continu...	—— 默认	0	Color_7			
	隐藏线				243	HIDDEN	—— 默认	0	Color...			

图 2-30　设置“中心线”线型

⑰设置图层线框特性。在“图层特性管理器”对话框中单击名为“轮廓线”的图层，使其处于激活状态，如图 2-31 所示。

状	名称	开.	冻结	锁...	颜色	线型	线宽	透明度	打印...	打.	新.	说明
✓	0				白	Continu...	—— 默认	0	Color_7			
	标注线				150	Continu...	—— 默认	0	Color...			
	波浪线				白	Continu...	—— 默认	0	Color_7			
	轮廓线				10	Continu...	—— 默认	0	Color...			
	剖面线				白	Continu...	—— 默认	0	Color_7			
	中心线				130	CENTER	—— 默认	0	Color...			
	细实线				白	Continu...	—— 默认	0	Color_7			
	隐藏线				243	HIDDEN	—— 默认	0	Color...			

图 2-31　设置线宽

⑱在“轮廓线”“线宽列”单击鼠标左键，在打开的“线宽”对话框中选择如图 2-32 所示的线宽。

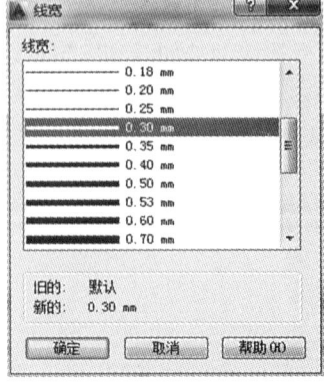

图 2-32　“线宽”对话框

⑲单击"确定"按钮返回"图层特性管理器"对话框,"轮廓线"图层的线宽被设置为"0.30mm",如图 2-33 所示。

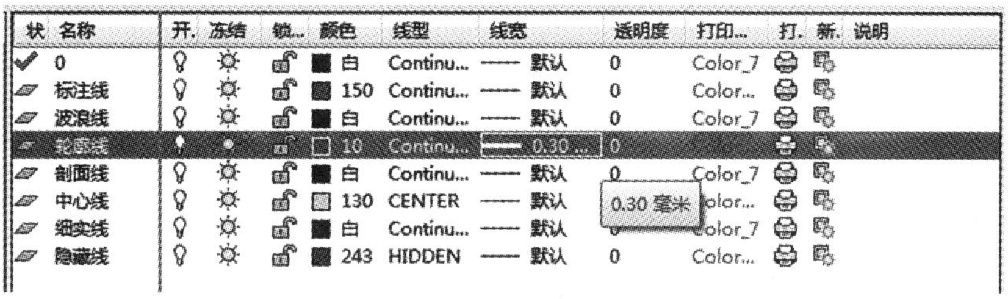

图 2-33 设置结果

⑳单击"确定"按钮关闭"图层特性管理器"对话框。
㉑执行"保存"命令,将当前文件命名存储为"综合实例一.dwg"。

2.5 精确绘图的辅助工具——草图设置

在绘制图形时,尽管可以通过移动光标来制定点的位置,但是这样确定的点的位置往往不够精确,要想精确定位,必须使用坐标或者草图设置,本节主要介绍如何使用系统里提供的捕捉、正交、追踪等精确绘图辅助工具。

在 AutoCAD 2014 中使用草图设置辅助绘图工具可以提高绘图效率。选择"工具"→"草图设置"命令,或鼠标右击状态栏中的"捕捉模式"或"栅格显示"按钮,在弹出的快捷菜单中单击设置就可以弹出"草图设置"对话框,如图 2-34 所示,可以在其中对捕捉模式和栅格显示进行打开和关闭以及其他的参数设置。

图 2-34 "草图设置"对话框

2.5.1 捕捉、栅格与正交

1. 捕捉

使用捕捉功能可以快速在绘图区中拾取固定的点,从而方便绘制需要的图形。

单击状态栏中的"捕捉模式"按钮▦,当该按钮显示为"蓝色"时,表示启用了捕捉功能。此时若启动绘图命令,绘图光标在绘图中将会按一定的间隔移动。再次单击"捕捉模式"按钮▦,当该按钮显示为"灰色"时,则表示关闭捕捉功能。

使用 Snap 命令可以设置绘图区中间隔移动的间距值,其操作步骤如下:

① 单击状态栏中的"捕捉模式"按钮▦,启动捕捉功能。

② 执行 Snap 命令,设置绘图光标在绘图区的捕捉间距值"30",命令行窗口提示如下:

> 命令:<捕捉开>
> 命令:snap
> 指定捕捉间距或[开(ON)/关(OFF)/纵横向间距(A)/样式(S)/类型(T)]<10.0000>:30

2. 栅格

通过状态栏中的"栅格显示"工具可按用户指定的 X,Y 方向间距在绘图界限内显示栅格点阵。使用栅格功能是为了让用户在绘图时有一个直观的定位参照。单击状态栏中的"栅格显示"按钮▦,当该按钮显示为蓝色时,即表示启用了栅格功能,此时在绘图区中就会显示出栅格阵列;再次单击"栅格显示"按钮▦,按钮显示为灰色时,则表示关闭栅格功能。

使用 Grid 命令可对栅格功能参数进行设置,如点间距、开/关状态等。其操作步骤如下:

① 单击状态栏中的"栅格显示"按钮▦,启动栅格功能。

② 执行 Grid 命令,设置绘图光标在绘图区的栅格间距值为"50",命令行窗口提示如下:

> 命令:grid
> 指定栅格间距(X)或[开(ON)/关(OFF)/捕捉(S)/主(M)/自适应(D)界限(L)跟随(F)/纵横向间距(A)]<10.0000>:50

若用户在状态栏的"捕捉模式"按钮或"栅格显示"按钮上单击鼠标右键,在弹出的快捷菜单中选择"设置"命令,在打开的"草图设置"对话框中也可设置捕捉和栅格的间距及开关状态。

3. 正交

使用正交功能可在绘图窗口中手动绘制绝对水平或垂直的直线。单击状态栏中的"正交模式"按钮⌐,当该按钮呈蓝色时,表示启用了正交模式,此时,用户即可在绘图区中绘制水平或垂直的直线。再次单击"正交模式"按钮⌐,该按钮呈灰色时,即表示关闭

了正交功能。如要绘制一个三角形,如图2-35所示,其操作步骤如下:

①单击状态栏中的"正交模式"按钮,启动正交功能。

②执行"直线"命令,绘制矩形,命令行窗口提示如下:

命令:line
指定第一点:
指定下一点或[放弃(U)]:
指定下一点或[放弃(U)]:
指定下一点或[闭合(C)/放弃(U)]:
指定下一点或[闭合(C)/放弃(U)]:

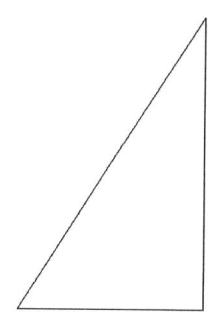

图2-35 直角三角形效果图

2.5.2 对象捕捉

对象捕捉是AutoCAD 2014提供的一个用于拾取图形几何点的过滤器,它使光标能精确地定位在对象的一个几何特殊点上,如圆心、断点、中点、切点、交点、垂足等,利用对象捕捉命令可以帮助用户将光标快速、准确地定位在特殊或特定位置上,从而提高绘图效率。

AutoCAD 2014为用户提供了多种对象捕捉类型,对象捕捉是一种特殊点的输入方法,该操作不能单独进行,只有在执行某个命令需要指定点时才能调用。

根据捕捉方式不同,对象捕捉分为临时对象捕捉和自动对象捕捉两种。临时对象捕捉方式的设置只能对当前进行的绘制操作起作用;而设置了自动对象捕捉方式后,绘图时可以一直保持这种捕捉状态,如果要取消这种捕捉方式,可在设置对象捕捉时取消。

启用对象捕捉方式的常用方法有以下几种:

➤ 打开"对象捕捉"工具栏,在工具栏中选择相应的捕捉方式即可,如图2-36所示。

图2-36 对象捕捉工具栏

➤ 在命令行中直接输入所需对象捕捉命令的英文缩写。

➤ 在绘图区中按住shift键再单击鼠标右键,在弹出的快捷菜单中选择"对象捕捉设置"命令,设置相应的捕捉方式。

➤ 单击状态栏中的"对象捕捉"按钮,当该按钮呈蓝色时,表示启用了对象捕捉模式;再次单击"对象捕捉"按钮，该按钮呈灰色时,即表示关闭了对象捕捉功能。在状态栏中的"对象捕捉"按钮上单击鼠标右键,在弹出的快捷键菜单中选择"设置"命令,打开"草图设置"对话框,设置相应的对象捕捉方式。

对象捕捉工具栏中各按钮的含义如下:

①临时追踪点按钮。用于设置临时追踪点,使系统按照正交或者极轴的方式进行追踪。

②捕捉自按钮。选择一点,以所选的点为基准点,再输入另一点相对于此点的相对坐标值,从而确定另一点的捕捉办法。

③捕捉到端点按钮。用于捕捉线段、矩形、圆弧等线段图形对象的端点。

④捕捉到中点按钮。用于捕捉线段、弧线、矩形的边线等图形对象的线段中点。

⑤捕捉到交点按钮。用于捕捉图形对象间相交或延伸相交的点。

⑥捕捉到延长线按钮。使光标从图形的端点处开始移动,沿图形一边以虚线表示此边的延长线,光标旁边显示对于捕捉点的相对坐标值。

⑦捕捉到圆心按钮。用于捕捉圆形、椭圆形等图形的圆心位置。

⑧捕捉到象限点按钮。用于捕捉圆形、椭圆形等图形上的象限点位置。

⑨捕捉到切点按钮。用于捕捉圆形、圆弧、椭圆形与其他图形相切的切点位置。

⑩捕捉到垂足按钮。用于绘制垂线,即捕捉图形的垂足。

⑪捕捉到平行线按钮。用于捕捉与参照线平行的线段。

⑫捕捉到节点。用于捕捉点命令创建的点对象。

在 AutoCAD 2014 中,使用最方便的捕捉方式就是自动捕捉方式,设置了自动捕捉方式,当光标移动到符合设置条件的点时会自动显示相应的标记和提示,实现自动捕捉。这样就不需要再输入命令或单击工具按钮了,从而大大提高了绘图效率。

2.5.3 自动追踪

在 AutoCAD 2014 中,可以按照某个指定角度或利用点与其他实体对象之间特定的关系确定所要创建的点的方向,称为自动追踪。自动追踪分为极轴追踪和对象捕捉追踪两种。极轴追踪是利用指定角度的方式设置点的追踪方向,对象捕捉追踪是利用点与其他实体对象之间特定的关系来确定追踪方向。

1. 极轴追踪

极轴追踪是指当 AutoCAD 2014 提示指定点的位置时,拖动光标使光标接近预先设定的方向即极轴追踪方向,系统就会自动沿该方向显示出极轴追踪虚线。

选择工具-草图设置命令,或在状态栏的极轴追踪开关按钮上右击,从弹出的快捷菜单选择设置命令,打开草图设置对话框,切换到极轴追踪选项卡,在其中可以设置是否启用极轴追踪功能以及极轴追踪方向等参数,如 2-37 所示。

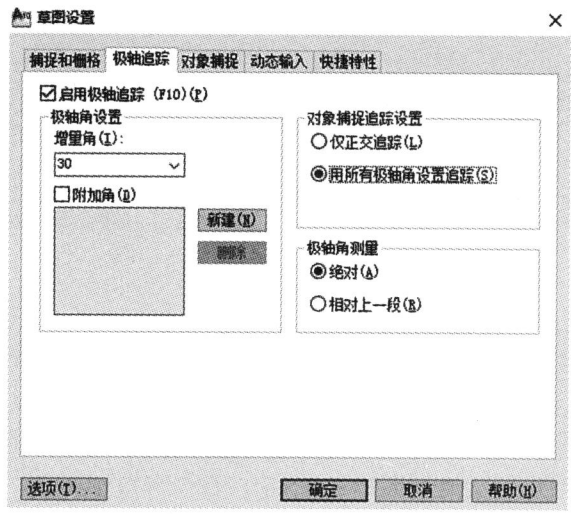

图 2-37　极轴追踪参数设置

2. 对象捕捉追踪

对象捕捉追踪是对象捕捉和极轴追踪的综合应用。启用对象捕捉追踪功能后，自动捕捉到图形中某个特征点时，系统将以这个点为基准点沿正交或某个极坐标方向寻找另一特征点，此时在追踪方向上显示一条辅助线。

对象捕捉追踪的特征点也可在"草图设置"对话框的"对象捕捉"选项卡中设置，其设置方法与对象捕捉特征点的设置方法相同。

单击状态栏中的"对象捕捉追踪"按钮∠，该按钮呈蓝色时，表示启用了对象捕捉功能；再次单击"对象捕捉追踪"按钮∠，该按钮呈灰色时，即表示关闭了对象捕捉功能。

2.5.4　实例-绘制楼梯

通过绘制图 2-38 所示的楼梯图形，主要对"极轴追踪""对象追踪""对象捕捉追踪""正交模式"以及"视图缩放"等多种功能进行综合练习和巩固应用。

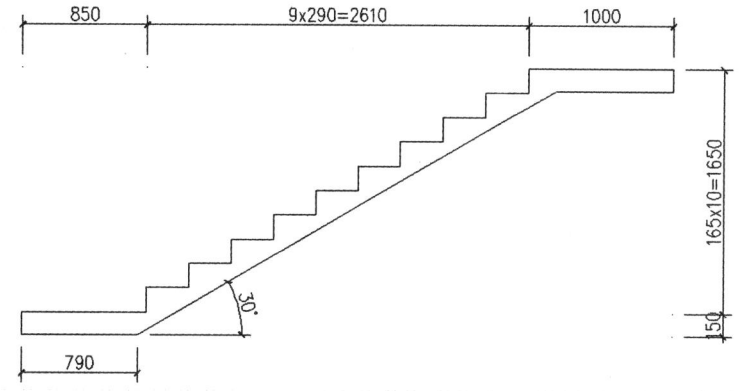

图 2-38　实例效果

①执行"新建"命令，新建一个公制单位的绘图文件。

②执行菜单栏中的"视图"→"缩放"→"中心"命令,将视图高度调整为3000个单位,命令行操作如下:

命令:_zoom
指定窗口的角点,输入比例因子(nX 或 nXP),或者
[全部(A)/中心(C)/动态(D)/范围(E)/上一个(P)/比例(S)/窗口(W)/对象(O)]<实时>:_c
指定中心点:
输入比例或高度<41.4137>:3000
正在重生成模型

③单击状态栏上的按钮,打开"正交模式"功能。

④执行菜单栏中的"绘图"→"直线"命令,配合"正交模式"功能绘制楼梯右侧平台板及楼梯台阶轮廓线,绘制结果如图2-39所示。命令行操作如下:

命令:_line 指定第一点:
指定下一点或[放弃(U)]:150
指定下一点或[放弃(U)]:1000
指定下一点或[闭合(C)/放弃(U)]:165
指定下一点或[闭合(C)/放弃(U)]:290
指定下一点或[闭合(C)/放弃(U)]:165
指定下一点或[闭合(C)/放弃(U)]:290
指定下一点或[闭合(C)/放弃(U)]:165
指定下一点或[闭合(C)/放弃(U)]:290
指定下一点或[闭合(C)/放弃(U)]:165
指定下一点或[闭合(C)/放弃(U)]:290
指定下一点或[闭合(C)/放弃(U)]:165
指定下一点或[闭合(C)/放弃(U)]:290
指定下一点或[闭合(C)/放弃(U)]:165
指定下一点或[闭合(C)/放弃(U)]:290
指定下一点或[闭合(C)/放弃(U)]:165
指定下一点或[闭合(C)/放弃(U)]:290
指定下一点或[闭合(C)/放弃(U)]:165
指定下一点或[闭合(C)/放弃(U)]:290
指定下一点或[闭合(C)/放弃(U)]:165
指定下一点或[闭合(C)/放弃(U)]:290
指定下一点或[闭合(C)/放弃(U)]:165
指定下一点或[闭合(C)/放弃(U)]:*取消*

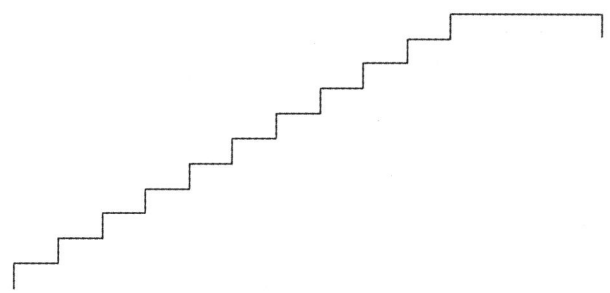

图 2-39 绘制结果

⑤执行菜单栏中的"工具"→"草图设置"命令,在打开的对话框中启用并设置捕捉和追踪模式,如图 2-40 所示。

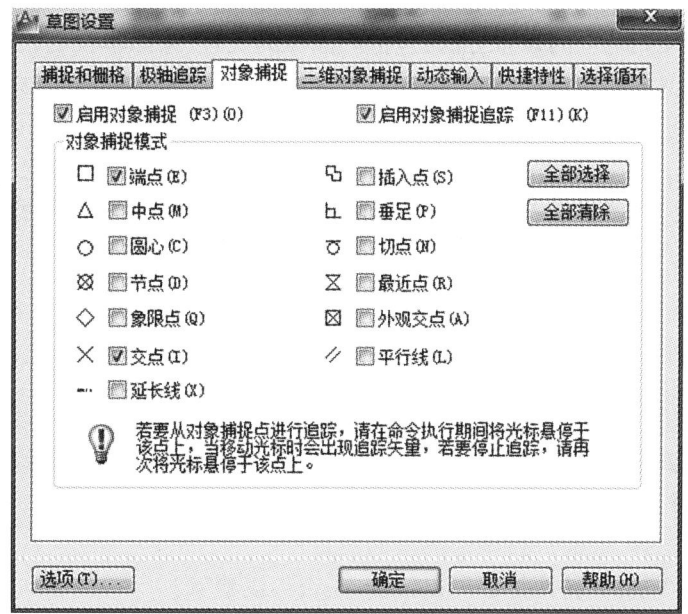

图 2-40 设置捕捉追踪

⑥展开"极轴追踪"选项卡,设置极轴角并启用"极轴追踪"功能,如图 2-41 所示。

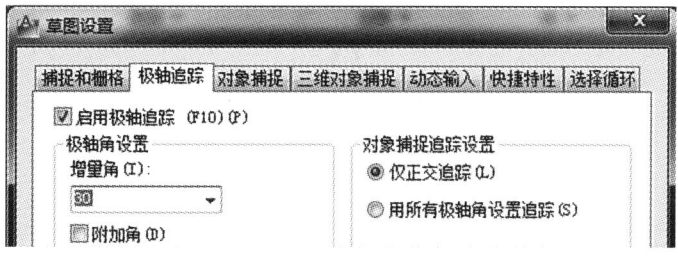

图 2-41 设置极轴追踪

⑦执行菜单中的"绘图"→"直线"命令,配合"极轴追踪""对象捕捉"和"对象追踪"功能绘制左侧平台及其他轮廓线,命令行操作如下:

```
命令:_line 指定第一点:
指定下一点或[放弃(U)]:850
指定下一点或[放弃(U)]:150
指定下一点或[闭合(C)/放弃(U)]:790
指定下一点或[闭合(C)/放弃(U)]:<极轴开>
指定下一点或[闭合(C)/放弃(U)]:
指定下一点或[闭合(C)/放弃(U)]:
```

⑧执行"保存"命令,将图形命名存储为"综合实例二.dwg"。

小　　结

本章讲解了绘图环境的设置方法,包括对鼠标的设置、绘图单位的设定、绘图界限设置以及精确绘图的辅助功能;介绍了坐标系和动态坐标系、基本输入操作,重点讲解了图层与图层特性管理包括创建图层、命名图层,以及图层颜色、线宽、线型等特性的设置;随后较详细地讲解了捕捉、栅格、正交以及对象捕捉和对象追踪等较为快捷的辅助工具。通过两个综合实例让读者能够快速地了解到图层特性的设置以及精确绘图辅助工具的使用。

习　　题

1. 如果正在进行绘图操作,如何随时终止命令?
2. AutoCAD 2014 采用三维笛卡儿坐标系统来确定点的位置,按坐标系统的原点是否可变,坐标系统分为哪两种?
3. 在绘制新图时,如何进行图形界限的设置?
4. 默认图层 0 层,其特性是否可以改变,是否可以删除?
5. 新建一个图层,将其"线宽"特性修改为 0.30mm。
6. 被加锁的图层上的图形是否能进行编辑?
7. 绘制边长为 90 的五角星如下图所示。

8. 利用相对极坐标绘制下图所示图形。

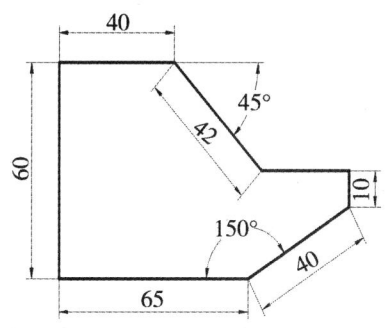
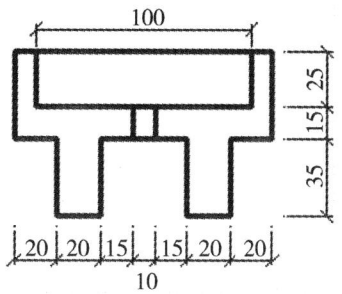

9. 利用正交与对象追踪绘制下图所示图形。

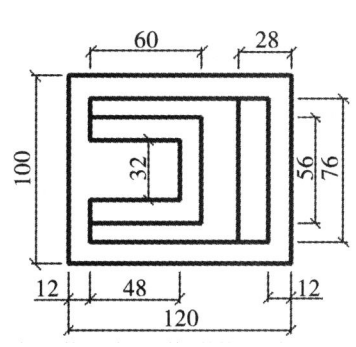
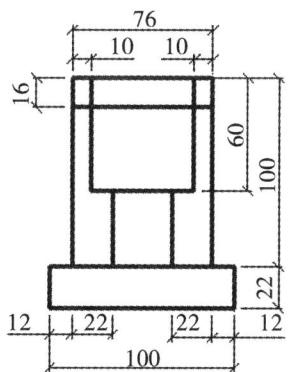

10. 利用极轴追踪绘制下图所示图形。

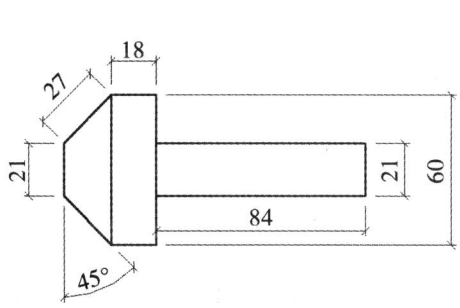
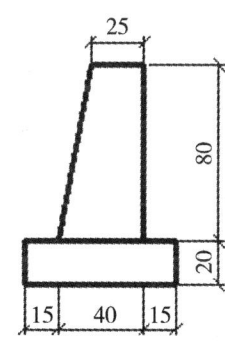

第3章 二维图形的基本绘制方法

3.1 绘制不同的线性符号

在 AutoCAD 2014 中,线性对象主要包括直线段、射线、构造线、多段线、多线、云线、样条曲线等。具体绘制如下:

3.1.1 绘制直线段

"直线"命令是一个最常用的画线工具,使用此命令可以绘制一条或多条直线段,每条直线都被看作是一个独立的对象。

执行"直线"命令有以下几种方式:
- 执行菜单栏中的"绘图"-"直线"命令。
- 单击"绘图"工具栏或面板上的 按钮。
- 在命令行输入 Line 或 L 后按 Enter 键。

下面绘制边长为 80 的正三角形,练习使用"直线"命令和相对坐标的输入功能绘制的方法。

①单击"绘图"工具栏或面板上的 按钮,激活"直线"命令。
②激活该命令后,根据命令行的提示精确画图。命令操作过程如下:

```
命令:_line
指定第一个点:                           //在绘图区单击,拾取一点作为起点
指定下一点或[放弃(U)]:80                //向右追踪80,定位第二点
指定下一点或[放弃(U)]:                  //@80<120,定位第三点
指定下一点或[闭合(C)/放弃(U)]:          //c,闭合图形,结果如图3-1所示。
```

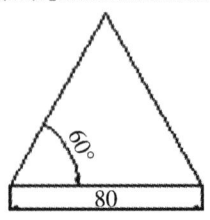

图 3-1 绘制结果

3.1.2 绘制射线

"射线"命令用于绘制向一端无限延伸的作图辅助线,如图3-2所示。

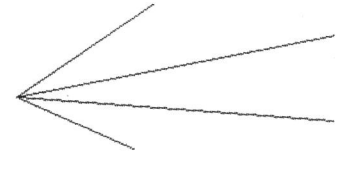

图3-2 射线示例

执行"射线"命令有以下几种方式:
> 执行菜单栏中的"绘图"-"射线"命令。
> 单击"绘图"工具栏或面板上的 ✗ 按钮。
> 在命令行输入 ray 后按 Enter 键。

命令:_ray 指定起点:
指定通过点: //指定射线的起点
指定通过点: //指定射线的通过点
指定通过点: //指定射线的通过点
…
指定通过点: //Enter,结束命令

3.1.3 绘制构造线

"构造线"命令用于绘制向两端无线延伸的作图辅助线,如图3-3所示。

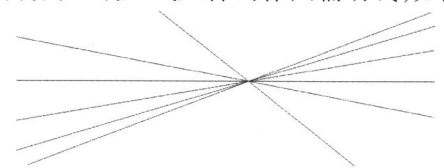

图3-3 构造线示例

执行"直线"命令有以下几种方式:
> 执行菜单栏中的"绘图"-"构造线"命令。
> 单击"绘图"工具栏或面板上的 ✗ 按钮。
> 在命令行输入 Xline 或 XL 后按 Enter 键。

执行一次该命令后,可以绘制多条构造线,直到结束命令为止。操作命令如下:
命令:_xline
指定点或[水平(H)/垂直(V)/角度(A)/二等分(B)/偏移(O)]://定位构造线上
　　　　　　　　　　　　　　　　　　　　　　　　　　　　　　　的点
指定通过点: //定位构造线上的通过点
指定通过点: //定位构造线上的通过点
…
指定通过点: //Enter,结束命令

注:使用构造线命令,不仅可以绘制水平构造线和垂直构造线,还可以绘制具有一定角度的辅助线以及绘制角的等分线。

➢ 使用"水平"选项,可以绘制向两端无限延伸的水平构造线。
➢ 使用"垂直"选项,可以绘制向两端无限延伸的垂直构造线。
➢ 使用"偏移"选项,可以绘制与参照线平行的构造线。
➢ 使用"角度"选项,可以绘制任意角度的作图辅助线。

3.1.4 绘制多段线

多段线是指由一系列直线段或弧线段连接而成的一种特殊几何图元,此图元无论包括多少条直线元素或弧线元素,系统都将其看作单个对象。使用该命令,所绘制的多段线可以具有宽度,可以闭合或不闭合,如图3-4所示。

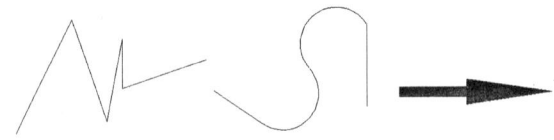

图3-4 多段线示例

➢ 执行菜单栏中的"绘图"-"多段线"命令。
➢ 单击"绘图"工具栏或面板上的 ⤳ 按钮。
➢ 在命令行输入 Pline 或 PL 后按 Enter 键。

注:多段线选项设置。

1."圆弧"选项

该选项用于将当前多段线模式切换为画弧模式,以绘制由弧线组合而成的多段线。在命令提示下输入A,或在绘图区单击鼠标右键,选择"圆弧",都可激活该命令,命令操作如下:

指定圆弧的端点或[角度(A)/圆心(CE)/闭合(CL)/方向(D)/半宽(H)/直线(L)/半径(R)/第二个点(S)/放弃(U)/宽度(W)]:

各次级选项功能如下:

➢ 使用"角度"选项,可以指定要绘制的圆弧的圆心角。
➢ 使用"圆心"选项,可以指定圆弧的圆心。
➢ 使用"闭合"选项,可以用圆弧线封闭多段线。
➢ 使用"方向"选项,可以取消直线与圆弧的相切关系,改变圆弧的起始方向。
➢ 使用"半宽"选项,可以指定圆弧的半宽值,系统会提示用户输入起点与终点半宽值。
➢ 使用"直线"选项,可以切换直线模式。
➢ 使用"半径"选项,可以指定圆弧半径。
➢ 使用"第二个点"选项,可以绘制三点画弧的第二点。
➢ 使用"宽度"选项,可以设置弧线的宽度值。

2.其他选项

➢ 使用"闭合"选项,可以直接用直线段封闭多段线。

➢ 使用"长度"选项,可以定义下一段多段线的长度。

3.1.5 绘制多线

多线命令可以绘制由两条或两条以上的平行元素构成的复合线对象。每条平行线元素的线型,颜色以及间距都可以设置,如图 3-5 所示。多线常用于绘制建筑图中的墙体等图形。

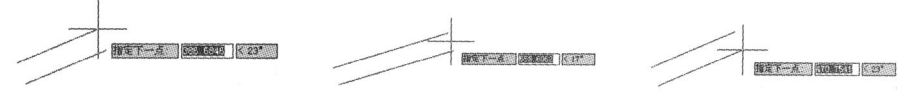

图 3-5 多线示例

执行"多线"命令有以下几种方式:
➢ 执行菜单栏中的"绘图"-"多线"命令。
➢ 单击"绘图"工具栏或面板上的 按钮。
➢ 在命令行输入 Mline 或 ML 后按 Enter 键。

注:默认设置下,所绘制的多线是由两条平行元素构成的。

选项解析
➢ "比例"选项用于绘制任意宽度的多线。默认的比例为 20。
➢ "对正"选项用于设置多线的对正方式,AutoCAD 提供了三种对正方式:上对正、无对正、下对正,如图 3-6 所示。

图 3-6 三种对正方式

➢ "样式"选项用于选择一种已保存的多线样式。

多线在绘制之前,通常需要根据实际情况对其封口、偏移等样式进行设置,其命令调用的方法有:
➢ "格式"-"多线样式"命令
➢ 命令行:mlstyle+enter

执行该命令后,系统弹出如图 3-7 所示的"多线样式"对话框,点击"新建",命名"24 墙体",如图 3-8 所示。

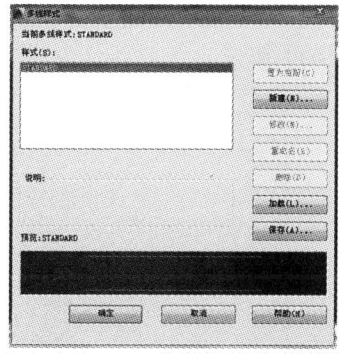 

图 3-7 所示的"多线样式"对话框   图 3-8 "创建新的多线样式"对话框

点击"继续",进行如图 3-9 所示设置。

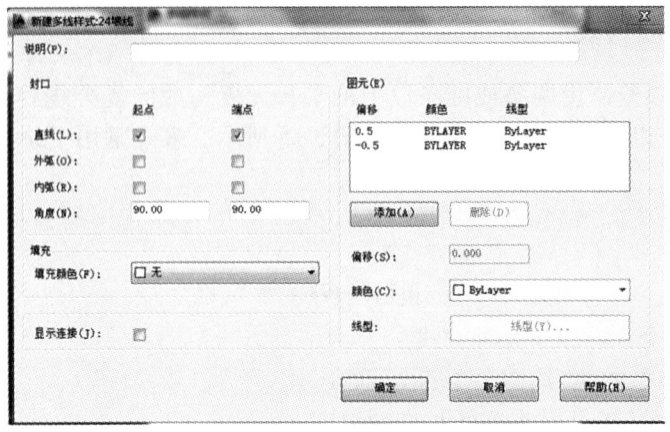

图 3-9 "新建多线样式"对话框

点击"确定"弹出如图 3-10 所示内容,选中"24 墙线"样式,让它作为当前线型。

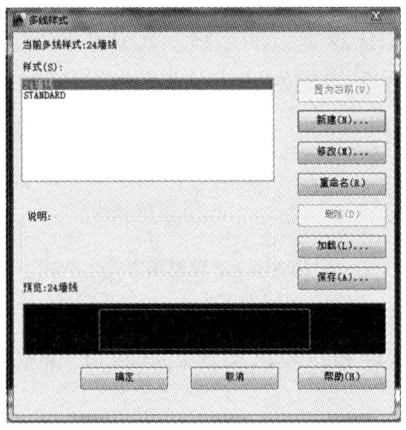

图 3-10 "多线样式选择"对话框

3.1.6 绘制云线

"修订云线"命令用于绘制由连续圆弧所构成的图线,所绘制的图线被看作是一条多段线,此种图线可以是闭合的,也可以是断开的,如图 3-11 所示。

图 3-11 修订云线示例

执行"多线"命令有以下几种方式:
➢ 执行菜单栏中的"绘图"-"修订云线"命令。

➢ 单击"绘图"工具栏或面板上的 按钮。
➢ 在命令行输入 Revcloud 后按 Enter 键。

3.1.7 绘制样条曲线

"样条曲线"命令用于绘制通过某些拟合点（接近控制点）的光滑曲线,所绘制的曲线可以是二维曲线,也可以是三维曲线。

执行"样条曲线"命令有以下几种方式：
➢ 执行菜单栏中的"绘图"-"样条曲线"命令。
➢ 单击"绘图"工具栏或面板上的 ↗（拟合点）按钮或 ↗（控制点）按钮。
➢ 在命令行输入 Spline 或 SPL 后按 Enter 键。

3.2 绘制不同的点状符号

点元素是最基本、最简单的一种几何图元,点对象可以用作捕捉和偏移对象等的节点或参考点。

3.2.1 设置点样式

由于默认模式下的点是一一个小点显示的,如果该点处于某些轮廓线上,那么将会看不到点,为此,AutoCAD 为用户提供了点的显示样式,用户可以根据需要进行设置。

执行"点样式的设置"命令有以下几种方式：
➢ 执行菜单栏中的"格式"-"点样式"命令。
➢ 在命令行输入 Ddptype 后按 Enter 键。

可以打开如图 3-12 所示的"点样式"对话框。

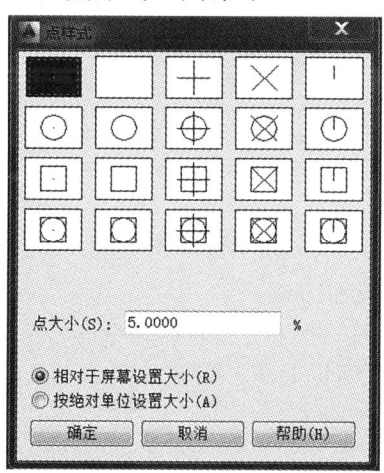

图 3-12 "点样式"对话框

注：➢ 在该对话框中共有 20 种点样式,在所需样式上单击,即可将此样式设置为当前样式;

➢ "点大小"文本框内输入点的大小尺寸。其中,"相对于屏幕设置大小"单选按钮表示按照屏幕尺寸的百分比显示点,"按绝对单位设置"单选按钮表示按照点的实际尺寸来显示点。

3.2.2 绘制单点

"单点"命令用于绘制单个的点对象,执行一次命令,仅可以绘制一个点。默认设置下,所绘制的点以一个小点进行显示,为了表示清楚,设置点样式如图3-13所示。

图 3-13 单点

执行"单点"命令有以下几种方式:
➢ 执行菜单栏中的"绘图"-"点"-"单点"命令。
➢ 在命令行输入 Point 或 PO 后按 Enter 键。

执行该命令后,系统提示如下:

命令:_point
当前点模式:PDMODE=97　PDSIZE=5000.0000
指定点:　　　　　　　　　　　　　　　　　　//绘图区拾取点或输入点坐标

3.2.3 绘制多点

"多点"命令用于连续地绘制多个的点对象,执行一次命令,可绘制多个点,直到用 Esc 命令结束当前命令,如图3-14所示。

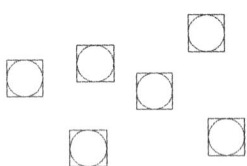

图 3-14 绘制多点

执行"多点"命令有以下几种方式:
➢ 执行菜单栏中的"绘图"-"点"-"多点"命令。
➢ 单击"绘图"工具栏或面板上的 · 按钮。

执行该命令后,系统提示如下:

命令:_point
当前点模式:PDMODE=97　PDSIZE=5000.0000
指定点:　　　　　　　　　　　　　　　　　　//在绘图区给定点的位置

3.2.4 绘制定数等分点

"定数等分"用于按照指定的等分数目等分对象,对象被等分的结果仅仅是在等分点处放置了点的标记符号,而源对象并没有被分为多个对象。

执行"定数等分"命令主要方式:

➢ 执行菜单"绘图"-"点"-"定数等分"。

➢ 在命令行输入 Divide 或 Div 后按 Enter 键。

例子:绘制一条长 500 的水平线段,等分为 5 段。绘制结果如图 3-15 所示。

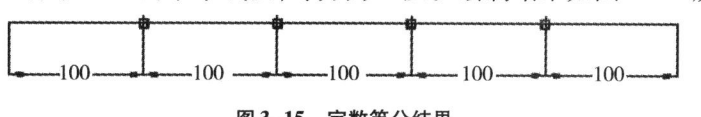

图 3-15 定数等分结果

```
命令:_line
指定第一个点:                    //在界面上随便选一点作为第一点
指定下一点或[放弃(U)]:500        //向右水平追踪 500 个单位
指定下一点或[放弃(U)]:            //敲 Enter 结束当前命令
命令:divide
选择要定数等分的对象:            //选择刚刚绘制的直线
输入线段数目或[块(B)]:            //5Enter,设置等分数目。绘制结果如图 3-15 所示。
```

3.2.5 绘制定距等分点

"定距等分"指按照指定的等分距离等分对象。

执行"定距等分"命令的方式:

➢ 执行菜单"绘图"-"点"-"定距等分"。

➢ 在命令行输入 Measure 或 Me 后按 Enter 键。

例子:将 500 的水平线段,按照 49 个绘图单位的距离放置点标记。绘制结果如图 3-16 所示。

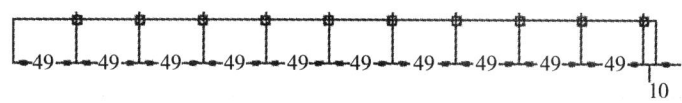

图 3-16 定距等分结果

```
命令:_line
指定第一个点:                    //在界面上随便选一点作为第一点
指定下一点或[放弃(U)]:500        //向右水平追踪 500 个单位
指定下一点或[放弃(U)]:            //敲 Enter 结束当前命令
命令:measure
选择要定距等分的对象:            //选择刚刚绘制的直线
指定线段长度或[块(B)]:            //49Enter,设置等分距绘制结果如图 3-16 所示。
```

注:在进行定距等分时,选取对象后,鼠标靠近哪一端单击,那么系统就从哪一端开

始等距离等分,所以鼠标单击对象的位置,决定了等分点的放置次序。

3.3 绘制不同的多边形符号

3.3.1 绘制矩形

矩形是一种非常常见的几何图元,它由4条首尾相连的直线组成。在AutoCAD中,将矩形看作是一条闭合的多段线,是一个单独的图形对象。

执行"矩形"命令有以下几种方式。

➢ 执行菜单栏中的"绘图"-"矩形"命令。
➢ 单击"绘图"工具栏或面板上的 ▭ 按钮。
➢ 在命令行输入 Rectang 或 Rec 后按 Enter 键。

默认设置下,绘制矩形的方式为"对角点"方式,下面通过绘制长度为80,宽度为30的矩形,学习使用该命令,命令操作如下:

> 命令:_rectang
> 指定第一个角点或[倒角(C)/标高(E)/圆角(F)/厚度(T)/宽度(W)]://在适当位置拾取一点作为矩形角点
> 指定另一个角点或[面积(A)/尺寸(D)/旋转(R)]://@80,30Enter,指定对角点,绘制结果如图3-17所示。

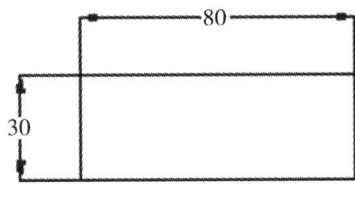

图3-17 矩形绘制结果

1.绘制倒角矩形

使用"矩形"命令中的"倒角"选项,可以绘制具有一定倒角特征的矩形。
其命令操作如下:

> 命令:rec
> rectang
> 指定第一个角点或[倒角(C)/标高(E)/圆角(F)/厚度(T)/宽度(W)]://c 按 Enter
> 指定矩形的第一个倒角距离<0.0000>://10 按 Enter,设置第一倒角距离
> 指定矩形的第二个倒角距离<10.0000>://8 按 Enter,设置第一倒角距离
> 指定第一个角点或[倒角(C)/标高(E)/圆角(F)/厚度(T)/宽度(W)]://在适当位置拾取一点
> 指定另一个角点或[面积(A)/尺寸(D)/旋转(R)]://输入@240,120,结果如图3-18所示。

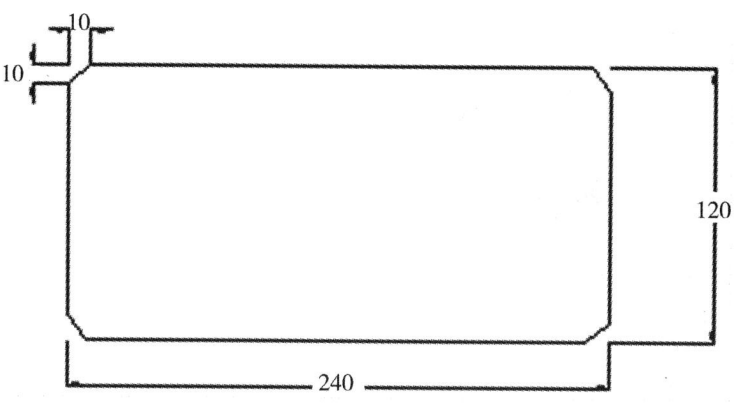

图 3-18　倒角矩形

2．绘制圆角矩形

使用"矩形"命令中的"圆角"选项,可以绘制具有一定圆角特征的矩形。

其命令操作如下：

命令：rec
rectang
指定第一个角点或[倒角(C)/标高(E)/圆角(F)/厚度(T)/宽度(W)]：f 按 Enter
指定矩形的圆角半径<0.0000>：//6 按 Enter,设置圆角半径
指定第一个角点或[倒角(C)/标高(E)/圆角(F)/厚度(T)/宽度(W)]：//拾取一点作为起点
指定另一个角点或[面积(A)/尺寸(D)/旋转(R)]：//输入@100,60,结果如图 3-19 所示。

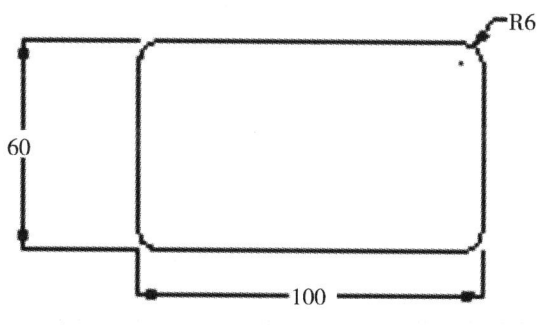

图 3-19　圆角矩形

3.3.2　绘制多边形

"正多边形"命令用于绘制相等的边角组成的闭合图形,不管内部包含多少边,系统将之视为一个对象。

执行"正多边形"命令有以下几种方式：

➢ 执行菜单栏中的"绘图"-"正多边形"命令。
➢ 单击"绘图"工具栏或面板上的 ⬠ 按钮。

➢ 在命令行输入 Polygon 或 Pol 后按 Enter 键。

1."内接于圆"方式绘制多边形

此种方式为系统默认方式,在指定了正多边形的边数和中心点后,直接输入正多边形外接圆的半径,即可精确地绘制正多边形,其命令操作如下:

命令:_polygon 输入侧面数<4>://6 按 Enter,设置正多边形的边数
指定正多边形的中心点或[边(E)]://在绘图区拾取一点作为中心点
输入选项[内接于圆(I)/外切于圆(C)]//<I>按 Enter,激活"内接于圆"选项
指定圆的半径://指定圆的半径:60,值必须为正且非零,绘制结果如图 3-20 所示。

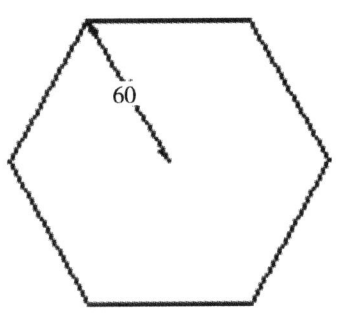

图 3-20 "内接于圆"方式示例

2."外切于圆"方式绘制多边形

在指定了正多边形的边数和中心点后,直接输入正多边形内切圆的半径,即可精确地绘制正多边形,其命令操作如下:

命令:_polygon 输入侧面数<5>://6 按 Enter,设置正多边形的边数
指定正多边形的中心点或[边(E)]://在绘图区拾取一点作为中心点
输入选项[内接于圆(I)/外切于圆(C)]//<C>按 Enter,激活"外切于圆"选项 C
指定圆的半径:指定圆的半径:60,值必须为正且非零,绘制结果如图 3-21 所示。

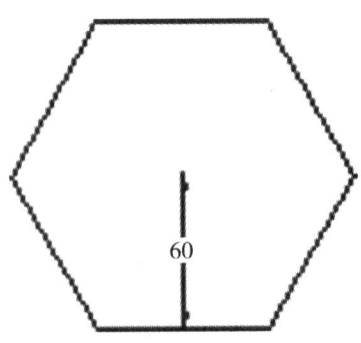

图 3-21 "外切于圆"方式示例

3."边"方式绘制多边形

当确定了正多边形的边数和中心点后,使用此方式输入正多边形内切圆的半径,即

可精确地绘制出正多边形。其命令操作如下。

> 命令:_polygon 输入侧面数://6 按 Enter,设置正多边形的边数
> 指定正多边形的中心点或[边(E)]://e 按 Enter,激活"边"选项
> 指定边的第一个端点://拾取一点作为边的一个短点
> 指定边的第二个端点://@80,0 按 Enter,定位第二个端点,绘制结果如图 3-22 所示。

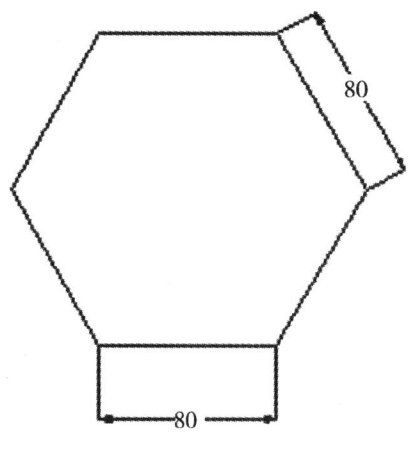

图 3-22 "边"方式示例

3.4 绘制不同的弧度符号

3.4.1 绘制圆

AutoCAD 为用户提供了 6 种画圆方式,如图 3-23 所示。执行"圆"命令有以下几种方式。

> 执行菜单栏中的"绘图"-"圆"级联菜单中的各种命令。
> 单击"绘图"工具栏或面板上的 ⊙ 按钮。
> 在命令行输入 Circle 或 C 后按 Enter 键。

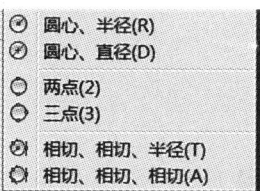

图 3-23 "圆"级联菜单

1. 定距画圆

定距画圆分为"半径画圆"和"直径画圆",默认方式为"半径画圆"。当用户定位出圆的圆心之后,只要输入圆的半径或直径,即可精确画圆。其命令操作如下:

命令:_circle
指定圆的圆心或[三点(3P)/两点(2P)/切点、切点、半径(T)]://在绘图区拾取一点作为圆的圆心
指定圆的半径或[直径(D)]://100 按 Enter 键,输入半径,绘制结果如图 3-24 所示。

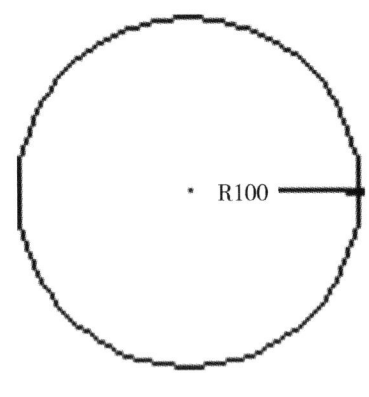

图 3-24 半径画圆

2. 定点画圆

定点画圆分为"两点画圆"和"三点画圆"两种,是指定位出两点或三点,即可精确画圆。所给定的两点被看作圆直径的两个端点、所给定的三点都位于圆周上。其命令操作如下:

命令:_circle
指定圆的圆心或[三点(3P)/两点(2P)/切点、切点、半径(T)]://2p
指定圆直径的第一个端点://指定圆直径第一端点 A,
指定圆直径的第二个端点://指定圆直径另一端点 B 绘图结果如图 3-25(a)所示。

命令:_circle
指定圆的圆心或[三点(3P)/两点(2P)/切点、切点、半径(T)]://3p
指定圆上的第一个点://指定圆上第一个点 1
指定圆上的第二个点://指定圆上第一个点 2
指定圆上的第三个点://指定圆上第一个点 3 绘图结果如图 3-25(b)所示。

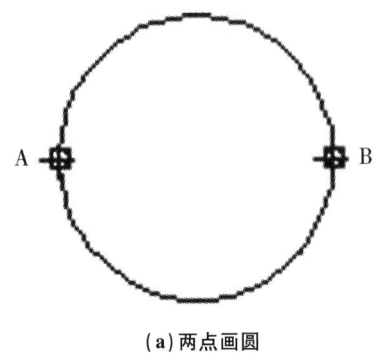 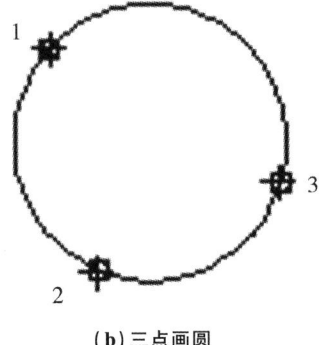

(a)两点画圆　　　　　　　　　　(b)三点画圆

图 3-25 绘图结果

3. 画相切圆

相切圆有两种绘制方式：即"相切、相切、半径"（分别拾取两个相切对象后，再输入相切圆的半径）和"相切、相切、相切"（直接拾取三个相切对象，系统自动定位相切圆的位置和大小）。

首先绘制如图3-26(a)所示的圆和直线。

执行"相切、相切、半径"命令，根据命令行提示绘制与已知直线和圆相切的圆，命令操作如下：

> 命令：_circle
> 指定圆的圆心或[三点(3P)/两点(2P)/切点、切点、半径(T)]：_ttr
> 指定对象与圆的第一个切点：//在直线左下端单击鼠标左键，拾取第一个相切对象
> 指定对象与圆的第二个切点：//在圆的下侧边缘上单击鼠标左键，拾取第二个相切对象
> 指定圆的半径<50.0000>：//60 按 Enter 键，输入相切圆半径，绘制结果如图3-26(b)所示。

执行"相切、相切、相切"命令，根据命令行提示绘制与三个已知对象相切的圆，命令操作如下：

> 命令：_circle
> 指定圆的圆心或[三点(3P)/两点(2P)/切点、切点、半径(T)]：_3p 指定圆上的第一个点：_tan 到//拾取直线作为第一相切对象
> 指定圆上的第二个点：_tan 到//拾取小圆作为第二相切对象
> 指定圆上的第三个点：_tan 到//拾取大圆作为第三相切对象，绘制结果如图3-26(c)所示。

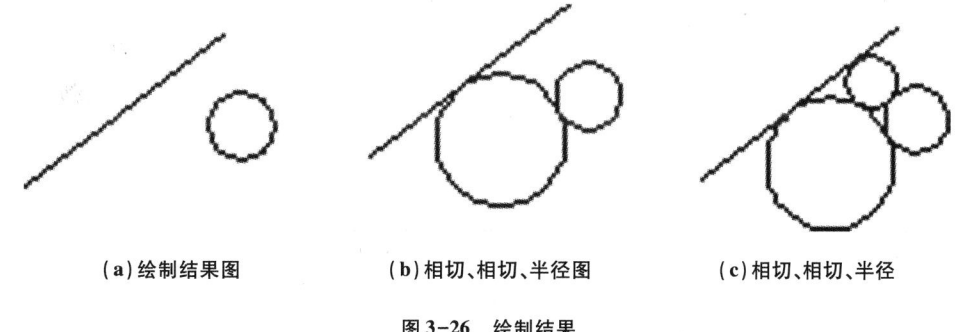

(a) 绘制结果图　　(b) 相切、相切、半径图　　(c) 相切、相切、半径

图3-26　绘制结果

3.4.2 绘制圆弧

"圆弧"命令用于绘制圆弧，AutoCAD 为用户提供了5类共11种画圆弧方式如图3-27所示。执行"圆弧"命令有以下几种方式：

➢ 执行菜单栏中的"绘图"-"圆弧"级联菜单中的各种命令。
➢ 单击"绘图"工具栏或面板上的 按钮。
➢ 在命令行输入 Arc 或 A 后按 Enter 键。

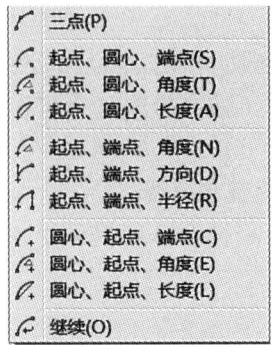

图 3-27 "圆弧"级联菜单

1. "三点"方式绘制圆弧

此方式指直接拾取三点即可定位出圆弧,所拾取的第一点和第三点被作为弧的起点和端点,如图3-28所示。"三点"方式绘制圆弧操作如下:

命令:_arc 指定圆弧的起点或[圆心(C)]://拾取一点作为圆弧的起点
指定圆弧的第二个点或[圆心(C)/端点(E)]://在适当位置拾取圆弧上的第二点
指定圆弧的端点://拾取第三点作为圆弧的端点,结果如图3-28所示。

图 3-28 "三点"画弧示意

2. "起点、圆心"方式绘制圆弧

此方式分为"起点、圆心、端点""起点、圆心、角度""起点、圆心、长度"三种。

当用户确定了圆弧的起点和圆心,只要再指定圆弧的端点或角度、弧长等参数,即可精确画圆。"起点、圆心、端点"命令操作如下:

命令:_arc 指定圆弧的起点或[圆心(C)]://拾取一点作为圆弧的起点
指定圆弧的第二个点或[圆心(C)/端点(E)]://c 回车
指定圆弧的圆心://在适当位置指定一点作为圆心
指定圆弧的端点或[角度(A)/弦长(L)]:拾取一点作为圆弧的端点,绘制结果如图3-29所示。

图 3-29 绘制结果

注:"起点、圆心、角度""起点、圆心、长度"也可以在指定起点和圆心之后进行绘制,如图3-30、图3-31所示。

图 3-30 "起点、圆心、角度"　　图 3-31 "起点、圆心、长度"

3. "起点、端点"方式绘制圆弧

此方式分为"起点、端点、角度""起点、端点、方向""起点、端点、半径"三种。

当用户确定了圆弧的起点和端点,只要再指定圆弧的角度、方向和半径等参数,即可精确画圆。

4. "圆心、起点"方式绘制圆弧

此方式分为"圆心、起点、端点""圆心、起点、角度""圆心、起点、长度"三种。

当用户确定了圆弧的起点和圆心点,只要再指定圆弧的端点或角度、弧长等参数,即可精确画圆。

5. "连续"方式绘制圆弧

执行菜单栏中的"绘图"-"圆弧"-"继续"命令,可进入连续画弧状态,所绘制的圆弧与上一个弧自动相切。在结束画弧命令后,连续两次摁 Enter,也可进入"相切画弧"绘制模式,所绘制的圆弧与前一个圆弧的终点连接并与之相切。

3.4.3　绘制圆环

圆环是一种常见的几何图元,此种图元由两条圆弧多段线组成。圆环的宽度是由圆环的内径和外径决定的。若需要创建实心圆环,则可以将内径设置为 0。

执行"圆环"命令有以下几种方式:

➢ 执行菜单栏中的"绘图"-"圆环"级联菜单中的各种命令。
➢ 单击"绘图"面板上的 ◎ 按钮。
➢ 在命令行输入 Donut 后按 Enter 键,命令执行如下:

命令:_donut
指定圆环的内径<0.5000>://在键盘上输入 200
指定圆环的外径<1.0000>://在键盘上输入 300
指定圆环的中心点或<退出>://在界面上选取一点作为圆环中心点,绘制结果如图 3-32 所示。

图 3-32　圆环绘制结果

3.4.4　绘制椭圆

"椭圆"是一种闭合的曲线,它是由两条不等的椭圆轴所控制的闭合曲线,包括中心点、长轴、短轴等几何特征。

执行"椭圆"命令有以下几种方式：
➢ 执行菜单栏中的"绘图"-"椭圆"级联菜单中的各种命令。
➢ 单击"绘图"工具栏或面板上的 ⬭ 按钮。
➢ 在命令行输入 Ellipse 或 EL 后按 Enter 键。

1．"轴端点"方式绘图

此方式即指定一条轴的两个端点和另一条轴的半长，即可精确绘制椭圆。其命令操作如下：

命令：_ellipse
指定椭圆的轴端点或[圆弧(A)/中心点(C)]://在界面选择一点
指定轴的另一个端点://水平向右追踪1000各单位
指定另一条半轴长度或[旋转(R)]://300敲回车，绘图结果如图3-33所示。

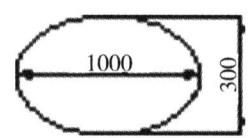

图3-33 "轴端点"方式绘图结果

2．"中心点"方式绘图

首先确定椭圆的中心点，然后再确定椭圆轴的一个端点和椭圆另一个半轴的长度，即可精确绘制椭圆。其命令操作如下：

命令：_ellipse
指定椭圆的轴端点或[圆弧(A)/中心点(C)]://c
指定椭圆的中心点://捕捉刚绘制的椭圆的中心点
指定轴的端点://捕捉刚绘制的椭圆的短轴端点
指定另一条半轴长度或[旋转(R)]:@0,200敲回车，绘图结果如图3-34所示。

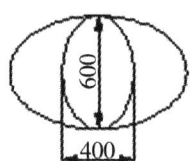

图3-34 "中心点"方式绘图结果

3.4.5 绘制椭圆弧

椭圆弧是一种基本的构图元素，它除了包含中心点、长轴和短轴等几何特征外，还具有角度的特征。

执行"椭圆弧"命令有以下几种方式：
➢ 执行菜单栏中的"绘图"-"椭圆弧"级联菜单中的各种命令。
➢ 单击"绘图"工具栏或面板上的 ⌒ 按钮。

注：椭圆弧的角度是终止角度和起始角度的差值。

下面绘制长轴为300,短轴为100,角度为150°的椭圆弧,其命令行操作如下:
名令:_ellipse
指定椭圆的轴端点或[圆弧(A)/中心点(C)]://_a+回车,激活椭圆弧命令
指定椭圆弧的轴端点或[中心点(C)]://拾取一点,定位弧端点
指定轴的另一个端点://水平向右追踪150
指定另一条半轴长度或[旋转(R)]:50+回车
指定起始角度或[参数(P)]:0
指定终止角度或[参数(P)/包含角度(I)]:150 绘制结果如图3-35所示。

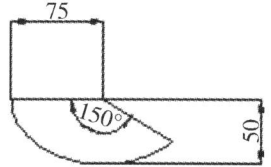

图3-35 椭圆弧绘制结果

3.5 绘制面域符号

3.5.1 创建边界

"边界",实际是一条闭合的多段线,它不能直接绘制,需要使用"边界",从多个相交对象中进行提取或者将多个首尾相连的对象转化成边界。

执行"边界"命令有以下几种方式:
- 执行菜单栏中的"绘图"-"边界"命令。
- 单击"常用"选项卡或"绘图"面板上的 按钮。
- 在命令行输入 Boundary 或 BO 后按 Enter 键。

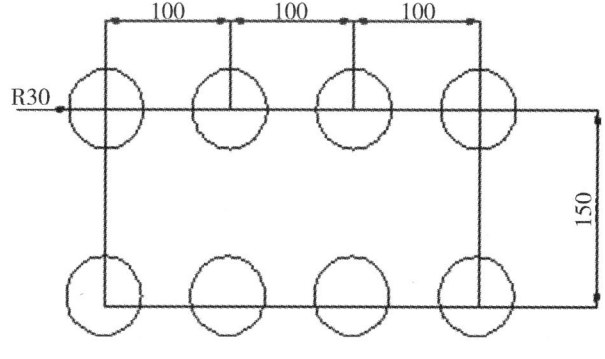

图3-36 绘制结果

下面通过从多个对象中提取边界,学习该命令,具体操作如下:
①新建文件并绘制如图3-36所示。
②执行菜单栏中的"绘图"-"边界"命令,打开如图3-37所示的"边界创建"的对话框。

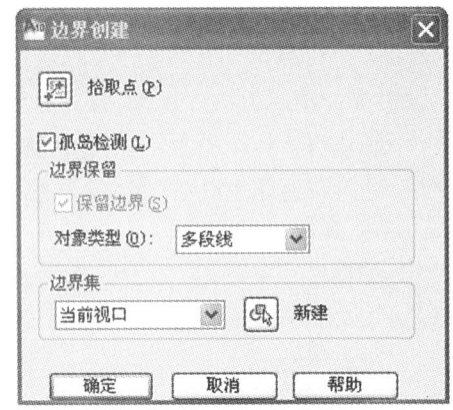

图 3-37 "边界创建的对话框"

③单击对话框左上角的拾取点按钮，返回绘图区，根据命令行"拾取内部点"提示，在矩形内部空白区域任意一点拾取，系统自动搜索出一个封闭区域，并以虚线的边界形式显示出来，如图 3-38 所示。

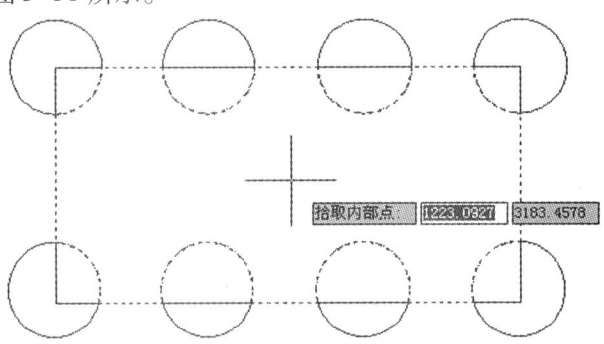

图 3-38 创建虚线边界

④继续在命令行"拾取内部点"提示下，按回车键，结束命令。结果创建出一个闭合的多段线边界。

⑤表面上看图形仿佛没有任何变化，这是使用"点选"的方式选中刚才显示的闭合边界如图 3-39 所示。

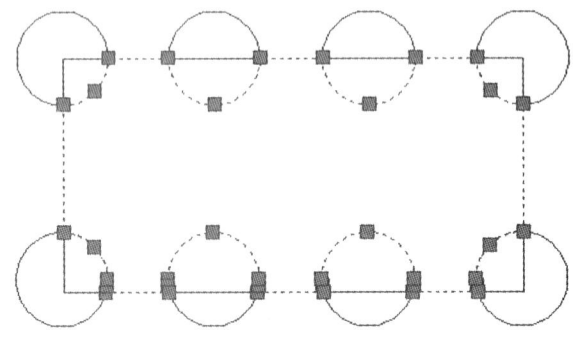

图 3-39 点选的多段线

⑥使用移动命令 M，将该多段线移动出来，如图 3-40 所示。

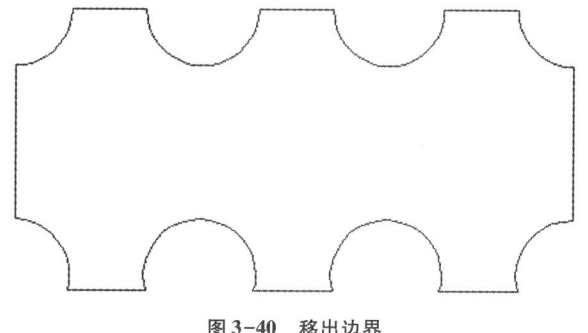

图 3-40　移出边界

3.5.2　创建基本面域

所谓"面域",其实质就是实体的表面,是一个没有厚度的二维实心区域,它具备实体模型的一切特性,不但含有边的信息,还有边界内的信息,可以利用这些信息计算工程属性,如面积、重心、惯性矩等。

执行"面域"命令有以下几种方式:

➢ 执行菜单栏中的"绘图"-"面域"命令。

➢ 单击"绘图"工具栏或面板上的按钮。

➢ 在命令行输入 Region 或 Reg 后按 Enter 键。

注:面域不能直接创建,而是通过其他闭合图形进行转换。闭合对象被转换成面域后,看上去并没有什么变化,如果着色可以区分开。

例如,将图 3-41 绘制好的多段线能够通过该命令直接转化成面域,具体操作如下:

命令:_region

选择对象:找到 1 个

选择对象:

已提取 1 个环。

已创建 1 个面域。如图 3-41 所示,表面看没有任何变化,但图形性质已经从多段线变为面域了。

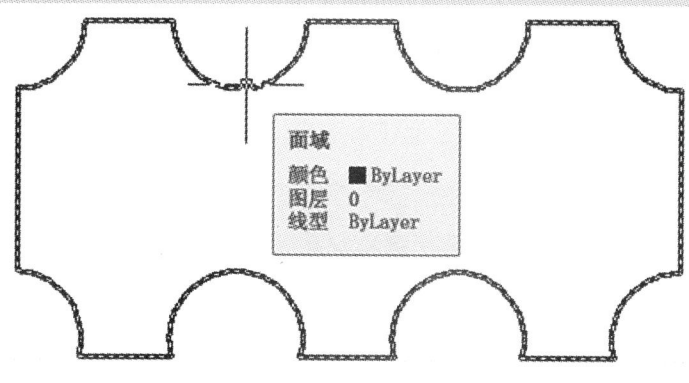

图 3-41　面域

3.6 绘制图案填充符号

所谓"图案",是指使用各种图线进行不同的排列组合而构成的图形元素,此类图形元素作为一个独立的整体被填充到各种封闭的图形区域内,以表达各自的图形信息,如图3-42所示。

图 3-42 案填充实例

3.6.1 图案填充

执行"图案填充"命令有以下几种方式:
➢ 执行菜单栏中的"绘图"-"图案填充"命令。
➢ 单击"绘图"工具栏或面板上的按钮。
➢ 在命令行输入 Bhatch 或 H 或 BH 后按 Enter 键。

3.6.2 渐变色填充

所谓"渐变色填充"是指以选中的渐变单色或渐变双色填充到封闭图形内,具体操作类似于上文的"图案填充"。

3.6.3 孤岛填充

孤岛是指在一个边界包围的区域内又定义了另外一个边界,它可以实现对两个边界之间的区域进行填充,而内边界包围的内区域不能填充,具体分为"普通""外部""忽略"三种情况,如图3-43所示。"普通"方式是从最外层的边界向内边界填充,第一层填充,第二层不填充,如此交替进行;"外部"方式只填充从最外边界向内第一边界之间的区域;"忽略"方式忽略最外层边界以内的其他任何边界,以最外层边界向内填充全部图形。

图 3-43 孤岛填充

小　　结

本章主要介绍了在二维绘图环境下,基本图元的操作问题,通过本章的学习,要求学生能够熟练地掌握各个图形绘制的工具、菜单及命令,同时能够熟练掌握操作各个命令的过程。

习　　题

1. 练习使用直线绘图。

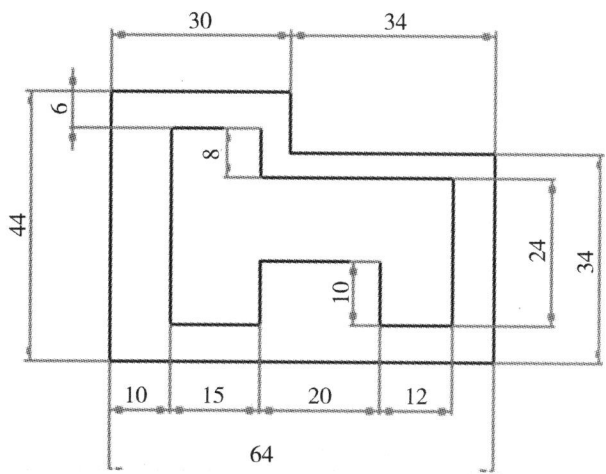

2. 使用圆命令绘制哈哈猪。

3. 利用直线和圆弧命令绘制椅子。

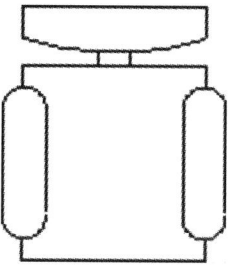

第4章 二维图形的基本编辑功能

4.1 常用对象选择方式

图形的选择通常用在对图形进行编辑之前,主要有点选、窗口、窗交。

1. 点选

"点选"是最简单的一种对象选择方式,一次只能选择一个对象。在命令行"选择对象"提示下,系统自动进入点选模式,此时鼠标指针切换为矩形选择框状,将选择框放在对象的边沿上单击鼠标左键,即可选择该对象,被选图像以虚线表示,如图4-1所示。

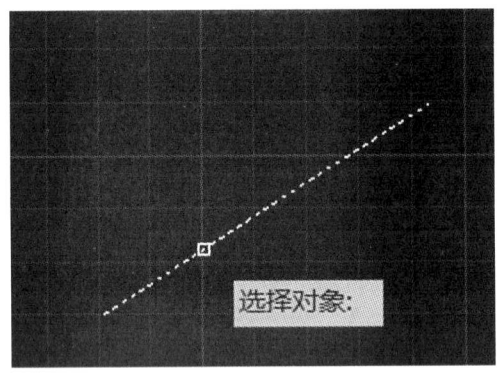

图4-1 点选示例

2. 窗口

"窗口选择"是一种常用的选择方式,使用此方法一次可以选择多个对象。在命令行"选择对象"提示下,从左向右拉出一个矩形选择框,此选择框即为窗口选择框,选择框以实线显示,内部以浅蓝色填充,只有完全被框进该矩形的图形对象才能被选中,如图4-2所示。

图 4-2(a) 窗口选择示例

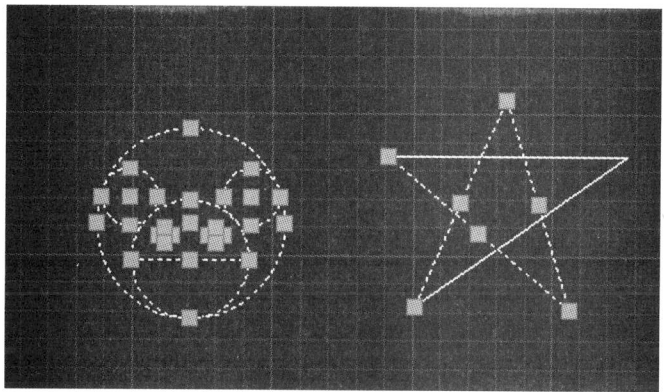

图 4-2(b) 窗口选择示例

3. 窗交

"窗交选择"是一种使用非常频繁的选择方式,使用此方法一次可以选择多个对象。在命令行"选择对象"提示下,从右向左拉出一个矩形选择框,此选择框即为窗交选择框,选择框以虚线显示,内部以绿色填充,所有与选择框相交和完全位于选择框内的对象都可以被选中,如图 4-3 所示。

图 4-3(a) 窗交选择示例

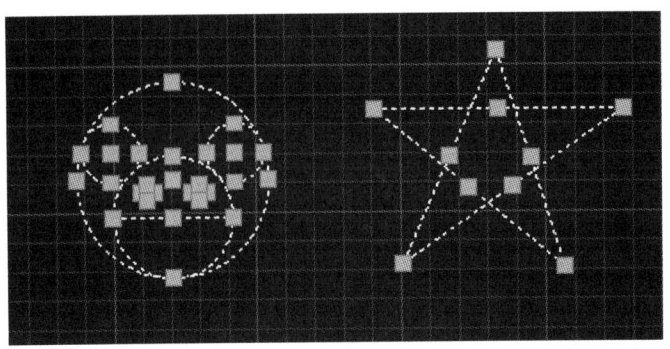

图 4-3(b) 窗交选择示例

4.2 对象位置改变方式

4.2.1 移动

"移动"命令用于将目标对象从一个位置移动到另一个位置,源对象的尺寸及形状均不发生变化,改变的仅仅是图像的位置。

执行"移动"命令有以下几种方式:
> 执行菜单栏中的"修改"-"移动"命令。
> 单击"修改"工具栏或面板上的 ✣ 按钮。
> 在命令行输入 Move 或 M 后按 Enter 键。

在移动对象时,一般需要配合点的捕捉功能或坐标的输入功能精确地位移对象。下面通过一个简单操作,学习使用"移动"命令移动对象的方法。

①打开随光盘中的"素材文件/第四章/4-1"如图 4-4 所示。

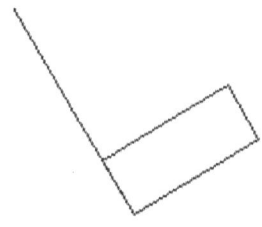

图 4-4 打开结果

②激活"移动"命令,对矩形开始进行移位,具体操作如下:

命令:_move
选择对象:通过点选选中素材 4-1 中的矩形,显示找到 1 个目标
指定基点或[位移(D)]<位移>://如图 4-5 所示,以倾斜的直线的底端作为基点
指定第二个点或<使用第一个点作为位移>://以倾斜的直线的顶端作为定位目标点,绘制结果如图 4-6 所示。

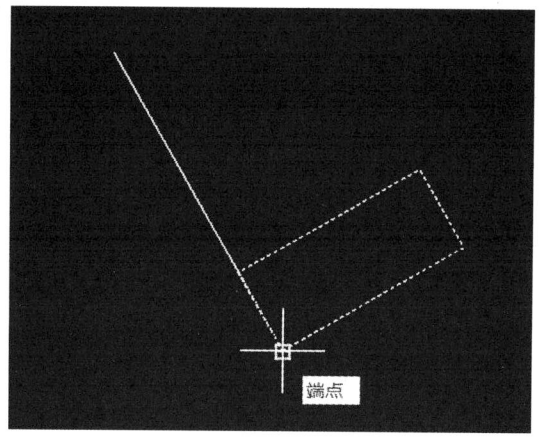

图 4-5 基点位置

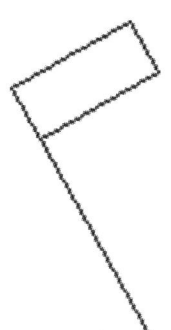

图 4-6 移动绘制结果

4.2.2 旋转

该命令用于将所选对象围绕指定的基点旋转一定的角度。系统默认输入的角度为正值,逆时针旋转;输入角度为负值,顺时针旋转。

执行"旋转"命令有以下几种方式:
- 执行菜单栏中的"修改"-"旋转"命令。
- 单击"修改"工具栏或面板上的 ○ 按钮。
- 在命令行输入 Rotate 或 Ro 后按 Enter 键。

执行"旋转"命令,其命令操作如下:

①打开绘图效果文件夹中的哈哈猪,如图 4-7 所示。

图 4-7 打开效果

②通过旋转命令将此图形中的哈哈猪旋转180°，变成如图4-8所示，具体操作如下：

命令：_rotate
UCS当前的正角方向：ANGDIR=逆时针 ANGBASE=0
选择对象：//选择4-7打开的效果图，选定7个对象+回车
指定基点：://以图4-7的最外围的那个圆的圆心作为基点
指定旋转角度，或[复制(C)/参照(R)]<0>:180+回车，绘制结果如图4-8所示。

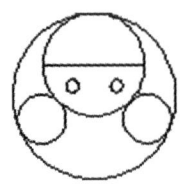

图4-8 旋转过的哈哈猪

4.3 对象修改方式

4.3.1 修剪

"修剪"命令用于修剪对象上指定的部分，在"修剪"时，需要事先指定一个边界。
执行"修剪"命令有以下几种方式：
- 执行菜单栏中的"修改"-"修剪"命令。
- 单击"修改"工具栏或面板上的 ⊁ 按钮。
- 在命令行输入 Trim 或 TR 后按 Enter 键。

在修剪对象时，边界的选择是关键，而边界必须要与修剪对象相交，或与其延长线相交，才能成为修剪对象。

1. 常规修剪

大多数情况下，需要修剪的图线都有相交处，即修剪界与修剪图线相交，这种修剪称为常规修剪。下面通过典型实例，学习"常规修剪"命令的使用方法和操作技巧。

注：首先要选择边界，电脑才会识别。

①绘制如图4-9所示的相交直线。
②单击"修改"工具栏或面板上的 ⊁ 按钮，激活修剪命令。具体操作如下：

命令：_trim
当前设置：投影=UCS，边=无
选择剪切边…
选择对象或<全部选择>：//选中如图4-9中的修切边界，系统显示找到1个
选择对象：//回车结束修切边的选择
选择要修剪的对象，或按住Shift键选择要延伸的对象，或[栏选(F)/窗交(C)/投影(P)/边(E)/删除(R)/放弃(U)]://在图4-9中选中水平直线的右端，则该部分被修剪

选择要修剪的对象,或按住 Shift 键选择要延伸的对象,或[栏选(F)/窗交(C)/投影(P)/边(E)/删除(R)/放弃(U)]://回车结束命令,结果如图 4-10 所示。

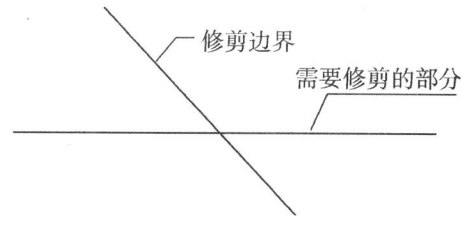

图 4-9 修剪示例

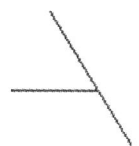

图 4-10 修剪结果

2. "隐含交点"下的修剪

"隐含交点"指边界与对象没有实际的交点,在边界被延长之后,与对象才存在一个隐含交点。

注:"边"选项,用于确定修剪边的隐含延伸模式,其中:

"延伸"选项表示剪切边界可以被无限延长,边界与被剪实体不必相交;

"不延伸"选项表示修剪边界只有与被减实体相交时才有效。

下边学习此种命令的操作方式。

命令:_trim
当前设置:投影=UCS,边=无
选择剪切边...
选择对象或<全部选择>://选中如图 4-11 中的修切边界,系统显示找到 1 个
选择对象://回车
选择要修剪的对象,或按住 Shift 键选择要延伸的对象,或
[栏选(F)/窗交(C)/投影(P)/边(E)/删除(R)/放弃(U)]://e 回车
输入隐含边延伸模式[延伸(E)/不延伸(N)]<不延伸>://e 回车
选择要修剪的对象,或按住 Shift 键选择要延伸的对象,或
[栏选(F)/窗交(C)/投影(P)/边(E)/删除(R)/放弃(U)]://选中图 4-11 水平线的右端回车
选择要修剪的对象,或按住 Shift 键选择要延伸的对象,或
[栏选(F)/窗交(C)/投影(P)/边(E)/删除(R)/放弃(U)]://回车,结果如图 4-12 所示。

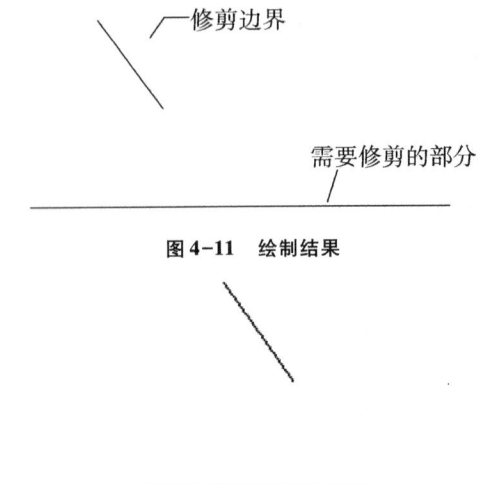

图 4-11 绘制结果

图 4-12 修剪结果

注：当修剪多个对象时，可以用"栏选"和"窗交"两种选项功能，其中"栏选"方式需要绘制一条或多条栅栏线，所有与栅栏线相交的对象都会被选择，如图 4-13、图 4-14 所示。

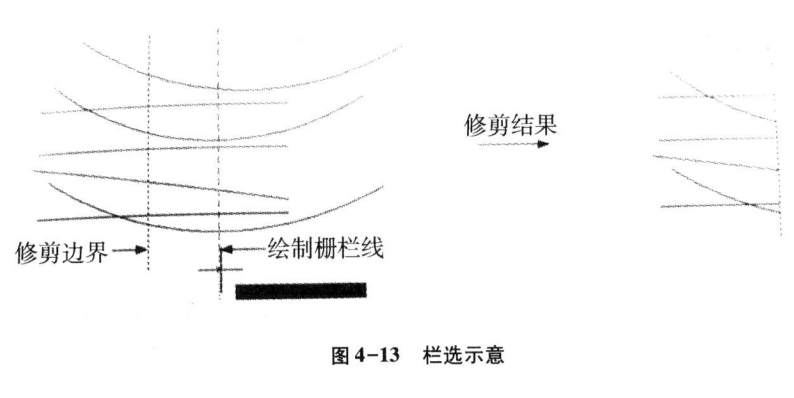

图 4-13 栏选示意

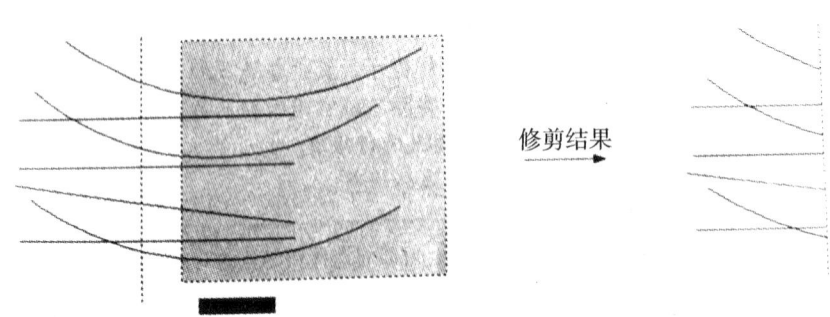

图 4-14 窗交示意

3."投影"选项

"投影"选项用于设置三维空间剪切实体的不同投影方法，选择该选项后，命令行出现"输入投影选项"无(N)/UCS(U)/视图(V)"<无>："操作提示，其中各选项含义如下：

➢ "无(N)"表示不考虑投影方式，按实际三维空间的相互关系修剪。

- "UCS(U)"表示在当前 UCS 的 XOY 平面上修剪。
- "视图(V)"表示在当前视图平面上修剪。

4.3.2 延伸

"延伸"命令用于将对象延伸至指定的边界上,如图 4-15 所示用于延伸的对象有直线、圆弧、椭圆弧、非闭合的二维多段线和三维多段线以及射线等。

执行"延伸"命令有以下几种方式:
- 执行菜单栏中的"修改"-"延伸"命令。
- 单击"修改"工具栏或面板上的 按钮。
- 在命令行输入 Extend 或 EX 后按 Enter 键。

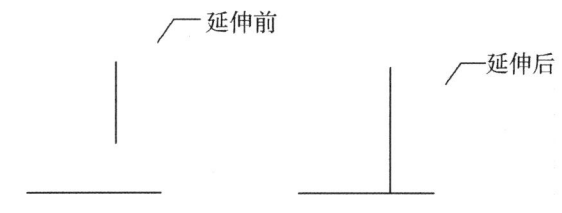

图 4-15 延伸示例

与修剪命令相似,在延伸对象时,需要为对象指定界边。指定边界时有以下两种情况。

1. 不延伸模式

在选择延伸对象时,需要在靠近延伸边界的一段选择延伸对象,否则对象将不被延伸。

2. "隐含交点"下的延伸

"隐含交点"下的延伸指边界与对象延长线没有实际的交点,在边界被延长后,与对象延长线存在隐含的交点,如图 4-16 所示。

图 4-16 "隐含交点"下的延伸示例

4.3.3 拉伸

该命令用于将对象进行不等比缩放,进而改变对象的尺寸或形状。基本几何图形如直线、圆弧、椭圆弧、多段线、样条曲线等都可以被拉伸。

执行"拉伸"命令有以下几种方式:
- 执行菜单栏中的"修改"-"拉伸"命令。
- 单击"修改"工具栏或面板上的 按钮。
- 在命令行输入 Stretch 或 S 后按 Enter 键。

下面通过典型实例,学习"拉伸"命令的使用方法和操作技巧。

①素材文件夹中的"4-马桶"文件,结果如图4-17所示。

②单击"修改"工具栏或面板上的按钮,激活拉伸命令,具体命令行如下:

命令:_stretch
以交叉窗口或交叉多边形选择要拉伸的对象...
选择对象://指定对角点:找到12个(以窗交选择的方式选中要拉伸的对象,如图4-18所示)
选择对象://回车
指定基点或[位移(D)]<位移>://选中小圆的圆心作为基点,如图4-19所示。
指定第二个点或<使用第一个点作为位移>://@200,0回车,拉伸前后对比如图4-20所示。

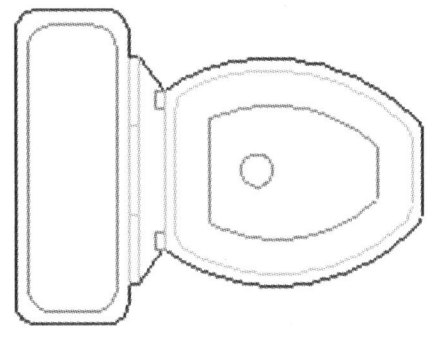

图4-17 马桶拉伸前

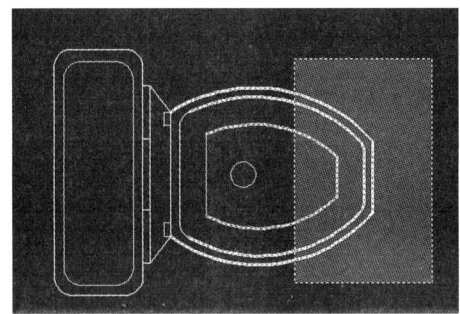

图4-18 窗交选择

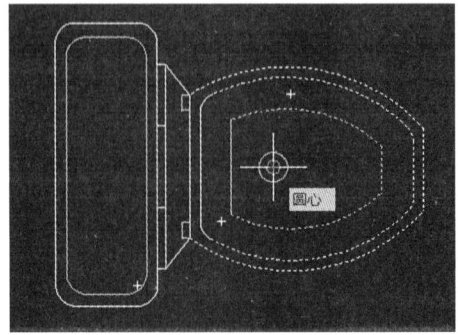

图4-19 基点选择

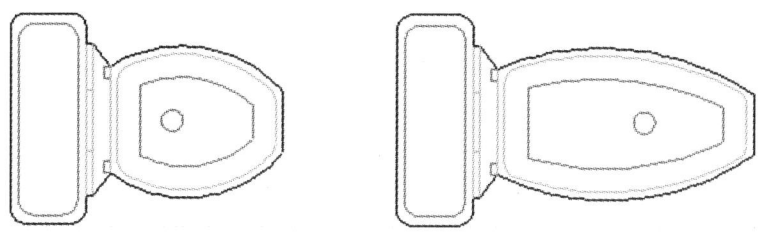

图 4-20 拉伸前后对比

4.3.4 拉长

该命令用于将对象进行拉长或缩放。在拉长的过程中，不仅可以改变线对象的长度，还可以更改弧对象的角度。

执行"拉长"命令有以下几种方式：

> 执行菜单栏中的"修改"-"拉长"命令。
> 单击"修改"工具栏或面板上的 按钮。
> 在命令行输入 Lengthen 或 LEN 后按 Enter 键。

下面通过典型实例，学习"缩放"命令的使用方法和操作技巧。首先绘制长度为 20 的直线 1，然后对直线 1 分别操作如下：

1. 增量拉长

按照事先指定的长度增量或角度增量来拉长或缩短对象。

命令：_lengthen
选择对象或[增量(DE)/百分数(P)/全部(T)/动态(DY)]://de
输入长度增量或[角度(A)]<3.0000>://16
选择要修改的对象或[放弃(U)]://选中直线 1 的右端回车，结果如图 4-21 直线 2

2. 百分数拉长

以总长的百分比来拉长或缩短对象百分数必须为正且非零。

命令：lengthen
选择对象或[增量(DE)/百分数(P)/全部(T)/动态(DY)]://p
输入长度百分数<50.0000>://40（代表拉伸到直线 1 的 40% 的长度）
选择要修改的对象或[放弃(U)]://选中直线 1 的右端回车，结果如图 4-21 直线 3

3. 全部拉长

全部拉长指根据指定的一个总长度或者总角度来拉长或缩放对象。如果源对象的总长度或总角度大于所指定的总长度或总角度，源对象被缩短；反之对象被拉长。

命令：lengthen
选择对象或[增量(DE)/百分数(P)/全部(T)/动态(DY)]://t
指定总长度或[角度(A)]<8.0000>://50（代表将直线 1 的长度直接拉长为 25）
选择要修改的对象或[放弃(U)]://选中直线 1 的右端回车，结果如图 4-21 直线 4

4. 动态拉长

动态拉长指根据图形对象的端点位置动态地改变其长度，当激活"动态"选项之后，系统将端点移动到所需要的长度或角度位置处,另一端保持固定。

命令:lengthen
选择对象或[增量(DE)/百分数(P)/全部(T)/动态(DY)]://dy
选择要修改的对象或[放弃(U)]://选中直线1的右端
指定新端点://@40,0
选择要修改的对象或[放弃(U)]://回车,结果如图4-21 直线5

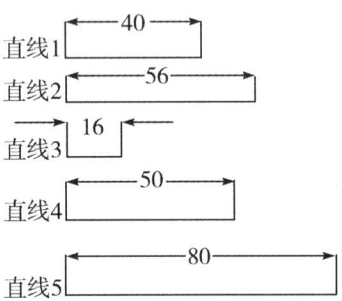

图4-21　四种拉长方式结果图

注:在拉长的过程中,命令行提示选择对象的时候,鼠标点击线段的左端,则延长动作向左进行;相反地,鼠标点击线段右端,则延长动作向右进行。

4.3.5　打断

该命令用于指将对象打断为相连的两部分,或打断并删除图形对象上的一部分。

执行"打断"命令有以下几种方式:

> 执行菜单栏中的"修改"-"打断"命令。
> 单击"修改"工具栏或面板上的 按钮。
> 在命令行输入 Break 或 BR 后按 Enter 键。

下面通过典型实例,学习"缩放"命令的使用方法和操作技巧。

①绘制一条长度为100的直线,结果如图4-22(上)所示。
②单击"修改"工具栏或面板上的 按钮,激活打断命令,具体如下:

命令:_break
选择对象://选择刚绘制的直线
指定第二个打断点或[第一点(F)]://f 回车,激活"第一点"选项
指定第一个打断点://选中刚绘制的直线的中点作为第一点
指定第二个打断点://@20,0 回车,定位第二断点,打断结果如图4-22(下)所示。

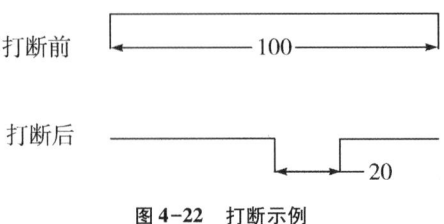

图4-22　打断示例

注:第一点"F":选项用于重新确定那个第一断点。在选择对象时不可能拾取到准确的第一点,所以需要激活该选项,以重新定位第一点。

如果要将一个对象拆分为二而不删除其中的任何部分,可以在指定第二断点时输入相对坐标符号"@",也可以直接单击"修改"工具栏中的"打断于点"按钮。

4.3.6 合并

该命令用于将同角度的两条或多条线段并为一条线段,还可以将圆弧或椭圆弧合并为一个整圆和椭圆。

执行"合并"命令有以下几种方式:
- 执行菜单栏中的"修改"-"合并"命令。
- 单击"修改"工具栏或面板上的 ⊹ 按钮。
- 在命令行输入 Join 或 J 后按 Enter 键。

下面通过典型实例,学习"缩放"命令的使用方法和操作技巧。
① 绘制图 4-23(上)。
② 单击"修改"工具栏或面板上的 ⊹ 按钮,激活合并命令,具体操作如下:

命令:_join
选择源对象或要一次合并的多个对象://选择左侧的线段作为源对象找到 1 个
选择要合并的对象://选择右侧的线段作为合并对象找到 1 个,总计 2 个
选择要合并的对象://回车,合并结果如图 4-23(下)所示。2 条直线已合并为 1 条直线

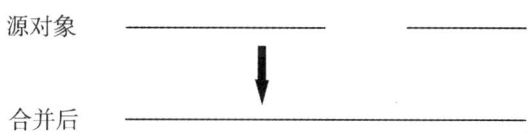

图 4-23 合并示例

4.3.7 分解

该命令用于将组合对象分解成各自独立的对象,以便对各对象进行编辑。

执行"分解"命令有以下几种方式:
- 执行菜单栏中的"修改"-"分解"命令。
- 单击"修改"工具栏或面板上的 ⎔ 按钮。
- 在命令行输入 Explode 或 X 后按 Enter 键。

经常需要分解的组合对象有矩形、正多边形、多段线、边界以及一些图块等。在激活命令后,只需要选择对象并按回车键即可将其分解。

如图 4-24 所示,分解后表面上看正六边形形状没有改变,只是属性从多段线变为直线了。

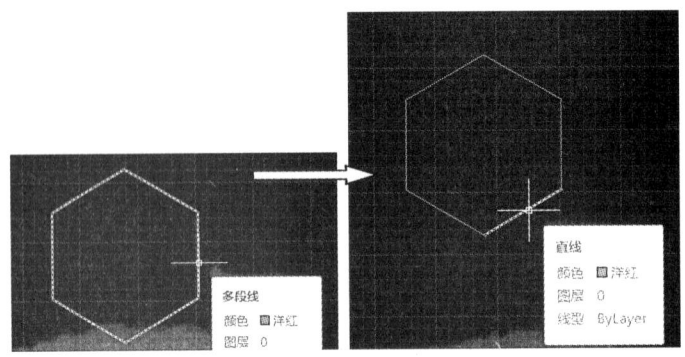

图 4-24 分解示意

4.3.8 倒角

该命令指使用一条线段连接两个非平行的图线,用于倒角的图形一般有直线、多线段、矩形、多边形等。不能倒角的图形有圆、圆弧、椭圆和椭圆弧等。

执行"倒角"命令有以下几种方式:
➢ 执行菜单栏中的"修改"-"倒角"命令。
➢ 单击"修改"工具栏或面板上的 ⌐ 按钮。
➢ 在命令行输入 Chamfer 或 Cha 后按 Enter 键。

1. 距离倒角

该选项指的是直接输入两条图线上的倒角距离,为图线倒角。下面通过典型实例,学习"距离倒角"命令的使用方法和操作技巧。

①如图 4-25(左)绘制两条直线。
②单击"修改"工具栏或面板上的 ⌐ 按钮。

命令:_chamfer
("修剪"模式)当前倒角距离 1=0.0000,距离 2=0.0000
选择第一条直线或[放弃(U)/多段线(P)/距离(D)/角度(A)/修剪(T)/方式(E)/多个(M)]://d 回车,激活"距离"选项
指定第一个倒角距离<0.0000>://17 回车
指定第二个倒角距离<10.0000>://11 回车
选择第一条直线或[放弃(U)/多段线(P)/距离(D)/角度(A)/修剪(T)/方式(E)/多个(M)]://选择倾斜直线
选择第二条直线,或按住 Shift 键选择直线以应用角点或[距离(D)/角度(A)/方法(M)]://选择水平直线,绘制结果如图 4-25 所示。

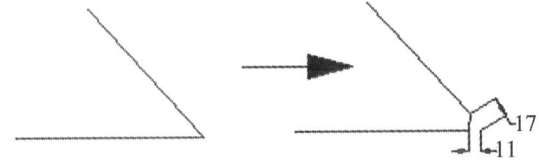

图 4-25 距离倒角

2. 角度倒角

该选项指通过设置一条图形的倒角长度和倒角角度,为图线倒角。

3. 多段线倒角

该选项用于为整条多段线的所有相邻元素同时进行倒角操作。

4. 设置倒角模式

该选项用于设置倒角的修剪状态。系统分为两种模式,即"修剪"和"不修剪"。系统变量 Trimmode 控制倒角的修剪状态。当 Trimmode = 0 时,系统保持对象不被修剪;当 Trimmode = 1 时,系统支持倒角的修剪状态,图 4-25 即为修剪状态,非修剪模式如图 4-26 所示。

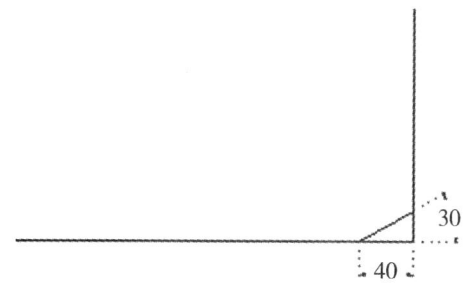

图 4-26 非修剪模式下的倒角

4.3.9 圆角

该命令指使用一段给定半径的圆弧光滑连接两条图线。一般情况下,用于圆角的图线有直线、多段线、样条曲线、构造线、射线、圆弧和椭圆弧等。

执行"圆角"命令有以下几种方式:

> 执行菜单栏中的"修改"-"圆角"命令。
> 单击"修改"工具栏或面板上的 ◯ 按钮。
> 在命令行输入 Fillet 或 F 后按 Enter 键。

下面通过典型实例,学习"圆角"命令的使用方法和操作技巧。

①如图 4-27(左)绘制直线与弧线相交

②单击"修改"工具栏或面板上的 ◯ 按钮

命令:_fillet
当前设置:模式=不修剪,半径=0.0000
选择第一个对象或[放弃(U)/多段线(P)/半径(R)/修剪(T)/多个(M)]://r 回车,激活"半径"选项
指定圆角半径<0.0000>://50 回车
选择第一个对象或[放弃(U)/多段线(P)/半径(R)/修剪(T)/多个(M)]://选择倾斜直线
选择第二个对象,或按住 Shift 键选择对象以应用角点或[半径(R)]://选择圆弧,绘图结果如图 4-27 所示。

图 4-27 圆角示例

与设置倒角的修剪状态一样,系统将圆角也分为两种模式,即"修剪"和"不修剪"。图 4-27 即为"不修剪"。

注:平行线也可以做圆角,绘制结果如图 4-28 所示。

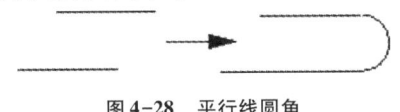

图 4-28 平行线圆角

4.4 对象复制方式

4.4.1 复制

该命令用于复制所选择的对象,复制出的图形尺寸、形状等保持不变,唯一发生改变的就是图形的位置。

执行"复制"命令有以下几种方式:
➢ 执行菜单栏中的"修改"-"复制"命令。
➢ 单击"修改"工具栏或面板上的 按钮。
➢ 在命令行输入 Copy 或 CO 后按 Enter 键。

下面通过典型事例,学习"复制"命令的使用方法和操作技巧。

绘制图 4-29。

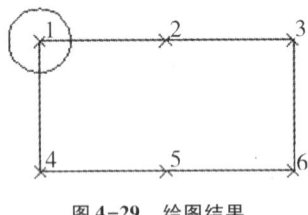

图 4-29 绘图结果

执行"复制"命令,具体如下:

命令:_copy
选择对象://如图 4-30,选中图 4-29 已经绘制好的圆对象,命令行显示找到 1 个
选择对象:
当前设置:复制模式=多个
指定基点或[位移(D)/模式(O)]<位移>://选定圆的圆心点 1 作为基点
指定第二个点或[阵列(A)]<使用第一个点作为位移>://捕捉图 4-29 的矩形长边的中点 2,绘制结果如图 4-31 所示。

依次类推

指定第二个点或[阵列(A)/退出(E)/放弃(U)]<退出>://捕捉图4-29的点3
指定第二个点或[阵列(A)/退出(E)/放弃(U)]<退出>://捕捉图4-29的点4
指定第二个点或[阵列(A)/退出(E)/放弃(U)]<退出>://捕捉图4-29的点5
指定第二个点或[阵列(A)/退出(E)/放弃(U)]<退出>://捕捉图4-29的点6
指定第二个点或[阵列(A)/退出(E)/放弃(U)]<退出>://按回车键结束命令,绘图结果如图4-32所示。

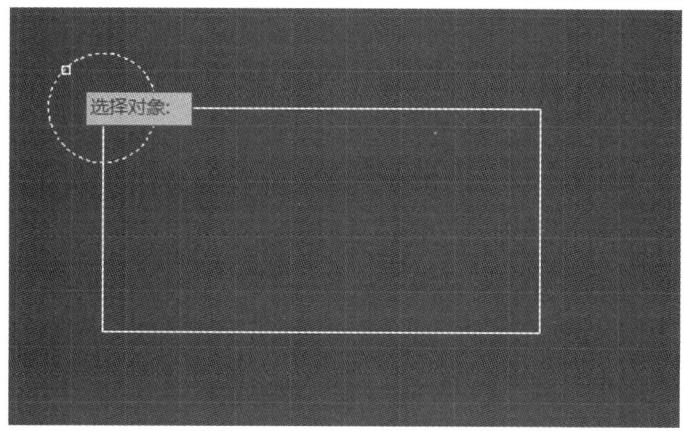

图4-30 选择对象

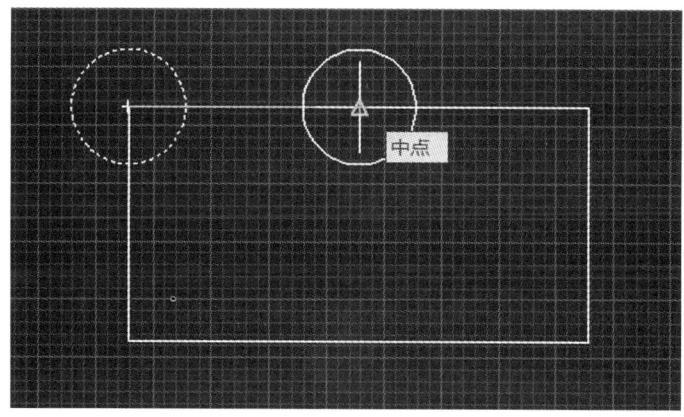

图4-31 复制结果

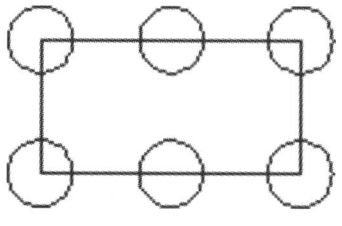

图4-32 复制结果

注:"复制"命令只能在当前文件中使用,如果用户需要在多个文件之间复制对象,需要使用"编辑"菜单中的"复制"命令。

4.4.2 阵列

"阵列"命令用于创建均布结构或聚心结构的复制图形,具体分为矩形阵列、环形阵列和路径阵列。

1. 矩形阵列

所谓"矩形阵列",是指将图形对象按照指定的行数和列数以矩阵排列方式进行大规模复制。

执行"矩形阵列"命令有以下几种方式:

> 执行菜单栏中的"修改"-"阵列"-"矩形阵列"命令。
> 单击"修改"工具栏或面板上的 按钮。
> 在命令行输入 Arrayrect 或 AR 后按 Enter 键。

下面通过典型事例,学习"矩形阵列"命令的使用方法和操作技巧。

①打开素材文件"橱柜里面图"如图 4-33 所示。

图 4-33 橱柜立面图

②单击"修改"工具栏或面板上的 按钮,配合窗交选择功能对橱柜进行阵列,命令操作如下。

命令:_arrayrect
选择对象:指定对角点://选择图 4-34 所示的对象,命令行显示找到 2 个
选择对象://回车
类型=矩形关联=是
选择夹点以编辑阵列或[关联(AS)/基点(B)/计数(COU)/间距(S)/列数(COL)/行数(R)/层数(L)/退出(X)]<退出>://cou 回车
输入列数数或[表达式(E)]<4>://8 回车
输入行数数或[表达式(E)]<3>://1 回车
选择夹点以编辑阵列或[关联(AS)/基点(B)/计数(COU)/间距(S)/列数(COL)/行数(R)/层数(L)/退出(X)]<退出>://s 回车
指定列之间的距离或[单位单元(U)]<479>://339 回车
指定行之间的距离<225>://1 回车
选择夹点以编辑阵列或[关联(AS)/基点(B)/计数(COU)/间距(S)/列数(COL)/行数(R)/层数(L)/退出(X)]<退出>://回车,阵列结果如图 4-35 所示。

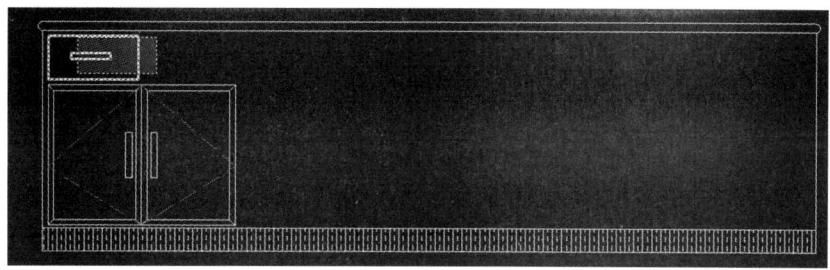

图 4-34 选择阵列对象

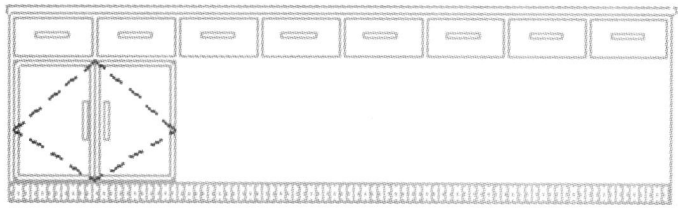

图 4-35 阵列结果

③重复执行"阵列"命令,这次配合窗口选择功能继续对橱柜立面进行阵列,命令操作如下:

命令:_arrayrect

选择对象:指定对角点:找到 31 个,如图 4-36 所示。

选择对象:

类型=矩形关联=是

选择夹点以编辑阵列或[关联(AS)/基点(B)/计数(COU)/间距(S)/列数(COL)/行数(R)/层数(L)/退出(X)]<退出>://cou

输入列数数或[表达式(E)]<4>://回车

输入行数数或[表达式(E)]<3>://1 回车

选择夹点以编辑阵列或[关联(AS)/基点(B)/计数(COU)/间距(S)/列数(COL)/行数(R)/层数(L)/退出(X)]<退出>://s 回车

指定列之间的距离或[单位单元(U)]<1033>://679 回车

指定行之间的距离<750>://1 回车

选择夹点以编辑阵列或[关联(AS)/基点(B)/计数(COU)/间距(S)/列数(COL)/行数(R)/层数(L)/退出(X)]<退出>://回车,阵列结果如图 4-37 所示。

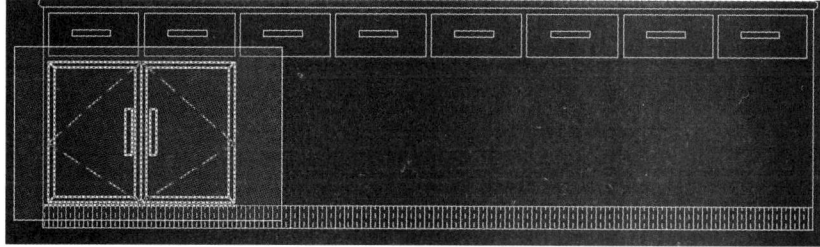

图 4-36 选择阵列对象

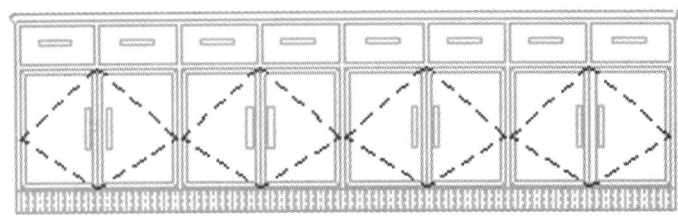

图 4-37 阵列结果

2. 环形阵列

"环形阵列"命令用于将选择的图形对象按照阵列中心点和设定的数目,成"圆形"阵列复制,以快速创建聚心结构图形。

执行"环形阵列"命令有以下几种方式:
- 执行菜单栏中的"修改"-"阵列"-"环形阵列"命令。
- 单击"修改"工具栏或面板上的 按钮。
- 在命令行输入 Arraypola 或 AR 后按 Enter 键。

下面通过典型事例,学习"环形阵列"命令的使用方法和操作技巧。

①打开素材文件"地板花形"如图 4-38 所示。

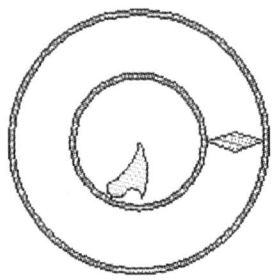

图 4-38 地板花形部分图

②单击"修改"工具栏或面板上的 按钮,配合窗口选择功能对地板花形进行阵列,命令操作如下:

命令:_arraypolar
选择对象:指定对角点:.//找到 4 个
选择对象://选择如图 4-39 所示的图形
类型=极轴 关联=是
选择夹点以编辑阵列或[关联(AS)/基点(B)/项目(I)/项目间角度(A)/填充角度(F)/行(ROW)/层(L)/旋转项目(ROT)/退出(X)]<退出>://i 回车
输入阵列中的项目数或[表达式(E)]<6>://6 回车
选择夹点以编辑阵列或[关联(AS)/基点(B)/项目(I)/项目间角度(A)/填充角度(F)/行(ROW)/层(L)/旋转项目(ROT)/退出(X)]<退出>://f 回车
指定填充角度(+=逆时针、-=顺时针)或[表达式(EX)]<360>://回车
选择夹点以编辑阵列或[关联(AS)/基点(B)/项目(I)/项目间角度(A)/填充角度(F)/行(ROW)/层(L)/旋转项目(ROT)/退出(X)]<退出>://回车绘制结果如图 4-40 所示。

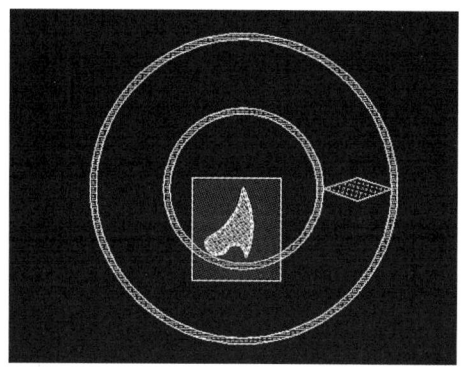 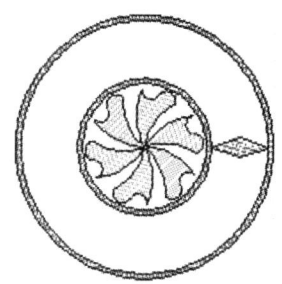

图 4-39 选择阵列对象　　　　　　　　图 4-40 阵列结果

③重复执行"阵列"命令,对外侧的菱形单元进行阵列,命令操作如下:

命令:_arraypolar

选择对象:指定对角点://找到 5 个回车,如图 4-41 所示。

选择对象:

类型=极轴关联=是

指定阵列的中心点或[基点(B)/旋转轴(A)]:

选择夹点以编辑阵列或[关联(AS)/基点(B)/项目(I)/项目间角度(A)/填充角度(F)/行(ROW)/层(L)/旋转项目(ROT)/退出(X)]<退出>://i 回车

输入阵列中的项目数或[表达式(E)]<6>://24 回车

选择夹点以编辑阵列或[关联(AS)/基点(B)/项目(I)/项目间角度(A)/填充角度(F)/行(ROW)/层(L)/旋转项目(ROT)/退出(X)]<退出>://f 回车

指定填充角度(+=逆时针、-=顺时针)或[表达式(EX)]<360>://回车

选择夹点以编辑阵列或[关联(AS)/基点(B)/项目(I)/项目间角度(A)/填充角度(F)/行(ROW)/层(L)/旋转项目(ROT)/退出(X)]<退出>://回车绘图结果如图 4-42 所示。

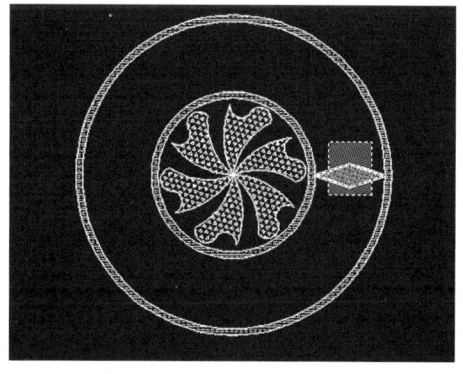 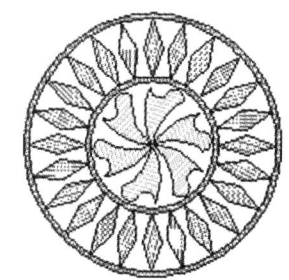

图 4-41 选择对象　　　　　　　　图 4-42 阵列结果

3.路径阵列

"路径命令"用于将对象沿指定的路径或路径的某部分进行等距阵列。路径可以是直线、多段线、三维多段线、样条曲线、螺旋线、圆、椭圆和圆弧等。

执行"路径阵列"命令有以下几种方式：
➢ 执行菜单栏中的"修改"-"阵列"-"路径阵列"命令。
➢ 单击"修改"工具栏或面板上的 ⌒ 按钮。
➢ 在命令行输入 Arraypath 或 AR 后按 Enter 键。

下面通过典型事例，学习"路径阵列"命令的使用方法和操作技巧。

①打开素材文件-楼梯，如图4-43所示。

②单击"修改"工具栏或面板上的 ⌒ 按钮，激活"路径阵列"命令，窗交选择楼梯栏杆进行阵列，命令操作如下：

命令：_arraypath
选择对象：指定对角点：//找到2个，如图4-44所示。
选择对象：//回车
类型=路径 关联=是
选择路径曲线：//选择路径曲线图4-45所示
选择夹点以编辑阵列或[关联(AS)/方法(M)/基点(B)/切向(T)/项目(I)/行(R)/层(L)/对齐项目(A)/Z方向(Z)/退出(X)]<退出>://m 回车
输入路径方法[定数等分(D)/定距等分(M)]<定距等分>://m 回车
选择夹点以编辑阵列或[关联(AS)/方法(M)/基点(B)/切向(T)/项目(I)/行(R)/层(L)/对齐项目(A)/Z方向(Z)/退出(X)]<退出>://i 回车
指定沿路径的项目之间的距离或[表达式(E)]<75>://652
最大项目数=11
指定项目数或[填写完整路径(F)/表达式(E)]<11>:11 回车
选择夹点以编辑阵列或[关联(AS)/方法(M)/基点(B)/切向(T)/项目(I)/行(R)/层(L)/对齐项目(A)/Z方向(Z)/退出(X)]<退出>://a 回车
是否将阵列项目与路径对齐？[是(Y)/否(N)]<是>://n 回车
选择夹点以编辑阵列或[关联(AS)/方法(M)/基点(B)/切向(T)/项目(I)/行(R)/层(L)/对齐项目(A)/Z方向(Z)/退出(X)]<退出>://as 回车
创建关联阵列[是(Y)/否(N)]<是>:n 回车
选择夹点以编辑阵列或[关联(AS)/方法(M)/基点(B)/切向(T)/项目(I)/行(R)/层(L)/对齐项目(A)/Z方向(Z)/退出(X)]<退出>://回车，绘图结果如图4-46所示。

③使用"修剪"命令，对上侧的栏杆进行完善修改，结果如图4-47所示。

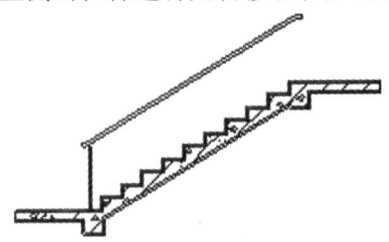

图4-43　打开结果

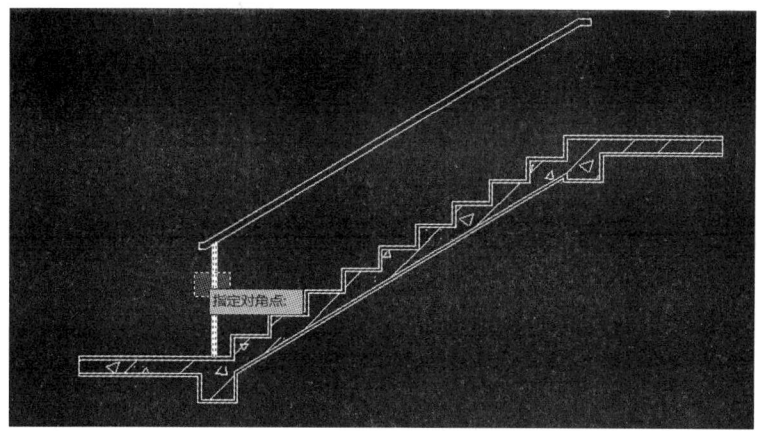

图 4-44 窗交选择阵列对象

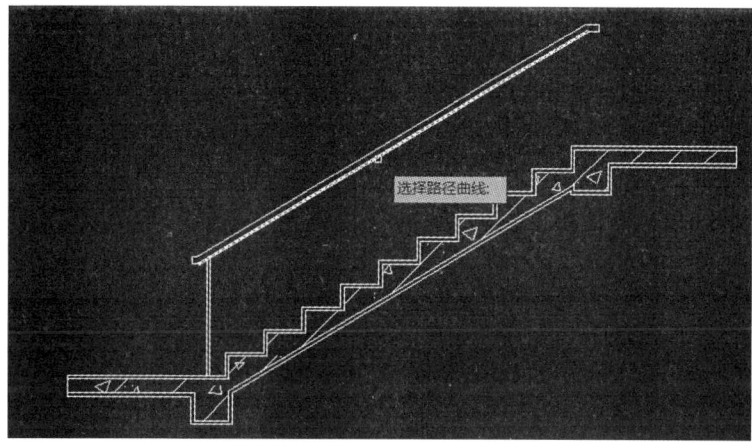

图 4-45 选择路径曲线

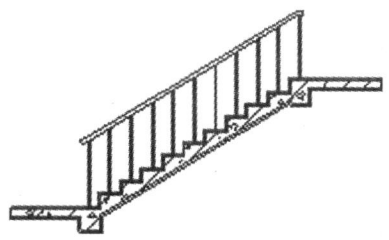

图 4-46 阵列结果

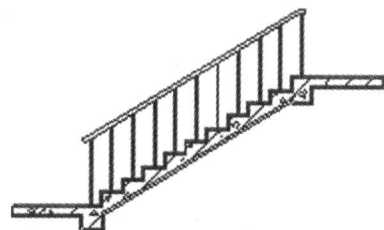

图 4-47 完善结果

4.4.3 镜像

"镜像"命令用于将所选的图形对象沿着指定的两点进行对称复制。在镜像过程中,源对象可以保留,也可以删除。

执行"镜像"命令有以下几种方式:
- 执行菜单栏中的"修改"-"镜像"命令。
- 单击"修改"工具栏或面板上的 ⚏ 按钮。
- 在命令行输入 Mirror 或 MI 后按 Enter 键。

下面通过典型事例,学习"镜像"命令的使用方法和操作技巧。

①打开素材文件-塔楼平面图,如图 4-48 所示。

图 4-48 塔楼打开结果

②单击"修改"工具栏或面板上的 ⚏ 按钮,激活镜像命令,命令操作如下:

命令:_mirror
选择对象://框选图 4-48 所示的平面图,指定对角点:找到 176 个
选择对象://回车
指定镜像线的第一点://如图 4-49 所示,选中端点作为第一点
指定镜像线的第二点://@0,100 回车
要删除源对象吗?[是(Y)/否(N)]<N>://回车,绘制结果如图 4-50 所示。

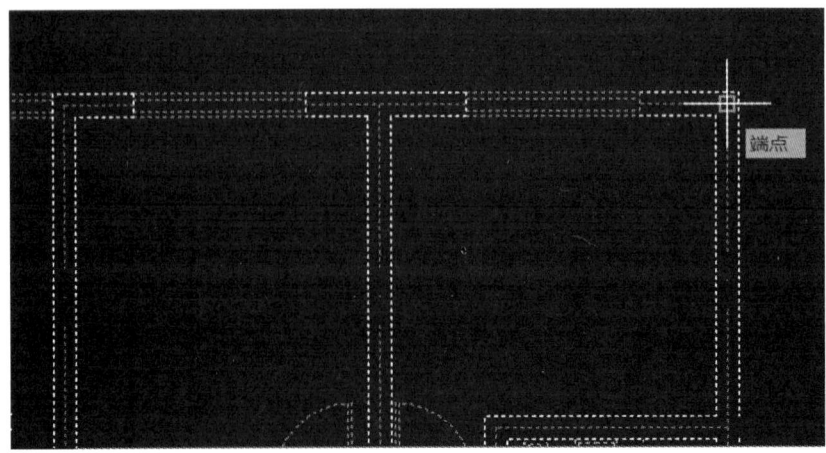

图 4-49 镜像线第一点示意

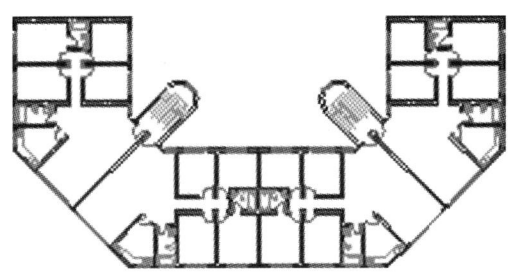

图 4-50 镜像结果

③重复执行"镜像"命令,以最上侧的水平轴线作为对称轴,对图 4-50 所示的平面图继续进行镜像,结果如图 4-51 所示。

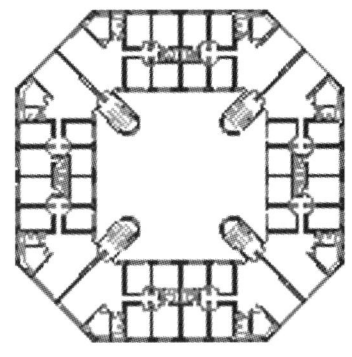

图 4-51 镜像结果

注:对文字进行镜像时,系统变量 MIRRTEX=1,文字不具有可读性;系统变量 MIRRTEX=0,文字具有可读性。

4.4.4 缩放

"缩放命令"用于将对象等比例放大或缩小。此命令用于创建形状相同、大小不同的图形结构。此功能应用非常广泛,可以缩放字体大小、图形大小、图块大小等。

执行"缩放"命令有以下几种方式:
> 执行菜单栏中的"修改"-"缩放"命令。
> 单击"修改"工具栏或面板上的 ⬜ 按钮。
> 在命令行输入 Scale 或 SC 后按 Enter 键。

在等比例缩放的过程中,如果输入的比例因子大于 1,对象将被放大;如果输入的比例因子小于 1,对象将被缩小。

下面通过典型实例,学习"缩放"命令的使用方法和操作技巧。
①创建空白文件。
②激活圆命令(C),绘制直径为 1000 的圆形,如图 4-52(左)所示。
③单击"修改"工具栏或面板上的 ⬜ 按钮,激活缩放命令,将圆形等比例缩小 0.5 倍,命令操作如下:

命令:_scale
选择对象://找到 1 个(选中刚才绘制的半径为 1000 的圆)
选择对象://回车,结束对象的选择
指定基点://捕捉圆的圆心作为基点
指定比例因子或[复制(C)/参照(R)]://0.5 回车,输入缩放比例,缩放结果如图 4-52(右)所示。

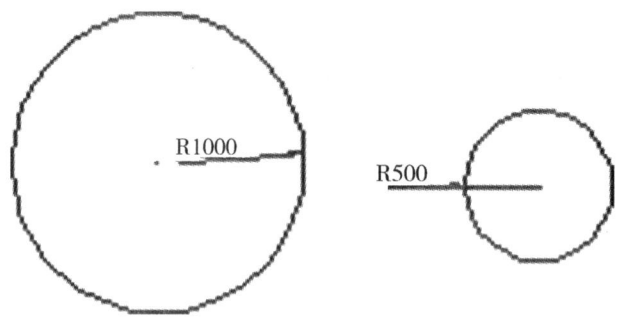

图 4-52 缩放前后对比

注:在缩放的过程中还可以复制对象,操作如下:

命令:_scale
选择对象://找到 1 个选择圆
选择对象://回车,结束对象选择
指定基点://捕捉圆心
指定比例因子或[复制(C)/参照(R)]://c 回车
缩放一组选定对象。
指定比例因子或[复制(C)/参照(R)]://0.5,输入缩放比例,缩放结果如图 4-53 所示。

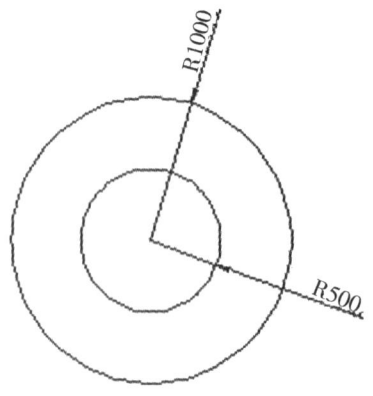

图 4-53 缩放复制结果

4.4.5 偏移

该命令用于将选择的图线按照一定的距离或指定的通过点进行移动与复制,使之偏离所选对象一定的距离。通过该命令可以创建同尺寸或同形状的复合对象。此命令在CAD绘图中非常常见。

执行"偏移"命令有以下几种方式：
➢ 执行菜单栏中的"修改"-"偏移"命令。
➢ 单击"修改"工具栏或面板上的 ⚆ 按钮。
➢ 在命令行输入 Offset 或 O 后按 Enter 键。

1. 距离偏移

对于不同结构的对象，其偏移结果也不同，比如在对圆形、椭圆形等对象进行偏移后，对象的尺寸发生了变化，而对直线偏移后，尺寸保持不变。

下面以偏移圆形、椭圆形、直线等基本图元为例，学习该命令。

① 新建空白文件。

② 使用 C、EL、L 等命令，绘制如图 4-54 所示的圆、椭圆、直线。

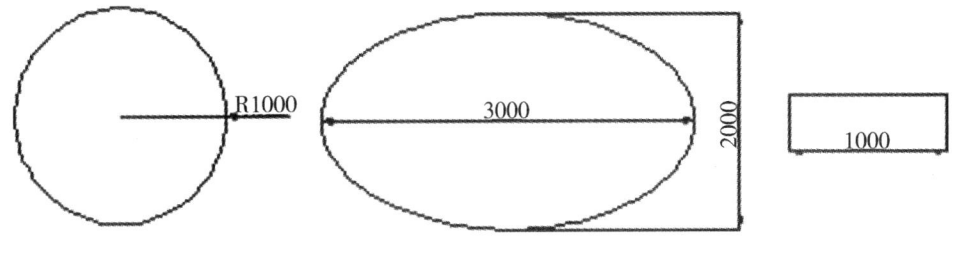

图 4-54 绘制结果

③ 单击"修改"工具栏或面板上的 ⚆ 按钮，激活偏移命令，对各图进行距离偏移，命令操作如下：

命令：_offset
当前设置：删除源=否 图层=源 OFFSETGAPTYPE=0
指定偏移距离或[通过(T)/删除(E)/图层(L)]<通过>://100 回车，设置偏移距离
选择要偏移的对象，或[退出(E)/放弃(U)]<退出>://单击圆形作为偏移对象
指定要偏移的那一侧上的点，或[退出(E)/多个(M)/放弃(U)]<退出>://在圆形外侧的空白区域任意一点单击
选择要偏移的对象，或[退出(E)/放弃(U)]<退出>://单击椭圆形作为偏移对象
指定要偏移的那一侧上的点，或[退出(E)/多个(M)/放弃(U)]<退出>://在椭圆形外侧的空白区域任意一点单击
选择要偏移的对象，或[退出(E)/放弃(U)]<退出>://单击直线作为偏移对象
指定要偏移的那一侧上的点，或[退出(E)/多个(M)/放弃(U)]<退出>://在直线上侧空白区域任意一点单击
选择要偏移的对象，或[退出(E)/放弃(U)]<退出>://回车，结束命令，偏移结果如图 4-55 所示。

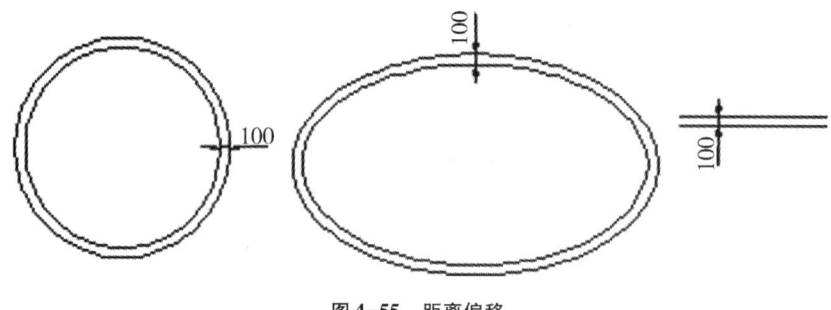

图 4-55 距离偏移

2. 定点偏移

①继续执行上例操作。

②单击"修改"工具栏或面板上的 按钮,激活偏移命令,对各图进行定点偏移,命令操作如下:

命令:_offset
当前设置:删除源=否 图层=源 OFFSETGAPTYPE=0
指定偏移距离或[通过(T)/删除(E)/图层(L)]<100.0000>://t 回车,激活通过模式
选择要偏移的对象,或[退出(E)/放弃(U)]<退出>://单击外围圆形作为偏移对象
指定通过点或[退出(E)/多个(M)/放弃(U)]<退出>://选中外围椭圆的左象限点作为通过点
选择要偏移的对象,或[退出(E)/放弃(U)]<退出>://回车结束命令,结果如图4-56 所示。

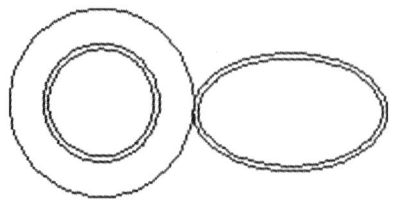

图 4-56 定点偏移

4.5 夹点编辑对象方式

AutoCAD 为用户提供了"夹点编辑"功能,使用此功能,可以非常方便地编辑图形。

4.5.1 关于夹点编辑

在学习此功能之前,首先需要了解两个概念,即"夹点"和"夹点编辑"。

当选中某些图形对象后,这些图形上会出现一些蓝色实心小方框,这些蓝色小方框即为图形的"夹点",不同的图形结构,其夹点个数及位置会不同,如图4-57所示。

所谓"夹点编辑"是指单击图形上的任何一个夹点,即可进入夹点编辑模式,此时单击的夹点以"红色"亮显,称之为"热点"或者是"夹基点",如图4-58所示。

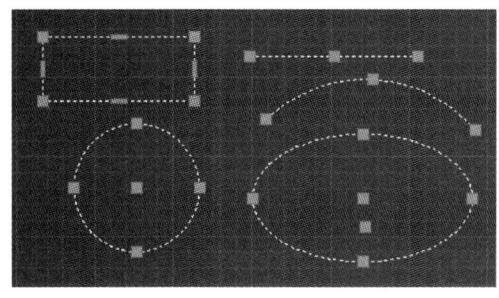 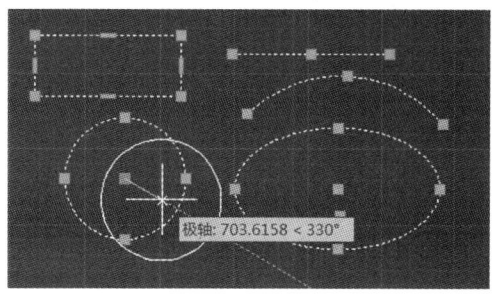

图 4-57　各种图形的夹点　　　　　　　图 4-58　热点

4.5.2　使用夹点菜单编辑图形

当夹点编辑功能被激活后,进入夹点编辑模式,在绘图区右击,即可打开夹点编辑菜单,如图 4-59 所示。

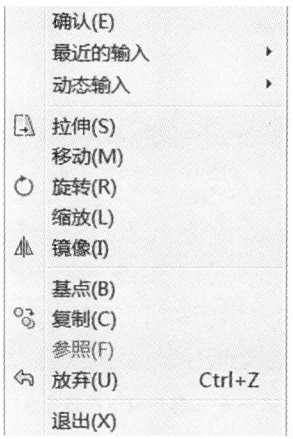

图 4-59　夹点编辑菜单

第一类夹点命令为一级修改菜单,包括"移动""镜像""旋转""缩放""拉伸"命令,这些命令是平级的,用户可以通过执行菜单中的各修改命令进行编辑。

第二类夹点命令为二级选项菜单,如"基点""复制""参照""放弃"等,这些选项菜单在一级修改命令的前提下才能使用。

4.5.3　通过命令行夹点编辑图形

当进入夹点编辑模式后,在命令行输入各夹点命令选项,使用夹点编辑图形。另外,用户通过连续按 Enter 键,系统即可在"移动""镜像""旋转""缩放"和"拉伸"这 5 种命令及各命令选项中循环执行,也可以通过命令简写 MI、MO、RO、ST、SC 循环选择这些模式。

4.5.4　案例示范

下面以绘制长为 1000,角度为 40°的菱形为例,学习夹点编辑工具的操作方法和操作技巧。

操作步骤：
①新建文件，绘制长度为1000的水平直线。
②在无命令的前提下，选中刚绘制的直线，显示其夹点，如图4-60所示。

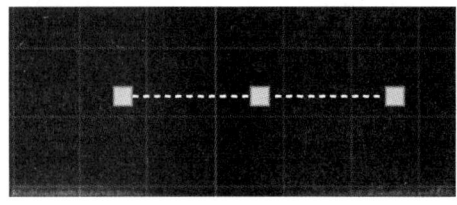

图4-60 夹点显示

③单击左侧的夹点，使其变为热点进入编辑状态，在任意位置右击，在弹出的快捷菜单中选择"旋转"命令，如图4-61所示。

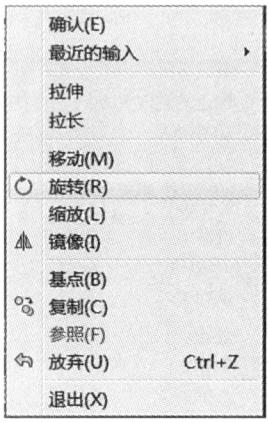

图4-61 激活夹点旋转功能

④在命令行输入C，进行复制，命令行具体操如下：

命令：
＊＊拉伸＊＊
指定拉伸点或[基点(B)/复制(C)/放弃(U)/退出(X)]：_rotate
＊＊旋转＊＊
指定旋转角度或[基点(B)/复制(C)/放弃(U)/参照(R)/退出(X)]：//c 回车
＊＊旋转(多重)＊＊
指定旋转角度或[基点(B)/复制(C)/放弃(U)/参照(R)/退出(X)]：//20 回车
＊＊旋转(多重)＊＊
指定旋转角度或[基点(B)/复制(C)/放弃(U)/参照(R)/退出(X)]：//-20 回车
＊＊旋转(多重)＊＊
指定旋转角度或[基点(B)/复制(C)/放弃(U)/参照(R)/退出(X)]：//＊取消＊，

按esc键，绘制结果如图4-62所示。

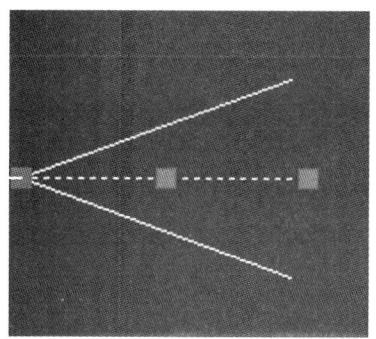

图 4-62　编辑结果

⑤按"delete"键,删除夹点显示的水平线段,结果如图 4-63 所示。

图 4-63　删除水平线段

⑥选择图 4-63,使其进入夹点显示状态,如图 4-64 所示。

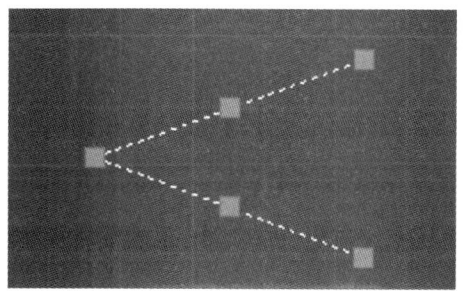

图 4-64　夹点显示线段

⑦按住"shift"键,依次选中线段右侧的两个夹点,使其进入热点状态,即变为红色,如图 4-65 所示。

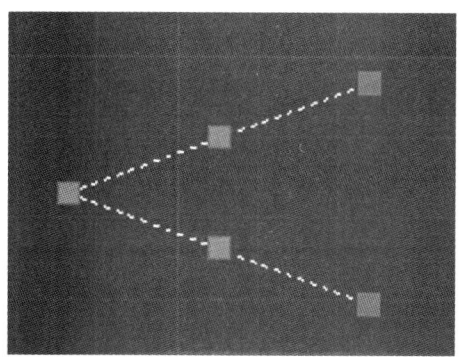

图 4-65　热点显示

⑧单击其中一个热点,进入编辑模式,然后根据命令行的提示,对夹点图进行镜像和复制,具体操作命令如下:

命令：
拉伸
指定拉伸点或[基点(B)/复制(C)/放弃(U)/退出(X)]://回车
MOVE
指定移动点或[基点(B)/复制(C)/放弃(U)/退出(X)]://回车
旋转
指定旋转角度或[基点(B)/复制(C)/放弃(U)/参照(R)/退出(X)]://回车
比例缩放
指定比例因子或[基点(B)/复制(C)/放弃(U)/参照(R)/退出(X)]://回车
镜像
指定第二点或[基点(B)/复制(C)/放弃(U)/退出(X)]://c 回车
镜像(多重)
指定第二点或[基点(B)/复制(C)/放弃(U)/退出(X)]://@0,1 回车
镜像(多重)
指定第二点或[基点(B)/复制(C)/放弃(U)/退出(X)]://回车,退出夹点编辑模式
命令：*取消*

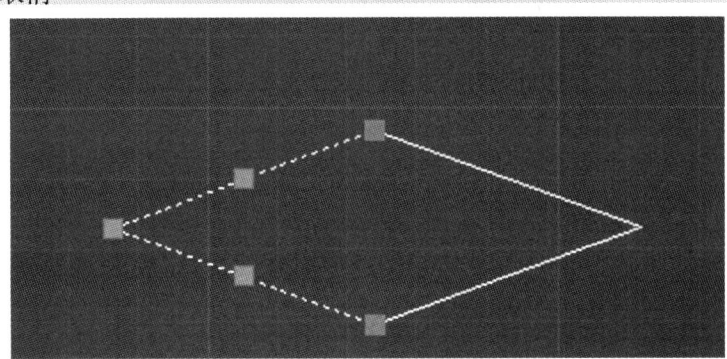

图 4-66　镜像结果

⑨按"esc"键取消对象的夹点显示。

小　　结

本章主要介绍了在二维绘图环境下,基本图元的编辑问题,通过本章的学习,要求学生能够熟练地掌握各个图形编辑的工具、菜单及命令,同时能够熟练掌握操作各个命令的过程。

习 题

1. 绘制方向盘平面图。

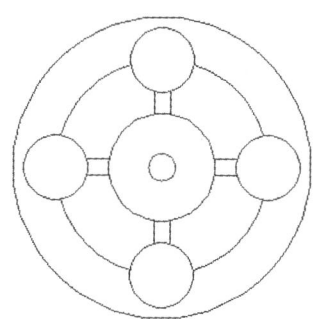

2. 绘制广场地面拼花。

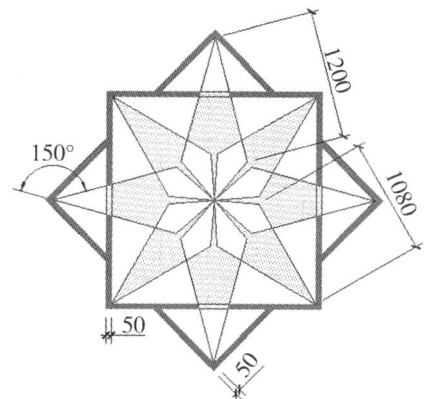

3. 绘制下面的图形。

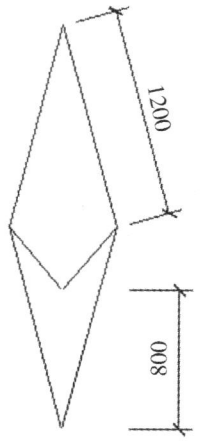

第 5 章　组合与引用图形资源方式

在平时绘图过程中,经常会遇到一些重复的图形集合和图例符号等,如果将这些常用的图形集合和图例符号创建为图块,那么在每次绘图时,只需要插入这些图块即可,而不必重复绘制这类对象,这样不仅可以很大程度地提高绘图速度,节省存储空间,而且还可以使绘制的图形更加标准化和规范化。

5.1　组合图块方式

图块就是将多个图形对象集合起来,形成一个单独的组合对象。

AutoCAD 将其作为单一对象加以处理,用户只需通过选取块内的任何一个对象,就可以对整个块进行移动、删除或复制等编辑。

5.1.1　创建内部块

"创建块"命令用于将单个或多个图形对象集合成一个整体图形单元,保存于当前图形文件内,以供当前文件重复使用,使用此命令创建的图块被称为"内部块"。

执行"创建块"命令有以下几种方式。

- ➢ 执行菜单栏中的"绘图"-"块"-"创建"命令。
- ➢ 单击"绘图"工具栏或"块"面板上的 按钮。
- ➢ 在命令行输入 Block 或 B 后按 Enter 键。

下面通过典型实例,学习"创建块"命令的使用方法和操作技巧。

①新建空白文件,然后使用 c、l、tr 等命令,绘制如图 5-1 所示图形。

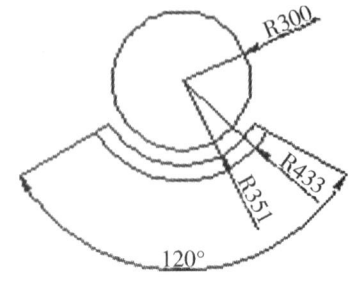

图 5-1　绘制结果

②单击"绘图"工具栏或"块"面板上的按钮,打开如图 5-2 所示的对话框。

图 5-2 "块定义"对话框

③在名称框中输入"椅子"作为块的名称,对象选择"删除"选项,其他按照默认设置。
④在基点选择中,点击拾取点图标,返回绘图区捕捉圆圆的圆心作为块的基点。
⑤在选择对象中,点击选择对象按钮,返回绘图区选中椅子的平面图形。
⑥按回车键返回块定义对话框,如图 5-3 所示。

图 5-3 参数设置

⑦单击"确定"按钮关闭该对话框,结果创建的内部块存在于文件内部,将会与文件一起保存。

5.1.2 创建外部块

由于内部块仅供当前文件所引用,为了弥补内部块给绘图过程带来的不便,AutoCAD 提供了"写块"命令,使用此命令块创建的图块,不但可以被当前文件所使用,还可以供其他文件重复应用。

写块命令:命令行输入 Wblock 或 W 按 Enter 键。

下面通过典型实例,学习"创建块"命令的使用方法和操作技巧。

①继续上节操作。

②在命令行输入 Wblock 或 W 按 Enter 键,激活"写块"命令,打开如图 5-4 所示的写块对话框。

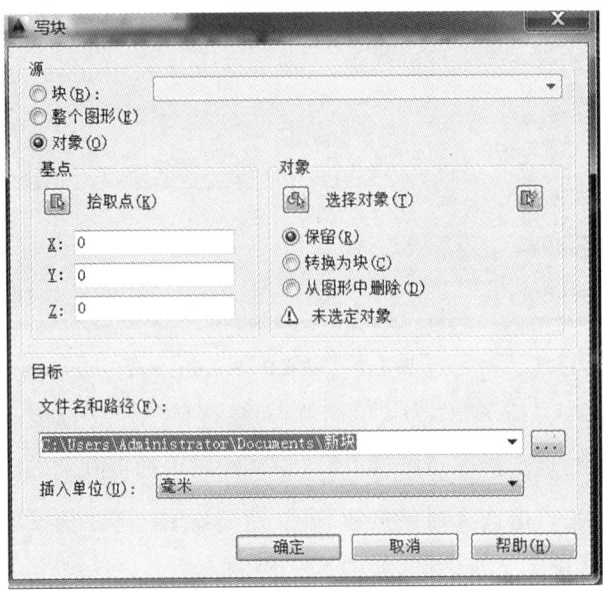

图 5-4 "写块"对话框

③再"源"选项组中选择"块"单击按钮,然后在展开"块"下拉表中,选择"椅子"内部块,如图 5-5 所示。

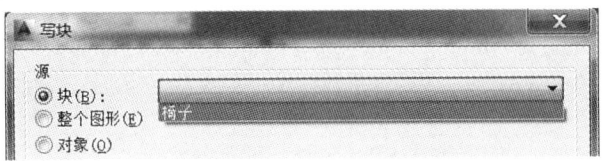

图 5-5 选择块

④在"文件名和路径"文本框中,设置外部块的保存路径、名称和单位,如图 5-6 所示。

图 5-6 创建外部块

⑤单击"确定"按钮,结果"椅子"内部块被转换为外部块,以独立文件保存,可以在其他文件中被反复利用。

选项解析

"块"单选按钮用于将当前文件中的内部块转换为外部块,进行保存。

"整个图形"用于将当前文件中的所有图形对象创建为一个整体图块进行保存。

"对象"系统默认选项,用于有选择性地将当前文件中的部分图形或全部图形创建为一个独立的外部块,具体操作和创建内部块相同。

5.2 引用与嵌套图块方式

5.2.1 引用图块

将多个图形集合成块的最大目的,就是为了进行反复的引用,以节省绘图时间,提高绘图效率。应用图块时可使用"插入块"命令,此命令可以将内部块、外部块以及一些保存的文件以不同的比例及角度插入到当前图形中。

执行"插入块"命令有以下几种方式。

➢ 执行菜单栏中的"插入"-"块"命令。
➢ 单击"绘图"工具栏或"块"面板上的 ⬚ 按钮。
➢ 在命令行输入 Insert 或 I 后按 Enter 键。

下面通过典型实例,学习"创建块"命令的使用方法和操作技巧。

①继续上节操作。
②执行画圆命令,绘制半径是 1000 的圆形作为圆桌轮廓线。
③执行"修改"-"偏移"命令,将圆形向外偏移 350 个单位,结果如图 5-7 所示。

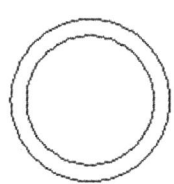

图 5-7 偏移结果

④单击"绘图"工具栏或"块"面板上的 ⬚ 按钮,打开如图 5-8 所示的"插入"对话框,结果块"椅子"自动出现在"名称"文本框内。

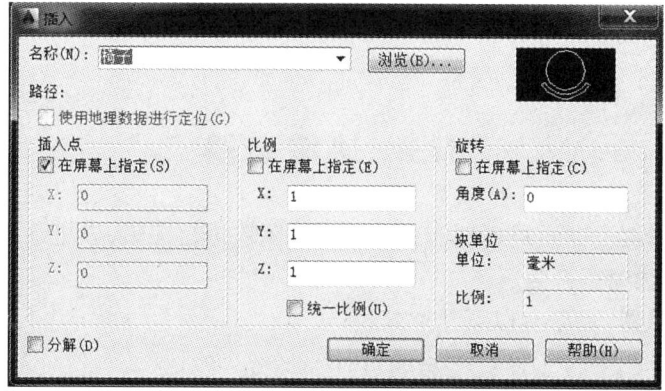

图 5-8 "插入"块对话框

⑤按照对话框中的默认设置,点击"确定"返回绘图区,在命令行提示下,"指定插入点或[基点(B)/比例(S)/X/Y/Z/旋转(R)]":捕捉大圆的下象限点作为插入点,插入结果如图 5-9 所示。

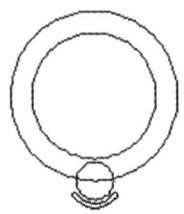

图 5-9 插入结果

⑥执行"修改"-"阵列"命令,将插入的椅子环形阵列 8 把,中心点为大圆的圆心,并删除外围大圆,绘制结果如图 5-10 所示。

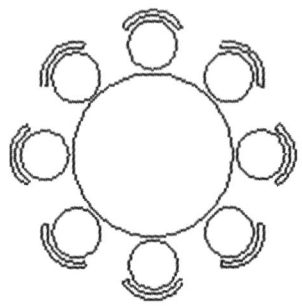

图 5-10 操作结果

5.2.2 嵌套图块

用户可以在一个图块中引用其他图块,称之为"嵌套块"。如可以将厨房作为插入到每一个房间的图块,而在厨房块中,又包含水池、冰箱、炉具等其他图块。

使用嵌套块需要注意以下两点。
- 块的嵌套深度没有限制。
- 块定义不能嵌套自身,即不能使用嵌套块的名称作为将要定义的新块名称,即不能引用自身。

5.3 块编辑器

使用"块编辑器"命令,可以对当前文件中的图块进行编辑,以更新先前块的定义,还可以向现有块添加动态行为。

执行"块编辑器"命令有以下几种方式。
- 执行菜单栏中的"工具"-"块编辑器"命令。
- 单击"块"面板上的按钮。
- 在命令行输入 Bedit 或 BE 后按 Enter 键。

下面通过典型实例,学习"块编辑器"命令的使用方法和操作技巧。

①继续上节操作。

②执行"工具"-"块编辑器"命令,打开如图5-11所示的对话框。

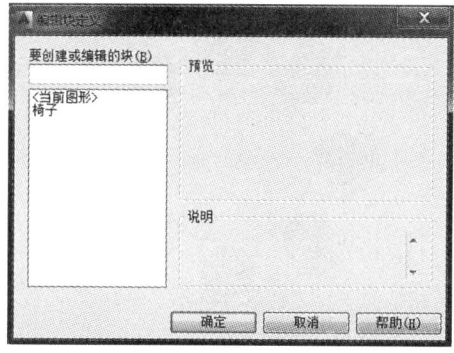

图5-11 "编辑块定义"对话框

③在"椅子"图块上双击,打开如图5-12所示的块编辑窗口。

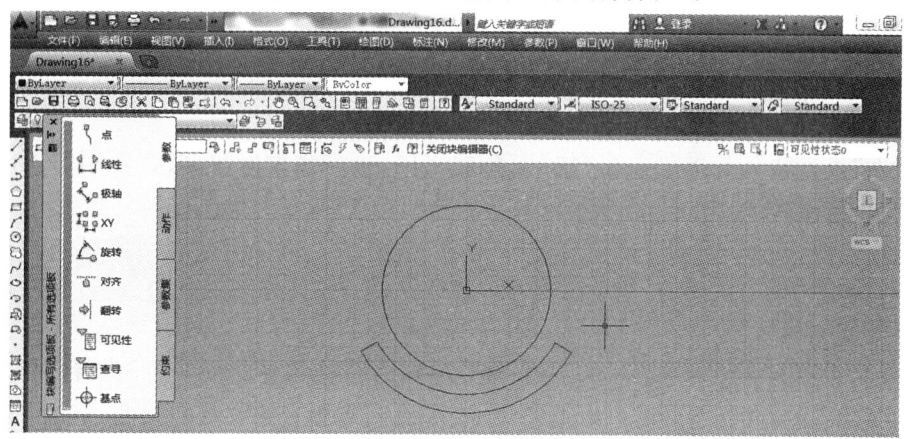

图5-12 块编辑窗口

④执行"绘图"-"图案填充"命令,设置填充图案及填充参数如图5-13所示,为椅子平面填充如图5-14所示的图案。

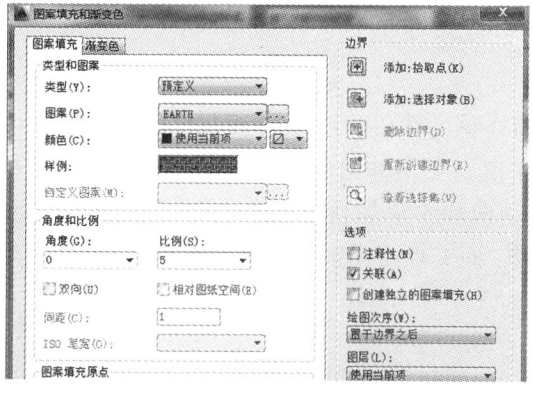 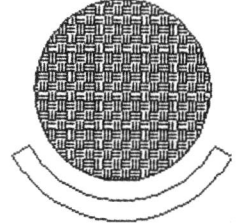

图5-13 设置图案填充图案及填充参数　　　　图5-14 填充结果

⑤单击上侧共计中的"保存块定义"按钮 ,将上述操作进行保存。

⑥单击"关闭块编辑器"按钮,返回绘图区,结果所有"椅子"内部块被更新,结果如图5-15所示。

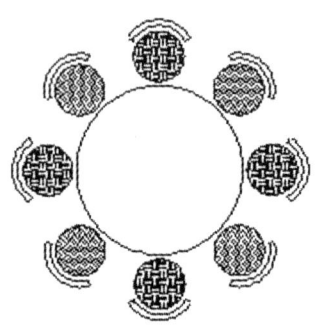

图5-15 块的编辑与更新

5.4 动态块使用方式

5.4.1 概述

所谓"动态块",是指建立在"块"基础之上的,事先预设好数据,在使用时可以随设置的数值进行操作的块。动态块不仅具有块的一切特性,还具有其独特的特性。

通俗地说,动态块就是"会动"的块,所谓"会动",是指可以根据需要对块的整体或局部进行动态调整。"会动"使动态块不但像块一样有整体操作的优势,而且拥有块所没有的局部调整功能。

例如,在图形中插入一个门的图块,则在编辑时可能需要更改门的大小和朝向,如果该门块是动态的,并且定义为可以调整大小,那么只需要自定义夹点或在"特性"选项板中指定不同的大小就可以修改门的大小。

5.4.2 参数与动作

在块编辑器中通过添加参数和动作等元素,使块升级为动态块。动态块可以轻松实现旋转、翻转、查询等各种各样的动态功能。

1. 参数

参数的实质是指其关联对象的变化方式,比如,点参数的关联对象可以向任意方向发生变化;线性参数和 XY 参数的关联对象只能沿参数所指定的方向发生改变等。参数添加到动态块定义中后,系统会自动向块中添加自定义夹点和特性,使用这些自定义夹点和特性可以操作图形中的块参照。而夹点将添加到该参数的关键点,关键点是用于操作块参照的参数部分。

2. 动作

动作定义了图形中操作动态块时,该块参照中的几何图形将如何移动和更改。所有的动作必须与参数配对才能发挥作用,参数只是指定对象变化的方式,而动作则可以指定变化的对象。

5.5 属性定义与编辑方式

5.5.1 为几何图形定义属性

"属性"实际上就是一种"块的文字信息",属性不能独立存在,它是附属于图块的一种非图形信息,用于对图块进行文字说明。

执行"定义属性"命令主要有以下几种方式。
➢ 执行"绘图"|"块"|"定义属性"命令。
➢ 在命令行输入 Attdef 按 Enter 键。
➢ 使用命令简写 ATT 按 Enter 键。

下面通过典型实例,学习"定义属性"命令的使用方法和操作技巧。
①新建文件
②执行"圆"命令,绘制直径为 8 的圆,如图 5-16 所示。

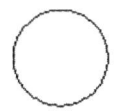

图 5-16 绘制结果

③执行菜单"绘图"|"块"|"定义属性"命令,打开如图 5-17 所示的对话框。

图 5-17 "属性定义"对话框

④然后再对话框中进行设置,如图 5-18 所示。

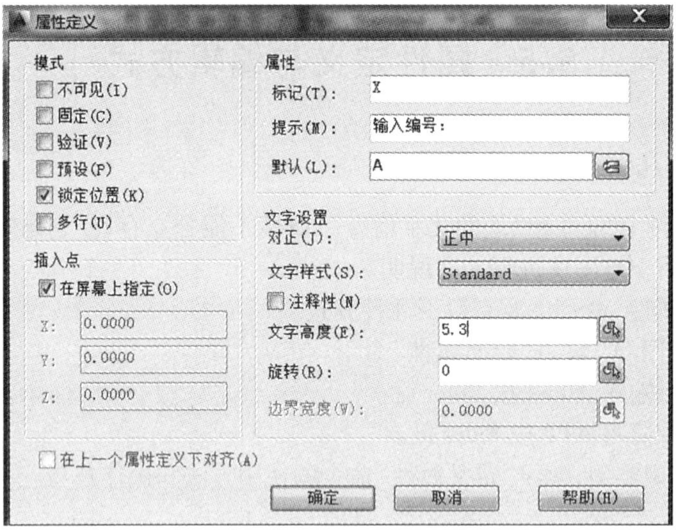

图 5-18 "属性定义"对话框设置

⑤单击 [确定] 按钮返回绘图区,在命令行提示下捕捉圆的圆心作为属性插入点,插入结果如图 5-19 所示。

图 5-19 插入属性绘制结果

5.5.2 更改图形属性的定义

当定义属性后,如果需要更改属性的标记、提示或默认值,需要进行更改。

可通过菜单"修改"-"对象"-"文字"-"编辑"执行该命令,在执行该命令时,双击属性,系统会弹出如图 5-20 所示的"编辑属性定义"对话框,通过该对话框,用户可以修改属性定义的标记、提示或默认值等。

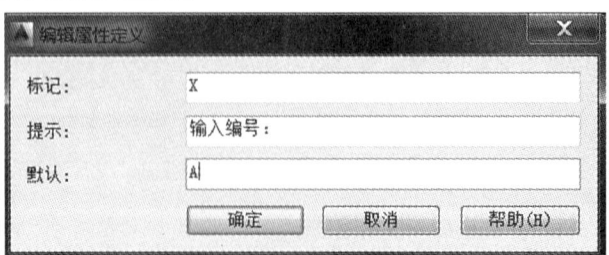

图 5-20 "编辑属性定义"对话框

5.5.3 属性块的实时编辑

当为几何图形定义属性后,并没有真正起到"属性"的作用,还需要将定义的文字属性和几何图形一起创建为"属性块",然后在应用"属性块"时,才可体现"属性"的作用。

当插入带有属性的图块后,可以使用"编辑属性"命令,对属性值以及属性的文字特征等内容进行修改。

执行"编辑属性"命令的方式:
> 菜单"修改"-"对象"-"属性"-"单个"。
> 单击"修改Ⅱ"工具栏或"块"面板上的 按钮。
> 在命令行输入:Eattedit+Enter。

下面通过典型实例,学习"编辑属性"命令的使用方法和操作技巧。

①继续上例操作。

②执行"创建块"命令,将上例绘制的圆及其属性一起创建为属性块,基点为圆的圆心,其参数设置如图5-21所示。

图5-21 设置块参数

③点击 确定 ,打开如图5-22所示的"编辑属性"对话框,在此对话框中即可定义正确的文字属性值。

图5-22 "编辑属性"对话框

④将序号属性值设置为"L",然后单击 [确定] 按钮,结果创建一个属性值为 L 的属性块,如图 5-23 所示。

图 5-23 定义属性块

⑤执行菜单"修改"-"对象"-"属性"-"单个"命令,在命令行"选择块"提示下,选择属性块,打开"增强属性编辑器"对话框,如图 5-24 所示;然后修改属性值为 R,结果如图 5-25 所示。

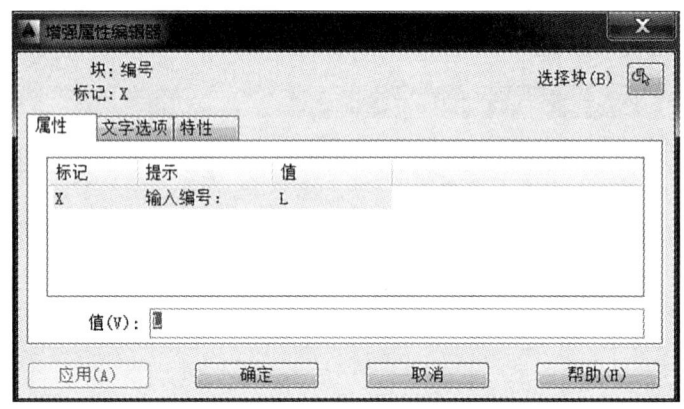

图 5-24 "增强属性编辑器"对话框

图 5-25 修改结果

注:除三种执行该命令的方式外,还可以直接双击具有属性的块,也可以打开如图 5-24 所示的"增强属性编辑器"对话框

5.6 块属性管理器的使用方式

该命令用于对当前文件中众多的属性块进行编辑管理,是一个综合性的属性块管理工具。

执行"块属性管理器"命令主要方式:
- 执行菜单"修改"-"对象"-"属性"-"块属性管理器"。
- 单击"修改 II"工具栏或"块"面板上的 按钮。
- 在命令行中输入 Battman+Enter。

激活该命令后,系统将弹出如图 5-26 所示的"块属性管理器"对话框,用于对当前图形文件中的所有属性块进行管理。

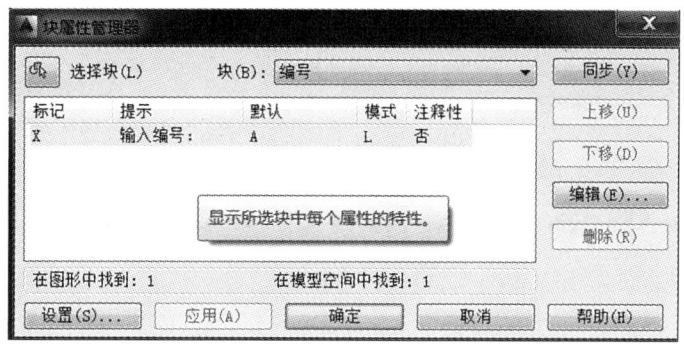

图 5-26 "块属性管理器"对话框

在默认情况下,所做的属性更改将应用到当前图形中现有的所有块参照。如果在对属性进行编辑修改时,当前文件中固定属性或嵌套属性受到一定影响,此时可使用"重生成"命令更新这些块的显示。

小　　结

本节主要学习图块的引用、块的编辑更新、块的嵌套与分解等知识,以更有效地组织、使用和管理图块。

习　　题

1. 绘制"门形"块。

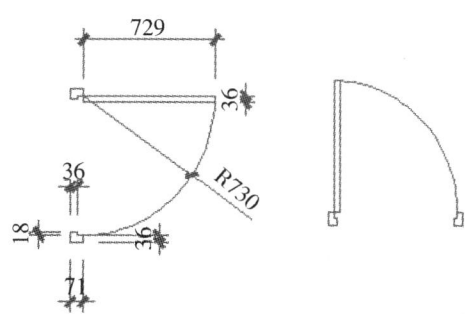

2. 绘制粗糙度属性块。

第 6 章 图形尺寸标注简介

尺寸标注是工程制图中的重要内容,它反映了图形对象的真实大小和互相的位置关系,对传达有关设计元素的尺寸和材料等信息有着非常重要的作用,因此尺寸标注具备有完整性和准确性。

在 AutoCAD 中,对制图规范中尺寸标注时应遵循的规定如下:

➢ 物体的真实大小应以图样上所标注的尺寸数值为依据,与图形的大小及绘图的准确度无关。

➢ 图样中的尺寸以 mm 为单位时,不需要标注计量单位的代号或者名称。如果采用其他单位,则必须注明相应计量单位的代号或者名称。

➢ 图样中所标注的尺寸为该图样所表示的物体的最后完工尺寸,否则应另加说明。

➢ 建筑部件对象每一尺寸一般只标注一次,并标注在最能清晰反映该部件结构特征的视图上。

➢ 尺寸的配置要合理,功能尺寸应该直接标注;同一要素的尺寸应尽可能集中标注;数字之间不允许任何图线穿过,必要时可以将图线断开。

6.1 尺寸标注样式简介

以建筑工程制图为例,一个完整的尺寸标注由尺寸线、尺寸界限(延伸线)、尺寸箭头(或尺寸起止符号)和尺寸数字四部分组成。如图 6-1 所示。

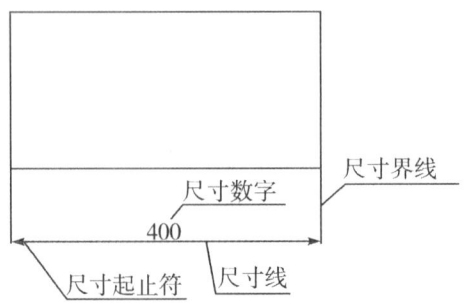

图 6-1 尺寸标注的组成

6.1.1 设置尺寸标注样式

标注样式是标注设置的集合,可以用来控制标注的外观,如箭头样式、文字位置和尺寸公差等,因此在标注尺寸之前一般要创建好尺寸标注样式,然后再进行尺寸标注。默认情况下,在 AutoCAD 中创建尺寸标注使用的尺寸标注样式是 ISO-25,用户可以根据需要创建一种新的尺寸标注样式。

启动"标注样式"命令的三种方式:
①选择"格式"→"标注样式"命令。
②单击"样式"工具栏中的"标注样式"按钮。
③输入命令:DIMSTYLE。

启动"标注样式"命令后,弹出"标注样式管理器"对话框,如图 6-2

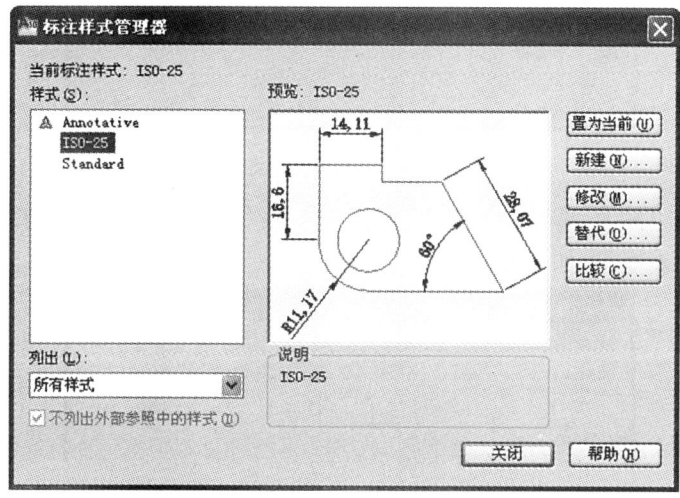

图 6-2 "标注样式管理器"对话框

创建尺寸样式的操作步骤如下:
①要创建标注样式,在"标注样式管理器"对话框,单击"新建"按钮,弹出"创建新标注样式"对话框,在"新样式名"文本框中输入新的样式名称;在"基础样式"下拉列表框中选择新标注样式是基于哪一种标注样式创建的;在"用于"下拉列表框中选择标注的应用范围,如应用于所有标注、半径标注、线性标注等,如图 6-3 所示。

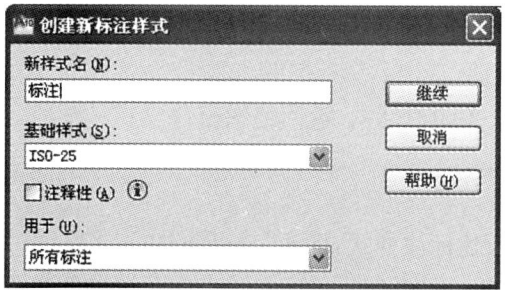

图 6-3 "创建新标注样式"对话框

②单击"继续"按钮弹出"新建标注样式:标注"对话框,如图 6-4 所示,在其中可对 7

个选项卡分别进行设置。

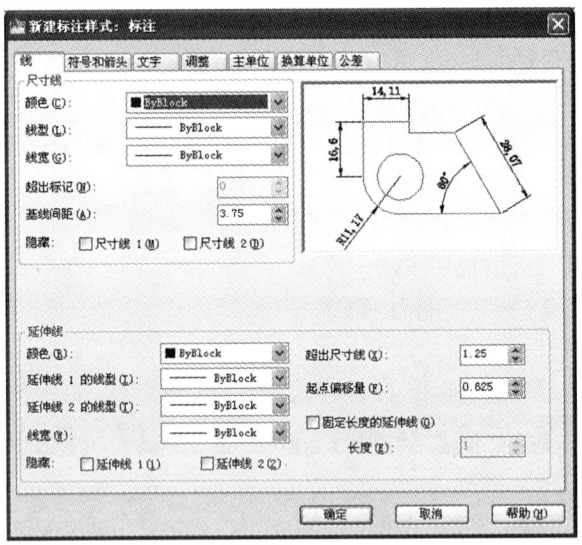

图 6-4 "新建标注样式"

③单击"确定"按钮,即可建立新的标注样式,其名称将显示在"标注样式管理器"对话框的"样式"列表框中,如图 6-5 所示。

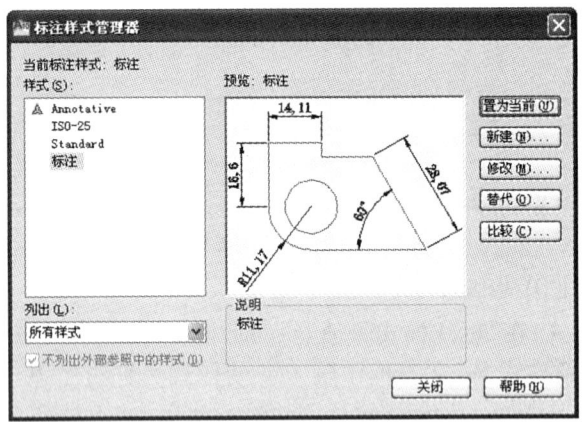

图 6-5 显示新创建的标注样式

④在"样式"列表框中选中刚创建的标注样式,单击"置为当前"按钮,即可将该样式设置为当前使用的标注样式。

⑤单击"关闭"按钮,关闭对话框,返回绘图窗口。

6.1.2 设置"线"参数

在图 6-4 所示的"新建标注样式:标注"对话框中,使用"线"选项卡可以设置尺寸线和尺寸界线的格式和位置。下面介绍"线"选项卡中各选项的主要内容。

1. "尺寸线"选项卡

"尺寸线"选项组中各选项的含义如下:

- ➢ "颜色"下拉列表框:设置尺寸线的颜色。
- ➢ "线性"下拉列表框:设置尺寸线的线性。
- ➢ "线宽"下拉列表框:设置尺寸线的宽度。
- ➢ "超出标记"文本框:设置尺寸线超出尺寸界线的距离。
- ➢ "基线间距"文本框:设置使用基线标注时各尺寸线的距离。
- ➢ "隐藏"选项:控制尺寸线的显示。"尺寸线1"复选框用于控制第一条尺寸线的显示。
- ➢ "尺寸线2"复选框用于控制第二条尺寸线的显示。

2. "尺寸界线"选项组

"尺寸界线"选项组中各选项的含义如下:
- ➢ "颜色"下拉列表框:设置尺寸界线的颜色。
- ➢ "尺寸界线1的线型"和"尺寸界线2的线型"下拉列表框:设置尺寸界线的线型。
- ➢ "线宽"下拉列表框:设置尺寸界线的宽度。
- ➢ "超出尺寸线"文本框:设置尺寸界线超出尺寸线的距离。
- ➢ "起点偏移量"文本框:设置尺寸界线相对于尺寸界线起点的偏移距离。
- ➢ "隐藏"选项:设置尺寸界线的显示。"尺寸界线1"用于控制第一条尺寸界线的显示,"尺寸界线2"用于控制第二条尺寸界线的显示。
- ➢ "固定长度的尺寸界线"复选框及其"长度"文本框:设置尺寸界线从尺寸线开始到标注原点的总长度。

6.1.3 设置"符号和箭头"参数

在"新建标注对话框"的"符号和箭头"选项卡中,可以对箭头、圆心标记、折断标注、弧长符号、半径折弯标注、线性折弯标注的掩饰进行设置,如图6-6所示。

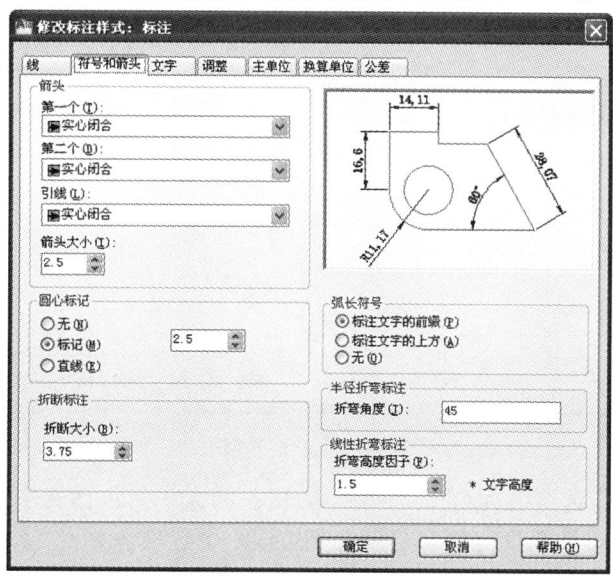

图6-6 "符号和箭头"选项卡

(1)"箭头"选项组

➢ "第一个"和"第二个"下拉列表框：用于设置尺寸线的箭头样式。当改变第一个箭头的类型时，第二个箭头将自动改变，以同第一个箭头相匹配。

➢ "引线"下拉列表框：设置尺寸线引线的形式。

➢ "箭头大小"文本框：设置箭头相对于其他尺寸标注元素的大小。

(2)"圆心标记"选项组

➢ "圆心标记"选项组提供了对圆心标记的控制选项，分别是"无""标记"和"直线"三个单选按钮。

➢ "大小"文本框：设置圆心标记或中心线的大小。

(3)"弧长符号"选项组

"弧长符号"选项组控制弧长标注中圆弧符号的显示，分为标注文字的"前""上"和"无"三种。

(4)半径折弯标注

提供了折弯半径标注的显示控制选项。

6.1.4 设置"文字"参数

在"新建标注样式"对话框的"文字"选项卡中可以对标注文字的外观、位置和对齐方式进行设置，如图6-7所示。

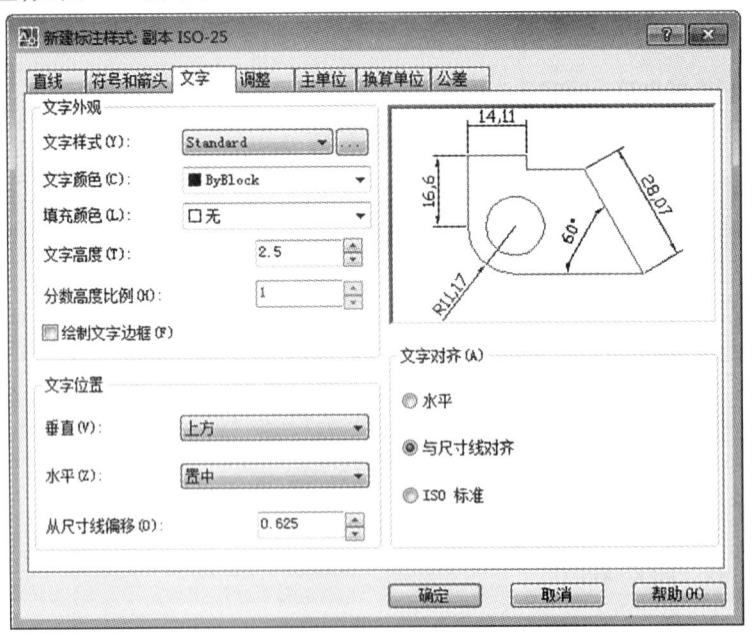

图6-7 "文字"选项卡

➢ "文字外观"选项组：设置标注文字的格式和大小。包括文字样式、文字颜色、填充颜色、文字高度、分数高度比例和绘制文字边框六个选项。

➢ "文字位置"选项卡：对标注文字的位置进行设置。

➢ "垂直"下拉列表框：设置标注文字沿尺寸线在垂直方向上的对齐方式。

➤ "水平"下拉列表框:设置标注文字沿尺寸线和尺寸边界线在水平方向上的对齐方式。

➤ "观察方向"下拉列表框:设置标注文字的方向。

➤ "从尺寸线偏移"下拉列表框:设置文字与尺寸线的间距。

➤ "文字对齐"选项组:设置标注文字放在尺寸界线外侧或内侧时的方向。包括三个选项:水平(标注文字沿水平线放置)、与尺寸线对齐(标注文字沿尺寸线方向放置)、ISO 标准(当文字在尺寸界线内时,文字与尺寸线对齐;当文字在尺寸界线外时,文字水平排列)。

6.1.5 设置"调整"参数

在"新建标注样式"对话框的"调整"选项卡中可以对标注文字、箭头、文字与尺寸线的位置关系等进行设置,如图 6-8 所示。

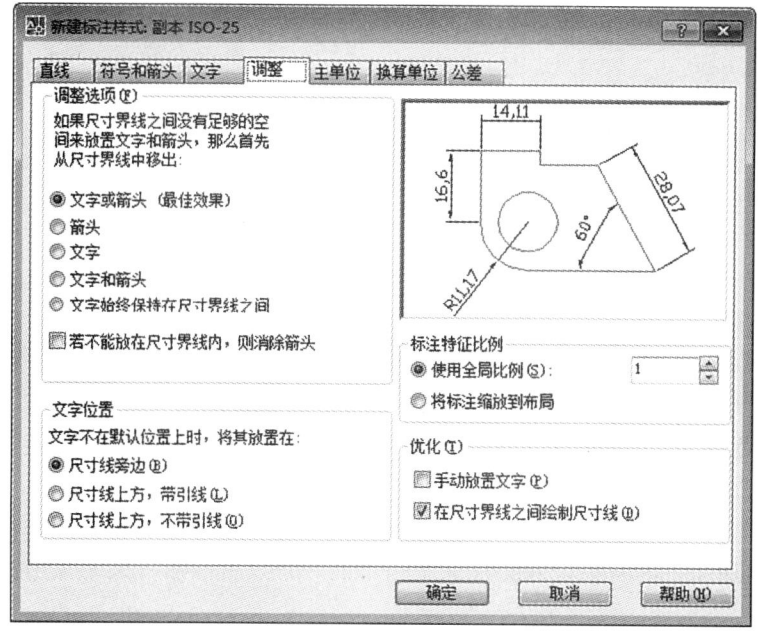

图 6-8 "调整"选项卡

➤ "调整选项"选项组:设置延伸线之间可用空间的文字和箭头的位置。包括"文字或箭头(最佳效果)"、"箭头"、"文字"、"文字和箭头"、"文字始终保持在尺寸界线之间"、"若不能放在尺寸界线内,则消除箭头"六个选项。

➤ "文字位置"选项组:设置文字标注不在默认位置上时,将其放置的位置。包括"尺寸线旁边"、"尺寸线上方,带引线"、"尺寸线上方,不带引线"三个选项。

➤ "标注特征比例"选项组:设置全局标注比例值或图纸空间比例。

➤ "使用全局比例":对所有标注样式设置一个比例,指定大小、距离和间距,包括文字和箭头的大小,但不更改标注的测量值。

➤ "将标注缩放到布局":根据当前模型空间视口与图纸空间之间的比例确定比例因子。

6.1.6 设置"主单位"参数

在"新建标注样式"对话框的"主单位"选项卡中,可以设置主标注单位的格式和精度,标注文字的前缀和后缀等,如图 6-9 所示。

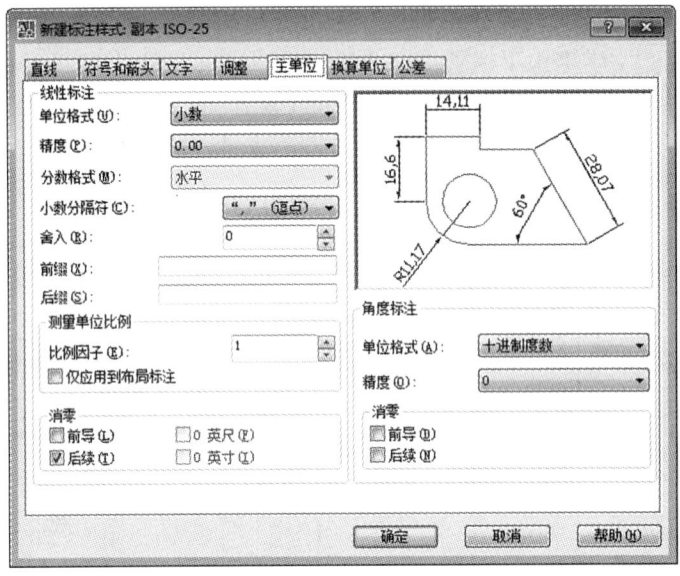

图 6-9 "主单位"选项卡

- ➢ "线性标注"选项组:设置标注单位的格式和精度。
- ➢ "单位格式"下拉列表框:设置除角度之外的标注类型的当前单位格式。
- ➢ "精度"下拉列表框:设置标注文字中的小数位数。
- ➢ "分数格式"下拉列表框:设置分数格式。
- ➢ "小数分隔符"下拉列表框:设置十进制格式的小数分隔符。
- ➢ "舍入"微调框:对除角度之外的所有标注类型设置标注测量值的舍入规则。
- ➢ "前、后缀"文本框:设置标注文字指示前、后缀,可以输入文字或用控制代码显示特殊符号。
- ➢ "设置测量单位比例"选项组:设置测量时的缩放系数。
- ➢ "消零"选项组:设置是否显示前导 0 或尾数 0。
- ➢ "角度标注"选项卡:设置角度标注的角度格式。
- ➢ "单位格式"下拉列表框:设置角度单位格式。
- ➢ "精度"下拉列表框:设置角度标注的小数位数。

6.2 尺寸标注简介

通过前面尺寸标注样式创建、设置方法的学习后,我们开始学习如何对图形标注出精确的尺寸。

6.2.1 长度类型尺寸标注

长度类型尺寸标注主要包括线性标注、对齐标注、连续标注、基线标注等。

1. 线性标注

线性标注只能标注水平和垂直方向上的尺寸(直线的水平长度和竖直长度,不能标注斜长),执行其命令的常用方法有以下两种:

①在"标注"面板中单击"线性"按钮。

②命令:DIMLINEAR。

执行该命令后,如图6-10所示,命令行窗口将依次出现如下提示:

命令:-dimliear
指定第一条尺寸界线原点或<选择对象>:　　　　　(用光标捕捉被标注直线的起点)
指定第二条尺寸界线原点:　　　　　　　　　　　　(用光标捕捉被标注直线的终点)
指定尺寸线位置或
[多行文字(M)/文字(T)/角度(A)/水平(H)/垂直(V)/旋转(R)]:
　　　　　　　　　　　　　　　　　　　　　　　　(指定点或输入选项)

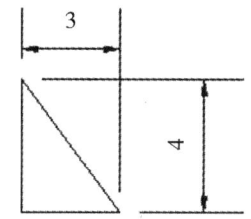

图6-10　线性标注

各选项的作用如下:

➢ 多行文字:要编辑或替换生成的测量值,则删除文字,输入新的文字,然后点击"确定"按钮。

➢ 文字:在命令行自定义标注文字。

执行该命令后,命令行窗口出现如下提示:

输入标注文字<当前>://输入标注文字,或按"ENTER"键接受生成的测量值。

➢ 角度:修改标注文字的角度。

执行该命令后,命令行窗口出现如下提示:

指定标注文字的角度://输入角度

➢ 水平:创建水平线性标注。

执行该命令后,命令行窗口出现如下提示:

指定尺寸线位置或[多行文字(W)/文字(T)/角度(A)]://指定点或输入选项

➢ 垂直:创建垂直线性标注。

执行该命令后,命令行窗口出现如下提示:

指定尺寸线位置或[多行文字(W)/文字(T)/角度(A)]://指定点或输入选项

➢ 旋转:创建旋转线性标注。

执行该命令后,命令行窗口出现如下提示:
指定尺寸线的角度<当前>://指定角度或"ENTER"键

2. 对齐标注

对齐标注标注倾斜直线的斜长,执行其常用的方法有以下两种:
①在"标注"面板中单击"对齐"按钮。
②命令:DIMALIGNED。

执行该命令后,如图6-11所示,命令行窗口将依次出现如下提示:

命令:-dimaligned
指定第一条尺寸界线原点或<选择对象>:　　　　　(用光标捕捉被标注直线的起点)
指定第二条尺寸界线原点:　　　　　　　　　　　　(用光标捕捉被标注直线的终点)
指定尺寸线位置或
[多行文字(M)/文字(T)/角度(A)/]:　　　　　　　　(指定点或输入选项)

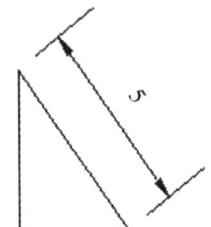

图6-11　对齐标注

各选项的作用如下:
➢ 多行文字:要编辑或替换生成的测量值,则删除文字,输入新的文字,然后点击"确定"按钮。
➢ 文字:在命令行自定义标注文字。
执行该命令后,命令行窗口出现如下提示:
输入标注文字<当前>://输入标注文字,或按"ENTER"键接受生成的测量值。
➢ 角度:修改标注文字的角度。
执行该命令后,命令行窗口出现如下提示:
指定标注文字的角度://输入角度

3. 连续标注

如果要标注的第一条延伸线刚好是上一个标注的第二条延伸线时,可以使用连续标注。操作时,主要有以下3种方法。
①选择"标注"中"连续"命令。
②单击"标注"工具栏中的"连续"按钮。
③输入命令DIMCONTINUE,并且按Enter键。
输入命令后,如图6-12所示,命令行窗口提示如下:
命令:_dimbaseline
指定第二条延伸线原点或[放弃(U)/选择(S)]<选择>:(用鼠标选择第二条延伸线的原点)标注文字=35

指定第二条延伸线原点或[放弃(U)/选择(S)]<选择>:(用鼠标选择另一个第二条延伸线的原点)标注文字=15

指定第二条延伸线原点或[放弃(U)/选择(S)]<选择>:(按 Esc 键或连续两次按 Enter 键退出,完成基线标注)

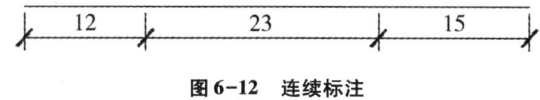

图 6-12　连续标注

6.2.2　半径尺寸标注

如果要标注圆和圆弧的半径,可以用半径标注。操作时,主要有以下 3 种方法。
①选择"标注"→"半径"命令。
②单击"标注"工具栏中的"半径"按钮。
③输入命令 DIMRADIUS,并按 Enter 键。

输入命令后,如图 6-13 所示,命令行窗口提示如下:

命令:_dimradius
选择圆弧或圆:
标注文字=10
指定尺寸线位置或[多行文字(M)/文字(T)/角度(A)]:(用光标指定尺寸线的位置)

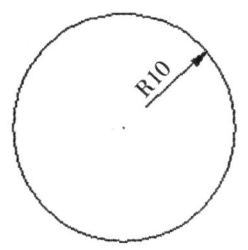

图 6-13　半径标注

指定了尺寸线位置后,系统将按实际测量值标注圆或圆弧的半径。

也可以利用"多行文字(M)""文字(T)"或"角度(A)"选项确定尺寸文字或尺寸文字的旋转角度。其中,当通过"多行文字(M)"和"文字(T)"选项重新确定尺寸文字时,只有给输入的尺寸文字加前缀"R",才能使标出的半径尺寸有半径符号 R,否则没有该符号。

6.2.3　直径尺寸标注

如果要标注圆和圆弧的直径,可以用直径标注。操作时,主要有以下 3 种方法。
①选择"标注"→"直径"命令。
②单击"标注"工具栏中的"直径"按钮。
③输入命令 DIMDIAMETER,并按 Enter 键。

直径标注的方法与半径标注的方法相同,输入命令后,当选择了需要标注直径的圆或圆弧后直接确定尺寸线的位置时,系统将按实际测量值标注出圆或圆弧的直径。并且,当通过"多行文字(M)"和"文字(T)"选项重新确定尺寸文字时,需要在尺寸文字前加前缀"%%C",才能使标出的直径尺寸有直径符号Φ,如图6-14所示。

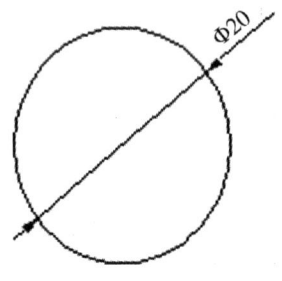

图6-14 直径标注

6.2.4 弧长尺寸标注

如果要标注圆弧的长度,可以使用弧长标注。操作时,主要有以下3种方法。
①选择"标注"→"弧长"命令。
②单击"标注"工具栏中的"弧长"按钮。
③输入命令DIMARC,并按Enter键。
输入命令后,如图6-15所示,命令行窗口提示如下:

```
命令:_dimarc
选择弧线段或多段弧线段:                    (选择要标注弧长的圆弧)
指定弧长标注位置或[多行文字(M)/文字(T)/角度(A)/部分(P)/引线(L)]:
                                          (指定标注线的位置)
标注文字=12.03
```

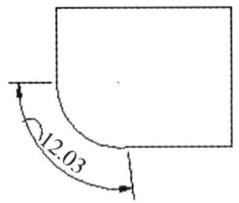

图6-15 弧长标注

6.2.5 坐标尺寸标注

需要标注图形中相对于坐标原点的某一点的坐标时,可以使用坐标标注。操作时,主要有以下3种方法。
①选择"标注"→"坐标"命令。
②单击"标注"工具栏中的"坐标"按钮。
③输入命令DIMORDINATE,并按Enter键。
输入命令后,如图6-16所示,命令行窗口提示如下:

命令:_dimordinate
指定点坐标: （用光标要标注坐标的点）
指定引线断点或[X 基准(X)/Y 基准(Y)/多行文字(M)/文字(T)/角度(A)]:
(指定标注线的端点或输入选项,这里"X 基准/Y 基准"选项主要是确定标注 X 坐标还是 Y 坐标,其他选项与前面的操作相同)
标注文字=2173.88

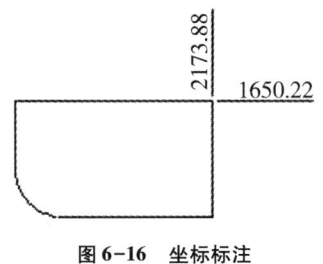

图 6-16 坐标标注

6.3 尺寸标注编辑简介

在 AutoCAD2010 中,可以对已标注对象的文字、位置及样式等进行修改,而不必删除所标注的尺寸对象后重新进行标注。

6.3.1 打断标注

该命令可以在尺寸线、延伸线与几何对象或其他标注相交的位置将其打断。

执行"标注打断"命令有以下几种方式:

- 执行菜单栏中的"标注"-"标注打断"命令。
- 单击"标注"工具栏或面板上的 按钮。
- 在命令行输入 Dimbreak 后按 Enter 键。

下面通过典型实例,学习"标注打断"命令的使用方法和操作技巧。

绘制图 6-17 标注打断实例素材。

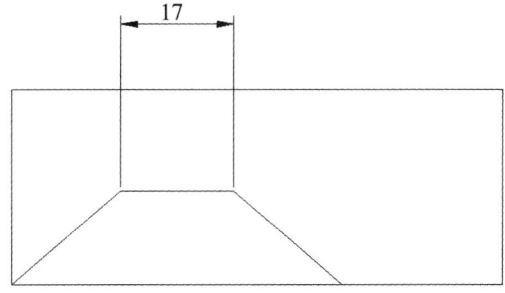

图 6-17 标注打断实例素材

执行"打断标注"命令,具体如下:

```
命令:_DIMBREAK
选择要添加/删除折断的标注或[多个(M)]:
选择要折断标注的对象或[自动(A)/手动(M)/删除(R)]<自动>:
1 个对象已修改
```

绘制结果如图 6-18 所示。

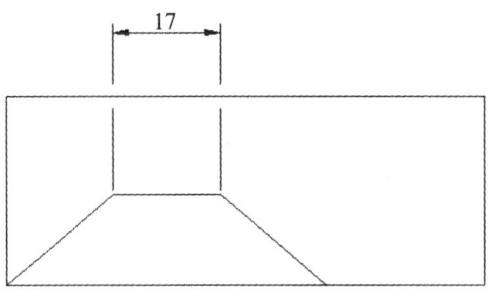

图 6-18 打断结果

6.3.2 标注间距

该命令用于调整平行的线性标注和角度标注之间的距离,或根据指定的间距值进行调整。

执行"标注间距"命令有以下几种方式。

➢ 执行菜单栏中的"标注"-"标注间距"命令。

➢ 单击"标注"工具栏或面板上的 按钮。

➢ 在命令行输入 Dimspace 后按 Enter 键。

下面通过典型实例,学习"标注间距"命令的使用方法和操作技巧。

打开图 6-19 的绘图素材。

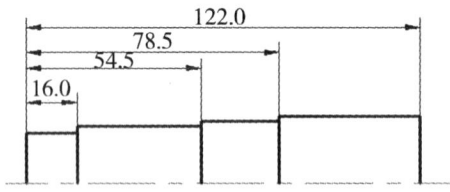

图 6-19 打开结果

执行"标注间距"命令,具体如下:

命令:_DIMSPACE	
选择基准标注:	
选择要产生间距的标注:找到 1 个	选择尺寸文字为"16.0"的尺寸对象
选择要产生间距的标注:找到 1 个,总计 3 个	选择其他三个尺寸对象
选择要产生间距的标注:	回车
输入值或[自动(A)]<自动>:10	回车,调整结果如图 6-20 所示。

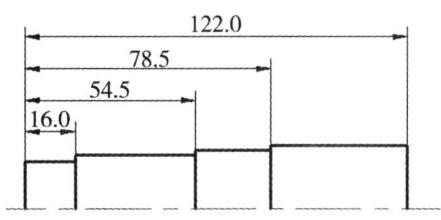

图 6-20 调整结果

6.3.3 编辑标注

该命令主要用于修改尺寸文字的内容、旋转角度以及延伸线的倾斜角度等。

执行"编辑标注"命令有以下几种方式：
- 执行菜单栏中的"标注"-"倾斜"命令。
- 单击"标注"工具栏或面板上的 按钮。
- 在命令行输入 Dimedit 后按 Enter 键。

下面通过典型实例，学习"编辑标注"命令的使用方法和操作技巧。

新建空白文件

任意标注一个尺寸对象，如图 6-21 所示。

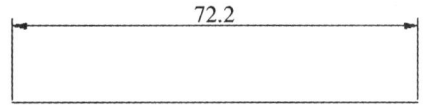

图 6-21 创建线性尺寸

执行"编辑标注"命令，具体如下：

命令：_dimedit
输入标注编辑类型[默认(H)/新建(N)/旋转(R)/倾斜(O)]<默认>：n 回车
打开文字格式编辑器，然后修改尺寸文字如图 6-22 所示，并关闭此编辑器
选择对象：找到 1 个回车，标注结果如图 6-23 所示。

图 6-22 修改尺寸文字内容

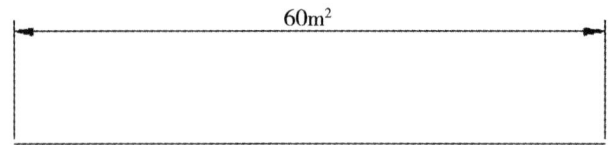

图6-23 修改结果

其余的标注编辑类型如:默认(H)//旋转(R)/倾斜(O)等请自行练习。

6.3.4 编辑标注文字

该命令主要用于重新调整尺寸文字的放置位置以及尺寸文字的旋转角度。

执行"编辑标注文字"命令有以下几种方式:

➢ 执行菜单栏中的"标注"-"对齐文字"命令。

➢ 单击"标注"工具栏或面板上的 按钮。

➢ 在命令行输入 Dimtedit 后按 Enter 键。

下面通过更改某尺寸标注文字的位置及角度,学习"编辑标注文字"命令的使用方法和技巧。

新建空白文件
任意标注一个线性尺寸,如图6-24所示。

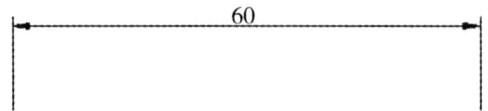

图6-24 标注尺寸

执行"编辑标注文字"命令,根据命令行提示编辑尺寸文字,过程如下:

命令:_dimtedit
选择标注:
为标注文字指定新位置或[左对齐(L)/右对齐(R)/居中(C)/默认(H)/角度(A)]:a
指定标注文字的角度:30,绘制结果如图6-25所示。

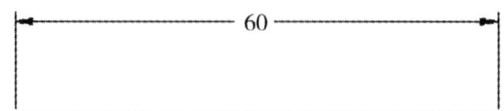

图6-25 更改尺寸文字的角度

其余的编辑标注文字类型如:左对齐(L)/右对齐(R)/居中(C)等请自行练习。

其中,各选项的含义如下：

➢ "左对齐(L)"选项。沿尺寸线左对正选择的标注文字。该选项只适用于线性、直径和半径标注。

➢ "右对齐(R)"选项。沿尺寸线右对正选择的标注文字。该选项只适用于线性、直径和半径标注。

➢ "居中(C)"选项。将所选的标注文字放在尺寸线的中间。

➢ "默认(H)"选项。将所选的标注文字移回默认位置。

➢ "角度(A)"选项。修改所选择的标注文字的角度,但文字的中心点不会改变。如果移动了文字或重生成了标注,由文字角度设置的方向将保持不变。

小 结

本章主要介绍了标注图形的方法,在标注时,一定要遵守以下原则:机件的真实大小应以图样上所注的尺寸数值为依据,与图形的大小及绘图的准确度无关。图样中(包括技术要求和其他说明)的尺寸,以毫米为单位时,不需标注计量单位的代号或名称,如采用其他单位,则必须注明相应的计量单位的代号或名称。图样中所标注的尺寸,为该图样所示机件的最后完工尺寸,否则应另加说明。机件的每一尺寸,一般只标注一次,并应标注在反映该结构最清晰的图形上。

习 题

1. 绘制该图,并且进行标注。

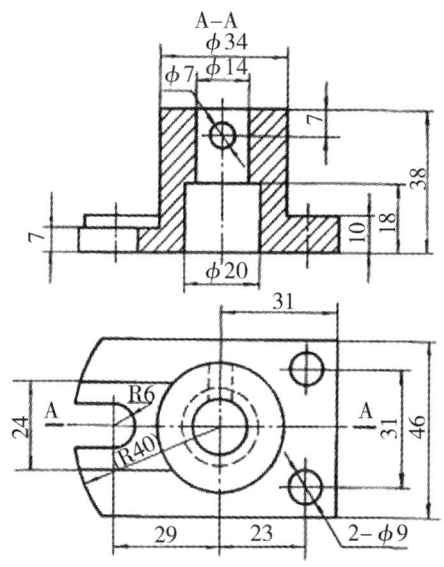

2. 通过绘制标注此图，掌握尺寸标注。

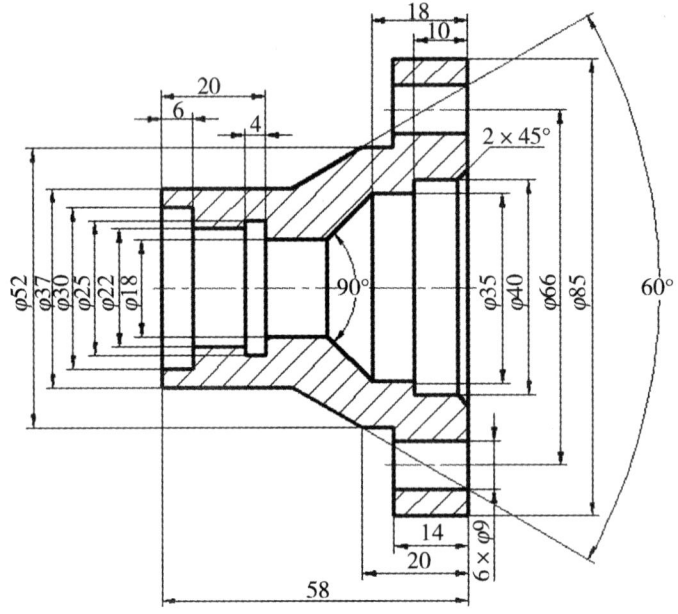

第7章 文字与表格

在图样绘制过程中,必要的注释是不可或缺的。利用注释可以将一些用几何图形难以表达的信息清楚、准确地表达出来。在使用 AutoCAD 绘制的图纸中,文字一般用来说明某些特殊信息,例如建筑图纸中的材料、级配及做法。而表格可以根据文字信息内容进行分类组织,便于阅读理解。一些图纸图框也可使用表格来创建,并在其中填写诸如设计单位、施工单位及日期等文字信息。

7.1 文字

AutoCAD 中,所有文字都有与之相关联的文字样式。为了使用方便,设计人员可先定义当前图形所用的文字样式,也可用在 AutoCAD 默认的文字样式进行标注。在创建文字注释和尺寸标注时,AutoCAD 通常使用当前的文字样式。也可以根据具体要求重新设置文字样式或创建新的样式。

7.1.1 文字样式

文字样式用于设置文字说明的具体格式,如字体名、大小、是否为注释性、文字效果等,以满足不同行业或不同国家的制图标准要求。在创建文字说明前,应先设置合适的文字样式。文字样式包括字体、字号、角度、方向和其他文本特征。

1. 操作步骤

①在菜单栏中单击"注释"→"文字样式"命令,打开文字样式对话框。如图 7-1 所示。

②单击"新建"按钮,打开"新建文字样式"对话框,输入文字样式名,单击"确定"按钮,返回文字样式对话框。

③在"字体名"下拉列表框中选择字体;在"高度"文本框中输入文字高度;在"宽度因子"文本框中输入宽度比例,其他选项可使用默认值。

④单击"应用"按钮,完成创建。

⑤单击"关闭"按钮,退出"文字样式"对话框,结束命令。

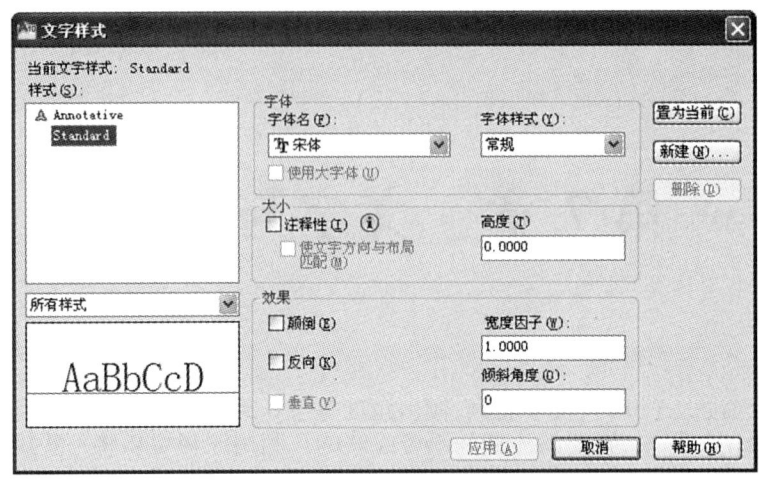

图 7-1 "文字样式"对话框

2. 选项说明

设置文字和大小,在"字体"和"大小"选项区域,可以设置文字样式的字体等属性。用户在"字体名"下拉列表框中选择要设置的字体。AutoCAD 中有两类可以用的字体:Windows 自带的 TureType 字体和 AutoCAD 编译的形字体(SHX);同时还可用通过"字体样式"下拉列表框中选择文字的样式,如常规、斜体等。

用户可以设置大字体,大字体是指亚洲语音的象形文字大字体文件。但是,只有在"字体名"下拉列表框中选择了形字体(SHX)时才能设置大字体。"字体名"下拉表中常满足中国制图标准的文字有:英文字体(gbenor. shx)、英文斜体(gbetic. shx)和中文字体(gbcbig. shx)。

通过"高度"文本框可以设置文字的高度。如果保持文字高度的默认状态为 0,则每次进行文字标注时,AutoCAD 命令行都会提示"指定高度"。但如果在"高度"文本框输入了文字高度,则 AutoCAD 不会再在命令行中提示指定高度。

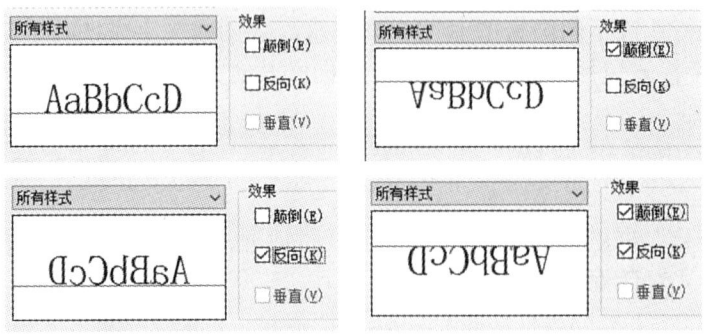

图 7-2 文字效果

设置文字效果,在"效果"选项区域可以设置文字的显示特征。如图 7-2 所示。各复制框的作用如下:

> "颠倒"复制框:该复制框用于设置是否将文字倒过来书写。
> "反向"复制框:该复制框用于设置是否将文字反向标注。

➢ "垂直"复制框:该复制框用于是否将文字垂直标注,只有选定的文字支持双向选定时,才可以使用该功能。垂直效果对汉字字体无效,TureType 字体对的垂直定位不可用。右边文字 ABCD 的显示效果即为选择复制框后的效果。

➢ "宽度因子"文本框:该文本框用于设置文字字符的高度和宽度之比。"宽度因子"值大于 1 时,文字字符变宽;当"宽度因子"值小于 1 时,文字字符变窄;"宽度因子"值等于 1 时,将按系统定义的比例标注文字。输入文字"宽度变窄",左面文字的宽度是比例为 1 的效果,中间文字是宽度比例为 0.5 的效果,右面文字是文字比例为 1.5 的显示效果。

➢ "倾斜角度"文本框:该文本框用于设置文字的倾斜角度。倾斜角度小于 0 时,文字左倾;倾斜角度大于 0 时,文字右倾;倾斜角度等于 0 时,不倾斜。

7.1.2 标注多行文字

在 AutoCAD 图形文件中添加文字可以更为准确地表达各种信息,如复杂的技术要求、标题栏信息及标签,甚至作为图形的一部分。用户可以使用多种方法创建文字,对简单的内容可以使用单行文字,对带有内部格式的较长内容可以使用多行文字,也可以创建带有引线的多行文字。单行文字比较简单,不便于一次输入大量文字说明,此时可以使用"多行文字"命令。多行文字又称为段落文字,是一种更易于管理的文字对象,无论创建的文字包含多少行、多少段,AutoCAD 都是作为一个整体来处理的。在工程制图中,常用多行文字创建较为复杂的文字说明,如图样的技术要求等。

在 AutoCAD 中,调用"多行文字"(MTEXT)命令的方法,如图 7-3 所示。

命令:MTEXT

工具栏:选择"注释"选项卡,在"文字"面板中单击"多行文字"。

调用该命令后,AutoCAD 命令行将依次出现如下提示:

指定第一角点:

在要输入多行文字的位置单击,指定第一个角点。

指定对角点或[高度(H)/对正(J)/行距(L)/旋转(R)/样式(S)/宽度(W)/栏(C)]:

图 7-3 多行文字编辑器

各选项的作用如下:

1. 对角点

指定边框的对角点定义多行文字对象的宽度。

此时如果功能区处于活动状态,则将显示"文字编辑器"选项卡。

如果功能区为处于活动状态,则将显示在位文字编辑器。

2. 高度(H)

指定用于多行文字字符的文字高度。

指定高度<当前>:指定点1、输入值或按"Enter"键

3. 对正(J)

根据文字边界,确定新文字或选定文字的文字对齐方式和文字走向。当前的对正方式(默认是左上)被应用到新文字中。根据对正设置和矩形上的9个对正点之一将文字在指定矩形中对正。对正点由用来指定矩形的第一点来决定。文字根据其左右边界居中对正、左对正或右对正。在一行的末尾输入的空格是文字的一部分,并会影响该行的对正。文字走向根据其上下边界控制文字是与段落中央、段落顶部还是与段落底部对齐。

命令行如下:

输入对正方式[左上(TL)/中上(TC)/右上(TR)/左中(ML)/正中(MC)/右中(MR)/左下(BR)/中下(BC)/右下(BR)<左上>://输入选项或按"Enter"键

4. 行距(L)

指定多行文字的行距。行距是一行文字的底部(或基线)与下一行文字底部之间的垂直距离。

命令行如下:

输入行距类型[至少(A)/精确(E)]<当前类型>:

(1)至少

根据行中最大字符的高度自动调整文字行。当选定"至少"时,包含更高字符的文字行会在行之间加大间距。

命令行如下:

输入行距比例或行距<当前>:

行距比例:将行距设置为单倍行距的倍数。单倍行距是文字字符高度的1.66倍。可以以数字后跟x的形式输入行距比例,表示单倍行距的倍数。例如,输入1x指定单倍行距,输入2x指定双倍行距。

行距:将行距设置为以图形为单位测量的绝对值。有效值必须在0.0833(0.25x)~1.3333(4x)之间。

(2)精确

强制多行文字对象中所有文字行之间的行距相等。间距由对象的文字高度或文字样式决定。

命令行如下:

输入行距比例或行距<当前>:

5. 旋转

指定文字边界的旋转角度。

命令行如下:

指定旋转角度<当前>://指定点或输入值

如果使用定点设备指定点,则旋转角度通过 x 轴和由最近输入的点(默认情况为 0,0,0)与指定点定义的直线之间的角度来确定。重复上一个提示,直到指定文字边界的对角点为止。

6. 样式(S)

指定用于多行文字的文字样式。

命令行如下:

输入样式名或|?|<当前值>:

样式名:指定文字样式名。文字样式可以使用 STYLE 命令来定义和保存。

7. 宽度(W)

指定文字边界的宽度。

命令行如下:

指定宽度:指定点或输入值

如果用定点设备指定点,那么宽度为指定点与起点之间的距离。多行文字对象每行中的单字可自动换行以适应文字边界的宽度。

8. 栏(C)

指定多行文字的栏选项。

命令行如下:

输入栏类型[动态(D)/静态(S)/不分栏(N)]<动态(D)>:

动态:指定栏宽、栏间距宽度和栏高。动态栏由文字驱动。调整栏将影响文字流,而文字流将导致添加或删除栏。

静态:指定总栏宽、栏数、栏间距宽度和栏宽。

不分栏:将不分栏模式设置给当前多行文字对象。

7.1.3 标注单行文字

在 AutoCAD 中,单行文字命令主要通过命令行创建单行或多行文字对象,所创建的每一行文字都被看作是一个独立的对象。

在 AutoCAD 中,调用单行文字编辑(DTEXT)命令的方法如下。

命令:DTEXT

工具栏:选择"注释"选项卡,在"文字"面板中单击"单行文字"按钮。

调用该命令后,AutoCAD2012 命令行将依次出现如下提示:

当前文字样式:<当前>当前文字高度:<当前>注释性:<当前>

指定文字的起点或[对正(j)/样式(s)]://指定点或输入选项

各选项的作用如下:

1. 指定文字的起点

指定第一个字符的插入点。如果按"Enter"键,则接着最后创建的文字对象定位新的对象。

2. 指定文字的高度

指定高度<当前>://指定点、输入值或按"Enter"键此提示只有文字高度在当前文字样式设置为 0 时才显示。此时会在文字插入点与鼠标之间产生一条拖引线,单击,可将文字的高度设置为拖引线的长度,也可直接输入高度值。

3. 指定文字的旋转角度

指定文字的旋转角度<0>://指定旋转角度或按"Enter"

可以直接输入角度值或通过鼠标移动来指定角度。如果要输入水平文字,将角度设置为 0 度;如果要输入垂直文字,将角度设置为 90 度。

4. 对正(J)

对正决定字符的那一部分与插入点对齐。

输入选项[对齐(A)/布满(F)/居中(C)/中间(M)/右对齐(R)/左上(TL)/中上(TC)/右上(TR)/左中(ML)/正中(MR)/左下(BL)/中下(BC)/右下(BR)/]://输入选项

5. 样式(S)

指定文字样式,文字样式决定文字字符的外观。创建的文字使用当前文字样式。

输入样式名或[?]<当前>://输入文字样式名称或输入? 以列出所有文字样式

输入"?"将列出当前文字样式、关联的字体文件、字体高度及其他参数。

设置完毕即可输入正文。可以在一行结尾处按"Enter"键换行,继续输入,创建单行文字对象,这样的文字每一行之间都是相互独立的,AutoCAD 将每一行看作一个文字对象。在此步骤中用户还可以移动鼠标,在需要插入文字的其他位置单击,在该位置继续输入单行文字。

在按"Enter"键换行后,在空格状态下再次按"Enter"键结束单行文字的输入。

在输入文字过程中,无论如何设置文字样式,系统都将以适当的大小在水平方向显示文字,以便用户可以轻松地阅读和编辑文字;否则,文字不便阅读(如果文字很小、很大或被旋转)。只有命令结束后,才会按照设置的样式显示。

7.1.4 编辑文字

文字输入的内容和样式不可能一次就达到用户要求,也需要进行反复调整和修改。此时就需要在原有文字基础上对文字对象进行编辑处理。AutoCAD 2014 提供了两种对文字进行编辑修改的方法,一种是文字编辑(DDEDIT)命令,另一种就是利用"特性"工具。

1. 编辑单行文字

①在位编辑单行文字是最便捷的方法,双击需要编辑的单行文字,直接在上面进行编辑即可。

②如需修改其他的文字特性,可开启状态栏上的"快捷特性"工具,单击要编辑的文字,此时系统弹出"快捷特性"工具选项板,可在选项板中对文字特性直接进行修改。快捷特性工具选项板如图 7-4 所示。

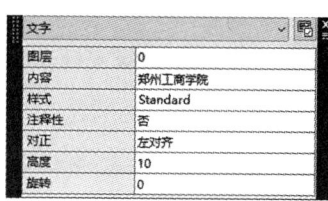

郑州工商学院

图 7-4　快捷特性工具选项板

③选择文字对象。在鼠标右键快捷菜单中选择"特性"选项,弹出特性选项板,如图图 7-5 所示。可修改文字内容、文字样式、高度、旋转、宽度比例、倾斜等文字样式管理器中的项目,而且颜色、图层、线型等基本特性也可以在这里修改。

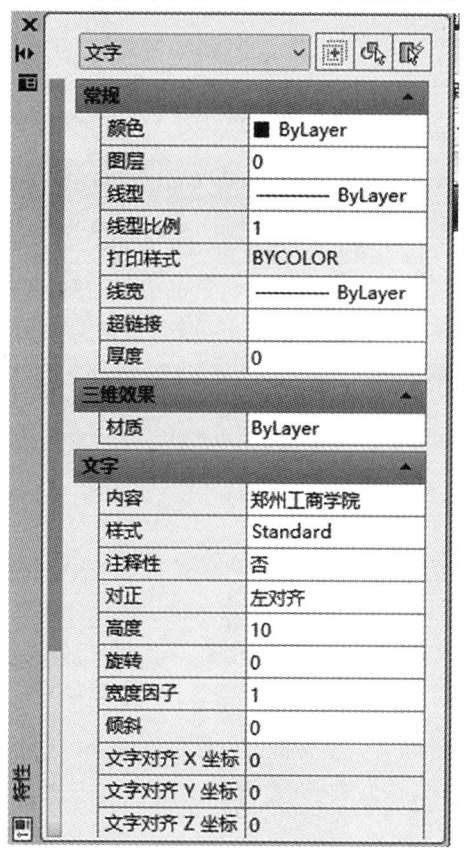

图 7-5　特性选项板

2. 编辑多行文字

在多行文字上双击,AutoCAD 2014 将弹出文字编辑器功能面板,如图 7-6 所示。在这里可像 word 等文字处理软件一样对文字的字体、字高、加粗、斜体、下划线、颜色、文字样式、段落等特性进行编辑,编辑完成后单击"确定"按钮即可。

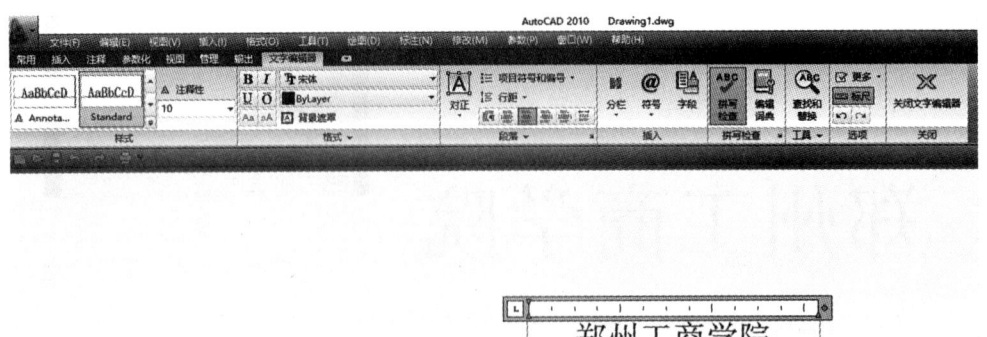

图 7-6 文字编辑器功能面板

在 AutoCAD 2014 中输入文字时,常会遇到一些特殊的工程符号不能直接从键盘输入。文字编辑器中符号按钮可帮助我们直接输入这样的符号,如图 7-7 所示,也可采用图中控制码来实现符号的输入。

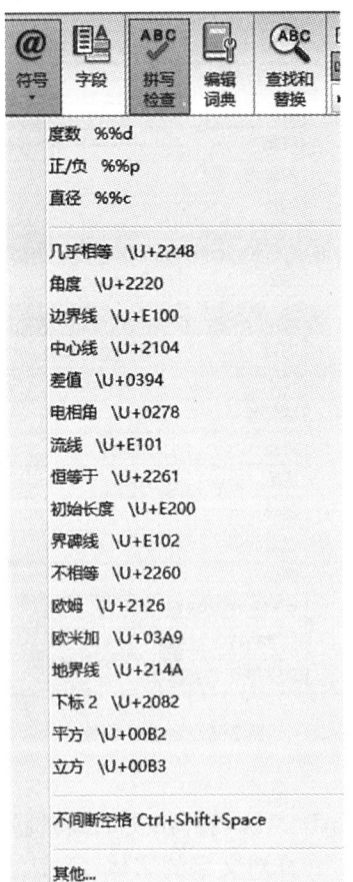

图 7-7 符号按钮菜单

7.2 引线文字

引线文字对象是一条线或样条曲线,其一端带有箭头,另一端带有多行文字对象或块。在某些情况下,有一条短水平线将文字或块和特征控制框连接到引线上。基线和引线与多行文字对象或块关联,因此当重定位基线时,内容和引线将随其移动。当打开关联标注,并且使用对象捕捉确定引线箭头的位置时,引线则与附着箭头的对象相关联。如果重定位该对象,箭头也随之重定位,并且基线相应拉伸。

7.2.1 快速引线注释

快速引线命令用于创建一端带有箭头、另一端带有文字注释的引线尺寸,其中引线可以为直线段,也可以是平滑的样条曲线,在命令行中输入 LE 或 Qleader 后按 Enter 键,激活快速引线命令,然后再命令行"指定第一个引线点或[设置(S)]<设置>:"提示下,激活设置选项,在打开的"引线设置"对话框中设置引线参数,如图 7-8 所示。

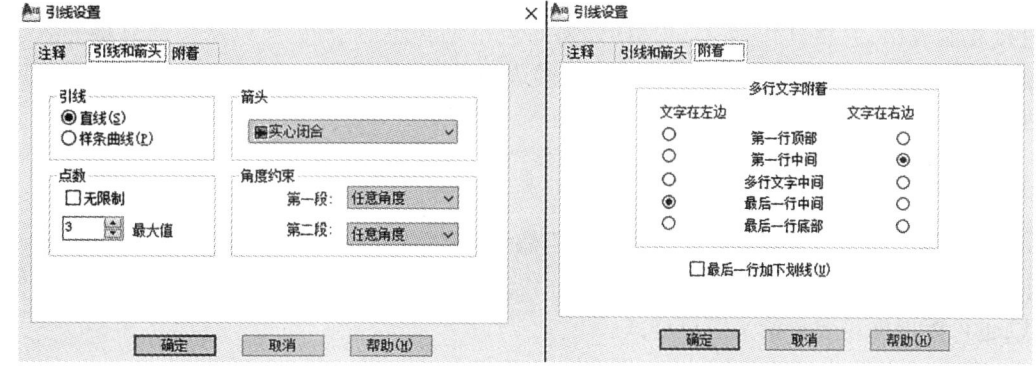

图 7-8　引线设置

7.2.2 多重引线注释

使用多重引线命令可以创建具有多个选项的引线对象,只不过这些选项功能都是通过命令进行设置的,没有对话框更为直观。

在 AutoCAD 中执行命令如下:

命令:MLEADERSTYLE

或执行菜单栏中"标注"-"多重引线"命令

工具栏:选择"注释"选项卡,在"多重引线"面板中单击对话框启动器 ⌁ 。

另外,执行菜单栏中"格式"-"多重引线样式"命令可创建或修改多重引线样式。将打开"多重引线样式管理器"对话框,单击"新建"按钮,弹出"创建新多重引线样式"对话框,在该对话框中可以定义新多重引线样式。主要修改:"引线格式"选项卡、"引线结构"选项卡、"内容"选项卡。如图 7-9 所示。

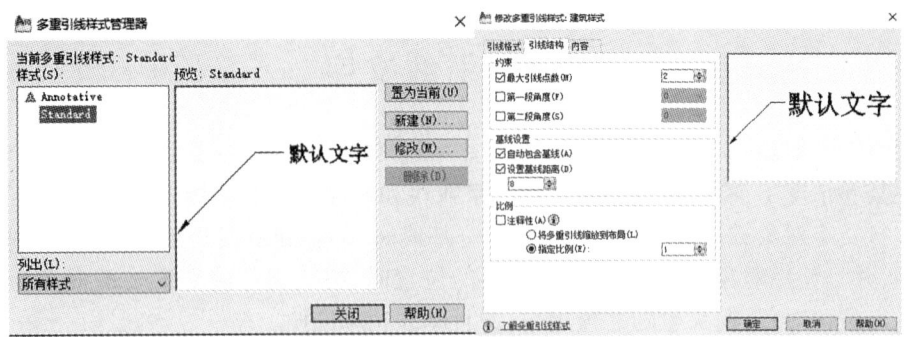

图 7-9　多重引线样式管理器

7.3　表格

表格是由包含注释(以文字为主)的单元格构成的矩形阵列,是在行和列中包含数据的对象。在 AutoCAD 中,可以使用"创建表格"命令创建表格,还可以从 MicrosoftExcel 中直接复制表格,并将其作为 AutoCAD 表格对象粘贴到图形中,也可以从外部直接导入表格对象。此外,还可以输出来自 AutoCAD 的表格数据,以供在 MicrosoftExcel 或其他应用程序中使用。

7.3.1　表格样式

在绘制表格之前需要启用"表格样式"命令来设置表格的样式。表格样式控制着一个表格的外观,用于保证标准的字体、颜色、文本、高度和行距。可以使用默认的表格样式,也可以根据需要自定义表格样式。

在 AutoCAD 中,"表格样式"打开命令方法如下：

命令：TABLESTYLE.

调用该命令后,打开"表格样式"对话框。或在工具栏中选择"注释"选项卡,单击"表格样式"面板按钮 打开表格样式对话框。如图 7-10 所示

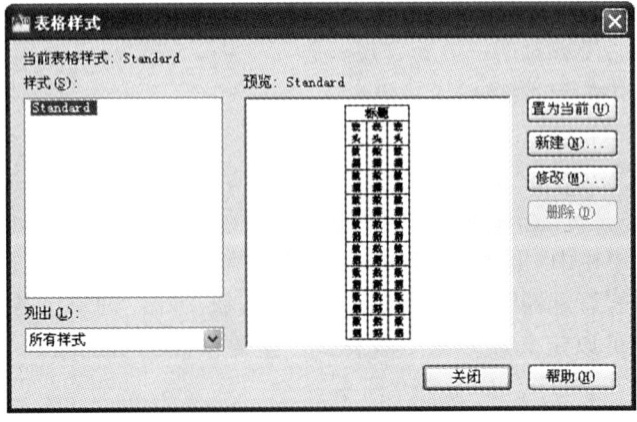

图 7-10　"表格样式"对话框

用户可以新建表格样式,方法如下：

➢ 单击"新建"按钮,可以在打开的"创建新的表格样式"对话框中创建新表格样式。在该对话框中的"新样式名"文本框中输入新的表格样式的名称,如"我的表格",在"基础样式"下拉列表框中选择一个表格样式,为新的表格样式提供默认设置。

➢ 单击"继续"按钮,打开"新建表格样式:Standard 副本"对话框,如图 7-11 所示。

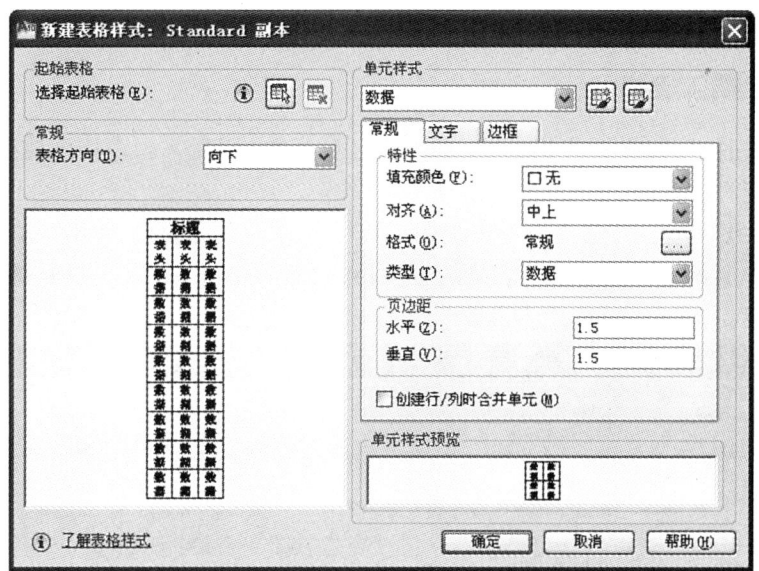

图 7-11 "新建表格样式:Standard 副本"对话框

➢ 在"新建表格样式:Standard 副本"对话框中,包括"起始表格"、"常规"和"单元样式"3 个选项区域。

➢ 在"常规"选项区域中的"表格方向"下拉列表框中,用户可以为表格设置方向。默认为"向下"。如果选择"向上"选项,将创建由下而上读取的表格,标题行和列标题行都在表格的底部。

➢ 用户可以在"单元样式"选项区域的下拉列表框中选择"数据"、"标题"和"表头"选项来分别设置表格的数据、标题和表头对应的样式。

➢ 对于"数据"、"标题"和"表头"3 个单元样式,可在"常规"、"文字"、"边框"3 个选项卡中进行设置,它们的内容基本相似,分别指定单元基本特性、文字特性和边框特性。

1."常规"选项卡

➢ "填充颜色"下拉列表框:默认为"无"颜色,既不使用填充颜色,用户也可以为表格选择一种背景色。

➢ "对齐"下拉列表框:为单元内容指定一种对齐方式。

➢ "格式"为表格中"数据"、"表头"或"标题"设置数据类型和格式。单击右边的按钮,打开"表格单元格式"对话框,在其中可以进一步设置数据类型、格式或其他选项。

➢ "类型"下拉列表框:将单元样式指定为标签或数据。

➢ "水平"和"垂直"文本框:设置单元边框和单元内容之间的水平和垂直间距,默认设置是数据行中文字高度的1/3,最大高度是数据行中文字的高度。

2."文字"选项卡

设置表格单元中的文字样式、高度、颜色和角度等特性。

3."边框"选项卡

单击边框设置按钮,可以设置表格的边框是否存在。当表格具有边框时,还可以设置表格的线宽、线型、颜色和间距等特性。

7.3.2 插入表格

创建表格时,可以设置表格样式、列数、列宽、行数、行高等。表格创建成功后,系统自动进入表格内容编辑状态。

选择"绘图"-"表格"命令或单击绘图工具栏中的"表格"按钮,弹出"插入表格"对话框,如图7-12所示。在其中设置表格的相关格式,然后单击"确定"按钮,即可在绘图窗口中插入表格。

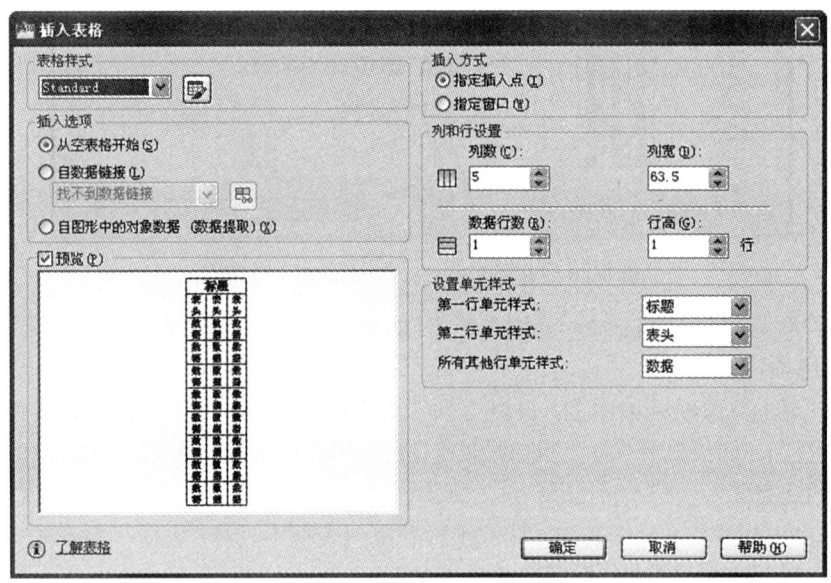

图7-12 "插入表格"对话框

在"表格样式"选项区域,可以在"表格样式"下拉列表框中选择表格样式,或者单击其右侧的按钮,打开"表格样式"对话框,创建新的表格样式。

在"插入选项"选项区域,选择"从空表格开始"单选按钮,可以创建一个空的表格;选择"自数据连接"单选按钮,可以从外部导入数据来创建表格;选择"自图形中的对象数据(数据提取)"单选按钮,可以用于从可输出表格或外部文件的图形提取数据来创建表格。

在"插入方式"选项区域,选择"指定插入点"单选按钮,可以在绘画窗口中的某点插入固定大小的表格;选择"指定窗口"单选按钮,可以在绘画窗口中通过拖拉表格边框来创建任意大小的表格在"列和行设置"选项区域,可以通过改变列、列宽、数据行和行高文本框中的数据来调整表格的外观大小。

7.3.3 编辑表格

1. 编辑表格单元

在 AutoCAD 2014 中,可以很方便地编辑表格的内容、合并单元格,以及调整单元格的行高和列宽等。

选择表格对象后,选择"特性"(PROPERTIES)命令,或在菜单栏中选择"修改"命令→"特性"命令,打开"特性"选项板,在其中可根据需要调整表格的各项参数。

表格是在行和列中包含数据的对象。表格创建完成后,用户可以单击该表格上的任意网格线以选中该表格,表格显示夹点,然后通过"特性"选项板或夹点编辑来修改该表格。

在某个单元格内单击就可以选中表格,选中单元格边框的中央将显示夹点,拖动单元格上的夹点可以使单元格及其列或行更宽或更小。按住"Shift"键并在另一个单元格内单击,可以同时选中这两个单元格以及它们之间的所有单元格。选择多个单元格,还可以单击并在多个单元格上拖动。

在 AutoCAD 2014 中,还可以使用表格单元选项卡编辑表格。选中单元格或单元格区域后,"表格"单元选项卡会自动打开,通过单击其中的按钮,可以在表格中进行插入或删除行或列、合并单元格、取消单元格合并、调整单元格边框等操作。

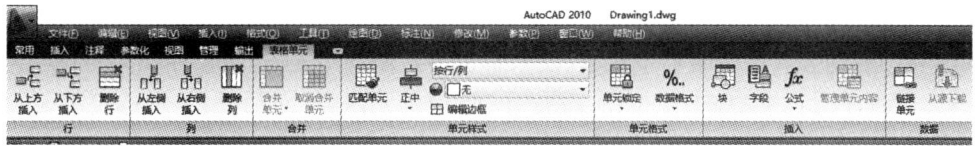

图 7-13 "表格单元"选项卡

"表格单元"选项卡,如图 7-13 所示,其中:

(1)"行"面板
- 从上方插入:在当前选定单元格或行的上方插入行。
- 从下方插入:在当前选定单元格或行的下方插入行。
- 删除行:删除当前选定行。

(2)"列"面板
- 从左侧插入:在当前选定单元格或行的左侧插入列。
- 从右侧插入:在当前选定单元格或行的右侧插入列。

(3)"合并"面板
- 合并单元:将选定单元合并到一个大单元中。
- 取消合并单元:对之前合并的单元取消合并。

(4)"单元样式"面板
- 匹配单元:将选定单元的特性应用到其他单元。
- 表格单元样式:列出包含在当前表格样式中的所有表格单元样式。表格单元样式标题、表头和数据通常包含在任意表格样式中,且无法删除或重命名。
- 单元边框:设置选定表格单元的边界特性。单击该按钮打开"单元边框特性"对话框，在其中可以设置边框的线宽、线性、颜色、是否指定双线，以及双线的间距等。
- ➢ 正中：对单元内的内容指定对齐。内容相对于单元的顶部边框和底部边框进行居中对齐、上对齐或下对齐。内容相对于单元的左侧边框和右侧边框居中对齐、左对齐或右对齐。
- ➢ 表格单元背景色：指定填充颜色。选择"无"或选择一种背景色，或者选择"选择颜色"选项，打开"选择颜色"对话框。

(5)"单元格式"面板
- ➢ 单元锁定：锁定单元内容和/或格式（无法进行编辑），或对其解锁。
- ➢ 数据格式：显示数据类型列表（"角度"、"日期"、"十进制数"等），从而可以设置表格行的格式。用户还可以选择"自定义表格单元格式"选项，打开"表格单元格式"对话框，在其中进一步设置其格式和精度。

(6)"插入"面板
- ➢ 块：单击该按钮，打开"在表格单元中插入块"对话框，从中可将块插入当前选定的表格单元中。在该对话框中，"名称"文本框用于制定需要插入的块；"比例"文本框用于制定块参照的比例，可以输入值或选择"自动调整"复选框以适应选定的单元；"全局单元对齐"下拉列表框用于制定块在表格单元中的对齐方式。
- ➢ 字段：单击该按钮，将打开"字段"对话框。
- ➢ 公式：将公式插入当前选定的表格单元中。公式必须以等号开始。用于求和、求平均值和计数的公式将忽略空单元，以及未解析为数值的单元。
- ➢ 管理单元内容：单击该按钮，将打开"管理单元内容"对话框，显示选定单元的内容。可以更改单元内容的次序，以及单元内容的显示方向。例如，在表格单元中有多个块，就可以用它定义单元内容的显示方式。

(7)"数据"面板
- ➢ 链接单元：单击该按钮，将打开"选择数据链接"对话框。
- ➢ 从源下载：更新由已监理的数据链接中的已更改数据参照的表格单元中的数据。

2. 编辑表格内容

表格单元中的数据可以是文字或块。表格创建完成后，系统会自动加亮第一个表格单元，此时可以输入文字，而且单元的行高会随着文字的高度而改变，按 Tab 键进入下一个单元或使用方向键向上、向下、向左、向右移动选择单元，在选中的单元后双击鼠标就可以编辑文字内容。

在任意表格单元中单击即可开始输入文字。按"Tab"键可以移动到下一个单元格。在表格的最后一个单元格中，按"Tab"键可以添加一个新行；按"Shift+Tab"组合键可以移动到上一个单元格；光标位于单元格中文字的开始或结束的位置，使用箭头键可以将光标移动到相邻的单元格。按"Enter"键可以向下移动一个单元格。

要编辑表格单元内容，只需双击单元格，即可进入文字编辑状态。按 Esc 键可退出表格文本编辑状态。要删除单元格中的内容只需选中单元格，然后按 Delete 键即可。要保存并退出，可以按"Ctrl+Enter"组合键。

小 结

文字和注释是工程图样中不可缺少的一部分,如技术要求、注释和标题栏等。它可以对图形中不便于表达的内容加以说明,使图形的含义更加清晰,从而使设计、修改和施工人员对图形的要求一目了然。

习 题

1. 绘制表格。

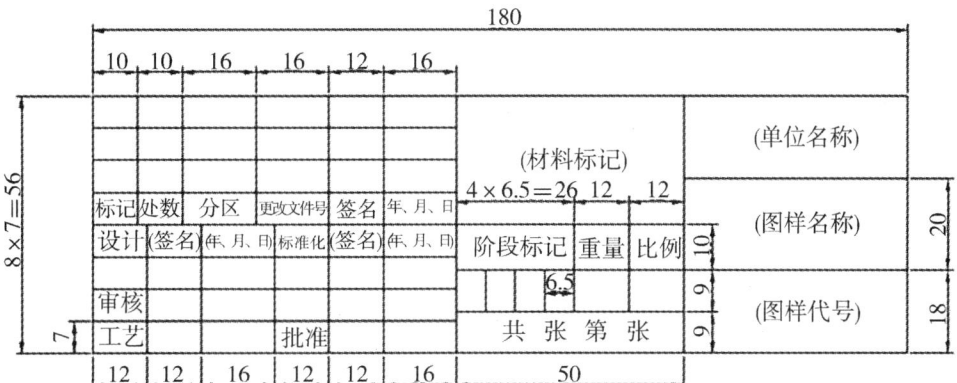

2. 标注引线文字。

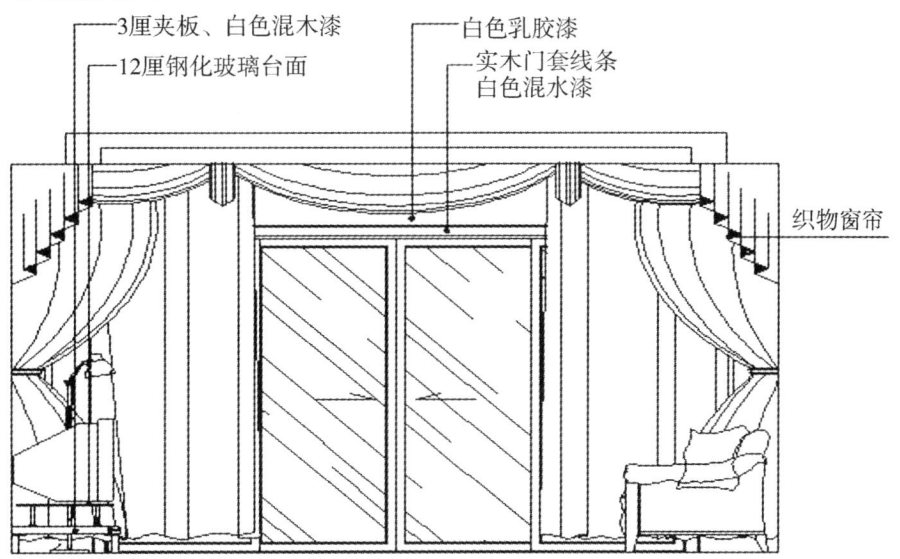

第 8 章　三维建模基础

8.1　三维建模工作空间

根据不同的用户要求，AutoCAD 2014 提供了"三维基础"和"三维建模"两种三维工作空间，方便用户根据自己绘图习惯和需要灵活选用。

在"三维基础"工作空间中，用户可以方便地创建简单的三维模型，其功能区提供了各种常用的三维建模、布尔运算、三维编辑工具等按钮，如图 8-1 所示。

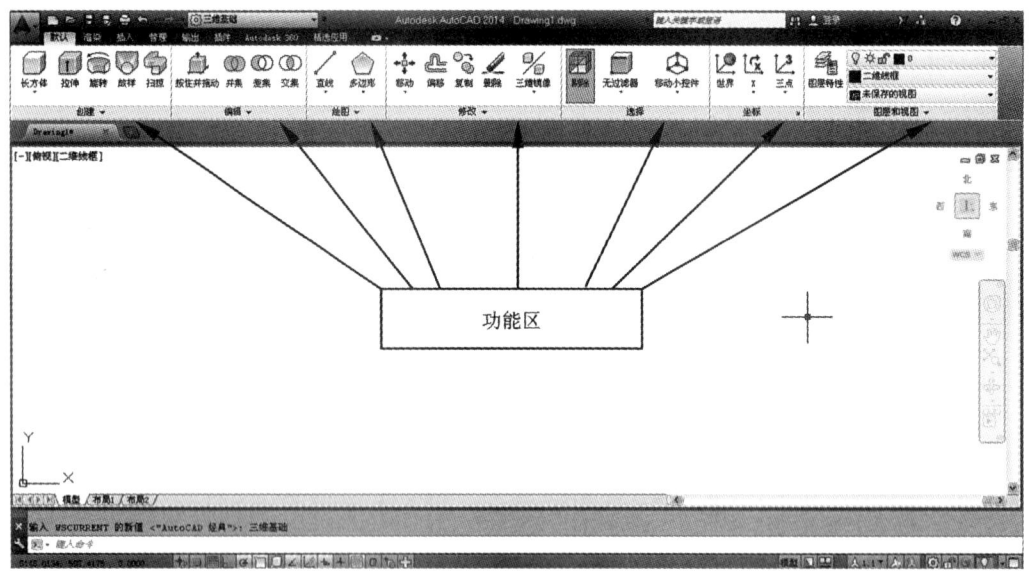

图 8-1　"三维基础"工作空间

"三维建模"工作空间界面与"草图与注释"工作空间相似，其功能区集中了三维建模、视觉样式、光源、材质、渲染和导航等面板，为绘制和观察三维图形、附加材质、创建动画、设置光源等操作提供了非常便利的环境。同时，在绘图区也可设置渐变背景色、工作平面以及新的矩形栅格，从而增强三维效果和三维模型的构造。"三维建模"工作空间界面如图 8-2 所示。

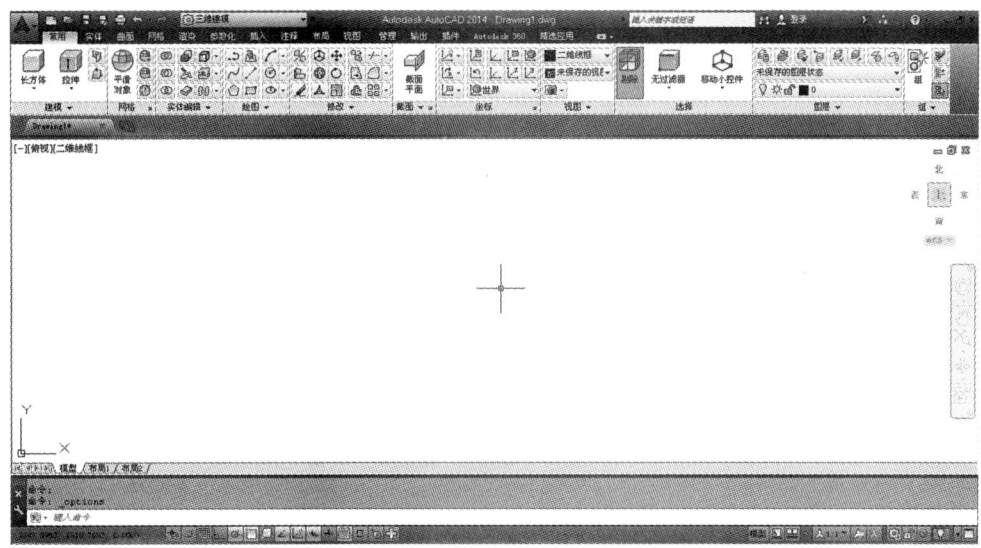

图 8-2 "三维建模"工作空间

8.2 三维模型简介

AutoCAD 提供了 3 种不同的模型方式来表现三维图形的形态特点,包括实体模型、曲面模型和网格模型。通过这三种模型,可以帮助用户感性认识三维复杂实体的外形,同时降低绘制难度,使无法在二维平面图中清晰表达的内容形象立体地展现在屏幕上。

8.2.1 三维空间实体模型介绍

三维空间实体模型是由三维空间中的平面或曲面组合而成的,是实实在在的物体。该模型具备点、线、面及体等实物的一切特性,如质量、体积、重心、惯性矩、回转半径等特征。

AutoCAD 为用户提供了多种三维实体模型,如长方体、楔体、球体、圆柱体、圆锥体等。对这些实体可以进行各种布尔运算操作,从而创建复杂的三维实体图形。另外,也可以对这些实体模型进行着色和渲染,或检测和分析实体内部的质心、体积和惯性矩等。如图 8-3 所示的模型为实体模型。

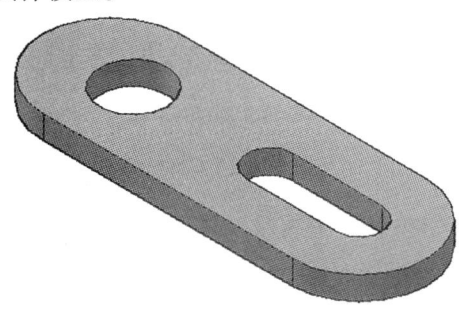

图 8-3 实体模型

8.2.2 三维空间曲面模型介绍

三维空间曲面模型是用面来定义三维对象的边界和表面,如图8-4所示,具有点、线、面特征,但不具备体特征,因此不能对其进行布尔运算。曲面的概念较为抽象,可将其理解为实体的面。曲面模型不仅支持着色和渲染等功能,还能对其进行修剪、延伸、圆角、偏移等编辑操作。

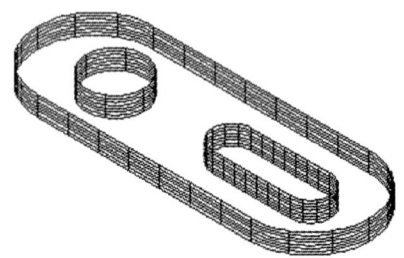

图8-4 曲面模型

8.2.3 三维空间网格模型介绍

三维空间网格模型由一系列规则的格子线围绕而成的网状表面,再由网状表面的集合来定义三维对象,如图8-5所示。此网格模型不仅包括对象的边界,还包括对象的表面。因为具有面的特性,故支持着色、渲染等操作,但不能表达出真实实物的属性。由于使用多边形网格定义,网格模型只能近似于曲面。

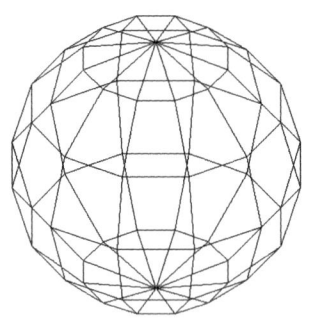

图8-5 网格模型

8.3 三维对象的观察方式

8.3.1 视点观察

为了便于三维对象的绘制,用户需要改变视点,以满足从不同角度、不同位置观察图形的要求,这些观察图形的方向即为视点。例如,绘制长方体时,如果使用平面坐标系即Z轴垂直于屏幕观察时,仅能看到长方体在XY平面上的投影,如图8-6所示。如果调整至西南等轴测时,则可以观察到三维的长方体。

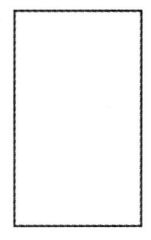
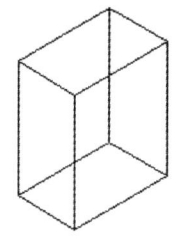

图 8-6　XY 平面投影　　　　图 8-7　东南等轴测图

在 AutoACD 中,可通过两种方式实现对视点的设置:使用"视点"命令和"视点预设"命令。

1. 使用"视点"命令设置视点

"视点"命令用于输入观察点的坐标或角度来确定视点。该命令主要有以下两种执行方式:

> 选择菜单栏"视图"|"三维视图"|"视点"命令。
> 在命令行输入 Vpoint 并按 Enter 键。

执行"视点"命令后,命令行提示如下:

命令:VPOINT
当前视图方向:VIEWDIR=0.0000,0.0000,1.0000
指定视点或[旋转(R)]<显示指南针和三轴架>:

命令行选项含义如下:

"指定视点":使用输入的 X、Y、Z 坐标定义视点,创建定义观察视图方向的矢量。坐标值即为视点的位置,定义的视图是从该点向原点(0,0,0)方向观察,如图 8-8 所示。

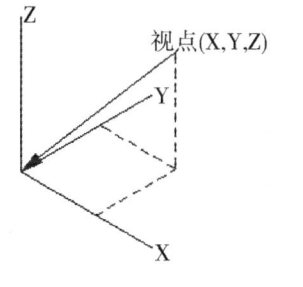
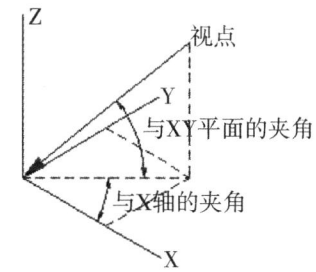

图 8-8　指定视点　　　　图 8-9　旋转视点

"旋转":使用两个角度指定视点,这两个角度分别为所指定的视点与原点的连线在 XY 平面的投影与 X 轴正向的夹角,以及视点与原点的连线与 XY 平面的夹角,如图 8-9 所示。

"显示指南针和三轴架":如果不输入任何坐标而直接按 Enter 键,则系统默认显示指南针和三轴架,用来定义观察方向,如图 8-10 所示。其中,三轴架的三个轴分别代表 X、Y、Z 轴的正方向。位于右上角的罗盘是一个展开的球体,中心点是北极(0,0,n),相当于视点位于 Z 轴正向;内环是赤道(n,n,0);外环是南极(0,0,-n)。十字光标代表视点的位置,移动鼠标,使十字光标在坐标球范围内移动,则三轴架根据坐标球指示的观察方向自动进行调整。选择观察方向时,将十字光标移动到坐标球的某个位置单击即可。

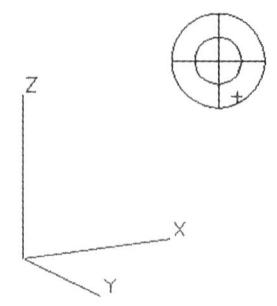

图 8-10　指南针和三轴架

2. 通过"视点预设"命令设置视点

"视点预设"命令是使用对话框的形式进行视点设置。该命令主要有以下三种执行方式：

- 选择菜单栏"视图"|"三维视图"|"视点预设"命令。
- 在命令行输入 DDVpoint 并按 Enter 键。
- 使用命令简写 VP 并按 Enter 键。

执行"视点预设"命令后，打开如图 8-11 所示的对话框。

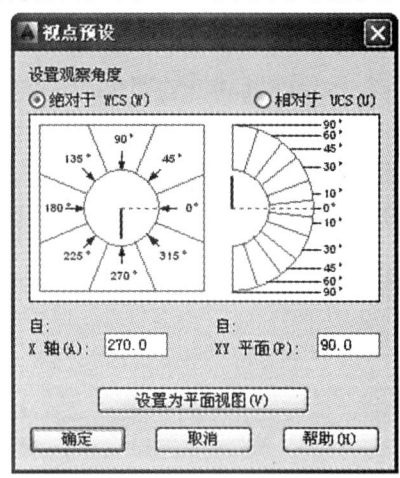

图 8-11　"视点预设"对话框

在该对话框中可以进行如下设置：

- 设置观察角度。系统默认的观察方向是"绝对于 WCS"，如果选择"相对于 UCS"，则观察方向参照当前的 UCS。
- 设置视点与原点的连线在 XY 平面的投影与 X 轴正向的夹角。可在图中左侧方形分度盘上选择相应的角度（共有 8 个角度可选），或直接在"X 轴"文本框中输入 360°以内任意角度值。
- 设置视点与原点的连线与 XY 平面的夹角。可在图中右侧半圆形分度盘上选择相应的角度（共有 11 个角度可选），或直接在"XY 平面"文本框中输入±90°以内角度值。
- 设置为平面图。系统将重新设置成与 X 轴夹角为 270°、与 XY 平面夹角为 90°的平面视图。

8.3.2 视图观察

在进行三维绘图时,需经常用到一些特殊的视点,若使用"视点"命令输入相应坐标值进行查看,操作非常繁琐。为了便于观察和编辑三维模型,AutoCAD 将这些常用的特殊视点罗列出来,为用户提供了 10 个预设的标准视图:6 个正交视图和 4 个等轴测图,如图 8-12 所示。

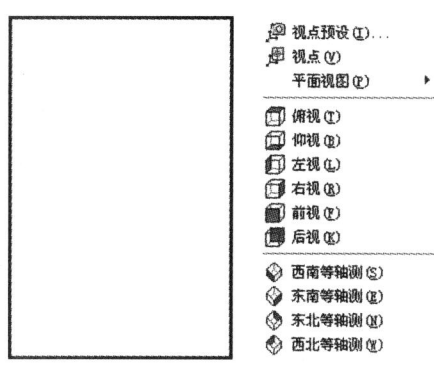

图 8-12 三维视图

视图的切换主要有以下几种方式:

➢ 选择菜单栏"视图"|"三维视图"级联菜单中的各视图命令。
➢ 单击"视图"选项卡|"视图"面板中相应按钮。
➢ 单击绘图区左上角的视图控件。

正交视图沿坐标轴方向观察三维实体,是经常使用的基本视图,可以获得三维实体的准确形状和尺寸;等轴测图从不平行于坐标轴的方向观察,是常见的立体图,它用一个投影面来表示物体的三维形状,直观性好,立体感强,但难以准确表达图形的尺寸,故轴测图常作为辅助视图使用。

无论是正交视图还是等轴测图,都可以显示三维实体的主要特征,其中每种视图的视点、与 X 轴夹角和与 XY 平面夹角等内容如表 8-1 所示。

表 8-1 标准视图及参数设置

视图	菜单选项	方向矢量	与 X 轴夹角	与 XY 平面夹角
俯视	Tom	(0,0,1)	270°	90°
仰视	Bottom	(0,0,-1)	270°	90°
左视	Left	(-1,0,0)	180°	0°
右视	Right	(1,0,0)	0°	0°
前视	Front	(0,-1,0)	270°	0°
后视	Back	(0,1,0)	90°	0°
西南等轴测	SWIsometric	(-1,-1,1)	225°	45°
东南等轴测	SEIsometric	(1,-1,1)	315°	45°
东北等轴测	NEIsometric	(1,1,1)	45°	45°
西北等轴测	SWIsometric	(-1,1,1)	135°	45°

除了上述 10 个标准视图之外，AutoCAD 还为用户提供了一个"平面视图"工具，使用此命令可以将当前的 UCS、命名保存的 UCS 或 WCS 切换为各坐标系的平面视图，以方便观察和操作，如图 8-13 所示。

"平面视图"的切换主要有以下几种方式：
- 选择菜单栏"视图"|"三维视图"|"平面视图"命令。
- 在命令行输入 Plan 并按 Enter 键。

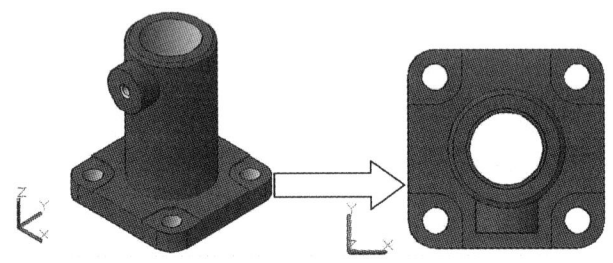

图 8-13　平面视图切换

8.3.3　视口观察

视口是用于绘制图形、显示图形的特定区域，通常情况下，AutoCAD 默认将整个图形窗口作为一个单一的视口，只能显示一种视图。在实际建模过程中，有时需要从不同视点上观察模型的不同部分，为此 AutoCAD 为用户提供了视口的分割功能，可以将默认的一个视口划分为多个视口，分别在各个视口中显示不同的视图，便于用户从不同的方向观察三维模型的不同部分，如图 8-14 所示。

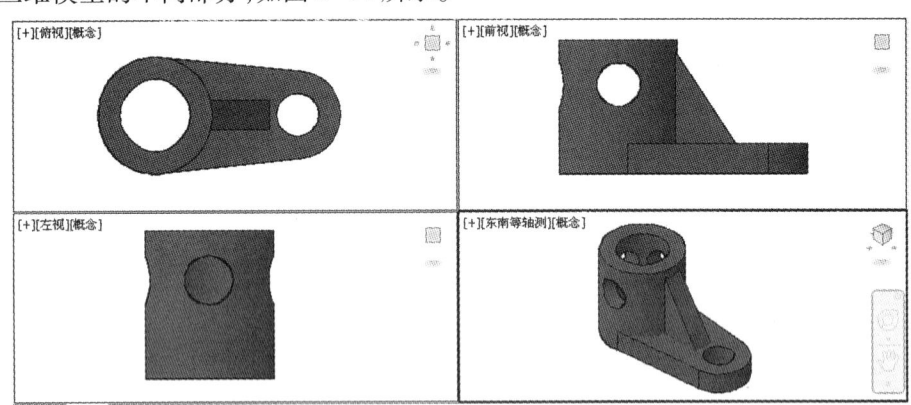

图 8-14　分割视口

在图形窗口中可以分割出多个视口，并可以指定这些视口的数量、排列方式和显示的视图。

视口的分割主要通过两种方式来实现：

1. 通过菜单分割视口

选择菜单栏"视图"|"视口"级联菜单中的相关命令，即可将当前视口分割为两个、三个或多个，如图 8-15 所示。

图 8-15 "视口"级联菜单

2. 通过对话框分割视口

选择菜单栏"视图"|"视口"|"新建视口"命令,或在命令行输入 Vports 并按 Enter 键,打开如图 8-16 所示的"视口"对话框,在此对话框中,可以指定视口的数量和排列方式,并对所分割的视口进行预览。

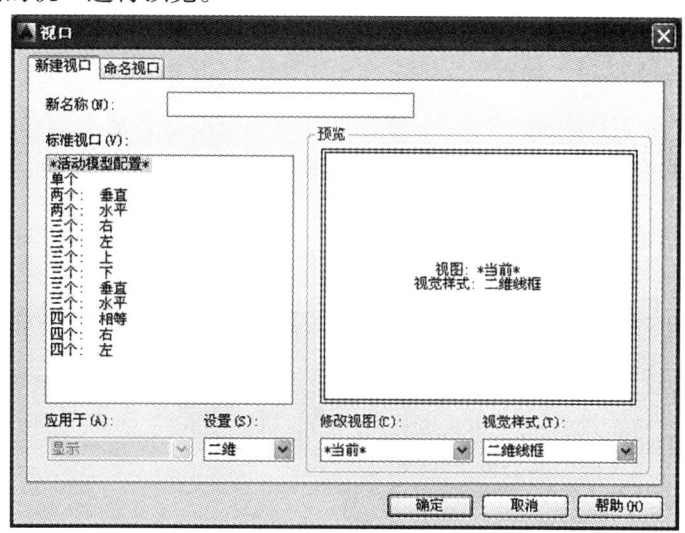

图 8-16 "视口"对话框

在"视口"对话框的"新建视口"选项卡中可以设置新的视口配置:

➤ "新名称"文本框可以为新建的模型视口配置指定名称,也可以不指定名称,此时仍然可以使用新建的视口配置,但不能将其保存在图形中。

➤ "标准视口"列表框显示了当前的模型视口配置和各种标准视口配置,可以选择其中的标准视口配置并应用到当前图形窗口中。

➤ "应用于"下拉列表框可以指定将所选的标准视口配置应用到整个图形窗口还是当前视口。

➤ "设置"下拉列表框用来指定二维或三维设置。如果选择二维,新的视口配置将使用当前视图;如果选择三维,一组标准正交三维视图将被应用到配置中的视口。

➤ "预览"框可以显示当前视口配置的预览图像,并在每个视口中给出了该视口所显示的视图名称。

➤ "修改视图"下拉列表框用来替换选定视口中的视图。

➢ "视觉样式"下拉列表框用来更改视口中图像的视觉样式。

8.3.4 动态观察

AutoCAD 为用户提供了动态观察功能,使用此功能用户可以实时地控制或改变当前视口中创建的三维视图,从不同的角度、高度和距离查看三维图形对象的任意部分。

1. 受约束的动态观察

受约束的动态观察可在三维空间中旋转视图,但仅限于在水平和垂直方向上进行动态观察。

执行"受约束的动态观察"命令主要有以下几种方式:
➢ 选择菜单栏"视图"|"动态观察"|"受约束的动态观察"命令。
➢ 单击"动态观察"工具栏中的 按钮。
➢ 选择"视图"选项卡|"导航"面板上的 按钮。
➢ 在命令行输入 3dorbit 并按 Enter 键。

当执行"受约束的动态观察"命令后,光标会变成 形状,如图 8-17 所示。此时按住鼠标左键不放即可手动调整观察点,从各种方位和角度动态地观察对象。当观察完毕后,按 Esc 键或 Enter 键即可退出命令。如果按住鼠标中键进行拖动,则是对视图进行平移。

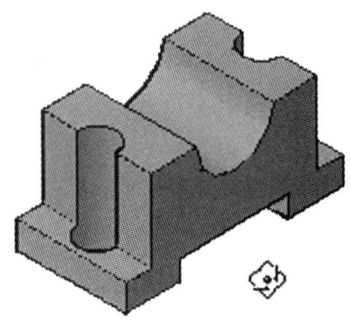

图 8-17　受约束的动态观察

2. 自由动态观察

自由动态观察可以在三维空间中不受滚动约束地旋转视图,即视点不受约束,可在任意方向上进行动态观察。

执行"自由动态观察"命令主要有以下几种方式:
➢ 选择菜单栏"视图"|"动态观察"|"自由动态观察"命令。
➢ 单击"动态观察"工具栏中的 按钮。
➢ 选择"视图"选项卡|"导航"面板上的 按钮。
➢ 在命令行输入 3dforbit 并按 Enter 键。

当执行"自由动态观察"命令后,绘图区会出现如图 8-18 所示的导航球,它被小圆分成 4 个区域,用户拖动此导航球即可旋转视图,从多个方向自由地观察对象。当观察完毕后,按 Esc 键或 Enter 键即可退出命令。

另外,光标在导航球的不同位置拖动时,视图的旋转效果也不同,具体有以下四种情况:
➢ **在导航球内部拖动**,可使视图任意旋转。
➢ **在导航球外部拖动**,可使视图围绕通过导航球中心且垂直于屏幕的轴旋转。
➢ 在导航球左、右两侧的小圆内拖动,可使视图围绕通过导航球中心的垂直轴旋转。
➢ 在导航球上、下两侧的小圆内拖动,可使视图围绕通过导航球中心的水平轴旋转。

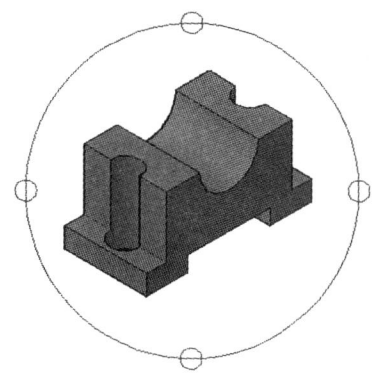

图 8-18 自由动态观察

3. 连续动态观察

连续动态观察是以连续运动的方式在三维空间中旋转视图,可以持续观察三维对象的不同侧面,而不需要手动设置视点。

执行"连续动态观察"命令主要有以下几种方式:
➢ 选择菜单栏"视图"|"动态观察"|"连续动态观察"命令。
➢ 单击"动态观察"工具栏中的 按钮。
➢ 选择"视图"选项卡|"导航"面板上的 按钮。
➢ 在命令行输入 3dcorbit 并按 Enter 键。

当执行"连续动态观察"命令后,光标会变成 形状,如图 8-19 所示。用户在需要连续动态观察的方向上单击鼠标左键并拖动,使三维对象沿正在拖动的方向开始移动,然后释放鼠标左键,对象即在指定的方向上继续运动,再单击鼠标左键对象可停止运动。光标移动的速度决定了三维对象的旋转速度。当观察完毕后,按 Esc 键或 Enter 键即可退出命令。

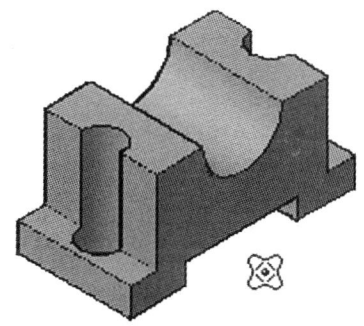

图 8-19 连续动态观察

8.4 三维对象的显示

将三维对象创建好之后,如果需要对模型进行显示和发布,还需要对模型进行必要的效果处理,增加三维对象的可视性和美感。

8.4.1 视觉样式介绍

视觉样式是一组控制三维模型边和着色显示效果的设置,仅更改三维对象的视觉样式特性,而不改变对象的属性。巧妙地运用视觉样式可以快速显示三维模型的逼真形态。

AutoCAD 为用户提供了二维线框、线框、消隐、真实、概念、着色、带边缘着色、灰度、勾画和 X 射线 10 种默认的视觉样式。这些视觉样式工具位于如图 8-20 所示的"视图"|"视觉样式"级联菜单下、如图 8-21 所示的"视觉样式"工具栏和如图 8-22 所示的"视觉样式"面板上。

图 8-20 "视觉样式"级联菜单　　　　图 8-21 "视觉样式"工具栏

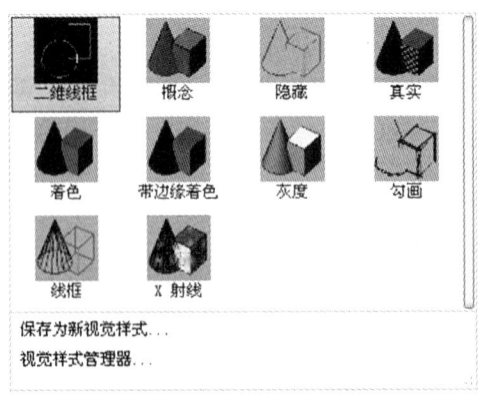

图 8-22 "视觉样式"面板

1. 二维线框

"二维线框"命令是用直线和曲线显示对象的边界,此对象的线型和线宽都是可见的,如图 8-23 所示。在该视觉样式下,复杂的三维模型难以分清其结构。

执行"二维线框"命令主要有以下几种方式：
- 选择菜单栏"视图"|"视觉样式"|"二维线框"命令。
- 单击"视觉样式"工具栏中的 ![] 按钮。
- 选择"视图"选项卡|"视觉样式"面板上的 ![] 按钮。
- 使用命令简写 VS 并按 Enter 键。

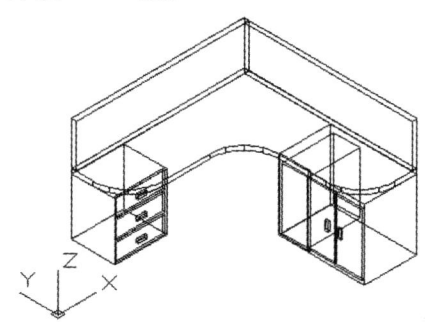

图 8-23 二维线框

2. 线框

"线框"命令即三维线框，也是用直线和曲线显示对象的边界，如图 8-24 所示。与二维线框显示方式不同的是，坐标系显示成三维着色形式，且对象的线型和线宽不可见。

执行"线框"命令主要有以下几种方式：
- 选择菜单栏"视图"|"视觉样式"|"线框"命令。
- 单击"视觉样式"工具栏中的 ![] 按钮。
- 选择"视图"选项卡|"视觉样式"面板上的 ![] 按钮。
- 使用命令简写 VS 并按 Enter 键。

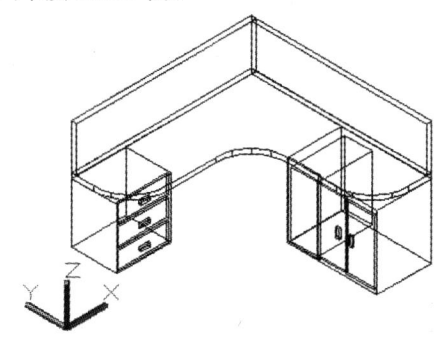

图 8-24 线框

3. 消隐

"消隐"命令用三维线框显示位于前面无遮挡的对象，并隐藏被遮挡的线条，如图 8-25 所示。

执行"消隐"命令主要有以下几种方式：
- 选择菜单栏"视图"|"视觉样式"|"消隐"命令。
- 单击"视觉样式"工具栏中的 ![] 按钮。

➤ 选择"视图"选项卡|"视觉样式"面板上的 按钮。
➤ 使用命令简写 VS 并按 Enter 键。

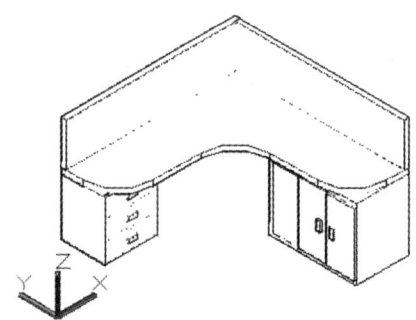

图 8-25 消隐

4．真实

"真实"命令可使对象实现平面着色，但只对多边形的面着色，不对面边界作光滑处理，如图 8-26 所示。

执行"真实"命令主要有以下几种方式：
➤ 选择菜单栏"视图"|"视觉样式"|"真实"命令。
➤ 单击"视觉样式"工具栏中的 按钮。
➤ 选择"视图"选项卡|"视觉样式"面板上的 按钮。
➤ 使用命令简写 VS 并按 Enter 键。

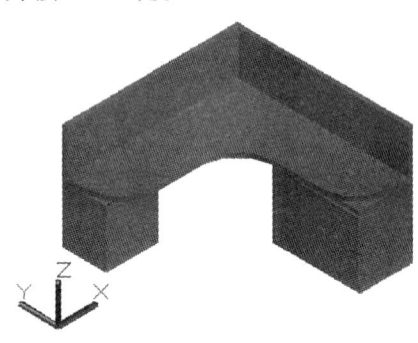

图 8-26 真实

5．概念

"概念"命令也可使对象实现平面着色，不仅可对面着色，还可以对面边界作光滑处理，如图 8-27 所示。

执行"概念"命令主要有以下几种方式：
➤ 选择菜单栏"视图"|"视觉样式"|"概念"命令。
➤ 单击"视觉样式"工具栏中的 按钮。
➤ 选择"视图"选项卡|"视觉样式"面板上的 按钮。
➤ 使用命令简写 VS 并按 Enter 键。

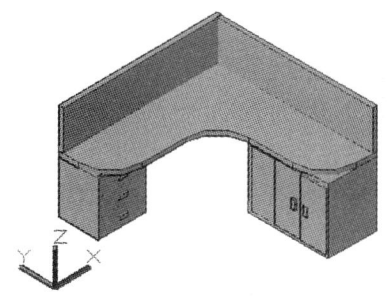

图 8-27 概念

6. 着色

"着色"命令用于将对象进行平滑着色,如图 8-28 所示。

执行"着色"命令主要有以下几种方式:

- ➢ 选择菜单栏"视图"|"视觉样式"|"着色"命令。
- ➢ 选择"视图"选项卡|"视觉样式"面板上的 按钮。
- ➢ 使用命令简写 VS 并按 Enter 键。

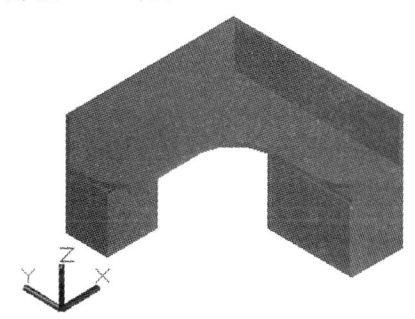

图 8-28 着色

7. 带边缘着色

"带边缘着色"命令用于将对象带有可见边平滑着色,如图 8-29 所示。

执行"带边缘着色"命令主要有以下几种方式:

- ➢ 选择菜单栏"视图"|"视觉样式"|"带边缘着色"命令。
- ➢ 选择"视图"选项卡|"视觉样式"面板上的 按钮。
- ➢ 使用命令简写 VS 并按 Enter 键。

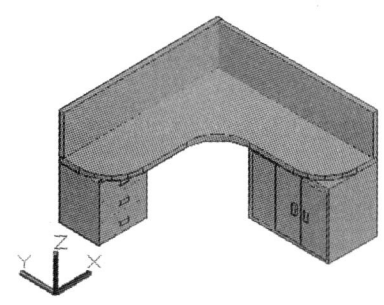

图 8-29 带边缘着色

8. 灰度

"灰度"命令用于将对象以单色面颜色模式着色,以产生灰色效果,如图8-30所示。

执行"灰度"命令主要有以下几种方式:

- ➢ 选择菜单栏"视图"|"视觉样式"|"灰度"命令。
- ➢ 选择"视图"选项卡|"视觉样式"面板上的 按钮。
- ➢ 使用命令简写 VS 并按 Enter 键。

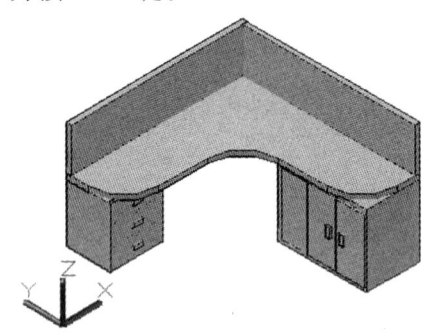

图 8-30 带边缘着色

9. 勾画

"勾画"命令用于将对象使用线外伸和抖动方式产生手绘效果,如图8-31所示。

执行"勾画"命令主要有以下几种方式:

- ➢ 选择菜单栏"视图"|"视觉样式"|"勾画"命令。
- ➢ 选择"视图"选项卡|"视觉样式"面板上的 按钮。
- ➢ 使用命令简写 VS 并按 Enter 键。

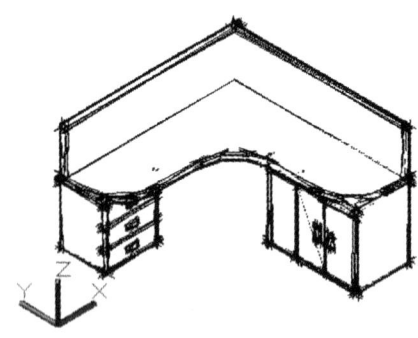

图 8-31 勾画

10. X 射线

"X 射线"命令以局部透视的方式显示对象,即更改面的不透明度以使整个场景变成部分透明,如图 8-32 所示。

执行"勾画"命令主要有以下几种方式:

- ➢ 选择菜单栏"视图"|"视觉样式"|"X 射线"命令。
- ➢ 选择"视图"选项卡|"视觉样式"面板上的 按钮。
- ➢ 使用命令简写 VS 并按 Enter 键。

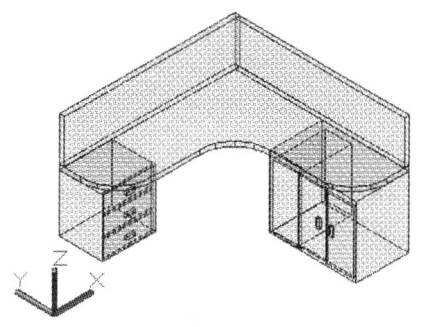

图 8-32 X 射线

8.4.2 视觉样式管理器介绍

"视觉样式管理器"用于控制模型的外观显示效果。用户可在"视觉样式管理器"中创建新的视觉样式,或修改参数设置来更改视觉样式。

打开"视觉样式管理器"的方法有以下几种:
- 选择菜单栏"视图"|"视觉样式"|"视觉样式管理器"命令。
- 单击"视觉样式"工具栏中的 按钮。
- 选择"视图"选项卡|"视觉样式"面板|"视觉样式管理器"命令。
- 在命令行输入 Visualstyles 并按 Enter 键。

执行"视觉样式管理器"命令后,打开如图 8-33 所示的面板。面板上方显示的是可用视觉样式的样例图像,选中的视觉样式以黄色边框突出显示,下方显示的是所选定视觉样式的参数设置。

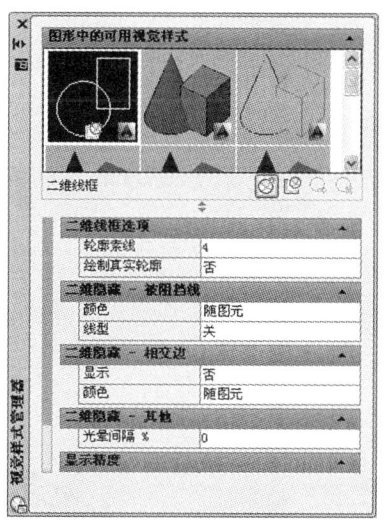

图 8-33 "视觉样式管理器"面板

8.4.3 材质附着介绍

AutoCAD 中提供的材质可以体现三维实体模型表面的颜色、材料、纹理、透明度等显示效果,用户可以给不同的模型赋予不同的材质类型和参数。通过赋予模型材质,并对这些材质进行巧妙的设置,可使三维实体模型的显示效果更加逼真。

1. 材质浏览器

"材质浏览器"集中了 AutoCAD 的所有材质,主要包括表面处理、玻璃、地板、混凝土、木材、砖石等,可让用户方便地将这些材质应用到三维实体模型中。

打开"材质浏览器"的方法主要有以下几种:

> 选择菜单栏"视图"|"渲染"|"材质浏览器"命令。
> 单击"渲染"工具栏中的 按钮。
> 选择"渲染"选项卡|"材质"面板|"材质浏览器"。
> 在命令行输入 Matbrowseropen 并按 Enter 键。

执行"材质浏览器"命令后,打开如图 8-34 所示的选项板。用户可以整理、搜索和选择要在图形中使用的材质。

课堂举例:学习材质附着的方法和技巧。

"1"选择菜单栏"视图"|"三维视图"|"西南等轴测"命令,将当前视图切换为西南视图。

"2"选择菜单栏"绘图"|"建模"|"长方体"命令,创建 500×25×100 的长方体,命令行提示如下:

命令:BOX
指定第一个角点或[中心(C)]:   //在绘图区拾取一点
指定其他角点或[立方体(C)/长度(L)]:   //@500,25,100 按 Enter 键,结果如图 8-35 所示

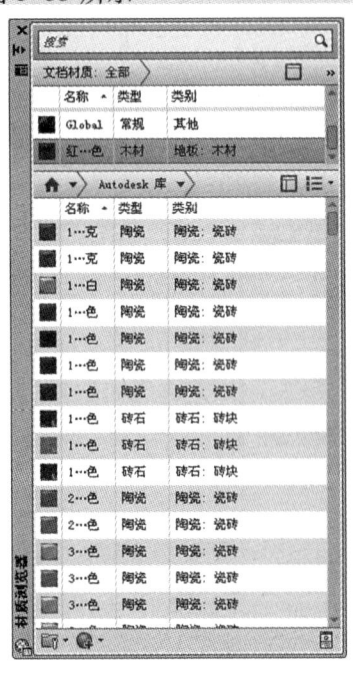
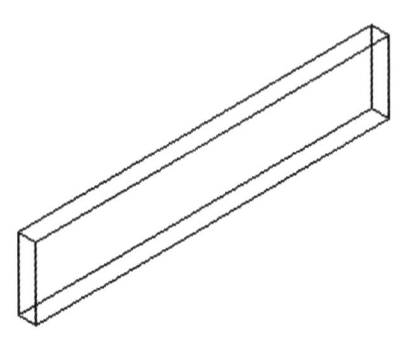

图 8-34　材质浏览器　　　　　　　　图 8-35　创建长方体

"3"选择"渲染"选项卡|"材质"面板|"材质浏览器",打开"材质浏览器"选项板。

"4"在"材质浏览器"选项板上选择所需材质,按住鼠标左键不放,将其拖动到所创建的长方体上,为其附着材质,如图8-36所示。

"5"选择菜单栏"视图"|"视觉样式"|"真实命令"命令,即可观察到材质附着后的效果,如图8-37所示。

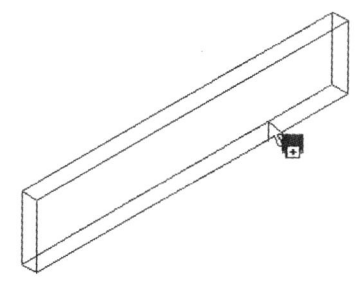

图8-36　附着材质图　　　　　　　8-37　材质附着效果

2. 材质编辑器

使用"材质编辑器"可自定义材质的属性。打开"材质编辑器"的方法主要有以下几种:

➢ 选择菜单栏"视图"|"渲染"|"材质编辑器"命令。

➢ 单击"渲染"工具栏中的  按钮。

➢ 选择"视图"选项卡|"选项板"面板中的 按钮。

➢ 在命令行输入 Mateditoropen 并按 Enter 键。

执行"材质编辑器"命令后,打开如图8-38所示的选项板,用户可以整理、搜索和选择要在图形中使用的材质。单击选项板左下角的 按钮,可以打开"材质浏览器",选择其中的任意一种材质,"材质编辑器"会同步更新为该材质的效果与可调参数,如图8-39所示。

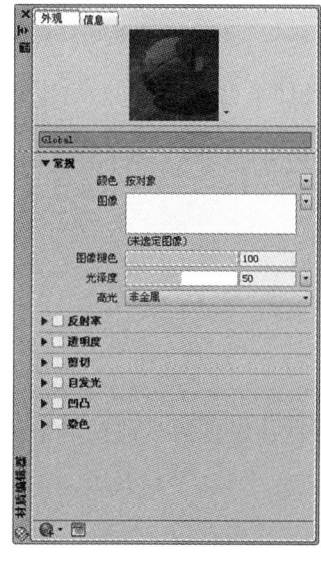 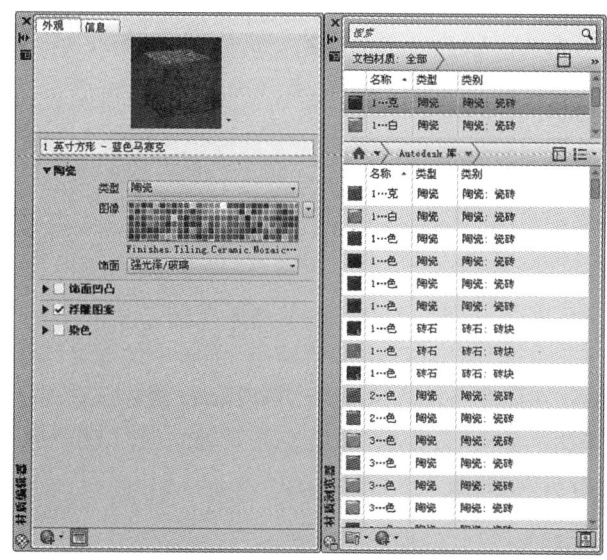

图8-38　材质编辑器　　　　　　　图8-39　材质编辑器与浏览器

通过"材质编辑器"选项板上方的"外观"可以直接查看材质当前的效果,单击其右下角的下拉按钮,可以对材质样例形态与渲染质量进行调整,如图8-40所示。

单击选项板左下角的 按钮,快速选择对应的材质类型直接应用,或在其基础上进行编辑,如图8-41所示。

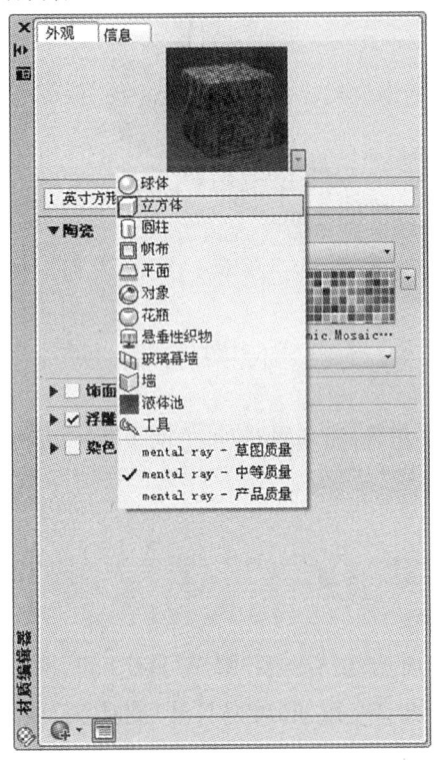 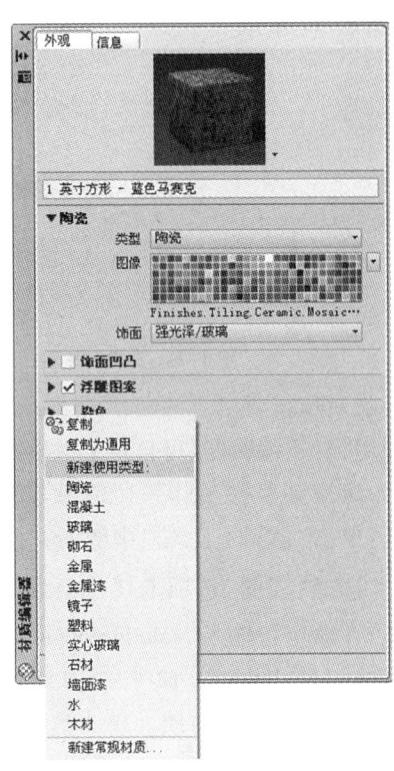

图8-40 调整材质样例形态与渲染质量　　图8-41 选择材质类型

8.4.4 模型渲染介绍

渲染可以为三维实体对象加上颜色和材质因素,还可以加上灯光因素,能够更真实地表达图形的外观和纹理。渲染是输出图形钱的关键步骤,尤其在效果图的设计中,渲染可以表达设计的真实效果。

执行"渲染"命令主要有以下几种方法:

- 选择菜单栏"视图"|"渲染"|"渲染"命令。
- 单击"渲染"工具栏中的 按钮。
- 选择"渲染"选项卡|"渲染"面板中的 按钮。
- 在命令行输入 Render 并按 Enter 键。

激活"渲染"命令后,系统会打开独立的"渲染"窗口,按默认设置对当前视口中的图形进行渲染,如图8-42所示。

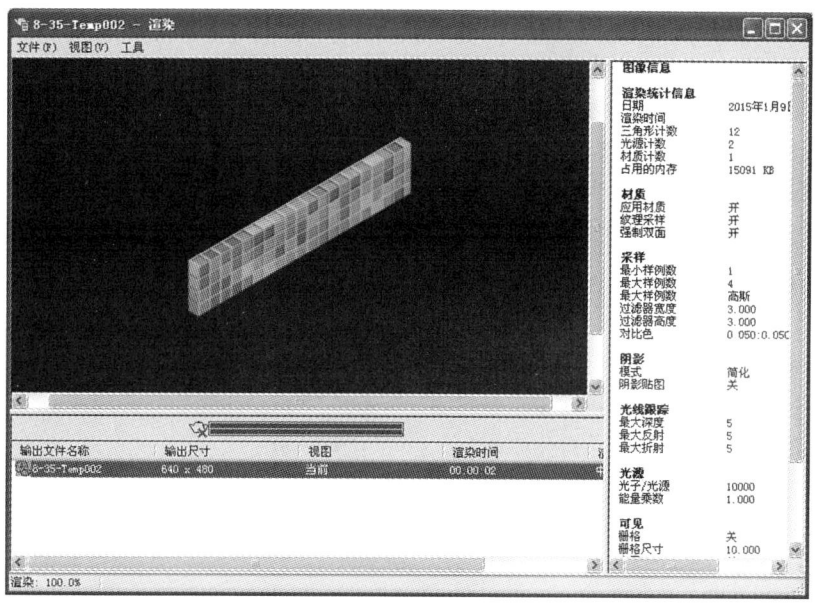

图 8-42 渲染窗口

"渲染"窗口中显示了当前视图中图形的渲染效果。右侧列表中显示的是图像的质量、光源和材质等详细信息;左下角列表显示的是当前渲染图形的名称、大小、渲染时间等信息,用户可右击当前渲染图形的相关信息,这时将弹出一个快捷菜单,如图 8-43 所示,用户可选择其中的命令进行相关操作。

图 8-43 渲染快捷菜单

8.5 三维空间坐标系

进行三维建模时常需要精确的坐标值确定三维点,所以了解并掌握三维坐标系是在 AutoCAD 三维空间中构建三维模型的基础。AutoCAD 为用户提供了两种类型的三维坐标系:固定不变的世界坐标系(worldcoordinatesystem,WCS)和可移动的用户坐标系(user-coordinatesystem,UCS),用户可通过两种坐标系的转换来精确定位点。

8.5.1 世界坐标系介绍

AutoCAD 三维空间中的任一点可使用直角坐标、柱坐标或球坐标来描述,用户可根据具体情况选择某种坐标形式。

1. 直角坐标

若以坐标原点(0,0,0)为参照点,三维空间中的点用直角坐标描述时,其表达方式为(X,Y,Z),称为绝对直角坐标。若以某一点为参照点,三维空间中的点相对于参照点的直角坐标为(@X,Y,Z),称为相对直角坐标。

如图 8-44 所示坐标系中,A(4,4,3)表示的是沿 X 轴正向 4 个单位、沿 Y 轴正向 4 个单位、沿 Z 轴正向 3 个单位的三维空间点。若以点 B 作为参照点,则 A 点坐标为(@2,2,2)。

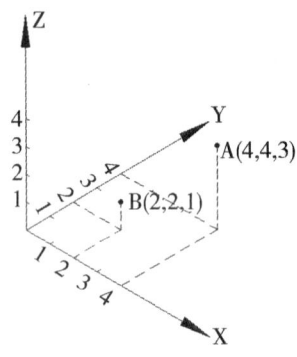

图 8-44 直角坐标

2. 柱坐标

若以坐标原点(0,0,0)为参照点,三维空间中的点用柱坐标描述时,其表达方式为(L<α,Z),称为绝对柱坐标,其中 L 表示该点在 XOY 平面上的投影到原点的距离,α 表示该点在 XOY 平面上的投影和原点之间连线与 X 轴的夹角,Z 为该点在 Z 轴上的坐标。若以某一点为参照点,则三维空间中的点相对于参照点的相对柱坐标为(@L<α,Z)。

如图 8-45 所示坐标系中,C(4<30,3)表示的是在 XOY 平面上的投影点与原点的距离为 4 个单位、投影点与原点之间连线与 X 轴夹角为 30°、沿 Z 轴正向 4 个单位的三维空间点。

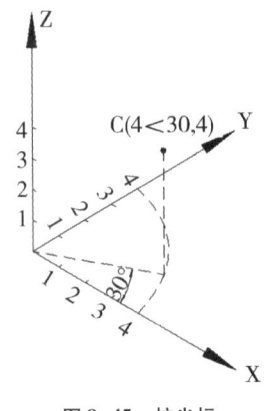

图 8-45 柱坐标

3. 球坐标

以坐标原点(0,0,0)为参照点,三维空间中的点用球坐标描述时的表达方式为(L<α<β),称为绝对球坐标,其中 L 表示该点到原点的距离,α 表示该点与原点连线在

XOY 平面上的投影与 X 轴之间的夹角，β 表示该点与原点的连线与 XOY 平面的夹角，D (4<30<30) 的位置如图 8-46 所示。若以某一点为参照点，则三维空间中的点相对于参照点的相对球坐标为 (@ L<α<β)。

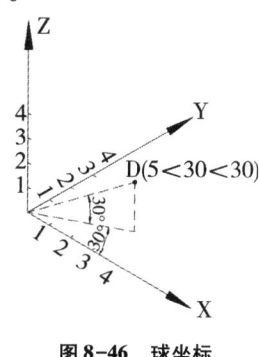

图 8-46　球坐标

8.5.2　用户坐标系介绍

在默认设置下，AutoCAD 以世界坐标系的 XY 平面作为绘图平面，对二维绘图来说，世界坐标系即可满足绘图需求。但由于世界坐标系是唯一且固定的，所以在绘制三维图形时极为不便。为了便于辅助三维绘图，AutoCAD 允许用户定义自己的坐标系，称为用户坐标系 (UCS)，这是一种非常灵活、非常实用的坐标系。

执行"UCS"命令主要有以下几种方法：

➢ 选择菜单栏"工具"|"新建 UCS"级联菜单中的各命令，如图 8-47 所示。
➢ 单击"UCS"工具栏中的各个按钮，如图 8-48 所示。
➢ 选择"视图"选项卡|"坐标"面板中的各个按钮。
➢ 在命令行输入 UCS 并按 Enter 键。

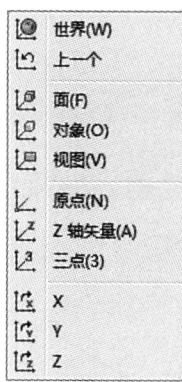

图 8-47　"新建 UCS"级联菜单　　图 8-48　UCS 工具栏

执行 UCS 命令后，命令行提示如下：

命令：UCS
当前 UCS 名称：*世界*
指定 UCS 的原点或 [面 (F) / 命名 (NA) / 对象 (OB) / 上一个 (P) / 视图 (V) / 世界 (W) / X / Y / Z / Z 轴 (ZA)] <世界>：

命令行选项含义如下：

"指定 UCS 的原点"：指定三点以分别定位出原点、X 轴正方向和 Y 轴正方向来定义一个新的 UCS。

"面"：通过选定一个三维实体的面来定义新的 UCS，所选的平面将作为新坐标系的 XOY 平面。

"命名"：恢复其他坐标系为当前坐标系、为当前坐标系命名并保存、删除不需要的坐标系以及列出已定义的 UCS。

"对象"：通过选择的对象定义新的坐标系，新的 UCS 将与选定的对象对齐，其 Z 轴与所选对象的 Z 轴具有相同的正方向。

"上一个"：将当前坐标系恢复到上一个 UCS 坐标系。AutoCAD 保留最后 10 个创建的用户坐标系，重复该选项可以恢复到想要的 UCS。

"视图"：将新建坐标系的 XY 平面设置成与屏幕平行，其原点保持不变，但 X、Y 轴分别变为水平和垂直。

"世界"：将世界坐标系置为当前坐标系，用户可以从任何一种 UCS 坐标系返回到世界坐标系。

"X"/"Y"/"Z"：将坐标系平面分别绕 X、Y、Z 轴旋转形成新的用户坐标系。如果在已定义的 UCS 坐标系中进行旋转，则新的 UCS 是由已定义的 UCS 坐标系旋转而成。

"Z 轴"：指定新原点和 Z 轴方向来定义新的 UCS。

课堂举例：通过创建 UCS 绘制如图 8-49 的图形。

"1"执行"打开"命令，打开随书光盘中的"\素材文件\UCS 坐标系示例.dwg"文件，如图 8-50 所示。

"2"执行"UCS"命令，配合端点捕捉功能定义坐标系，命令行提示如下：

命令：UCS
当前 UCS 名称：* 世界 *
指定 UCS 的原点或 [面(F)/命名(NA)/对象(OB)/上一个(P)/视图(V)/世界(W)/X/Y/Z/Z 轴(ZA)] <世界>：   //捕捉图中的 A 点
指定 X 轴上的点或<接受>：   //捕捉图中的 B 点
指定 XY 平面上的点或<接受>：   //捕捉图中的 E 点，定义结果如图 8-51 所示

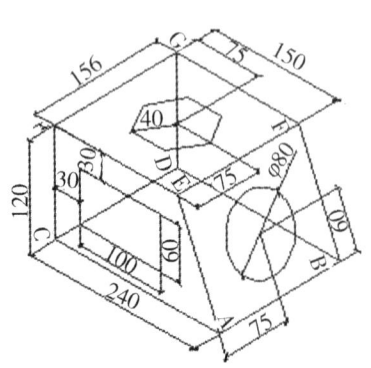

图 8-49　需绘制图形

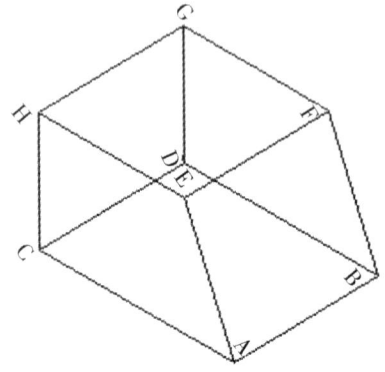

图 8-50　打开结果

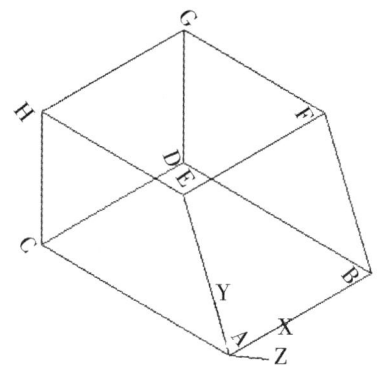 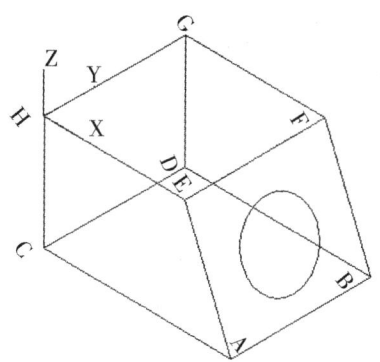

图 8-51 定义结果　　　　　　图 8-52 定义结果

"3"执行"圆"命令,绘制 ABFE 面内的圆,命令行提示如下:

命令:_circle
指定圆的圆心或[三点(3P)/两点(2P)/切点、切点、半径(T)]:
　　　　　　　　　　　　　　　//激活"捕捉自"功能
_from 基点:　　　　　　　　　　//捕捉 UCS 坐标系原点,即 A 点
<偏移>:　　　　　　　　　　　//@75,60,0 按 Enter 键
指定圆的半径或[直径(D)]<40.0000>:　//40 按 Enter 键

"4"选择"视图"选项卡|"坐标"面板中的  按钮,返回世界坐标系。

"5"执行"UCS"命令,配合端点捕捉功能重新定义坐标系,命令行提示如下:

命令:UCS
当前 UCS 名称: *世界*
指定 UCS 的原点或[面(F)/命名(NA)/对象(OB)/上一个(P)/视图(V)/世界(W)/X/Y/Z/Z 轴(ZA)]<世界>:　　//捕捉图中的 H 点
指定 X 轴上的点或<接受>:　　　//按 Enter 键,定义结果如图 8-52 所示

"6"执行"正多边形"命令,绘制 HEFG 面内的正六边形,命令行提示如下:

命令:_polygon
输入侧面数<4>:　　　　　　　　//6 按 Enter 键
指定正多边形的中心点或[边(E)]:　//激活"捕捉自"功能
_from 基点:　　　　　　　　　　//捕捉 UCS 坐标系原点,即 H 点
<偏移>:　　　　　　　　　　　//@75,75,0 按 Enter 键
输入选项[内接于圆(I)/外切于圆(C)]<I>:　//I 按 Enter 键
指定圆的半径:　　　　　　　　　//40 按 Enter 键

"7"执行"UCS"命令,使用"X"功能选项重新定义坐标系,命令行提示如下:

```
命令:UCS
当前UCS名称:*没有名称*
指定UCS的原点或[面(F)/命名(NA)/对象(OB)/上一个(P)/视图(V)/世界
(W)/X/Y/Z/Z轴(ZA)]<世界>:          //X按Enter键
指定绕X轴的旋转角度<90>:           //按Enter键,定义结果如图8-53所示
```

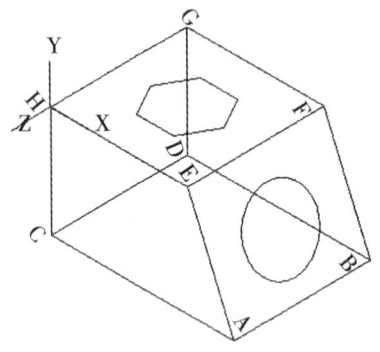

图8-53 定义结果

"8"执行"矩形"命令,绘制CAEH面内的矩形,命令行提示如下:

```
命令:_rectang
指定第一个角点或[倒角(C)/标高(E)/圆角(F)/厚度(T)/宽度(W)]:
                                  //激活"捕捉自"功能
_from 基点:                        //捕捉UCS坐标系原点,即H点
<偏移>:                            //@30,-30,0按Enter键
指定另一个角点或[面积(A)/尺寸(D)/旋转(R)]:  //@100,-60按Enter键
```

"9"选择"视图"选项卡|"坐标"面板中的 按钮,返回世界坐标系。

小　　结

　　本章主要介绍了 AutoCAD 2014 在三维绘图方面的基础知识和基本操作。AutoCAD 2014 提供了专门用于三维绘图的工作空间,便于用户创建三维图形;三维图形的形态特点可由实体模型、曲面模型和网格模型这三种不同的模型方式来表现;对三维图形的观察,可通过视点、视图、视口、动态观察等功能来实现;用户可通过视觉样式来控制模型的外观显示效果,也可方便地为模型附着材质或进行渲染,以更加真实、形象地表达三维图形的效果;三维坐标系是在 AutoCAD 三维空间中构建三维模型的基础,掌握 WCS 和 UCS 的转换可方便地绘制各种三维图形。

习　　题

1. 填空题

(1)在"视图"工具栏中包含　　　　、　　　　、　　　　和　　　　4种

等轴测视图。

(2)需要对坐标系进行移动或新建时,可以使用_____命令。

(3)_____功能可以将一个图形窗口划分为多个视口,以便在其中显示不同的视图。

2. 判断题

(1)受约束的动态观察仅限于在水平和垂直方向上对三维模型进行观察。 (　　)

(2)"平面视图"工具可以将坐标系切换为当前坐标系的 XOY 平面。 (　　)

(3)"线框"视觉样式下,对象的线型和线宽是可见的。 (　　)

(4)AutoCAD 只为用户提供了一种固定不变的世界坐标系。 (　　)

第9章 三维图形对象绘制与编辑基础

9.1 三维图形对象绘制

三维图形的快速绘制可由实体建模、曲面建模和网格建模功能来实现,掌握这三种建模方法和技巧是绘制三维图形的基础。

9.1.1 三维对象的创建

1. 三维点

三维点是最简单的三维对象,创建三维点的方法与二维点类似,但当 AutoCAD 提示用户指定点时,需指定三维空间的点的位置,可使用光标在绘图区域单击来确定一个三维点,也可在命令行直接输入点的三维坐标值来精确定位点。

2. 三维直线

三维直线可以是三维空间中任意两点的连线,绘制三维直线的方法与二维直线类似,但其端点是三维点。

与创建三维直线类似,在绘制三维射线、构造线时,都可以直接通过指定三维点的方式来创建。

3. 三维多段线

三维多段线绘制方法主要有以下几种:

- 选择菜单栏"绘图"|"三维多段线"命令。
- 选择功能区"常用"选项卡|"绘图"面板上的 按钮。
- 在命令行输入 3dpoly 并按 Enter 键。

与绘制二维多段线不同的是,三维多段线的命令行提示中没有设置线宽的选项,也不能绘制圆弧段。

4. 螺旋

"螺旋"命令可以创建二维或三维螺旋线,其命令调用方法主要有以下几种:

- 选择菜单栏"绘图"|"螺旋"命令。
- 选择功能区"常用"选项卡|"绘图"面板上的 按钮。
- 在命令行输入 Helix 并按 Enter 键。

在绘制过程中,如果指定的底面半径与顶面半径相同,则创建出圆柱形螺旋;如果不同,则创建的是圆锥形螺旋;如果指定螺旋高度为0,则创建出二维螺旋。三种类型的螺旋如图9-1所示。

图 9-1 圆柱形螺旋、圆锥形螺旋和二维螺旋

另外,也可指定轴端点重新确定螺旋轴,或设置螺旋的圈数、圈高和螺旋的旋转方向,用户根据命令行的提示执行相应选项即可。

9.1.2 三维实体的创建

实体模型是常用的三维模型,在 AutoCAD 中可以方便地绘制多段体、长方体、楔体、圆锥体、球体、圆柱体、圆环体以及棱锥体等基本几何实体,这些基本三维实体是创建复杂三维模型的基础。

1. 多段体

"多段体"命令可以创建由一系列直线段或弧线段连接而成的三维墙状多段体,类似于具有一定宽度和高度的多段线。

执行"多段体"命令主要有以下几种方式:

➢ 选择菜单栏"绘图"|"建模"|"多段体"命令。
➢ 单击"建模"工具栏中的 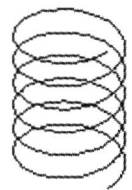 按钮。
➢ 选择"常用"或"实体"选项卡上的 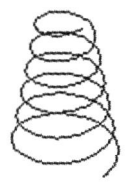 按钮。
➢ 在命令行输入 Polysolid 并按 Enter 键。

课堂举例:创建高度为50、宽度为5的一段多段体。

"1"选择菜单栏"视图"|"三维视图"|"东南等轴测"命令,将当前视图切换为东南等轴测视图。

"2"单击"常用"选项卡|"建模"面板上的  按钮,创建长方体,命令行提示如下:

命令:_Polysolid 高度=80.0000,宽度=5.0000,对正=居中
指定起点或[对象(O)/高度(H)/宽度(W)/对正(J)]<对象>:/   /H 按 Enter 键
指定高度<80.0000>:   //50 按 Enter 键
高度=50.0000,宽度=5.0000,对正=居中
指定起点或[对象(O)/高度(H)/宽度(W)/对正(J)]<对象>://在绘图区拾取一点
指定下一个点或[圆弧(A)/放弃(U)]:   //@0,20 按 Enter 键
指定下一个点或[圆弧(A)/放弃(U)]:   //@20,0 按 Enter 键
指定下一个点或[圆弧(A)/闭合(C)/放弃(U)]:   //@0,30 按 Enter 键
指定下一个点或[圆弧(A)/闭合(C)/放弃(U)]:   //@20,0 按 Enter 键

指定下一个点或[圆弧(A)/闭合(C)/放弃(U)]: //A 按 Enter 键
指定圆弧的端点或[闭合(C)/方向(D)/直线(L)/第二个点(S)/放弃(U)]:
//@0,20 按 Enter 键
指定下一个点或[圆弧(A)/闭合(C)/放弃(U)]:指定圆弧的端点或[闭合(C)/方向(D)/直线(L)/第二个点(S)/放弃(U)]: //@0,40 按 Enter 键
指定下一个点或[圆弧(A)/闭合(C)/放弃(U)]:指定圆弧的端点或[闭合(C)/方向(D)/直线(L)/第二个点(S)/放弃(U)]: //按 Enter 键结束命令

"3"执行"视觉样式"命令,切换至隐藏视觉样式,结果如图9-2所示。

命令执行过程中出现的选项含义如下:

"对象":将现有的直线、圆弧、圆、矩形及样条曲线等二维对象转换为多段体。

"高度":设置多段体的高度。

"宽度":设置多段体的宽度。

"对正":设置多段体的对正方式,即多段体相对于光标的位置,有"左对正"、"居中"和"右对正"三种方式。

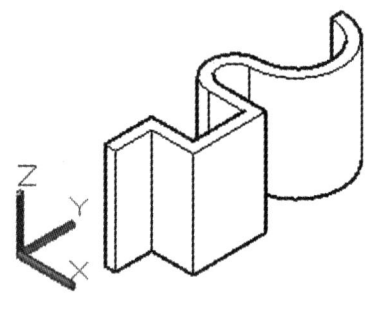

图 9-2 多段体

2. 长方体

"长方体"命令可以创建三维实心长方体或立方体,执行"长方体"命令主要有以下几种方式:

- 选择菜单栏"绘图"|"建模"|"长方体"命令。
- 单击"建模"工具栏中的 按钮。
- 选择"常用"或"实体"选项卡上的 按钮。
- 在命令行输入 Box 并按 Enter 键。

课堂举例:创建 200×100×50 的长方体。

"1"选择菜单栏"视图"|"三维视图"|"东南等轴测"命令,将当前视图切换为东南等轴测视图。

"2"单击"常用"选项卡|"建模"面板上的 按钮,创建长方体,命令行提示如下:

命令:_box
指定第一个角点或[中心(C)]: //在绘图区拾取一点
指定其他角点或[立方体(C)/长度(L)]: //@200,100 按 Enter 键
指定高度或[两点(2P)]: //50 按 Enter 键,结果如图9-3所示

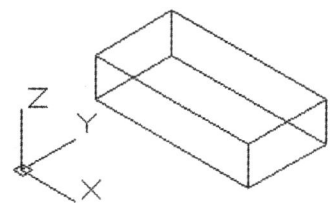

图 9-3 长方体

命令执行过程中出现的选项含义如下：

"中心"：根据中心位置创建长方体，即首先指定长方体的中心位置。

"立方体"：创建长、宽、高相等的立方体。

"长度"：直接输入长方体的长、宽、高参数，即可生成相应尺寸的长方体。

"两点"：通过指定两点，以两点间的距离作为高度来创建长方体。

3. 楔体

"楔体"命令主要用于创建三维实心楔形体。楔体是长方体沿对角线剖切成两半后的结果，因此其创建方法与长方体相同。只要确定底面的长、宽、高以及底面绕 Z 轴的旋转角度即可创建指定尺寸的楔体。

执行"楔体"命令主要有以下几种方式：

➢ 选择菜单栏"绘图"|"建模"|"楔体"命令。

➢ 单击"建模"工具栏中的 ◁ 按钮。

➢ 选择"常用"或"实体"选项卡上的 ◁ 按钮。

➢ 在命令行输入 Wedge 并按 Enter 键。

课堂举例：创建长度为 200、宽度为 100、高度为 50 的楔体。

"1"将当前视图切换为东南等轴测视图。

"2"单击"常用"选项卡|"建模"面板上的 ◁ 按钮，创建楔体，命令行提示如下：

命令：_wedge
指定第一个角点或[中心(C)]：   //在绘图区拾取一点
指定其他角点或[立方体(C)/长度(L)]：   //@200,100 按 Enter 键
指定高度或[两点(2P)]<50.0000>：   //50 按 Enter 键，结果如图 9-4 所示

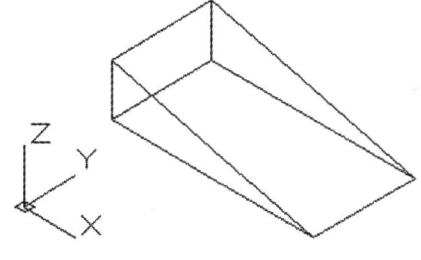

图 9-4 楔体

命令执行过程中命令行选项含义如下：

"中心"：按指定的中心点位置创建楔体，此中心点指楔体斜面正中心。

"立方体"：创建长、宽、高相等的楔体。

"长度"、"两点":含义同长方体。

4.圆锥体

"圆锥体"命令主要用于创建以圆或椭圆为底面的三维实心圆锥体。

执行"圆锥体"命令主要有以下几种方式:

> 选择菜单栏"绘图"|"建模"|"圆锥体"命令。
> 单击"建模"工具栏中的 △ 按钮。
> 选择"常用"或"实体"选项卡上的 △ 按钮。
> 在命令行输入 Cone 并按 Enter 键。

课堂举例:创建底面半径为 100、高度为 300 的圆锥体。

"1"将当前视图切换为东南等轴测视图。

"2"单击"常用"选项卡|"建模"面板上的 △ 按钮,创建圆锥体,命令行提示如下:

```
命令:_cone
指定底面的中心点或[三点(3P)/两点(2P)/切点、切点、半径(T)/椭圆(E)]:
                                                    //在绘图区拾取一点
指定底面半径或[直径(D)]:                              //100 按 Enter 键
指定高度或[两点(2P)/轴端点(A)/顶面半径(T)]:            //300 按 Enter 键
```

"3"执行"视觉样式"命令,切换至灰度视觉样式,结果如图 9-5 所示。

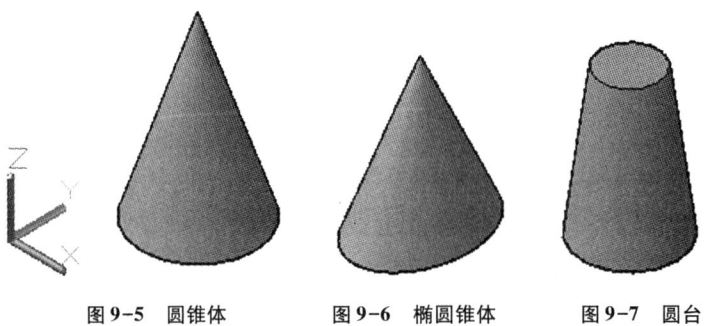

图 9-5 圆锥体   图 9-6 椭圆锥体   图 9-7 圆台

命令执行过程中出现的选项含义如下:

"三点"、"两点"、"切点、切点、半径":分别以不同的方式确定底面圆,其操作过程与使用 Circle 命令绘制圆相同。

"椭圆":创建椭圆锥体,即横截面为椭圆的锥体,如图 9-6 所示。

"两点":指定两点,以两点间的距离作为圆锥体的高度。

"轴端点":指定圆锥体的轴端点(即锥顶点)位置,利用该方式可以创建出轴线沿任意方向放置的圆锥体。

"顶面半径":当顶面半径为 0 时,绘制出的是锥体表面交于一点的圆锥体;当顶面半径大于 0 时,绘制出的是锥体表面交于一个圆或椭圆平面的圆台,如图 9-7 所示。

5.球体

"球体"命令主要用于创建三维实心球体,可以通过指定圆心和半径上的点创建球体。

执行"球体"命令主要有以下几种方式:
➢ 选择菜单栏"绘图"|"建模"|"球体"命令。
➢ 单击"建模"工具栏中的 ◯ 按钮。
➢ 选择"常用"或"实体"选项卡上的 ◯ 按钮。
➢ 在命令行输入 Sphere 并按 Enter 键。

课堂举例:创建半径为 100 的球体。

"1"将当前视图切换为东南等轴测视图。

"2"单击"常用"选项卡|"建模"面板上的 ◯ 按钮,创建球体,命令行提示如下:

命令:_sphere
指定中心点或[三点(3P)/两点(2P)/切点、切点、半径(T)]:
　　　　　　　　　　　　　　　　　　　　//在绘图区拾取一点点
指定半径或[直径(D)]:　　　　　　　//100 按 Enter 键,结果如图 9-8 所示

默认情况下以二维线框显示所绘制的球体,可通过调节系统变量 IOSLINES 值控制实体表面网格线的数量,值越大网格线越密,如图 9-9 所示的是 ISOLINES 为 16 时的效果。

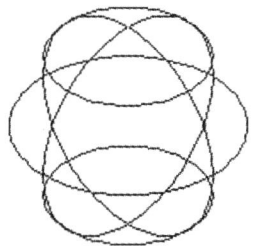
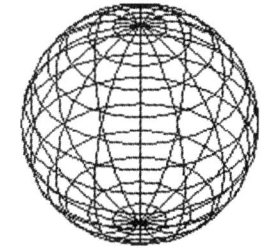

图 9-8　球体图　　　　9-9　更改变量后绘制的球体

命令执行过程中出现的选项含义如下:

"三点":通过指定球体上某个圆周上的三个点创建球体。

"两点":通过指定球体上某一条直径的两个端点创建球体。

"切点、切点、半径":创建与已有两对象相切且半径为指定值的球体,其中两对象必须是位于同一平面上的圆弧、圆或直线。

6. 圆柱体

"圆柱体"命令主要用于创建三维实心圆柱体或椭圆柱体,其底面始终位于与工作面平行的平面上。

执行"圆柱体"命令主要有以下几种方式:
➢ 选择菜单栏"绘图"|"建模"|"圆柱体"命令。
➢ 单击"建模"工具栏中的 ▢ 按钮。
➢ 选择"常用"或"实体"选项卡上的 ▢ 按钮。
➢ 在命令行输入 Cylinder 并按 Enter 键。

课堂举例:创建底面半径为 100、高度为 300 的圆柱体。

"1"将当前视图切换为东南等轴测视图。

"2"单击"常用"选项卡|"建模"面板上的 按钮,创建圆柱体,命令行提示如下:

```
命令:_cylinder
指定底面的中心点或[三点(3P)/两点(2P)/切点、切点、半径(T)/椭圆(E)]:
                                                    //在绘图区拾取一点
指定底面半径或[直径(D)]:                                //100 按 Enter 键
指定高度或[两点(2P)/轴端点(A)]:                        //300 按 Enter 键
```

"3"执行"视觉样式"命令,切换至灰度视觉样式,结果如图 9-10 所示。

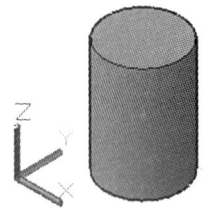 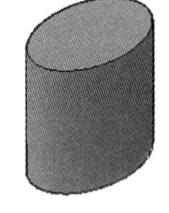

图 9-10 圆柱体　　　　图 9-11 椭圆柱体

命令执行过程中出现的选项含义如下:

"三点""两点""切点、切点、半径":分别以不同的方式确定圆柱体的底面圆,其操作过程与使用 Circle 命令绘制圆相同。

"椭圆":创建椭圆柱体,如图 9-11 所示。

"两点":指定两点,以两点间的距离作为圆柱体的高度。

"轴端点":指定圆柱体另一端面的圆心创建圆柱体,利用该方式可以创建出轴线沿任意方向的圆柱体。

7. 圆环体

"圆环体"命令用于创建圆环形三维实体,可以通过指定圆环体的圆心、半径或直径以及围绕圆环体的圆管的半径或直径创建圆环体。

执行"圆环体"命令主要有以下几种方式:

➢ 选择菜单栏"绘图"|"建模"|"圆环体"命令。

➢ 单击"建模"工具栏中的 按钮。

➢ 选择"常用"或"实体"选项卡上的 按钮。

➢ 在命令行输入 Torus 并按 Enter 键。

课堂举例:创建圆环半径为 100、圆管半径为 20 的圆环体。

"1"将当前视图切换为东南等轴测视图。

"2"单击"常用"选项卡|"建模"面板上的 按钮,创建圆环体,命令行提示如下:

```
命令:_torus
指定中心点或[三点(3P)/两点(2P)/切点、切点、半径(T)]:   //在绘图区拾取一点
指定半径或[直径(D)]:                                  //100 按 Enter 键
指定圆管半径或[两点(2P)/直径(D)]<10.0000>:           //20 按 Enter 键
```

"3"执行"视觉样式"命令,切换至灰度视觉样式,结果如图 9-12 所示。

图 9-12　圆环体

命令执行过程中出现的选项含义如下：

"三点"、"两点"、"切点、切点、半径"：分别以不同的方式确定圆环体的中心线圆，其操作过程与使用 Circle 命令绘制圆相同。

"两点"：指定两点，以两点间的距离作为圆管的半径。

8. 棱锥体

"棱锥体"命令用于创建三维实体棱锥，默认情况下使用基点的中心、边的中点和可确定高度的另一点来定义棱锥体，可以创建底面为正多边形的多面棱锥。

执行"棱锥体"命令主要有以下几种方式：

➢ 选择菜单栏"绘图"|"建模"|"棱锥体"命令。

➢ 单击"建模"工具栏中的 △ 按钮。

➢ 选择"常用"或"实体"选项卡上的 △ 按钮。

➢ 在命令行输入 Pyramid 并按 Enter 键。

课堂举例：创建底面半径为 100、高为 300 的五面棱锥体。

"1"将当前视图切换为东南等轴测视图。

"2"单击"常用"选项卡|"建模"面板上的 △ 按钮，创建棱锥体，命令行提示如下：

```
命令：_pyramid
4 个侧面外切
指定底面的中心点或[边(E)/侧面(S)]：                    //S 按 Enter 键
输入侧面数<4>：                                      //5 按 Enter 键
指定底面的中心点或[边(E)/侧面(S)]：                    //在绘图区拾取一点
指定底面半径或[内接(I)]：                             //100 按 Enter 键
指定高度或[两点(2P)/轴端点(A)/顶面半径(T)]：
                                    //300 按 Enter 键，结果如图 9-13 所示
```

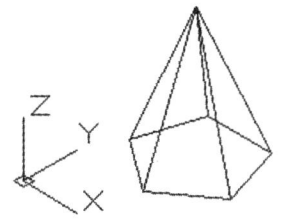
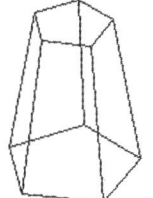

图 9-13　棱锥体　　　　图 9-14　棱台

命令执行过程中出现的选项含义如下：

"边"：指定底面正多边形的边长。

"侧面"：设置棱锥体的侧面数。

"内接":以内接于圆的方式绘制底面正多边形。

"两点":指定两点,以两点间的距离作为棱锥体的高度。

"轴端点":指定棱锥体的顶点位置,利用该方式可以创建出轴线沿任意方向的棱锥体。

"顶面半径":当顶面半径为0时,绘制出的是锥体侧面交于一点的棱锥体;当顶面半径大于0时,绘制出的是锥体侧面交于一个正多边形的棱台,如图9-14所示。

9.1.3 利用二维图形创建三维实体

基本形状的三维模型可以通过实体图元创建,而对于非基本形状的实体模型则可以通过对二维图形拉伸、按住并拖动、扫掠、旋转或放样产生。

1. 拉伸

"拉伸"命令可以将二维图形按照指定的高度或路径进行拉伸。当被拉伸时,闭合的二维图形形成三维实体,开放的二维图线形成曲面,如图9-15所示。

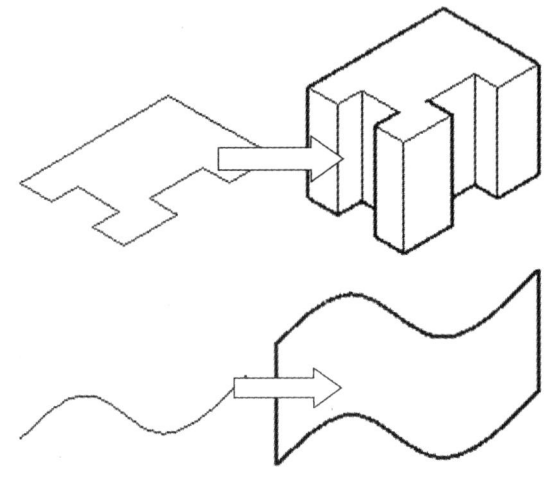

图9-15 拉伸示例

执行"拉伸"命令主要有以下几种方式:

> 选择菜单栏"绘图"|"建模"|"拉伸"命令。
> 单击"建模"工具栏中的 ⬚ 按钮。
> 选择"常用"或"实体"选项卡上的 ⬚ 按钮。
> 在命令行输入 Extrude 并按 Enter 键。
> 使用命令简写 EXT 并按 Enter 键。

课堂举例:按指定路径拉伸实体。

"1"执行"打开"命令,打开随书光盘中的"\素材文件\9-16 实体拉伸示例.dwg"文件,如图9-16所示。

"2"将当前视图切换为东南等轴测视图。

"3"单击"常用"选项卡|"建模"面板上的 ⬚ 按钮,将正方形按指定路径进行拉伸,命令行提示如下:

```
命令:_extrude
当前线框密度:ISOLINES=4,闭合轮廓创建模式=实体
选择要拉伸的对象或[模式(MO)]:_MO 闭合轮廓创建模式[实体(SO)/曲面
(SU)]<实体>:_SO
选择要拉伸的对象或[模式(MO)]:                    //选择正方形
选择要拉伸的对象或[模式(MO)]:                    //按Enter键
指定拉伸的高度或[方向(D)/路径(P)/倾斜角(T)/表达式(E)]<0.0>:
                                              //P 按 Enter 键
选择拉伸路径或[倾斜角(T)]:                       //选择多段线
```

"4"执行"视觉样式"命令,切换至隐藏视觉样式,结果如图9-17所示

图9-16 打开结果

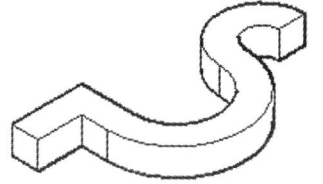
图9-17 实体拉伸结果

命令执行过程中出现的选项含义如下:

"模式":设置通过拉伸生成实体还是曲面,如图9-18是在曲面模式下拉伸而成的。

"方向":以两点间连线方向为拉伸方向、以两点间距离为拉伸高度将对象进行拉伸。

"路径":按指定的路径将对象进行拉伸,用于拉伸的路径可以是直线、圆、圆弧、椭圆、椭圆弧、多段线、样条曲线等,可以是开放的,也可以是闭合的。若拉伸路径为多条曲线连接而成的曲线,则须使用"编辑多段线"将其转化为一条多段线。

"倾斜角":按指定角度拉伸对象,角度可以是正值也可以是负值,但其绝对值不大于90°。若倾斜角度为正值,将产生内锥度,创建的侧面向里靠;若倾斜角度为负值,将产生外锥度,创建的侧面向外扩,如图9-19所示。

"表达式":输入公式或方程式指定拉伸高度。

图9-18 曲面模式拉伸

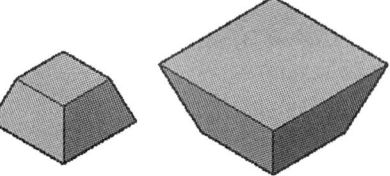
图9-19 角度拉伸

使用该方法拉伸对象时,可作为拉伸对象的二维图形可以是封闭的二维对象,如有圆、椭圆,或有封闭曲线构成的面域,如用"矩形"命令绘制的矩形、用"正多边形"命令绘制的正多边形、封闭的多段线等。利用"直线"、"圆弧"等命令绘制的一般闭合图形不能直接拉伸,须先将其定义为面域或将其转化为多段线。

2.按住并拖动

"按住并拖动"命令可以拖动二维对象或由闭合边界或三维实体面形成的区域进行

拉伸。当被拉伸时,有边界区域形成三维实体,开放的二维图线形成曲面,如图9-20所示。

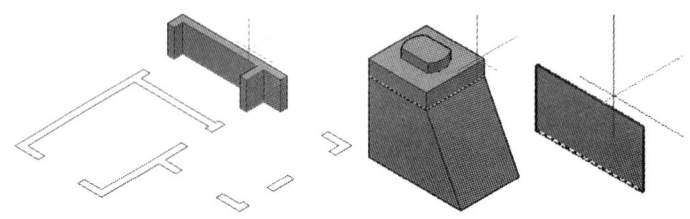

图9-20 按住并拖动示例

执行"按住并拖动"命令主要有以下几种方式:
> 单击"建模"工具栏中的 按钮。
> 选择"常用"或"实体"选项卡上的 按钮。
> 在命令行输入 Presspull 并按 Enter 键。

课堂举例:按住并拖动形成三维模型。

"1"将当前视图切换为东南等轴测视图。
"2"执行"矩形"命令,绘制100×50的矩形。
"3"执行"偏移"命令,将已绘制的矩形向外偏移10,结果如图9-21所示。
"4"执行"复制"命令,在一侧空白区域复制出绘制好的图形。
"5"单击"常用"选项卡|"建模"面板上的 按钮,对左侧图形进行按住并拖动操作,命令行提示如下:

命令:_presspull
选择对象或边界区域: //选择如图9-22所示的矩形
指定拉伸高度或[多个(M)]:
指定拉伸高度或[多个(M)]:   //50 按 Enter 键
已创建1个拉伸
选择对象或边界区域: //按 Enter 键结束命令

"4"执行"视觉样式"命令,切换至概念视觉样式,结果如图9-23所示。

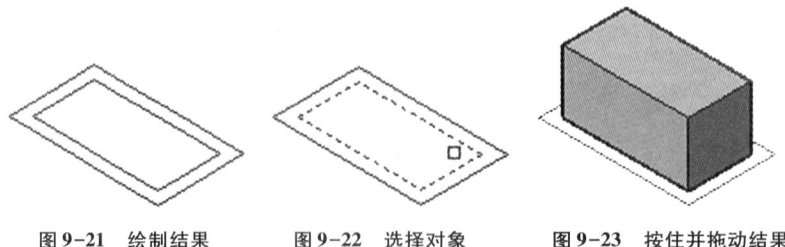

图9-21 绘制结果   图9-22 选择对象   图9-23 按住并拖动结果

"5"单击"常用"选项卡|"建模"面板上的 按钮,对右侧图形进行按住并拖动操作,命令行提示如下:

命令:_presspull
选择对象或边界区域: //选择如图9-24所示的区域
指定拉伸高度或[多个(M)]:

指定拉伸高度或[多个(M)]:	//50 按 Enter 键
已创建 1 个拉伸	
选择对象或边界区域:	//按 Enter 键结束命令

"6"执行"视觉样式"命令,切换至概念视觉样式,结果如图 9-25 所示。

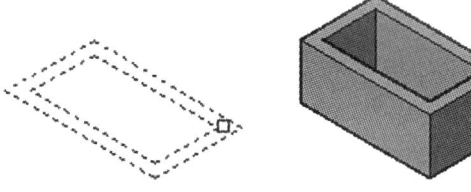

图 9-24 选择边界区域　　图 9-25 按住并拖动结果

3. 旋转

"拉伸"命令可以通过绕轴扫掠二维闭合图形来创建三维实体或曲面,如图 9-26 所示。用于旋转的二维对象可以是闭合多段线、多边形、圆、椭圆、闭合样条曲线、圆环或面域,但包含在块内的对象、有交叉或自干涉的多段线不能被旋转。

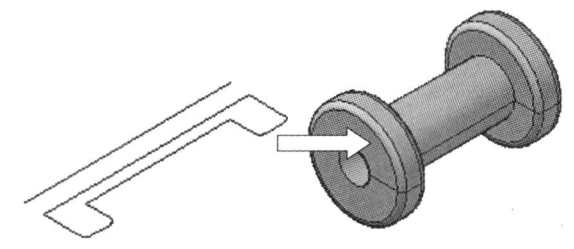

图 9-26 旋转示例

执行"旋转"命令主要有以下几种方式:

➢ 选择菜单栏"绘图"|"建模"|"旋转"命令。
➢ 单击"建模"工具栏中的 按钮。
➢ 选择"常用"或"实体"选项卡上的 按钮。
➢ 在命令行输入 Revolve 并按 Enter 键。
➢ 使用命令简写 REV 并按 Enter 键。

课堂举例:使用"旋转"命令生成机械套。

"1"执行"打开"命令,打开随书光盘中的"\素材文件\9-27 实体旋转示例. dwg"文件,如图 9-27 所示。

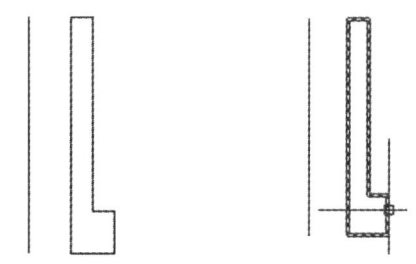

图 9-27 打开结果　　图 9-28 创建边界的效果

"2"旋转菜单栏"绘图"|"边界"命令,在右侧闭合图线内部拾取点,创建闭合边界,

如图9-28所示。

"3"将当前视图切换为东南等轴测视图。

"4"单击"常用"选项卡 | "建模"面板上的 按钮,将闭合边界进行旋转,命令行提示如下:

```
命令:_revolve
当前线框密度:ISOLINES=4,闭合轮廓创建模式=实体
选择要旋转的对象或[模式(MO)]:_MO 闭合轮廓创建模式[实体(SO)/曲面(SU)]<实体>:_SO
选择要旋转的对象或[模式(MO)]:                    //选择闭合边界
选择要旋转的对象或[模式(MO)]:                    //按 Enter 键
指定轴起点或根据以下选项之一定义轴[对象(O)/X/Y/Z]<对象>:
                                              //捕捉左侧轴线的端点
指定轴端点:                                    //捕捉左侧轴线的另一端点
指定旋转角度或[起点角度(ST)/反转(R)/表达式(EX)]<360>:
                                              //按 Enter 键结束命令
```

"4"执行"删除"命令,删除轴线。

"5"执行"视觉样式"命令,切换至概念视觉样式,结果如图9-29所示。

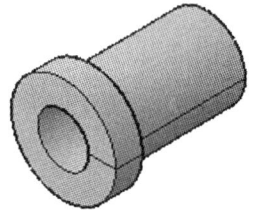

图9-29 旋转结果

命令执行过程中出现的选项含义如下:

"模式":设置通过旋转生成实体还是曲面,如图9-30是在曲面模式下旋转而成的。

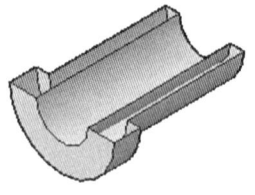

图9-30 曲面模式旋转

"对象":指定已有的直线或多段线作为旋转轴。在选择多段线时,若拾取的是直线段,则直接绕该多段线旋转;若拾取的是圆弧段,则以该圆弧两端点的连线作为旋转轴。

"X"、"Y"、"Z":分别绕当前坐标系的 X、Y 或 Z 轴旋转。

4. 扫掠

"扫掠"命令可以通过沿路径扫掠二维或三维曲线来创建三维实体或曲面,如图9-31所示。

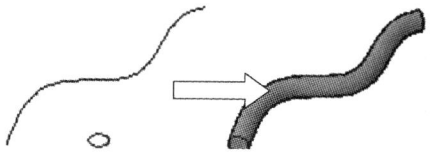

图 9-31 扫掠示例

执行"扫掠"命令主要有以下几种方式：
- 选择菜单栏"绘图"|"建模"|"扫掠"命令。
- 单击"建模"工具栏中的 按钮。
- 选择"常用"或"实体"选项卡上的 按钮。
- 在命令行输入 Sweep 并按 Enter 键。

课堂举例：利用"扫掠"命令创建弹簧。

"1"执行"打开"命令，打开随书光盘中的"\素材文件\9-32 实体扫掠示例.dwg"文件，如图 9-32 所示。

"2"单击"常用"选项卡|"建模"面板上的 按钮，创建扫掠实体，命令行提示如下：

```
命令:_sweep
当前线框密度:ISOLINES=4,闭合轮廓创建模式=实体
选择要扫掠的对象或[模式(MO)]:_MO 闭合轮廓创建模式[实体(SO)/曲面(SU)]<实体>:_SO
选择要扫掠的对象或[模式(MO)]:                    //选择圆作为要扫掠的对象
选择要扫掠的对象或[模式(MO)]:                    //按 Enter 键
选择扫掠路径或[对齐(A)/基点(B)/比例(S)/扭曲(T)]:
                                              //旋转螺旋作为扫掠路径
```

"3"执行"视觉样式"命令，切换至概念视觉样式，结果如图 9-33 所示。

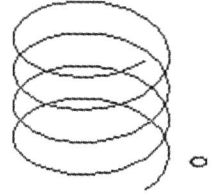 

图 9-32　打开结果　　　图 9-33　扫掠结果

命令执行过程中出现的选项含义如下：

"模式"：设置通过扫掠生成实体还是曲面。

"对齐"：询问用户扫掠前是否扫掠对象垂直对齐于路径。

"基点"：确定扫掠基点，即扫掠对象上哪一点或扫掠对象外的一点沿扫掠路径移动。

"比例"：指定扫掠的比例因子，使从起点到终点的扫掠按此比例均匀放大或缩小。

"扭曲"：指定扭曲角度或倾斜角度，使从起点到终点的扫掠按给定的角度扭曲或倾斜。

5. 放样

"放样"命令可以在数个横截面之间的空间中创建三维实体或曲面,如图 9-34 所示。放样的横截面可以是开放或闭合的平面或非平面,也可以是边子对象。开放的横截面创建曲面,闭合的横截面创建实体或曲面。

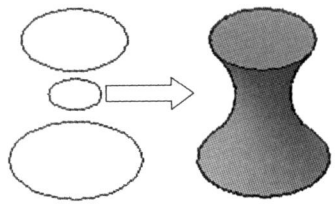

图 9-34　放样示例

执行"放样"命令主要有以下几种方式:
- 选择菜单栏"绘图"|"建模"|"放样"命令。
- 单击"建模"工具栏中的 按钮。
- 选择"常用"或"实体"选项卡上的 按钮。
- 在命令行输入 Loft 并按 Enter 键。

课堂举例:使用"放样"命令绘制手柄。

"1"执行"打开"命令,打开随书光盘中的"\素材文件\9-35 实体放样示例.dwg"文件,如图 9-35 所示。

"2"单击"常用"选项卡|"建模"面板上的 按钮,创建扫掠实体,命令行提示如下:

```
命令:_loft
当前线框密度:ISOLINES=4,闭合轮廓创建模式=实体
按放样次序选择横截面或[点(PO)/合并多条边(J)/模式(MO)]:_MO 闭合轮廓创建模式[实体(SO)/曲面(SU)]<实体>:_SO
按放样次序选择横截面或[点(PO)/合并多条边(J)/模式(MO)]:
按放样次序选择横截面或[点(PO)/合并多条边(J)/模式(MO)]:
按放样次序选择横截面或[点(PO)/合并多条边(J)/模式(MO)]:
按放样次序选择横截面或[点(PO)/合并多条边(J)/模式(MO)]:
按放样次序选择横截面或[点(PO)/合并多条边(J)/模式(MO)]:
按放样次序选择横截面或[点(PO)/合并多条边(J)/模式(MO)]:
按放样次序选择横截面或[点(PO)/合并多条边(J)/模式(MO)]:
                                                    //依次选择横截面
按放样次序选择横截面或[点(PO)/合并多条边(J)/模式(MO)]:    //按 Enter 键
选中了 7 个横截面
输入选项[导向(G)/路径(P)/仅横截面(C)/设置(S)]<仅横截面>:  //按 Enter 键
```

"3"执行"视觉样式"命令,切换至概念视觉样式,结果如图 9-36 所示。

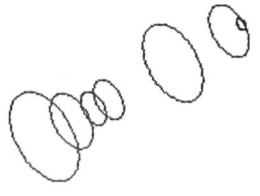
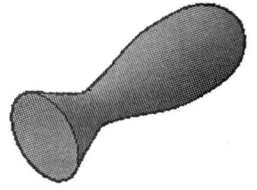

图 9-35 打开结果　　　　图 9-36 放样结果

命令执行过程中出现的选项含义如下：

"点"：通过一点和指定的横截面创建放样对象，此点可以是放样的起点，也可以是终点，但横截面必须是闭合曲线。

"合并多条边"：表示将多条首尾连接的曲线作为一个横截面。

"模式"：确定通过放样生成实体还是曲面。

"导向"：指定用于创建放样对象的导向曲线，可以是直线，也可以是曲线。利用导向曲线可以以添加线框信息的方式进一步定义放样对象的形状。

"路径"：指定用于创建放样对象的路径，此路径必须与所有截面相交。

"仅横截面"：表示只通过指定的横截面创建放样对象，不使用导向和路径。

"设置"：控制放样曲面在其横截面处的轮廓。

9.1.4　三维曲面的创建

曲面模型是三维建模中的常用模型。在实际过程中，一些工程和工艺造型用曲面模型会更加适合、便捷。AutoCAD 提供了许多可以直接创建基本形状曲面模型的命令，二对于非基本形状的曲面模型，则可通过拉伸、旋转、扫掠、放样等方法生成。

1. 平面曲面

"平面"命令可以将闭合对象转换成平面曲面或指定矩形表面的对角点创建平面曲面，如图 9-37 所示。

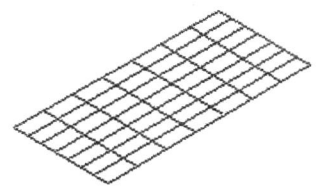

图 9-37　平面曲面

创建平面曲面主要有以下几种方式：

➢ 选择菜单栏"绘图"|"建模"|"曲面"|"平面"命令。
➢ 单击"创建曲面"工具栏中的 按钮。
➢ 选择"曲面"选项卡|"创建"面板上的 按钮。
➢ 在命令行输入 Planesurf 并按 Enter 键。

课堂举例：使用"平面曲面"命令将闭合对象转换成平面曲面。

"1"执行"打开"命令，打开随书光盘中的"\素材文件\9-38 平面曲面示例.dwg"文件，如图 9-38 所示。

"2"单击"绘图"|"建模"|"曲面"|"平面"命令,将打开结果转换为平面曲面,命令行提示如下:

> 命令:_Planesurf
> 指定第一个角点或[对象(O)]<对象>:　　　　　　　　　　　//O 按 Enter 键
> 选择对象:找到 1 个　　　　　　　　　　　　　　　//选择打开的闭合对象
> 选择对象:　　　　　　　　　　　　//按 Enter 键,结果如图 9-39 所示

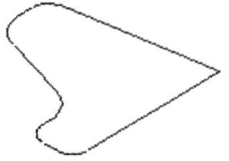 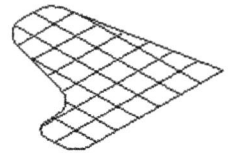

图 9-38　打开结果　　　　　　图 9-39　转换结果

2. 网络曲面

"网络"命令可以在实体的边之间、样条曲线和其他二维和三维曲线之间的空间中创建非平面曲面,如图 9-40 所示。

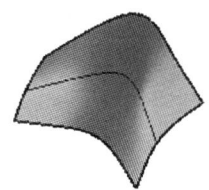

图 9-40　网络曲面

创建网络曲面主要有以下几种方式:

➢ 选择菜单栏"绘图"|"建模"|"曲面"|"网络"命令。
➢ 单击"创建曲面"工具栏中的 ⊗ 按钮。
➢ 选择"曲面"选项卡|"创建"面板上的 ⊗ 按钮。
➢ 在命令行输入 Surfnetwork 并按 Enter 键。

课堂举例:使用"网络"命令在曲线网络之间创建网络曲面。

"1"执行"打开"命令,打开随书光盘中的"\素材文件\9-41 网络曲面示例.dwg"文件,如图 9-41 所示。

"2"单击"绘图"|"建模"|"曲面"|"网络"命令,创建网络曲面,命令行提示如下:

> 命令:_SURFNETWORK
> 沿第一个方向选择曲线或曲面边:找到 1 个
> 沿第一个方向选择曲线或曲面边:找到 1 个,总计 2 个
> 沿第一个方向选择曲线或曲面边:找到 1 个,总计 3 个　　　　//选择中间三条曲线
> 沿第一个方向选择曲线或曲面边:　　　　　　　　　　　　//按 Enter 键
> 沿第二个方向选择曲线或曲面边:找到 1 个
> 沿第二个方向选择曲线或曲面边:找到 1 个,总计 2 个　　　　//选择左右两条曲线
> 沿第二个方向选择曲线或曲面边:　　　　　　　　　　　　//按 Enter 键

"3"执行"视觉样式"命令,切换至概念视觉样式,结果如图9-42所示。

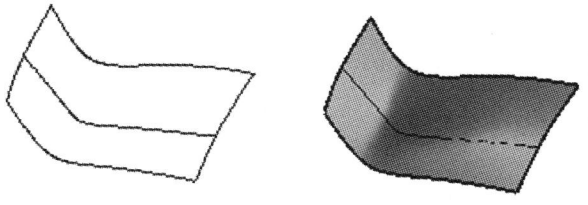

图 9-41 打开结果　　　图 9-42 网络曲面创建结果

3.过渡曲面

"过渡"命令可以在两个现有曲面之间创建连续的过渡曲面,如图9-43所示。将两个曲面融合在一起时,可以指定曲面连续性和凸度幅值。

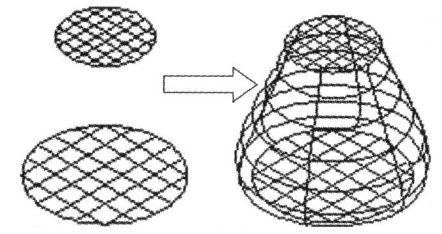

图 9-43 过渡曲面

创建过渡曲面主要有以下几种方式:

➢ 选择菜单栏"绘图"|"建模"|"曲面"|"过渡"命令。

➢ 单击"创建曲面"工具栏中的 ⇔ 按钮。

➢ 选择"曲面"选项卡|"创建"面板上的 ⇔ 按钮。

➢ 在命令行输入 Surfblend 并按 Enter 键。

课堂举例: 使用"过渡"命令在已有曲面之间创建过渡曲面。

"1"执行"打开"命令,打开随书光盘中的"\素材文件\9-44 过渡曲面示例.dwg"文件,如图9-44所示。

"2"单击"绘图"|"建模"|"曲面"|"过渡"命令,创建过渡曲面,命令行提示如下:

```
命令:_SURFBLEND
连续性=G1-相切,凸度幅值=0.5
选择要过渡的第一个曲面的边或[链(CH)]:找到 1 个      //选择上面曲面的下侧边
选择要过渡的第一个曲面的边或[链(CH)]:                //按 Enter 键
选择要过渡的第二个曲面的边或[链(CH)]:找到 1 个      //选择下面曲面的上侧边
选择要过渡的第二个曲面的边或[链(CH)]:                //按 Enter 键
按 Enter 键接受过渡曲面或[连续性(CON)/凸度幅值(B)]:  //B 按 Enter 键
第一条边的凸度幅值<0.5000>:                         //按 Enter 键
第二条边的凸度幅值<0.5000>:                         //按 Enter 键
按 Enter 键接受过渡曲面或[连续性(CON)/凸度幅值(B)]:  //按 Enter 键
```

"3"执行"视觉样式"命令,切换至概念视觉样式,结果如图9-45所示。

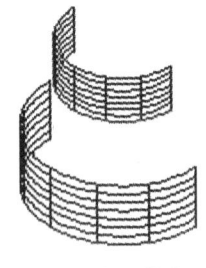
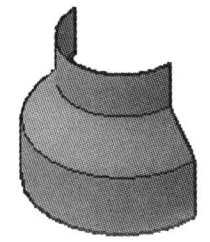

图 9-44 打开结果　　　　图 9-45 过渡曲面创建结果

命令执行过程中出现的选项含义如下：

"链"：用以选择连续的连接边。

"连续性"：设置曲面彼此融合的平滑程度。G0 为位置模式，G1 为相切模式，G2 为曲率模式，选择一个值或使用夹点来更改连续性。

"凸度幅值"：设定过渡曲面边与其原始曲面相交处该过渡曲面边的圆度，默认值为 0.5，有效值介于 0 到 1 之间。

4. 修补曲面

"修补"命令通过在形成闭环的曲面边上拟合一个封口来创建新曲面，也可以通过闭环添加其他曲线以约束和引导修补曲面。

创建修补曲面主要有以下几种方式：

➢ 选择菜单栏"绘图"|"建模"|"曲面"|"修补"命令。

➢ 单击"创建曲面"工具栏中的  按钮。

➢ 选择"曲面"选项卡|"创建"面板上的 按钮。

➢ 在命令行输入 Surfpatch 并按 Enter 键。

课堂举例：使用"修补"命令创建修补曲面。

"1"执行"打开"命令，打开随书光盘中的"\素材文件\9-46 修补曲面示例.dwg"文件，如图 9-46 所示。

"2"单击"绘图"|"建模"|"曲面"|"修补"命令，创建修补曲面，命令行提示如下：

命令：_SURFPATCH
连续性=G0-位置，凸度幅值=0.5
选择要修补的曲面边或[链(CH)/曲线(CU)]<曲线>：　　//选择圆柱曲面的上侧边
选择要修补的曲面边或[链(CH)/曲线(CU)]<曲线>：　　　　　　　　//按 Enter 键
按 Enter 键接受修补曲面或[连续性(CON)/凸度幅值(B)/导向(G)]：
　　　　　　　　　　　　　　　　　　　　　　　　　　　　//B 按 Enter 键
修补曲面的凸度幅值<0.5000>：　　　　　　　　　　　　　　　　//按 Enter 键
按 Enter 键接受修补曲面或[连续性(CON)/凸度幅值(B)/导向(G)]：
　　　　　　　　　　　　　　　　　　　　　　　　　　　　//CON 按 Enter 键
修补曲面连续性[G0(G0)/G1(G1)/G2(G2)]<G0>：　　　　　　//G1 按 Enter 键
按 Enter 键接受修补曲面或[连续性(CON)/凸度幅值(B)/导向(G)]：//按 Enter 键

"3"执行"视觉样式"命令，切换至概念视觉样式，结果如图 9-47 所示。

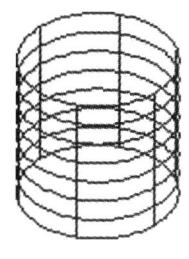
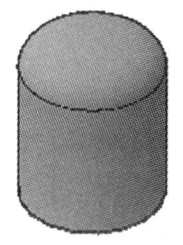

图 9-46 打开结果   图 9-47 修补曲面创建结果

命令执行过程中出现的选项含义如下：

"链"：用以选择连接的但单独的曲面对象的连续边。

"曲线"：用以选择曲线而不是边。

"连续性"：设置曲面彼此融合的平滑程度。G0 为位置模式，G1 为相切模式，G2 为曲率模式，选择一个值或使用夹点来更改连续性。

"凸度幅值"：设定修补曲面边与原始曲面相交处修补曲面边的圆度，默认值为 0.5，有效值介于 0 到 1 之间。

"导向"：使用其他导向曲线以塑造修补曲面的形状，导向曲线既可以是曲线，也可以是点。

5. 偏移曲面

"偏移"命令可以创建与原始曲面相距一定距离的平行曲面，在创建过程中该距离需要指定。

创建偏移曲面主要有以下几种方式：

➤ 选择菜单栏"绘图"|"建模"|"曲面"|"偏移"命令。

➤ 单击"创建曲面"工具栏中的  按钮。

➤ 选择"曲面"选项卡|"创建"面板上的 按钮。

➤ 在命令行输入 Surfoffset 并按 Enter 键。

课堂举例：使用"偏移"命令创建偏移曲面。

"1"执行"打开"命令，打开随书光盘中的"\素材文件\9-48 偏移曲面示例.dwg"文件，如图 9-48 左所示。

"2"单击"绘图"|"建模"|"曲面"|"修补"命令，创建偏移曲面，命令行提示如下：

命令：_SURFOFFSET
连接相邻边＝否
选择要偏移的曲面或面域：   //选择要偏移的曲面
选择要偏移的曲面或面域：   //按 Enter 键
指定偏移距离或[翻转方向(F)/两侧(B)/实体(S)/连接(C)/表达式(E)]<8.0000>：
                                          //6 按 Enter 键

1 个对象将偏移。
1 个偏移操作成功完成。

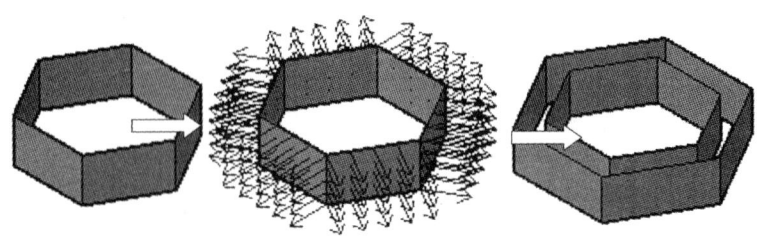

图 9-48　偏移曲面

命令执行过程中出现的选项含义如下：

"翻转方向"：反转箭头显示的偏移方向。

"两侧"：沿两个方向偏移曲面，即创建两个新曲面。

"实体"：从偏移创建实体，如图 9-49 所示。

"连接"：如果原始曲面是连接的，则偏移后曲面仍为连接。

"表达式"：输入公式或方程式来指定曲面偏移的距离。

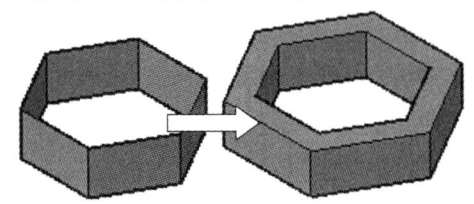

图 9-49　从偏移创建实体

6. 圆角曲面

"圆角"命令可以现有曲面之间的空间中创建新的圆角曲面，会自动修剪原始曲面，以连接圆角曲面的边。圆角曲面具有固定半径轮廓且与原始曲面相切。

创建圆角曲面主要有以下几种方式：

➢ 选择菜单栏"绘图"|"建模"|"曲面"|"圆角"命令。

➢ 单击"创建曲面"工具栏中的 ⌒ 按钮。

➢ 选择"曲面"选项卡|"创建"面板上的 ⌒ 按钮。

➢ 在命令行输入 Surffillet 并按 Enter 键。

课堂举例：使用"圆角"命令在已有曲面之间创建圆角曲面。

"1"执行"打开"命令，打开随书光盘中的"\素材文件\9-50 圆角曲面示例.dwg"文件，如图 9-50 所示。

"2"单击"绘图"|"建模"|"曲面"|"圆角"命令，创建圆角曲面，命令行提示如下：

```
命令：_SURFFILLET
半径=1.0000,修剪曲面=是
选择要圆角化的第一个曲面或面域或者[半径(R)/修剪曲面(T)]：     //R 按 Enter 键
指定半径或[表达式(E)]<1.0000>：                              //8 按 Enter 键
选择要圆角化的第一个曲面或面域或者[半径(R)/修剪曲面(T)]：//选择上侧曲面
选择要圆角化的第二个曲面或面域或者[半径(R)/修剪曲面(T)]：//选择下侧曲面
按 Enter 键接受圆角曲面或[半径(R)/修剪曲面(T)]：              //按 Enter 键
```

"3"执行"视觉样式"命令,切换至概念视觉样式,结果如图 9-51 所示。

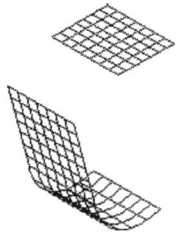
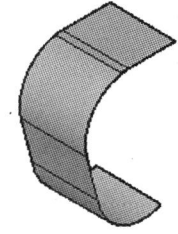

图 9-50 打开结果   图 9-51 创建圆角曲面结果

命令执行过程中出现的选项含义如下:

"半径":指定圆角半径,可使用圆角夹点或输入值来更改半径,但输入的值不能小于曲面之间的间隙。若未输入半径值,则使用 FILLETRAD3D 系统变量的值。

"修剪曲面":将原始曲面或面域修剪到圆角曲面的边。

"表达式":输入公式或方程式来指定圆角半径。

9.1.5 三维网格的创建

网格模型由一系列规则的格子线围绕而成的网状表面,再由网状表面的集合来定义三维对象。AutoCAD 提供的基本网格图元与基本几何实体构建方法相同,而复杂几何体网格的创建则与实体建模和曲面建模存在一定的差异。

1. 设置网格特性

用户可以在创建网格对象之前或之后设定用于控制各种网格特性的参数。

网格特性的设置主要有以下几种方式:

➢ 单击"网格"选项卡|"图元"面板右下角的 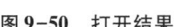 按钮,打开如图 9-52 所示的"网格图元选项"对话框,可为创建的每种类型的网格对象设定每个网格单元的镶嵌密度。

➢ 单击"常用"选项卡|"网格"面板右下角的 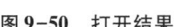 按钮,打开如图 9-53 所示的"网格镶嵌选项"对话框,可为转换为网格的三维实体或曲面对象设定默认特性。

➢ 双击网格对象,打开如图 9-54 所示的"特性"选项板,可修改选定网格对象的平滑度。

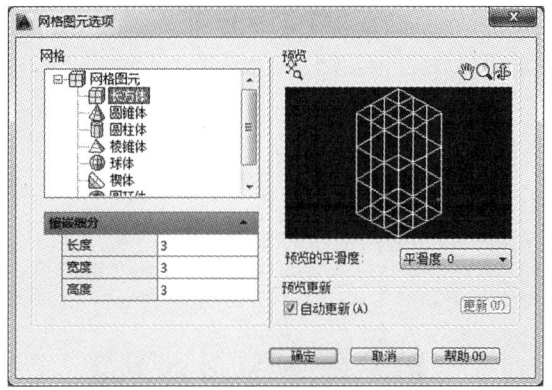

图 9-52 "网格图元选项"对话框

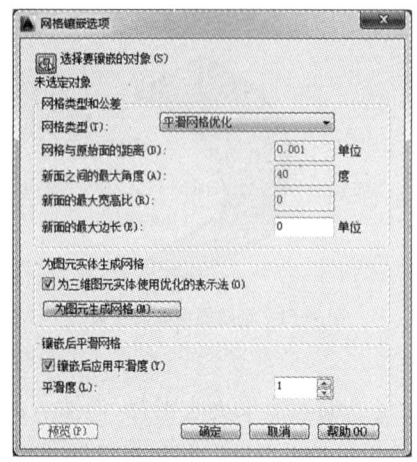
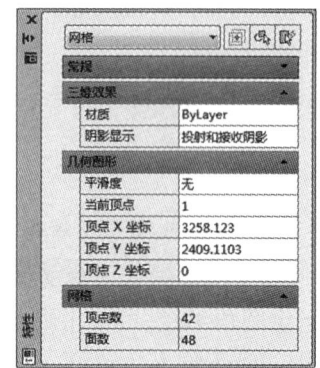

图 9-53 "网格镶嵌选项"对话框　　　图 9-54"特性"面板

2. 网格图元

AutoCAD 提供了 7 种基本几何体网格图元,包括网格长方体、网格楔体、网格圆锥体、网格球体、网格圆柱体、网格圆环体、网格棱锥体,如图 9-55 所示,与各类基本集合实体的结构一样,只不过网格图元是由网状格子线连接而成。

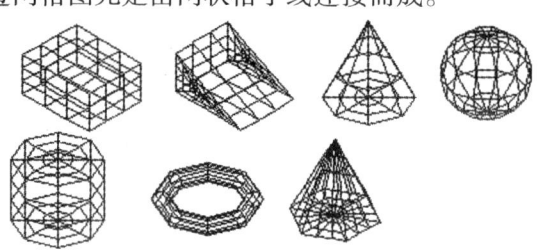

图 9-55 基本几何体网格图元

执行"网格图元"命令主要有以下几种方式:

- 选择菜单栏"绘图"|"建模"|"网格"|"图元"级联菜单中的各命令,如图 9-56 所示。
- 单击"平滑网格图元"工具栏中的各按钮,如图 9-57 所示。
- 选择"网格"选项卡|"图元"面板上的各按钮,如图 9-58 所示。
- 在命令行输入 Mesh 并按 Enter 键。

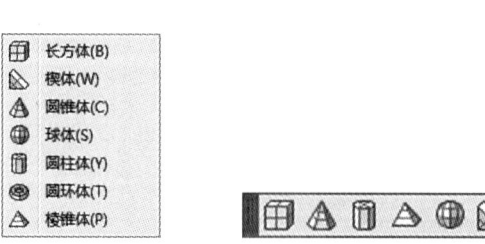

图 9-56 网格图元级联菜单　图 9-57 平滑网格图元工具栏图　　9-58 图元面板

基本几何体网格的创建方法与基本几何实体的创建方法相同,在此不再赘述。默认情况下,创建的网格图元无平滑度,即平滑度为 0,可以通过增加平滑度来增加网格对象的圆度。

3. 三维面

三维空间的表面即为三维面,它没有厚度也没有质量属性。使用"三维面"命令可以在三维空间中创建三侧面或四侧面的曲面,如图 9-59 所示。

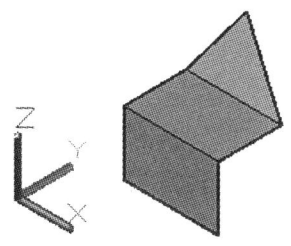

图 9-59 三维面

执行"三维面"命令主要有以下几种方式:
➢ 选择菜单栏"绘图"|"建模"|"网格"|"三维面"命令。
➢ 在命令行输入 3dface 并按 Enter 键。

使用"三维面"命令创建的三维面的各个顶点既可以共面,也可以不共面,且构成各个面的顶点最多不超过 4 个。在创建三维面的过程中,输入三维面的最后两个点后,该命令将自动重复将这两个点用作下一个三维面的前两个点,因此 AutoCAD 重复提示输入第三点、第四点,以便继续创建其他面。若在"指定第四点或[不可见(I)]<创建三侧面>:"提示下直接按 Enter 键,则创建由 3 条边构成的三维面。创建出的各个三维面分别是独立的对象。

4. 三维网格

"三维网格"命令可以创建自由形式的多边形网格,是由若干个按行(M 方向)、列(N 方向)排列的微小四边形拟合而成的网格状曲面,如图 9-60 所示。

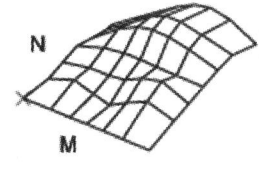

图 9-60 三维网格

执行"三维网格"命令的方法:
➢ 在命令行输入 3dmesh 并按 Enter 键。

在绘制时需指定 M 乘 N 个顶点的位置来生成多边形网格,其中 M 和 N 方向上网格数量介于 2 到 256 之间。在创建复杂曲面时,因需依次输入每个三维网格顶点的坐标,故需要输入大量的坐标数据。

5. 旋转网格

"旋转网格"命令用于将曲线或轮廓绕指定的旋转轴旋转一定的角度,从而形成旋转网格,如图 9-61 所示。该命令常用于创建具有回转体特征的三维对象,如茶杯、酒瓶、花瓶、灯罩、轮、环等。

用于旋转的曲线或轮廓可以是直线、圆弧、圆、样条曲线、二维或三维多段线,旋转轴则可以是直线或闭合的多段线。

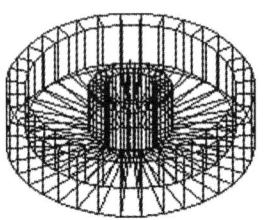

图9-61 旋转网格

执行"旋转网格"命令主要有以下几种方式:
- 选择菜单栏"绘图"|"建模"|"网格"|"旋转网格"命令。
- 选择"网格"选项卡|"图元"面板上的 按钮。
- 在命令行输入 Revsurf 并按 Enter 键。

课堂举例:使用"旋转网格"命令创建旋转网格模型。

"1"执行"打开"命令,打开随书光盘中的"\素材文件\9-62 旋转网格示例.dwg"文件,如图9-62 所示。

"2"分别使用系统变量 SURFTAB1 和 SURFTAB2 设置网格的线框密度,命令行提示如下:

命令:SURFTAB1
输入 SURFTAB1 的新值<6>:   //24 按 Enter 键
命令:SURFTAB2
输入 SURFTAB2 的新值<6>:   //24 按 Enter 键

"3"单击"绘图"|"建模"|"网格"|"旋转网格"命令,创建旋转网格,命令行提示如下:

命令:_revsurf
当前线框密度:SURFTAB1=24 SURFTAB2=24
选择要旋转的对象://选择边界
选择定义旋转轴的对象://选择垂直中心线
指定起点角度<0>://按 Enter 键
指定包含角(+=逆时针,-=顺时针)<360>://270 按 Enter 键,结果如图9-63 所示

"4"执行"删除"命令,删除轴线。

"5"执行"视觉样式"命令,切换至概念视觉样式,结果如图9-64 所示。

 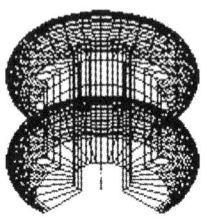 

图9-62 打开结果   图9-63 旋转结果   图9-64 概念着色

6. 平移网格

"平移网格"命令用于将轮廓曲线沿指定的方向矢量平移,从而形成平移网格,如图9-65所示。其中,轮廓曲线可以是直线、圆弧、圆、椭圆、样条曲线、二维或三维多段线,方向矢量用以确定拉伸的方向和长度,可以是直线或多段线,但不能是圆或圆弧。

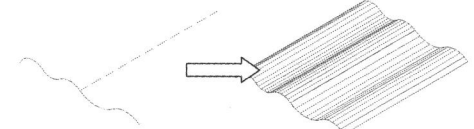

图9-65 平移网格

执行"平移网格"命令主要有以下几种方式:
- 选择菜单栏"绘图"|"建模"|"网格"|"平移网格"命令。
- 选择"网格"选项卡|"图元"面板上的 按钮。
- 在命令行输入 Tabsurf 并按 Enter 键。

课堂举例: 使用"平移网格"命令绘制楼梯。

"1"执行"打开"命令,打开随书光盘中的"\素材文件\9-66旋转网格示例.dwg"文件,如图9-66所示。

"2"单击"绘图"|"建模"|"网格"|"旋转网格"命令,创建旋转网格,命令行提示如下:

```
命令:_tabsurf
当前线框密度:SURFTAB1 = 12
选择用作轮廓曲线的对象:          //选择左侧的闭合边界
选择用作方向矢量的对象:          //选择右侧的直线,结果如图9-67所示
```

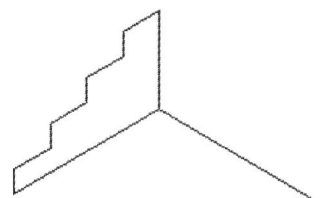 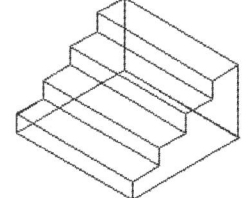

图9-66 打开结果　　　　图9-67 平移结果

7. 直纹网格

"直纹网格"命令用于创建两条直线或曲线之间的曲面的网格,如图9-68所示。定义网格的边可以是直线、圆弧、样条曲线、圆或多段线。

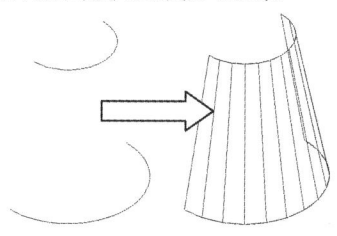

图9-68 直纹网格

执行"直纹网格"命令主要有以下几种方式：
- 选择菜单栏"绘图"|"建模"|"网格"|"直纹网格"命令。
- 选择"网格"选项卡|"图元"面板上的 按钮。
- 在命令行输入 Rulesurf 并按 Enter 键。

在绘制直纹网格的过程中，如果有一条边是闭合的，那么另一条边必须也是闭合的，也可以将点作为开放曲线或闭合曲线的一条边。另外，因选择曲线的点的位置的差别，绘制出的直纹网格会出现两种情况：

如果在同一端选择对象，则创建多边形网格，如图9-69所示。

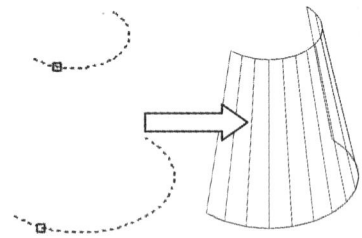

图9-69 在同一端选择对象

如果在两个对端选择对象，则创建自交的多边形网格，如图9-70所示。

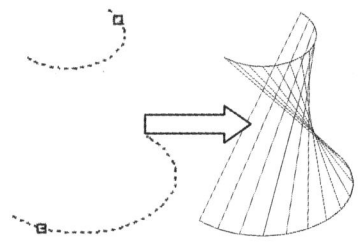

图9-70 在两个对端选择对象

8．边界网格

"边界网格"命令用于在4条相邻的边或曲线之间创建网格，如图9-71所示。边可以是直线、圆弧、样条曲线或开放的多段线但这些边必须在端点处相交以形成一个闭合路径。

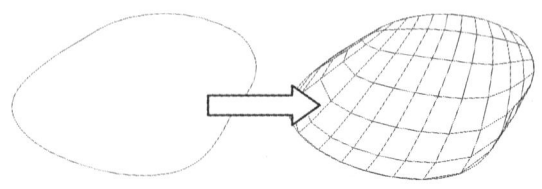

图9-71 边界网格

执行"边界网格"命令主要有以下几种方式：
- 选择菜单栏"绘图"|"建模"|"网格"|"边界网格"命令。
- 选择"网格"选项卡|"图元"面板上的 按钮。
- 在命令行输入 Edgesurf 并按 Enter 键。

9.2 三维模型编辑基础

使用三维基础建模功能仅能创建一些简单的三维模型,如果要创建结构较为复杂的三维模型,还需配合三维编辑功能以及模型的面边细化等功能。

9.2.1 逻辑运算方法

CAD 中逻辑数学计算法实际上是布尔运算,指的是代数集合中的并集、差集和交集运算,也是在创建三维模型的过程中使用频率很高的一种方法。通过布尔运算可以确定多个实体或面域之间的组合关系,从而创建形状复杂的三维实体。

1. 并集

并集运算可以将两个或多个三维实体、曲面或二维面域合并为一个组合三维实体、曲面或面域。

执行"并集"命令主要有以下几种方式:

> 选择菜单栏"修改"|"实体编辑"|"并集"命令。
> 单击"建模"工具栏中的 ⓞ 按钮。
> 选择"常用"选项卡|"实体编辑"面板或"实体"选项卡|"布尔值"面板上的 ⓞ 按钮。
> 在命令行输入 Union 或命令简写 UN 并按 Enter 键。

调用该命令后,在绘图区选取要合并的对象,按 Enter 键即可完成并集操作,效果如图 9-72 所示,命令行操作如下:

命令:_union	
选择对象:	//选择长方体
选择对象:	//选择圆柱体
选择对象:	//按 Enter 键结束命令

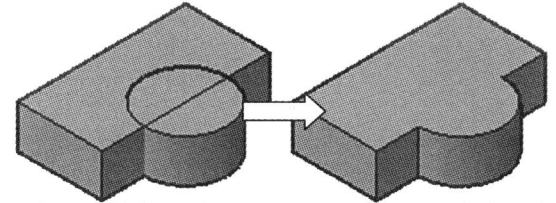

图 9-72 并集运算

并集运算后,原来各实体相互重合的部分变为一体。即使各实体或面域彼此不接触或不重合,并集运算仍有效。

2. 差集

差集运算可以从一个三维实体或二维面域中减去与之相交的三维实体或面域。

执行"差集"命令主要有以下几种方式:

> 选择菜单栏"修改"|"实体编辑"|"差集"命令。
> 单击"建模"工具栏中 ⓞ 按钮。

➢ 选择"常用"选项卡|"实体编辑"面板或"实体"选项卡|"布尔值"面板上的 ⌾ 按钮。

➢ 在命令行输入 Subtract 或命令简写 SU 并按 Enter 键。

调用该命令后,在绘图区首先选取要保留的对象,按 Enter 键结束,然后再选取要减去的对象,再按 Enter 键即可完成差集操作,效果如图 9-73 所示,命令行操作如下:

命令:_subtract 选择要从中减去的实体、曲面和面域...   //选择要保留的对象
选择对象: //选择长方体
选择对象:选择要减去的实体、曲面和面域...   //选择要减去的对象
选择对象: //选择圆柱体
选择对象: //按 Enter 键结束命令

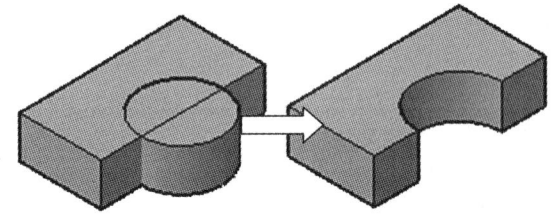

图 9-73 差集运算

差集运算时,如果要减去的对象包含在要保留对象之内,则差集操作结果是直接移去要减去的对象;如果要减去的对象只有一部分包含在保留对象之内,则差集操作结果是移去两个对象的公共部分。另外,选取对象的次序不同,产生的运算结果也会有所不同。

3. 交集

交集运算可以将两个或多个三维实体、曲面或二维面域的公共部分提取出来形成新的三维实体、曲面或面域,同时删除公共部分以外的部分,可以高效地创建复杂的模型。

执行"交集"命令主要有以下几种方式:

➢ 选择菜单栏"修改"|"实体编辑"|"交集"命令。

➢ 单击"建模"工具栏中的 ⌾ 按钮。

➢ 选择"常用"选项卡|"实体编辑"面板或"实体"选项卡|"布尔值"面板上的 ⌾ 按钮。

➢ 在命令行输入 Intersect 或命令简写 IN 并按 Enter 键。

调用该命令后,在绘图区选取具有公共部分的对象,按 Enter 键即可完成交集操作,效果如图 9-74 所示,命令行操作如下:

命令:_intersect
选择对象: //选择长方体
选择对象: //选择圆柱体
选择对象: //按 Enter 键结束命令

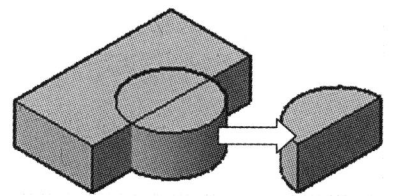

图 9-74　交集运算

9.2.2　三维对象编辑

AutoCAD 提供了一些专门用于三维对象编辑的命令,如三维移动、三维旋转、三维对齐、三维镜像和三维阵列等,为创建更加复杂的模型提供了便利的条件。

1. 三维移动

"三维移动"命令可将三维对象在指定方向上移动指定距离。在三维视图中会显示三维移动小控件,如图 9-75 所示。使用该控件可以自由移动选定的对象,或将移动约束到轴或平面。

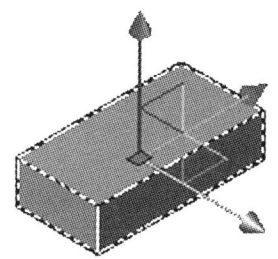

图 9-75　三维移动小控件

单击某一轴使其变为黄色,拖动鼠标即可将选定的对象沿所约束的轴移动;若将光标停留在两条轴之间的直线汇合处的平面上直至变为黄色,单击该区域,拖动鼠标即可将对象沿所约束的平面移动。

执行"三维移动"命令主要有以下几种方式:

➢ 选择菜单栏"修改"|"三维操作"|"三维移动"命令。

➢ 单击"建模"工具栏中的 ⬢ 按钮。

➢ 选择"常用"选项卡|"修改"面板上的 ⬢ 按钮。

➢ 在命令行输入 3dmove 或命令简写 3M 并按 Enter 键。

调用该命令后,其命令行操作如下:

命令:_3dmove	
选择对象:	//选择要移动的对象
选择对象:	//按 Enter 键
指定基点或[位移(D)]<位移>:	//指定定位基点
指定第二个点或<使用第一个点作为位移>:	//指定目标点

2. 三维旋转

"三维旋转"命令可将三维对象按指定的旋转轴围绕基点进行旋转。在三维视图中会显示三维旋转小控件,如图9-76所示,以协助绕基点旋转对象。

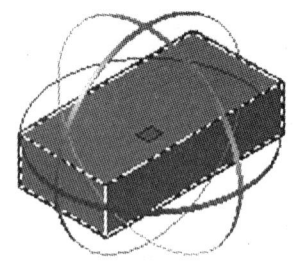

图9-76 三维旋转小控件

默认情况下,三维旋转小控件会显示在选定对象的中心,其中红色代表X轴,绿色代表Y轴,蓝色代表Z轴。指定基点后,移动鼠标直至要选择的轴轨迹变为黄色,单击选择此轨迹,再输入角度值即可获得实体的三维旋转效果。

执行"三维移动"命令主要有以下几种方式:
➢ 选择菜单栏"修改"|"三维操作"|"三维旋转"命令。
➢ 单击"建模"工具栏中的 ⊕ 按钮。
➢ 选择"常用"选项卡|"修改"面板上的 ⊕ 按钮。
➢ 在命令行输入3drotate或命令简写3R并按Enter键。

调用该命令后,其命令行操作如下:

命令:_3drotate
UCS当前的正角方向:ANGDIR=逆时针 ANGBASE=0
选择对象: //选择要旋转的对象
选择对象: //按Enter键
指定基点: //指定旋转基点
拾取旋转轴: //指定旋转轴
指定角的起点或键入角度: //90按Enter键

3. 对齐

"对齐"命令通过指定一对、两对或三对源点和目标点以移动、旋转或倾斜选定的对象,从而将它们与其他对象上的点对齐。

执行"对齐"命令主要有以下几种方式:
➢ 选择菜单栏"修改"|"三维操作"|"对齐"命令。
➢ 选择"常用"选项卡|"修改"面板上的 ⊟ 按钮。
➢ 在命令行输入Align或命令简写AL并按Enter键。

进入对齐模式后有3种指定点对齐对象的方法:

① 一对点对齐

该对齐方式是指定一对源点和目标点进行实体对齐。当指定一对点时,所选取的实体对象将从源点沿直线路径移动到目标点,如图9-77所示。

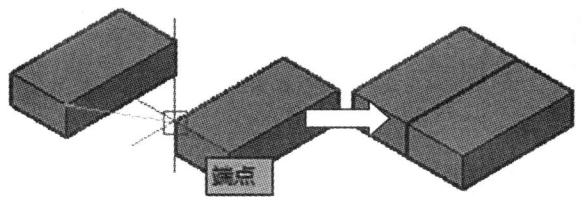

图 9-77　一对点对齐对象

（2）两对点对齐

该对齐方式是指定两对源点和目标点进行实体对齐。当指定两对点时，可通过移动、旋转或缩放选定对象，使其与目标对象对齐，如图 9-78 所示。

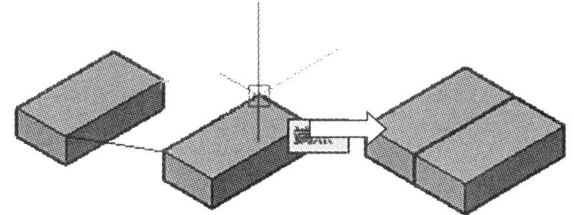

图 9-78　两对点对齐对象

③三对点对齐

该对齐方式是指定三对源点和目标点进行实体对齐。当指定三对点时，在源对象和目标对象上连续捕捉三对对应点即可完成对齐操作，如图 9-79 所示。

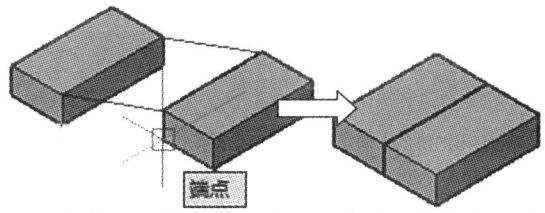

图 9-79　三对点对齐对象

4．三维对齐

"三维对齐"命令主要分别指定一个、两个或三个点以定义源平面和目标平面，将两个对象在二维或三维空间中对齐。

执行"三维对齐"命令主要有以下几种方式：

- 选择菜单栏"修改"|"三维操作"|"三维对齐"命令。
- 单击"建模"工具栏中的 按钮。
- 选择"常用"选项卡|"修改"面板上的 按钮。
- 在命令行输入 3dalign 并按 Enter 键。

调用该命令后，首先为源对象指定一个、两个或三个点来确定源平面，再为目标对象指定一个、两个或三个点来确定目标平面，从而使源对象与目标对象对齐，命令行操作如下：

命令:_3dalign
选择对象: //选择图9-80中左侧的长方体
选择对象: //按Enter键
指定源平面和方向…
指定基点或[复制(C)]: //捕捉端点1
指定第二个点或[继续(C)]<C>: //捕捉端点2
指定第三个点或[继续(C)]<C>: //捕捉端点3
指定目标平面和方向…
指定第一个目标点: //捕捉端点4
指定第二个目标点或[退出(X)]<X>: //捕捉端点5
指定第三个目标点或[退出(X)]<X>: //捕捉端点6,结果如图9-81所示

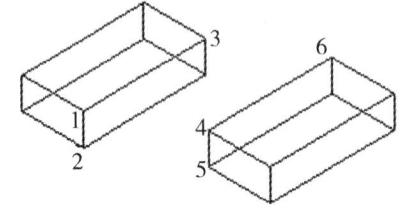
图9-80 源对象和目标对象

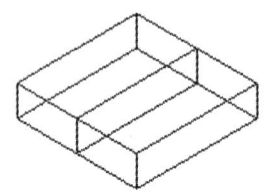
图9-81 对齐结果

5. 三维镜像

"三维镜像"命令可以将三维对象按照指定的镜像平面进行镜像,得到与之完全相同的对象,从而创建出结构对称的三维模型。

执行"三维镜像"命令主要有以下几种方式:

➢ 选择菜单栏"修改"｜"三维操作"｜"三维镜像"命令。
➢ 选择"常用"选项卡｜"修改"面板上的 ％ 按钮。
➢ 在命令行输入Mirror3D并按Enter键。

课堂举例:使用"三维镜像"命令创建结构对称对象。

"1"执行"打开"命令,打开随书光盘中的"\素材文件\9-82 三维镜像示例.dwg"文件,如图9-82所示。

"2"选择"常用"选项卡｜"修改"面板上的 ％ 按钮,对零件进行镜像,命令行提示如下:

命令:_mirror3d
选择对象: //选择零件模型
选择对象: //按Enter键
指定镜像平面(三点)的第一个点或
[对象(O)/最近的(L)/Z轴(Z)/视图(V)/XY平面(XY)/YZ平面(YZ)/ZX平面(ZX)/三点(3)]<三点>: //YZ按Enter键
指定YZ平面上的点<0,0,0>: //捕捉零件底面中心点
是否删除源对象？[是(Y)/否(N)]<否>: //按Enter键,结果如图9-83所示

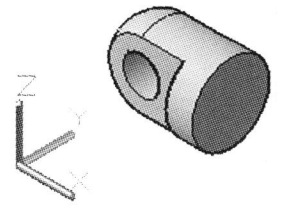 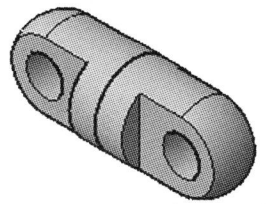

图 9-82 打开结果　　　　图 9-83 镜像结果

命令执行过程中出现的选项含义如下:
"对象":指定某一对象所在的平面作为镜像平面。
"最近的":以最近一次定义使用的镜像平面作为当前镜像平面。
"Z 轴":通过确定平面上一点和该平面法线上的一点来定义镜像平面。
"视图":以与当前视图平面平行的面作为镜像面。
"XY 平面":以当前坐标系的 XY 平面作为镜像平面。
"YZ 平面":以当前坐标系的 YZ 平面作为镜像平面。
"ZX 平面":以当前坐标系的 ZX 平面作为镜像平面。
"三点":通过指定三点来定义镜像平面。

6. 三维阵列

"三维阵列"命令可以将三维对象按照矩形或环形的方式在三维空间中进行规则排列。

执行"三维镜像"命令主要有以下几种方式:
➢ 选择菜单栏"修改"|"三维操作"|"三维阵列"命令。
➢ 单击"建模"工具栏中的  按钮。
➢ 在命令行输入 3darray 或命令简写 3A 并按 Enter 键。

三维阵列有两种方式:矩形阵列和环形阵列。

①矩形阵列

在调用三维矩形阵列时,会在行(X 轴)、列(Y 轴)和层(Z 轴)矩形阵列中复制对象,所以需要指定行数、列数、层数、行间距、列间距和层间距,一个阵列必须具有至少两个行、列或层。

在指定间距值时,可以分别输入相应的间距值或在绘图区域先后选取两点,AutoCAD 自动测量两点之间的距离,并以此作为间距值。若间距值为正,则沿 X、Y、Z 轴的正向生成阵列;若间距为负,则沿 X、Y、Z 轴的负向生成阵列。

课堂举例:矩形阵列垫块。

"1"执行"打开"命令,打开随书光盘中的"\素材文件\9-84 三维矩形阵列示例.dwg"文件,如图 9-84 所示。

"2"选择菜单栏"修改"|"三维操作"|"三维阵列"命令,对垫块进行三维矩形阵列,命令行提示如下:

命令:_3darray
选择对象:　　　　　　　　　　　　　　　　　　　　　　　　　　//选择垫块
选择对象:　　　　　　　　　　　　　　　　　　　　　　　　　　//按 Enter 键

```
输入阵列类型[矩形(R)/环形(P)]<矩形>:        //按 Enter 键
输入行数(---)<1>:                            //3 按 Enter 键
输入列数(|||)<1>:                            //2 按 Enter 键
输入层数(...)<1>:                            //2 按 Enter 键
指定行间距(---):                             //80 按 Enter 键
指定列间距(|||):                             //80 按 Enter 键
指定层间距(...):                             //200 按 Enter 键,结果如图 9-85 所示
```

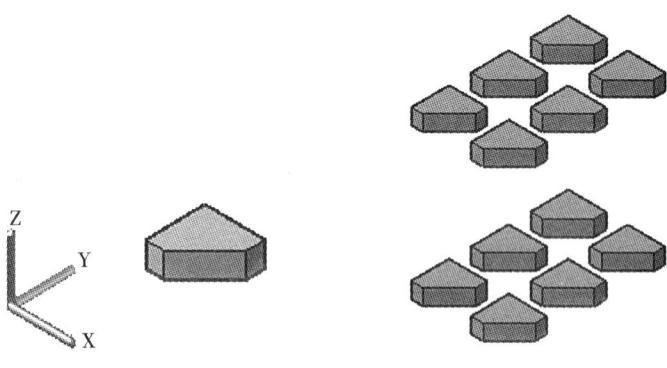

图 9-84 打开结果　　　　图 9-85 矩形阵列结果

(2) 环形阵列

在调用三维环形阵列时,会绕轴复制对象,需要指定阵列的数目、要填充的角度、是否旋转阵列对象以及旋转轴的起点和终点。其中要填充的角度是阵列中第一个和最后一个项目之间的角度,负数值表示沿顺时针方向阵列。

课堂举例:环形阵列端盖上的圆柱体。

"1" 执行"打开"命令,打开随书光盘中的"\素材文件\9-86 三维环形阵列示例.dwg"文件,如图 9-86 所示。

"2" 选择菜单栏"修改"|"三维操作"|"三维阵列"命令,对端盖上的圆柱体进行三维环形阵列,命令行提示如下:

```
命令:_3DARRAY
选择对象:                                    //选择圆柱体
选择对象:                                    //按 Enter 键
输入阵列类型[矩形(R)/环形(P)]<矩形>:        //P 按 Enter 键
输入阵列中的项目数目:                        //6 按 Enter 键
指定要填充的角度(+=逆时针,-=顺时针)<360>:   //按 Enter 键
旋转阵列对象?[是(Y)/否(N)]<Y>:              //按 Enter 键
指定阵列的中心点:                            //捕捉底面圆心
指定旋转轴上的第二点:                        //捕捉 Z 轴上的另一点
```

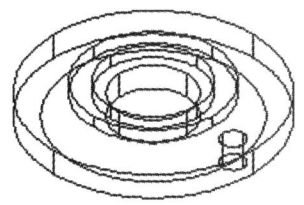 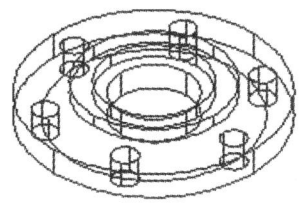

图 9-86　打开结果　　　　　图 9-87　矩形阵列结果

"3"执行"差集"命令,对阵列的圆柱体进行差集运算。

"4"执行"视觉样式"命令,切换至概念视觉样式,结果如图 9-88 所示。

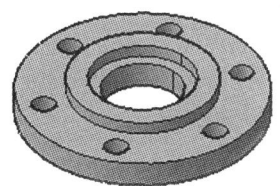

图 9-88　概念着色

9.2.3　实体边编辑

三维实体由最基本的边和面组成,用户可根据需要提取多个边的特征,然后对其进行压印、圆角、倒角、着色或复制等操作,便于查看或创建更为复杂的模型。

1. 提取边

"提取边"命令用于从三维实体、曲面、网格或面域等对象中提取所有边来创建线框几何体,也可以通过提取单个边和面来创建,如图 9-89 所示。

执行"提取边"命令主要有以下几种方式:

➢ 选择菜单栏"修改"|"三维操作"|"提取边"命令。

➢ 选择"常用"选项卡或"实体"选项卡|"实体编辑"面板上的 按钮。

➢ 在命令行输入 Xedges 并按 Enter 键。

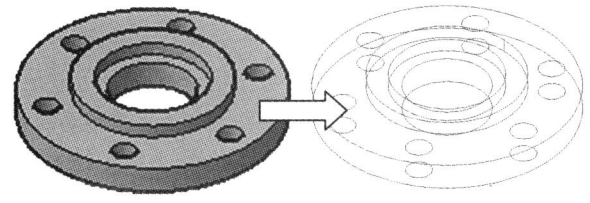

图 9-89　提取边

2. 压印边

"压印边"命令主要用于将圆弧、圆、直线、二维和三维多段线、椭圆、样条曲线、面域或三维实体等对象,压印到三维实体上,使其成为实体的一部分,如图 9-90 所示。为了使压印操作成功,被压印的对象必须与选定对象的一个或多个面相交。

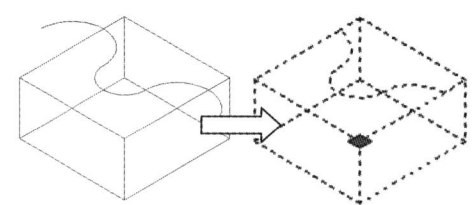

图 9-90 压印边

执行"压印边"命令主要有以下几种方式：
- 选择菜单栏"修改"|"实体编辑"|"压印边"命令。
- 单击"实体编辑"工具栏上的 按钮。
- 选择"常用"选项卡或"实体"选项卡|"实体编辑"面板上的 按钮。
- 在命令行输入 Imprint 并按 Enter 键。

课堂举例：对机械套进行倒角操作。

"1"执行"打开"命令，打开随书光盘中的"\素材文件\9-91 压印边示例.dwg"文件，如图 9-91 左所示。

"2"使用命令简写 M 激活"移动"命令，配合捕捉功能将左侧闭合边界移动至右侧实体上表面的中心点，结果如图 9-92 所示。

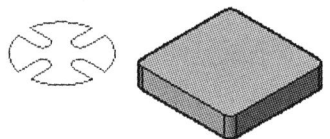 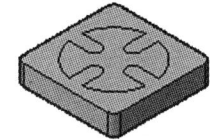

图 9-91 打开结果　　　图 9-92 移动结果

"3"选择"常用"选项卡|"实体编辑"面板上的 按钮，将闭合边界压印到实体上表面，命令行提示如下：

```
命令：_imprint
选择三维实体或曲面：                              //选择三维实
选择要压印的对象：                                //选择闭
是否删除源对象[是(Y)/否(N)]<N>：                  //Y 按
选择要压印的对象：             //按 Enter 键，结果如图
```

"4"选择"常用"选项卡|"实体编辑"面板上的 按钮，选择压印后闭合边界上的表面，如图 9-94 所示，向下拉伸 30 个单位，效果如图 9-95 所示。

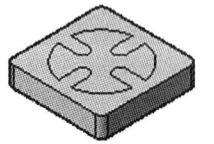  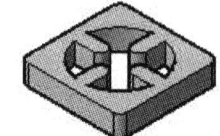

图 9-93 压印结果　　图 9-94 选择拉伸面　　图 9-95 面拉伸结果

3. 圆角边

"圆角边"命令主要用于将三维实体的凸边或凹边按照指定的半径进行圆角编辑，如

图 9-96 所示。

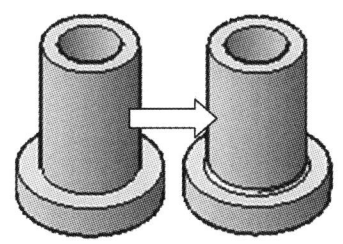

图 9-96 圆角边

执行"圆角边"命令主要有以下几种方式：
- 选择菜单栏"修改"|"实体编辑"|"圆角边"命令。
- 单击"实体编辑"工具栏上的 ![] 按钮。
- 选择"实体"选项卡|"实体编辑"面板上的 ![] 按钮。
- 在命令行输入 Filletedge 并按 Enter 键。

课堂举例：对机械套进行圆角操作。

"1"执行"打开"命令，打开随书光盘中的"\素材文件\9-96 圆角边示例.dwg"文件，如图 9-96 左所示。

"2"选择菜单栏"修改"|"实体编辑"|"圆角边"命令，对机械套的凹边进行圆角操作，命令行提示如下：

命令：_FILLETEDGE
半径=1.0000
选择边或[链(C)/环(L)/半径(R)]：　　　　　　　　　　　　　　　　//R 按 Enter 键
输入圆角半径或[表达式(E)]<1.0000>：　　　　　　　　　　　　　　//3 按 Enter 键
选择边或[链(C)/环(L)/半径(R)]：　　　　　　　　　　　　//选择如图 9-97 所示的边
选择边或[链(C)/环(L)/半径(R)]：　　　　　　　　　　　　　　　　//按 Enter 键
已选定 1 个边用于圆角。
按 Enter 键接受圆角或[半径(R)]：　　　　　　//按 Enter 键，结果如图 9-98 所示

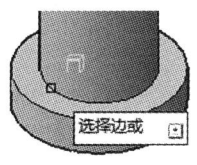 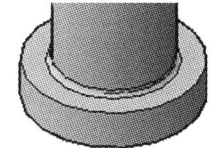

图 9-97 选择圆角边　　　　图 9-98 圆角结果

命令执行过程中命令行选项含义如下：

"链"：在各棱边相切的情况下，若选择其中的一条边，则所有棱边都将被选中，进行圆角操作。

"环"：在实体的面上指定边的环。对于任何边，有两种可能的循环，选择循环边后，系统将提示是接受当前选择，还是选择下一个循环。

"半径"：指定圆角半径。

"表达式":输入控制圆角半径的数学表达式,系统会自动计算出圆角半径。

4. 倒角边

"倒角边"命令主要用于将三维实体的凸边按照指定的距离进行倒角编辑,如图9-99所示。

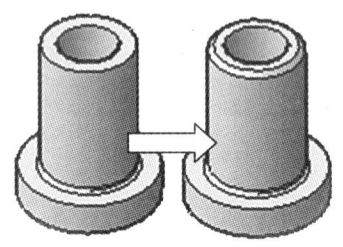

图9-99 倒角边

执行"倒角边"命令主要有以下几种方式:

- 选择菜单栏"修改"|"实体编辑"|"倒角边"命令。
- 单击"实体编辑"工具栏上的 按钮。
- 选择"实体"选项卡|"实体编辑"面板上的 按钮。
- 在命令行输入 Chamferedge 并按 Enter 键。

课堂举例:对机械套进行倒角操作。

"1"执行"打开"命令,打开随书光盘中的"\素材文件\9-99 圆角边示例.dwg"文件,如图9-99(左)所示。

"2"选择菜单栏"修改"|"实体编辑"|"倒角边"命令,对机械套的凸边进行倒角操作,命令行提示如下:

```
命令:_CHAMFEREDGE
距离1=1.0000,距离2=1.0000
选择一条边或[环(L)/距离(D)]:                    //D 按 Enter 键
指定距离1或[表达式(E)]<1.0000>:                 //3.5 按 Enter 键
指定距离2或[表达式(E)]<1.0000>:                 //3.5 按 Enter 键
选择一条边或[环(L)/距离(D)]:                    //选择如图9-100所示的边
选择一条边或[环(L)/距离(D)]:                    //按 Enter 键
按 Enter 键接受倒角或[距离(D)]:                  //按 Enter 键,结果如图9-101所示
```

 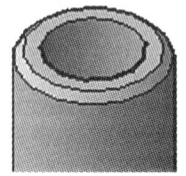

图9-100 选择倒角边   图9-101 倒角结果

命令执行过程中命令行选项含义如下:

"环":对一个面上的所有边建立倒角。对于任何边,有两种可能的循环,选择循环边后,系统将提示接受当前选择,还是选择下一个循环。

"距离":设定倒角边与选定边的距离。
"表达式":输入控制倒角距离的数学表达式,系统会自动计算出倒角距离。

5. 着色边

"着色边"命令用于更改三维实体上选定边的颜色,如图 9-102 所示。

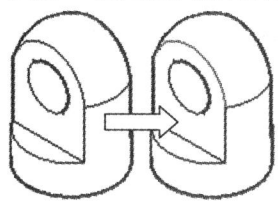

图 9-102 着色边

执行"着色边"命令主要有以下几种方式:
- 选择菜单栏"修改"|"实体编辑"|"着色边"命令。
- 单击"实体编辑"工具栏上的 按钮。
- 选择"常用"选项卡|"实体编辑"面板上的 按钮。
- 在命令行输入 Solidedit 并按 Enter 键。

6. 复制边

"复制边"命令用于将三维实体上的选定边进行复制,如图 9-103 所示。

执行"复制边"命令主要有以下几种方式:
- 选择菜单栏"修改"|"实体编辑"|"复制边"命令。
- 单击"实体编辑"工具栏上的 按钮。
- 选择"常用"选项卡或"实体"选项卡|"实体编辑"面板上的 按钮。
- 在命令行输入 Solidedit 并按 Enter 键。

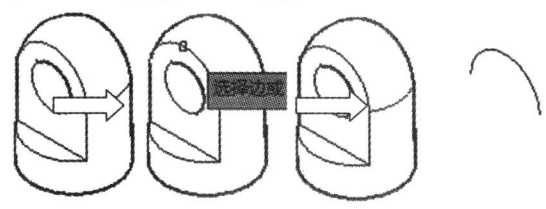

图 9-103 复制边

9.2.4 实体面编辑

对三维实体进行编辑时,可以对整个实体的任意表面调用编辑操作,从而改变实体表面,达到改变实体的目的。

1. 拉伸面

"拉伸面"命令用于对三维实体表面进行编辑,可按指定的距离或沿某条路径拉伸选定的实体面,如图 9-104 所示,其中路径可以是直线、圆弧、多段线或二维样条曲线。

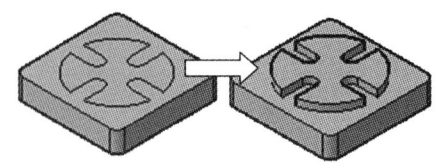

图 9-104 拉伸面

执行"拉伸面"命令主要有以下几种方式：
➢ 选择菜单栏"修改"|"实体编辑"|"拉伸面"命令。
➢ 单击"实体编辑"工具栏上的 按钮。
➢ 选择"常用"选项卡或"实体"选项卡|"实体编辑"面板上的 按钮。
➢ 在命令行输入 Solidedit 并按 Enter 键。

课堂举例：拉伸工字钢表面。

"1"执行"打开"命令，打开随书光盘中的"\素材文件\9-105 拉伸面示例.dwg"文件，如图 9-105 所示。

"2"选择"常用"选项卡|"实体编辑"面板上的 按钮，对工字钢表面进行拉伸，命令行提示如下：

```
命令：_solidedit
实体编辑自动检查：SOLIDCHECK=1
输入实体编辑选项[面(F)/边(E)/体(B)/放弃(U)/退出(X)]<退出>：_face
输入面编辑选项[拉伸(E)/移动(M)/旋转(R)/偏移(O)/倾斜(T)/删除(D)/复制
(C)/颜色(L)/材质(A)/放弃(U)/退出(X)]<退出>：_extrude
选择面或[放弃(U)/删除(R)]：            //选择如图 9-106 所示的表面
选择面或[放弃(U)/删除(R)/全部(ALL)]：            //按 Enter 键
指定拉伸高度或[路径(P)]：            //P 按 Enter 键
选择拉伸路径：            //选择拉伸路径
已开始实体校验。
已完成实体校验。
输入面编辑选项[拉伸(E)/移动(M)/旋转(R)/偏移(O)/倾斜(T)/删除(D)/复制
(C)/颜色(L)/材质(A)/放弃(U)/退出(X)]<退出>：            //按 Enter 键
实体编辑自动检查：SOLIDCHECK=1
输入实体编辑选项[面(F)/边(E)/体(B)/放弃(U)/退出(X)]<退出>：
                        //按 Enter 键，结果如图 9-107 所示
```

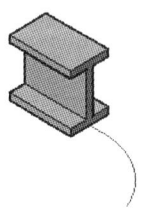 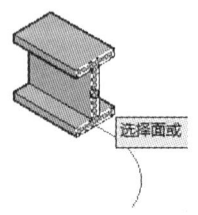 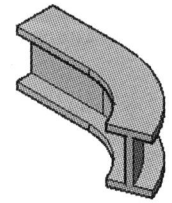

图 9-105 打开结果　　图 9-106 选择拉伸面　　图 9-107 拉伸结果

2. 移动面

"移动面"命令可以将三维实体上的面在指定方向上移动指定距离,可用来修改实体的尺寸或改变孔槽的位置等,如图9-108所示。

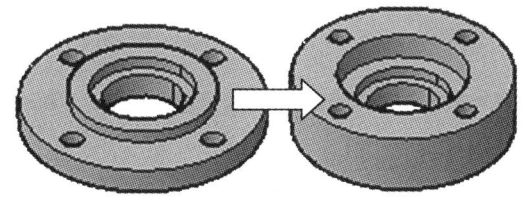

图9-108 移动面

执行"移动面"命令主要有以下几种方式:

➢ 选择菜单栏"修改"|"实体编辑"|"移动面"命令。
➢ 单击"实体编辑"工具栏上的 按钮。
➢ 选择"常用"选项卡|"实体编辑"面板上的 按钮。
➢ 在命令行输入 Solidedit 并按 Enter 键。

课堂举例:使用"移动面"命令修改孔槽位置。

"1"执行"打开"命令,打开随书光盘中的"\素材文件\9-109 移动面示例.dwg"文件,如图9-109所示。

"2"选择"常用"选项卡|"实体编辑"面板上的 按钮,进行移动面操作,命令行提示如下:

命令:_solidedit
实体编辑自动检查:SOLIDCHECK=1
输入实体编辑选项[面(F)/边(E)/体(B)/放弃(U)/退出(X)]<退出>:_face
输入面编辑选项[拉伸(E)/移动(M)/旋转(R)/偏移(O)/倾斜(T)/删除(D)/复制(C)/颜色(L)/材质(A)/放弃(U)/退出(X)]<退出>:_move
选择面或[放弃(U)/删除(R)]:   //选择孔槽表面
选择面或[放弃(U)/删除(R)/全部(ALL)]:   //按 Enter 键
指定基点或位移: //捕捉孔槽顶面长边中心点
指定位移的第二点: //@55,0 按 Enter 键
已开始实体校验。
已完成实体校验。
输入面编辑选项[拉伸(E)/移动(M)/旋转(R)/偏移(O)/倾斜(T)/删除(D)/复制(C)/颜色(L)/材质(A)/放弃(U)/退出(X)]<退出>:   //按 Enter 键
实体编辑自动检查:SOLIDCHECK=1
输入实体编辑选项[面(F)/边(E)/体(B)/放弃(U)/退出(X)]<退出>:
                                              //按 Enter 键,结果如图9-110 所示

图 9-109　打开结果　　　　图 9-110　移动结果

3. 偏移面

"偏移面"命令可以按指定的距离将选定的三维实体面均匀地偏移，可用来修改实体的形状、尺寸或改变表面孔、槽等结构的特征，如图 9-111 所示。

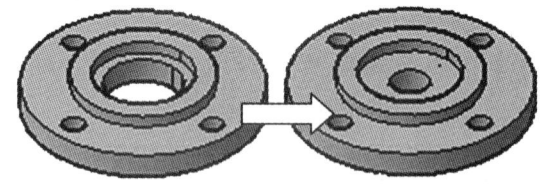

图 9-111　偏移面

执行"偏移面"命令主要有以下几种方式：
- 选择菜单栏"修改"|"实体编辑"|"偏移面"命令。
- 单击"实体编辑"工具栏上的 按钮。
- 选择"常用"选项卡或"实体"选项卡|"实体编辑"面板上的 按钮。
- 在命令行输入 Solidedit 并按 Enter 键。

调用该命令后，选取要偏移的面，指定偏移距离后按 Enter 键，即可完成偏移面操作。当指定的偏移距离为正值时，表面将向其外法线方向偏移，实体的大小或体积会增大；当指定的偏移距离为负值时，表面将向相反的方向偏移，实体的大小或体积会减小。

4. 删除面

"删除面"命令可以删除三维实体上的某些特征面，包括圆角或倒角，如图 9-112 所示。但如果更改后会生成无效的三维实体，则删除面无效。

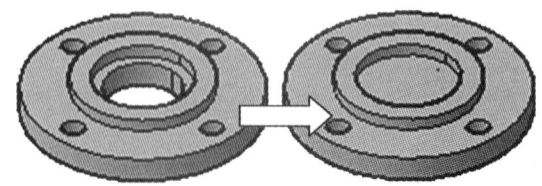

图 9-112　删除面

执行"偏移面"命令主要有以下几种方式：
- 选择菜单栏"修改"|"实体编辑"|"删除面"命令。
- 单击"实体编辑"工具栏上的 按钮。
- 选择"常用"选项卡|"实体编辑"面板上的 按钮。
- 在命令行输入 Solidedit 并按 Enter 键。

5. 旋转面

"旋转面"命令可以将三维实体上的单个或多个表面绕指定的轴旋转,从而改变对象的形状,如图 9-113 所示。

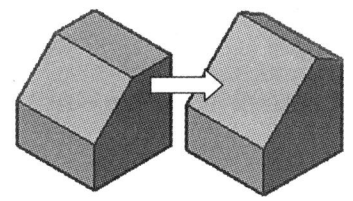

图 9-113　旋转面

执行"旋转面"命令主要有以下几种方式:

> 选择菜单栏"修改"|"实体编辑"|"旋转面"命令。
> 单击"实体编辑"工具栏上的 按钮。
> 选择"常用"选项卡|"实体编辑"面板上的 按钮。
> 在命令行输入 Solidedit 并按 Enter 键。

课堂举例:

"1"执行"打开"命令,打开随书光盘中的"\素材文件\9-113 移动面示例.dwg"文件,如图 9-113(左)所示。

"2"选择"常用"选项卡|"实体编辑"面板上的 按钮,进行旋转面操作,命令行提示如下:

命令:_solidedit
实体编辑自动检查:SOLIDCHECK=1
输入实体编辑选项[面(F)/边(E)/体(B)/放弃(U)/退出(X)]<退出>:_face
输入面编辑选项[拉伸(E)/移动(M)/旋转(R)/偏移(O)/倾斜(T)/删除(D)/复制(C)/颜色(L)/材质(A)/放弃(U)/退出(X)]<退出>:_rotate
选择面或[放弃(U)/删除(R)]:　　　　　　　　　//选择如图 9-114 所示的表面
选择面或[放弃(U)/删除(R)/全部(ALL)]:　　　　　　　　　//按 Enter 键
指定轴点或[经过对象的轴(A)/视图(V)/X 轴(X)/Y 轴(Y)/Z 轴(Z)]<两点>:
　　　　　　　　　　　　　　　　　　　　　　//捕捉如图 9-115 所示的端点 1
在旋转轴上指定第二个点:　　　　　　　　　//捕捉如图 9-115 所示的端点 2
指定旋转角度或[参照(R)]:　　　　　　　　　//-30 按 Enter 键
已开始实体校验。
已完成实体校验。
输入面编辑选项[拉伸(E)/移动(M)/旋转(R)/偏移(O)/倾斜(T)/删除(D)/复制(C)/颜色(L)/材质(A)/放弃(U)/退出(X)]<退出>:　　　　　　　　　//按 Enter 键
实体编辑自动检查:SOLIDCHECK=1
输入实体编辑选项[面(F)/边(E)/体(B)/放弃(U)/退出(X)]<退出>:
　　　　　　　　　　　　　　　　　　　　　　//按 Enter 键,结果如图 9-113(右)所示。

 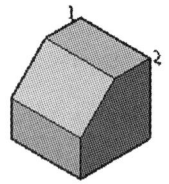

图 9-114　选择旋转面　　　图 9-115　移动结果

6. 倾斜面

"倾斜面"命令可以按指定的角度倾斜三维实体上的面,如图 9-116 所示。面的倾斜方向由定义矢量时的基点和倾斜角度的正负决定,输入的角度为正值时,已定义的矢量绕基点向实体内部倾斜面,为负值时则向外部倾斜。

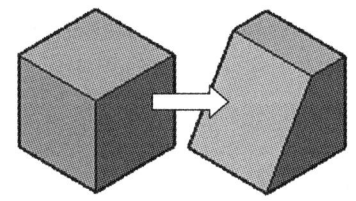

图 9-116　倾斜面

执行"倾斜面"命令主要有以下几种方式:

➢ 选择菜单栏"修改"|"实体编辑"|"倾斜面"命令。
➢ 单击"实体编辑"工具栏上的 按钮。
➢ 选择"常用"选项卡或"实体"选项卡|"实体编辑"面板上的 按钮。
➢ 在命令行输入 Solidedit 并按 Enter 键。

课堂举例:

"1"执行"长方体"命令,创建 50×50×50 的立方体,如图 9-116(左)所示。

"2"选择"常用"选项卡|"实体编辑"面板上的 按钮,进行倾斜面操作,命令行提示如下:

```
命令:_solidedit
实体编辑自动检查:SOLIDCHECK=1
输入实体编辑选项[面(F)/边(E)/体(B)/放弃(U)/退出(X)]<退出>:_face
输入面编辑选项[拉伸(E)/移动(M)/旋转(R)/偏移(O)/倾斜(T)/删除(D)/复制(C)/颜色(L)/材质(A)/放弃(U)/退出(X)]<退出>:_taper
选择面或[放弃(U)/删除(R)]:                    //选择如图 9-117 所示的面
选择面或[放弃(U)/删除(R)/全部(ALL)]:           //按 Enter 键
指定基点:                                    //捕捉如图 9-118 所示的端点 1
指定沿倾斜轴的另一个点:                        //捕捉如图 9-118 所示的端点 2
指定倾斜角度:                                //30 按 Enter 键
已开始实体校验。
已完成实体校验。
```

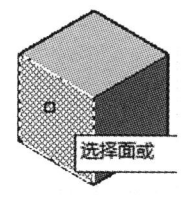
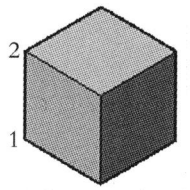

图 9-117　选择倾斜面　　　　图 9-118　倾斜结果

输入面编辑选项[拉伸(E)/移动(M)/旋转(R)/偏移(O)/倾斜(T)/删除(D)/复制(C)/颜色(L)/材质(A)/放弃(U)/退出(X)]<退出>:　　　　　　　　//按 Enter 键
实体编辑自动检查:SOLIDCHECK=1
输入实体编辑选项[面(F)/边(E)/体(B)/放弃(U)/退出(X)]<退出>:
　　　　　　　　　　　　　　　　　　　　//按 Enter 键,结果如图 9-116(右)所示。

7. 着色面

"着色面"命令可以更改单个或多个实体面的颜色,用于亮显复杂三维实体模型内的细节,如图 9-119 所示。

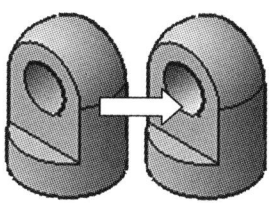

图 9-119　着色面

执行"偏移面"命令主要有以下几种方式:
➢ 选择菜单栏"修改"|"实体编辑"|"着色面"命令。
➢ 单击"实体编辑"工具栏上的 按钮。
➢ 选择"常用"选项卡|"实体编辑"面板上的 按钮。
➢ 在命令行输入 Solidedit 并按 Enter 键。

8. 复制面

"复制面"命令可以复制三维实体上的面,从而生成面域或实体,如图 9-120 所示。

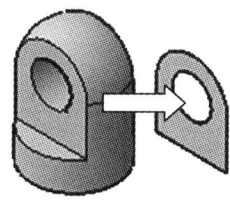

图 9-120　复制面

执行"复制面"命令主要有以下几种方式:
➢ 选择菜单栏"修改"|"实体编辑"|"复制面"命令。
➢ 单击"实体编辑"工具栏上的 按钮。
➢ 选择"常用"选项卡|"实体编辑"面板上的 按钮。

➢ 在命令行输入 Solidedit 并按 Enter 键。

9.2.5 实体对象编辑

1. 分割

并集或差集操作可导致生成一个由多个连续体组成的三维实体，利用"分割"命令可以将其分割为独立的三维实体，如图 9-121 所示。

执行"分割"命令主要有以下几种方式：

➢ 选择菜单栏"修改"|"实体编辑"|"分割"命令。
➢ 单击"实体编辑"工具栏上的 ⦿ 按钮。
➢ 选择"常用"选项卡或"实体"选项卡|"实体编辑"面板上的 ⦿ 按钮。
➢ 在命令行输入 Solidedit 并按 Enter 键。

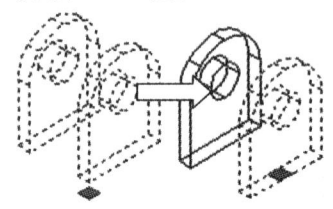

图 9-121 分割

2. 抽壳

"抽壳"命令用于将三维实体按照指定厚度转换为空心壳体，或根据设计需要删除某些指定面，如图 9-122 所示。

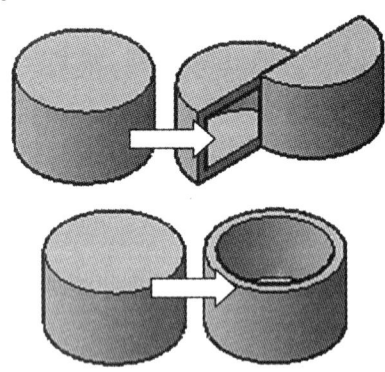

图 9-122 抽壳

执行"抽壳"命令主要有以下几种方式：

➢ 选择菜单栏"修改"|"实体编辑"|"抽壳"命令。
➢ 单击"实体编辑"工具栏上的 ▣ 按钮。
➢ 选择"常用"选项卡或"实体"选项卡|"实体编辑"面板上的 ▣ 按钮。
➢ 在命令行输入 Solidedit 并按 Enter 键。

课堂举例：

"1"执行"打开"命令，打开随书光盘中的"\素材文件\9-123 抽壳示例.dwg"文件，如图9-123所示。

"2"选择"常用"选项卡|"实体编辑"面板上的 按钮,进行抽壳操作,命令行提示如下:

> 命令:_solidedit
> 实体编辑自动检查:SOLIDCHECK=1
> 输入实体编辑选项[面(F)/边(E)/体(B)/放弃(U)/退出(X)]<退出>:_body
> 输入体编辑选项[压印(I)/分割实体(P)/抽壳(S)/清除(L)/检查(C)/放弃(U)/退出(X)]<退出>:_shell
> 选择三维实体: //选择弯管
> 删除面或[放弃(U)/添加(A)/全部(ALL)]: //选择弯管上管口面
> 删除面或[放弃(U)/添加(A)/全部(ALL)]: //选择弯管下管口面
> 删除面或[放弃(U)/添加(A)/全部(ALL)]: //按Enter键
> 输入抽壳偏移距离: //6按Enter键
> 已开始实体校验。
> 已完成实体校验。
> 输入体编辑选项[压印(I)/分割实体(P)/抽壳(S)/清除(L)/检查(C)/放弃(U)/退出(X)]<退出>: //按Enter键
> 实体编辑自动检查:SOLIDCHECK=1
> 输入实体编辑选项[面(F)/边(E)/体(B)/放弃(U)/退出(X)]<退出>:
> //按Enter键,结果如图9-124所示

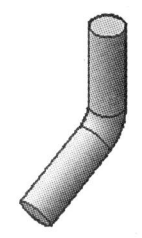
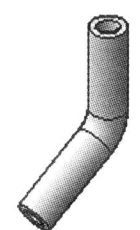

图9-123 打开结果　　图9-124 抽壳结果

输入抽壳偏移距离时,指定正值可创建实体周长内部的抽壳,指定负值可创建实体周长外部的抽壳。

3. 剖切

在绘图过程中,为了表现实体内部结构特征,可假想一个与指定对象相交的平面或曲面,剖切或分割指定对象,"剖切"命令即可完成该操作。

执行"剖切"命令主要有以下几种方式:

➢ 选择菜单栏"修改"|"三维操作"|"剖切"命令。
➢ 选择"常用"选项卡或"实体"选项卡|"实体编辑"面板上的 按钮。
➢ 在命令行输入Slice或命令简写SL并按Enter键。

课堂举例:

"1"执行"打开"命令,打开随书光盘中的"\素材文件\9-125剖切示例.dwg"文件,

如图 9-125 所示。

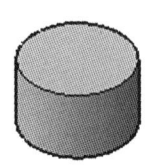
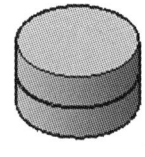
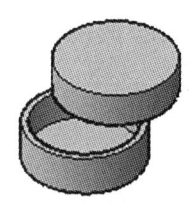

图 9-125　打开结果　　　图 9-126　抽壳结果　　　图 9-127　移动结果

"2"选择"常用"选项卡|"实体编辑"面板上的 按钮,进行剖切操作,命令行提示如下:

命令:_slice
选择要剖切的对象:　　　　　　　　　　　　　　　　　　　//选择已抽壳的圆柱体
选择要剖切的对象:　　　　　　　　　　　　　　　　　　　//按 Enter 键
指定切面的起点或[平面对象(O)/曲面(S)/Z 轴(Z)/视图(V)/XY(XY)/YZ(YZ)/ZX(ZX)/三点(3)]<三点>:　　　　　　　　　　//XY 按 Enter 键
指定 XY 平面上的点<0,0,0>:　　//Ctrl+鼠标右键,激活"两点之间的中点"
_m2p 中点的第一点:　　　　　　　　　　　　　　　　//捕捉圆柱体顶面圆心
中点的第二点:　　　　　　　　　　　　　　　　　　//捕捉圆柱体底面圆心
在所需的侧面上指定点或[保留两个侧面(B)]<保留两个侧面>:
　　　　　　　　　　　　　　　　　　　　　　　//按 Enter 键,结果如图 9-126 所示

"3"使用命令简写 M 激活"移动"命令,对剖切后的实体进行位移,结果如图 9-127 所示。

4. 加厚

"加厚"命令可将曲面转换为具有指定厚度的三维实体,如图 9-128 所示,可以作为创建复杂三维曲线式实体的一种实用的方法。

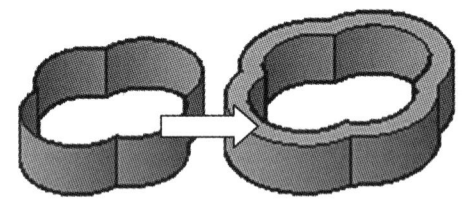

图 9-128　加厚

执行"加厚"命令主要有以下几种方式:
➢ 选择菜单栏"修改"|"三维操作"|"加厚"命令。
➢ 选择"常用"选项卡或"实体"选项卡|"实体编辑"面板上的 按钮。
➢ 在命令行输入 Thicken 并按 Enter 键。

5. 干涉检查

"干涉检查"命令用于检测各实体之间是否存在干涉现象,若所选实体之间存在干涉情况,则可以将干涉部分提取出来,创建成新的实体,但源实体依然存在。

执行"干涉检查"命令主要有以下几种方式：
- 选择菜单栏"修改"|"三维操作"|"干涉检查"命令。
- 选择"常用"选项卡或"实体"选项卡|"实体编辑"面板上的 按钮。
- 在命令行输入 Interfere 并按 Enter 键。

课堂举例：
"1"执行"打开"命令，打开随书光盘中的"\素材文件\9-129 干涉检查示例.dwg"文件，如图 9-129 所示。

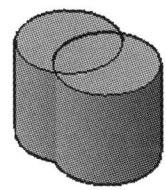
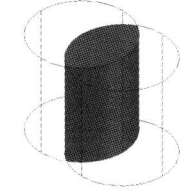

图 9-129　打开结果　　　　图 9-130　亮显干涉实体

"2"选择"常用"选项卡|"实体编辑"面板上的 按钮，进行干涉检查，命令行提示如下：

```
命令：_interfere
选择第一组对象或[嵌套选择(N)/设置(S)]：            //选择左侧圆柱体
选择第一组对象或[嵌套选择(N)/设置(S)]：            //选择右侧圆柱体
选择第一组对象或[嵌套选择(N)/设置(S)]：            //按 Enter 键
选择第二组对象或[嵌套选择(N)/检查第一组(K)]<检查>：  //按 Enter 键
```

"3"系统亮显出干涉实体，如图 9-130 所示，同时打开如图 9-131 所示的"干涉检查"对话框。

"4"取消勾选"关闭时删除已创建的干涉对象"复选框，然后关闭对话框。

"5"使用命令简写 M 激活"移动"命令，对干涉实体进行移动，结果如图 9-132 所示。

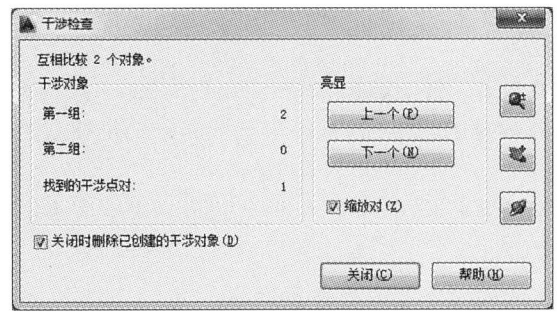
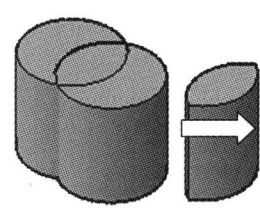

图 9-131　"干涉检查"对话框　　　图 9-132　移动结果

小　　结

本章详细介绍了 AutoCAD 2014 的三维图形绘制与编辑功能。三维图形的绘制主要包括创建简单三维对象、三维实体、三维曲面或三维网格，但三维绘图命令创建的三维基本对象往往不能满足实际绘图的需要,只有与三维编辑功能相结合,才能创建出更为复杂的三维模型。三维图形的编辑功能中,布尔运算可以确定多个实体或面域之间的组合关系,从而创建形状复杂的三维实体;一些专门用于三维对象编辑的基本操作,如三维移动、三维旋转、三维对齐、三维镜像和三维阵列等,为创建更加复杂的模型提供了便利的条件;另外,用户也可对三维实体的边、面或其本身进行编辑操作,从而创建更为复杂的模型。

习　　题

1. 选择题

(1)(　　)命令可通过在形成闭环的曲面边上拟合一个封口来创建新曲面。
　　A. Surfblend　　　　B. Surfoffset　　　　C. Surfpatch　　　　D. Surfnetwork

(2)使用(　　)命令可以将二维图形旋转生成三维实体。
　　A. Revolve　　　　B. 3drotate　　　　C. Revsurf　　　　D. Rotate

(3)Surftab1 和 Surftab2 可以设置(　　)系统变量。
　　A. 实体表面网格密度　　　　　　B. 网格模型的网格密度
　　C. 实体的形状　　　　　　　　　D. 网格模型的形状

(4)默认情况下,三维旋转小控件会显示在选定对象的(　　)。
　　A. 中心　　　　B. 面中心　　　　C. 顶点　　　　D. 重心

(5)为了使压印操作成功,被压印的对象必须与选定对象的一个或多个面(　　)。
　　A. 相交　　　　B. 重合　　　　C. 平行　　　　D. 垂直

(6)执行"倾斜面"命令时,面的倾斜方向由(　　)和(　　)决定。
　　A. 外法线方向　　　　　　　　　B. 定义矢量时的基点
　　C. 倾斜角度的正负　　　　　　　D. 光标指定方向

2. 判断题

(1)AutoCAD 不可以创建椭圆柱体。　　　　　　　　　　　　　　　　(　　)
(2)实体模型也可以通过对二维图形拉伸、扫掠、旋转或放样产生。　　(　　)
(3)"三维面"命令可以创建任意数量的三维面,且各个三维面分别是独立的对象。
　　　　　　　　　　　　　　　　　　　　　　　　　　　　　　　　　(　　)
(4)"三维网格"命令在绘制曲面时需指定 M 乘 N 个顶点的坐标来生成多边形网格。
　　　　　　　　　　　　　　　　　　　　　　　　　　　　　　　　　(　　)
(5)只有彼此接触或重合的实体或面域才能进行并集运算。　　　　　　(　　)
(6)对一个实体和另外一个与其未相交的实体进行差集操作,则另外一个实体被删除。　　　　　　　　　　　　　　　　　　　　　　　　　　　　　　(　　)
(7)对两个彼此不相交的实体进行交集操作,结果是两个实体被删除。　(　　)

3. 上机操作

(1)创建如图 9-133 所示的阀门,其中球体直径为 70。

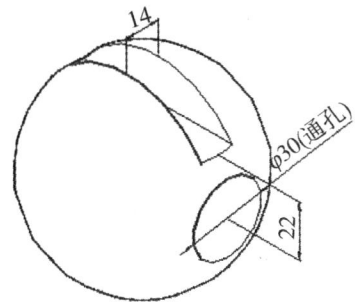

图 9-133 上机练习——阀门

(2)创建如图 9-134 所示的支撑块。

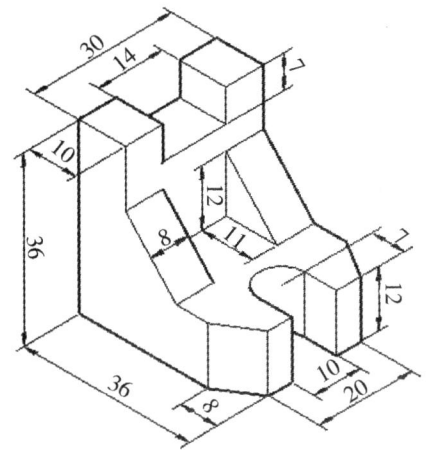

图 9-134 上机练习——支撑块

(3)创建如图 9-135 所示的定位块。

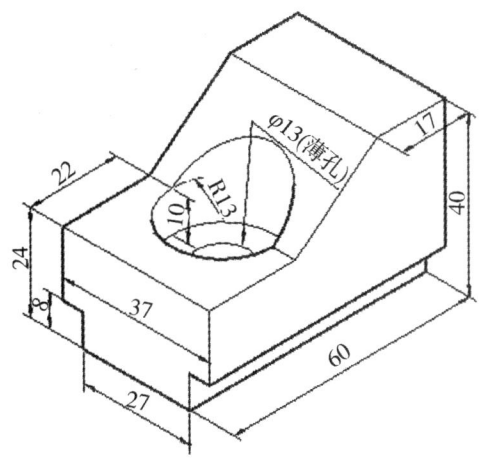

图 9-135 上机练习——定位块

第10章 图形输出与打印

10.1 图形的输入与输出

为了供用户在不同软件之间进行数据交换，AutoCAD 不仅能够输出其他格式的图形文件，也可以使用其他软件生成的图形文件。

10.1.1 图形输入

AutoCAD 能够输入 ACIS（实体造型系统）、3DStudio、WMF（Windows 图元）、Parasolid、Pro/ENGINEER、Solidworks、STEP 等类型的文件。

图形输入主要有以下几种方式：
- 选择菜单栏"文件"|"输入"命令。
- 在命令行输入 Import 或命令简写 IMP 并按 Enter 键。

10.1.2 图形输出

AutoCAD 以 DWG 格式保存自身的图形文件，但若要在其他应用程序中使用 AutoCAD 图形，该种格式则不适用。想要在其他软件平台或应用程序使用 AutoCAD 图形，必须将其转换为特定格式，以便进行数据交换。

AutoCAD 能够输出三维 DWF、FBX、WMF(Windows 图元)、ACIS、平板印刷、封装 PS、位图、IGES 等类型的文件。

图形输出主要有以下几种方式：
- 选择菜单栏"文件"|"输出"命令。
- 在命令行输入 Export 或命令简写 EXP 并按 Enter 键。

10.2 图形的打印

当使用 AutoCAD 创建图形完毕后，通常需要进行绘图的最后一个环节，即将绘制好的图形用打印机或绘图仪打印成图纸。

10.2.1 打印输出的一般步骤

1. 配置绘图仪

在打印图纸前,首先需要配置打印设备,使用"绘图仪管理器"命令可以配置绘图仪、定义和修改图纸尺寸等。

执行"绘图仪管理器"命令主要有以下几种方式:

➢ 选择菜单栏"文件"|"绘图仪管理器"命令。
➢ 在命令行输入 Plottermanager 并按 Enter 键。

课堂举例:配置光栅文件格式的绘图仪。

"1"执行"绘图仪管理器"命令,打开如图 10-1 所示的文件夹窗口。

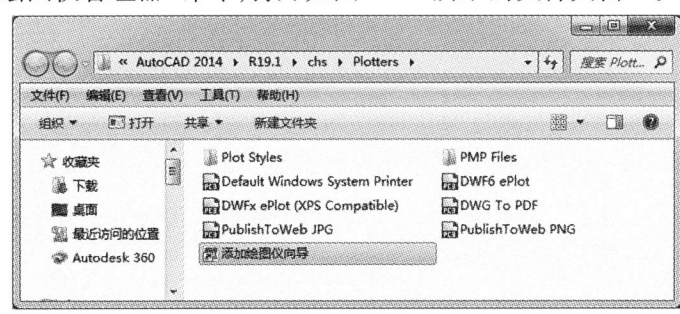

图 10-1 Plotters 文件夹

"2"双击"添加绘图仪向导"图标,打开如图 10-2 所示的"添加绘图仪—简介"对话框。

"3"依次单击 下一步(N) > 按钮,打开"添加绘图仪—绘图仪型号"对话框,设置绘图仪型号机器生产商,如图 10-3 所示。

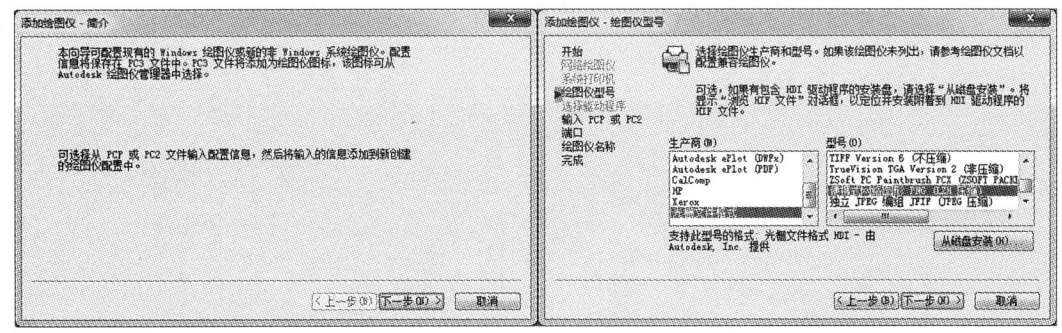

图 10-2 "添加绘图仪—简介"对话框　　图 10-3 "添加绘图仪—绘图仪型号"对话框

"4"依次单击 下一步(N) > 按钮,打开"添加绘图仪—绘图仪名称"对话框,为添加的绘图仪命名,如图 10-4 所示。

"5"单击 下一步(N) > 按钮,打开如图 10-5 所示的"添加绘图仪—完成"对话框。

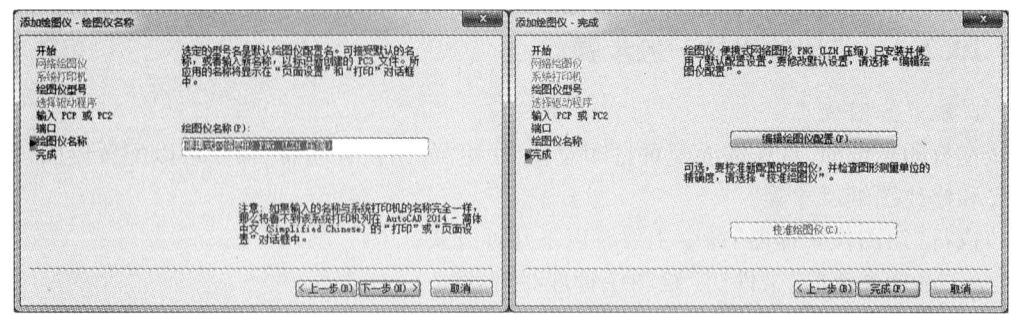

图 10-4 "添加绘图仪—绘图仪名称"对话框　　图 10-5 "添加绘图仪—完成"对话框

"6"单击 **完成(F)** 按钮,添加的绘图仪自动出现在 Plotters 文件夹窗口内,如图 10-6 所示。

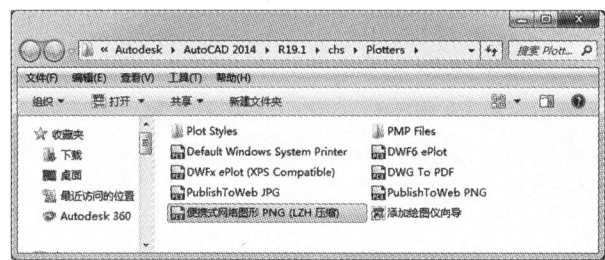

图 10-6　绘图仪添加结果

2. 设置图纸尺寸

每一款型号的绘图仪都配有相应规格的图纸尺寸,但有时这些图纸尺寸与打印图形很难相匹配,需要用户重新设置图纸尺寸。

课堂举例:对光栅文件格式的绘图仪进行图纸尺寸自定义。

"1"继续上节操作,双击新添加的绘图仪,打开"绘图仪配置编辑器"对话框。

"2"在"绘图仪配置编辑器"对话框中展开"设备和文档设置"选项卡,如图 10-7 所示。

"3"单击"用户定义图纸尺寸与校准"选项,打开"自定义图纸尺寸"选项组,如图 10-8 所示。

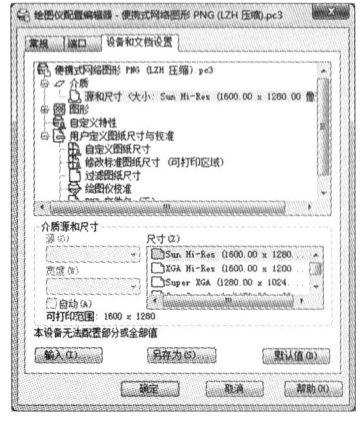 

图 10-7 "设备和文档设置"选项卡　　图 10-8 "自定义图纸尺寸"选项组

"4"单击 添加(A) 按钮,打开如图 10-9 所示"自定义图纸尺寸—开始"对话框,开始设置图纸尺寸。

"5"单击 下一步(N) > 按钮,打开"自定义图纸尺寸—介质边界"对话框,分别设置图纸的宽度、高度及单位,如图 10-10 所示。

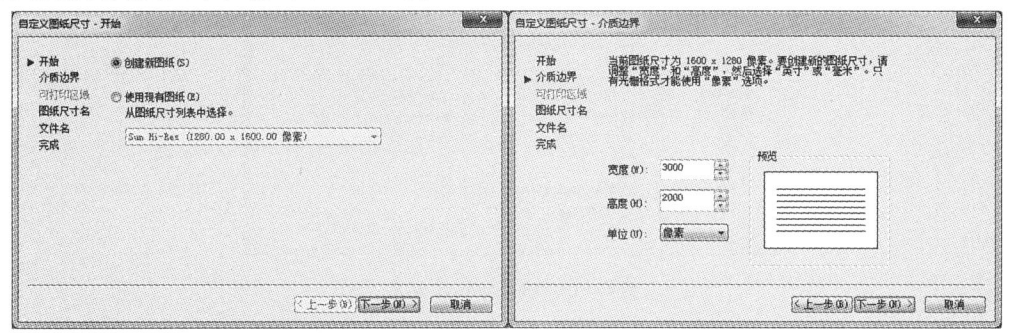

图 10-9　"自定义图纸尺寸—开始"对话框　　图 10-10　"添加绘图仪—绘图仪型号"对话框

"6"依次单击 下一步(N) > 按钮,直至打开如图 10-11 所示的"自定义图纸尺寸—完成"对话框,完成图纸尺寸的设置过程。

"7"单击 完成(F) 按钮,新定义的图纸尺寸自动出现在"自定义图纸尺寸"选项组中,如图 10-12 所示。

"8"如果需保存此图纸尺寸,可以单击 另存为(S)... 按钮;如果仅在当前使用一次,则可以单击 确定 按钮。

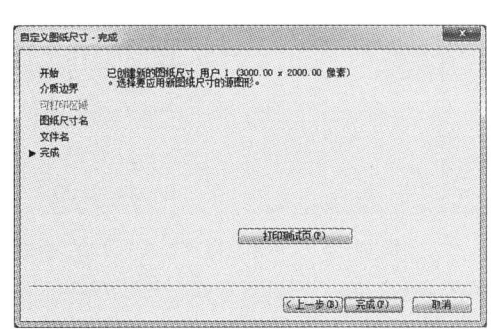 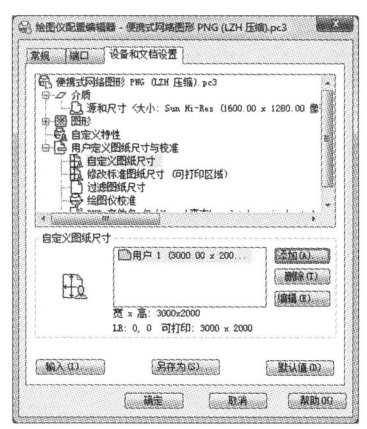

图 10-11　"自定义图纸尺寸—完成"对话框　　图 10-12　图纸尺寸自定义结果

3. 管理打印样式

打印样式用于控制图形的打印效果、修改打印图形的外观。通常一种打印样式只控制图形某一方面的打印效果,要想让打印样式控制一张图纸的打印效果,就需要有一组打印样式,即打印样式表。使用"打印样式管理器"可以创建和管理打印样式表。

执行"绘图仪管理器"命令主要有以下几种方式:

➢ 选择菜单栏"文件"|"打印样式管理器"命令。

➢ 在命令行输入 Stylesmanager 并按 Enter 键。

课堂举例：对添加名称为"颜色相关"的颜色相关打印样式表。

"1"执行"打印样式管理器"命令，打开如图 10-13 所示的文件夹窗口。

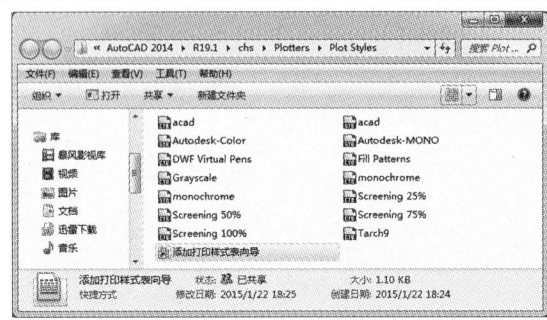

图 10-13　PlotStyles 文件夹

"2"双击"添加打印样式表向导"图标，打开如图 10-14 所示的"添加打印样式表"对话框。

"3"单击 下一步(N) > 按钮，打开如图 10-15 所示"添加打印样式表—开始"对话框，开始设置打印样式表。

"4"单击 下一步(N) > 按钮，打开"添加打印样式表—选择打印样式表"对话框，选择打印样式表的类型，如图 10-16 所示。

"5"单击 下一步(N) > 按钮，打开"添加打印样式表—文件名"对话框，为打印样式表命名，如图 10-17 所示。

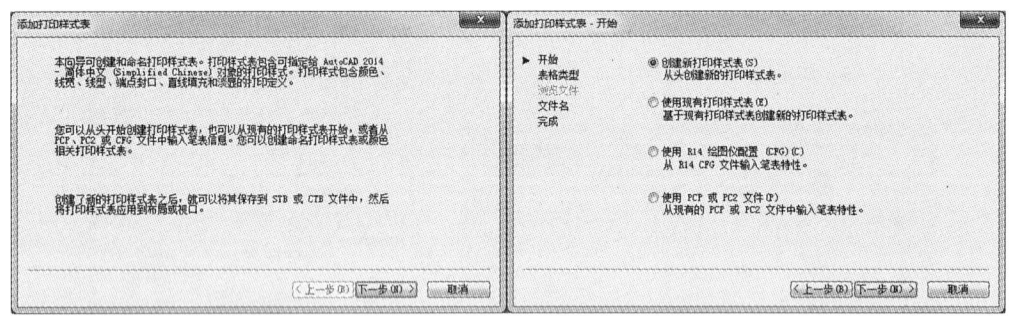

图 10-14　"添加打印样式表"对话框　　　　图 10-15　"添加打印样式表—开始"对话框

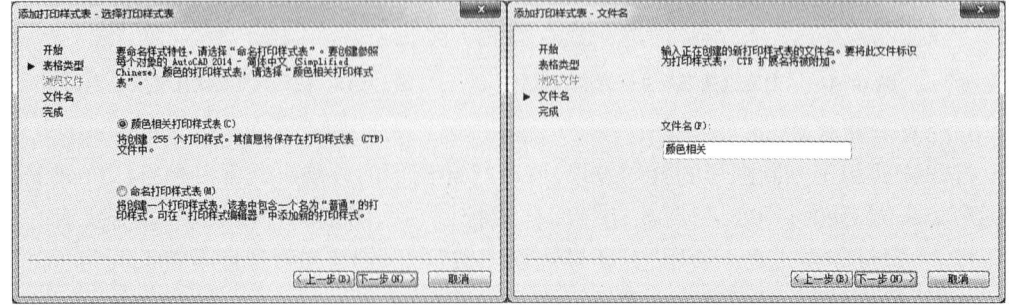

图 10-16　"添加打印样式表—选择打印样式"对话框　　图 10-17　"添加打印样式表—文件名"对话框

"6"单击 完成(F) 按钮,打开"添加打印样式表—完成"对话框,完成打印样式表各参数的设置,如图10-18所示。

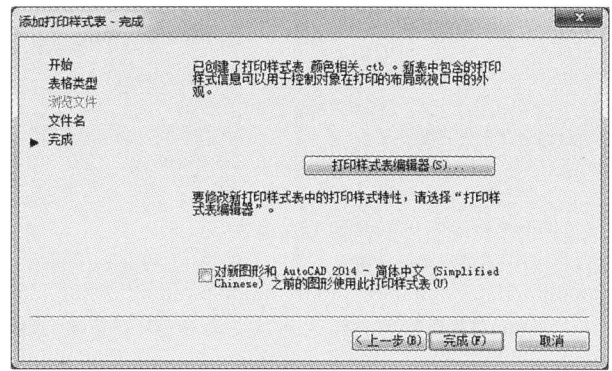

图10-18 "添加打印样式表—完成"对话框

"7"单击 完成(F) 按钮,新定义的打印样式表自动出现在 Plot Styles 文件夹窗口中,如图10-19所示。

图10-19 打印样式表添加结果

4．设置打印页面

在打印出图前,还必须进行页面设置管理,即对打印设备、图纸大小、打印比例、打印样式等涉及输出外观与格式的参数进行设置,这样才能打印出符合要求的专业图样。使用"页面设置管理器"命令即可方便地设置和管理图形的打印页面。

执行"页面设置管理器"命令主要有以下几种方式:

➢ 选择菜单栏"文件"|"页面设置管理器"命令。

➢ 在命令行输入 Pagesetup 并按 Enter 键。

➢ 在"模型"或"布局"标签上单击右键,选择"页面设置管理器"命令。

执行"页面设置管理器"命令后,系统打开如图10-20所示的"页面设置管理器"对话框,在此对话框中可以设置、修改和管理当前的页面设置。单击对话框中的 新建(N)... 按钮,可打开"新建页面设置"对话框,用于为新页面命名,如图10-21所示。

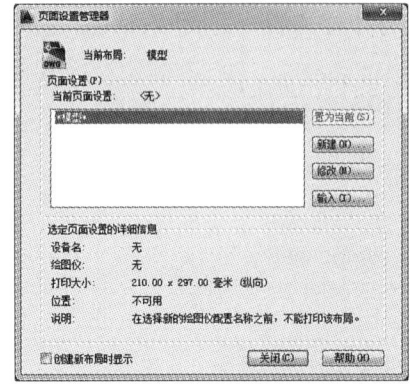
图 10-20 "页面设置管理器"对话框

图 10-21 "新建页面设置"对话框

单击 **确定(O)** 按钮,打开如图 10-22 所示的"页面设置"对话框,可对打印设备、图纸尺寸、打印区域、打印比例、打印样式等进行设置。

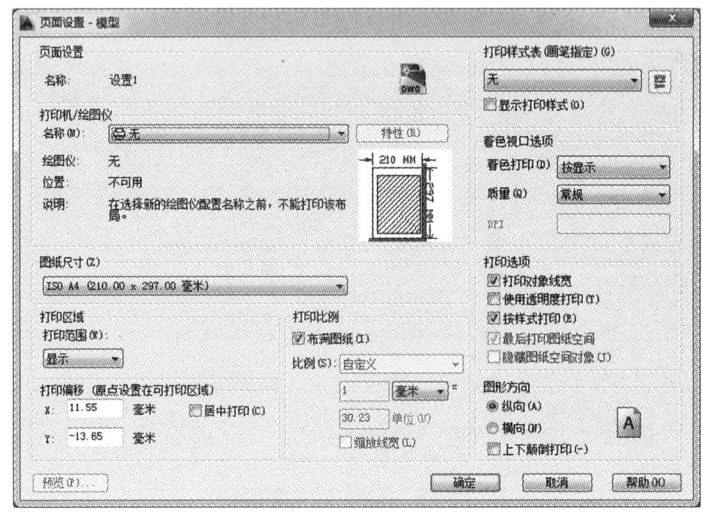
图 10-22 "页面设置"对话框

(1)打印机/绘图仪

"打印机/绘图仪"选项组主要用于配置打印设备,"名称"选项右侧的下拉列表框中列出了本机可用的 AutoCAD 内部打印机(PC3 文件)或系统打印机,如图 10-23 所示,设备名称前的图标可供用户识别其为 PC3 文件还是系统打印机。

在电脑没有安装真实打印机的情况下,用户可以通过选择不同的虚拟打印设备输出图形文件,供第三方软件打开。

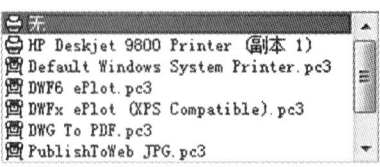
图 10-23 打印设备

(2) 图纸尺寸

"图纸尺寸"下拉列表主要用于配置图纸幅面,可显示与所选打印设备相关的标准图纸尺寸,如图10-24所示。

当选择了某种图纸尺寸时,该列表右上角将出现所选图纸及实际打印范围的预览图像,将光标移至预览区域中,光标位置会显示出精确的图纸尺寸以及图纸的可打印区域范围。

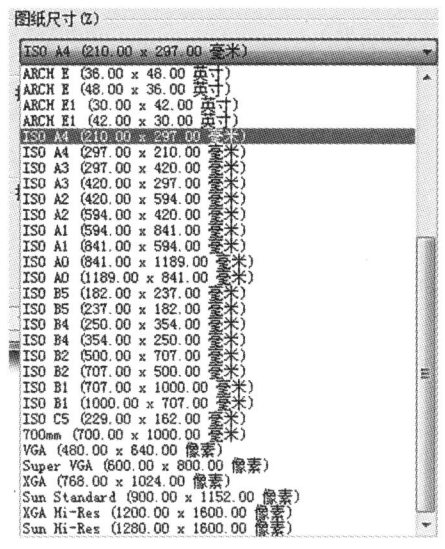

图 10-24 标准图纸尺寸

(3) 打印区域

"打印区域"选项用来指定要打印图形的范围。在"打印范围"下拉列表中,用户可以选择不同的方式来确定要打印的图形区域,具体有"显示"、"窗口"、"范围"和"图形界限"4 种,如图 10-25 所示。

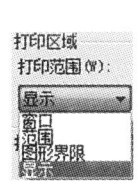
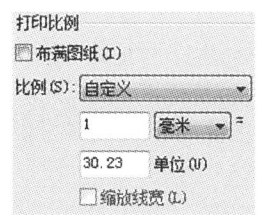

图 10-25 打印范围　　　图 10-26 打印比例

(4) 打印比例

"打印比例"选项用于控制图形单位与打印单位之间的相对尺寸,如图 10-26 所示。其中"布满图纸"复选框仅适用于模型空间中的打印,当勾选该复选框后,AutoCAD 将自动调整图形,与打印区域和选定的图纸等相匹配,使图形获得最佳位置和比例。

(5) 打印偏移

"打印偏移"选项用于指定打印区域相对于可打印区域左下角或图纸边界的偏移量,如图 10-27 所示。默认设置下,AutoCAD 从图纸左下角打印图形。用户也可直接输入 X、Y 方向的偏移数值,以重新设定新的打印原点。当勾选"居中打印"复选框时,系统会自动计算 X、Y 方向的偏移数值，在图纸上居中打印。

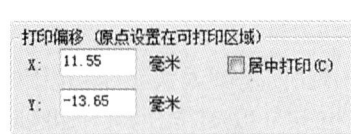
图 10-27 打印偏移

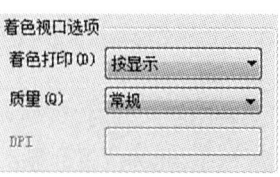
图 10-28 着色视口选项

(6) 打印样式表

"打印样式表"选项用于设定打印图形的外观，包括对象的颜色、线型、线宽等，也可指定对象的端点、连接和填充样式，以及抖动、灰度、画笔指定和淡显等输出效果。

(7) 着色视口选项

"着色视口选项"用于设置着色和渲染视口的打印方式，并通过"质量"下拉列表选择着色和渲染视口的打印分辨率，如图 10-28 所示。

(8) 打印选项

"打印选项"用于指定打印样式、对象的打印次序等属性。

(9) 图形方向

"图形方向"选项用于调整图形在图纸上的打印方向，如图 10-29 所示，有纵向、横向和上下颠倒打印三种打印方向。

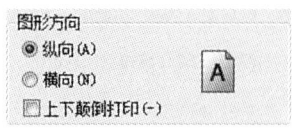
10-29 图形方向

完成上述设置后，可单击 预览(P)... 按钮，预览打印效果。单击 确定 按钮返回到"页面设置管理器"对话框，并将新建立的设置显示在列表框中。此时可以将新样式设为当前样式，然后关闭对话框，完成打印页面的设置。

5. 预览打印效果

"打印预览"命令主要用于对设置好的打印页面进行预览，执行该命令主要有以下几种方式：

➢ 选择菜单栏"文件" | "打印预览"命令。
➢ 单击"标准"工具栏上的 按钮。
➢ 在命令行输入 Preview 并按 Enter 键。

10.2.2 模型空间的打印

模型空间是 AutoCAD 的工作空间之一，它是图形的设计空间，当在绘图过程中只涉及一个视图时，在模型空间即可完成图形的绘制以及打印等操作。在模型空间打印的操作原理较易理解，本节主要通过实例来学习模型空间内的打印技巧。由于在学习阶段电脑可能未连接真实打印机，故在本节和下节的实例中均选择系统提供的"DWGToPDF"虚拟打印机，打印输出 *.pdf 格式的图形文件。其他打印机打印输出方法类似。

课堂举例：在模型空间中打印泵盖零件图。

"1"执行"打开"命令，打开某素材文件，如泵盖零件图"\素材文件\10-30 泵盖零件图.dwg"文件，如图 10-30 所示。

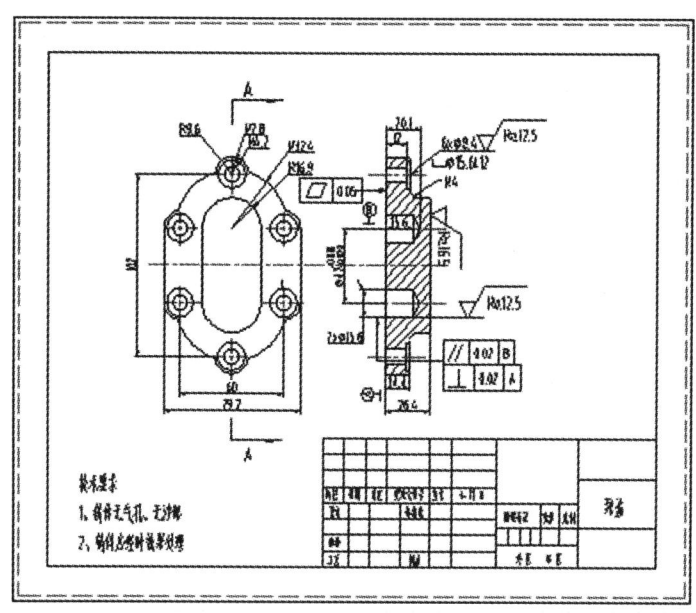

图 10-30　泵盖零件图

"2"执行"绘图仪管理器"命令，在打开的文件夹窗口中双击"DWGToPDF"图标，打开"绘图仪配置编辑器—DWGToPDF.pc3"对话框。

"3"展开"设备和文档设置"选项卡，选择"修改标准图纸尺寸（可打印区域）"选项，如图 10-31 所示。

"4"在"修改标准图纸尺寸"选项组中选择如图 10-32 所示的图纸尺寸。

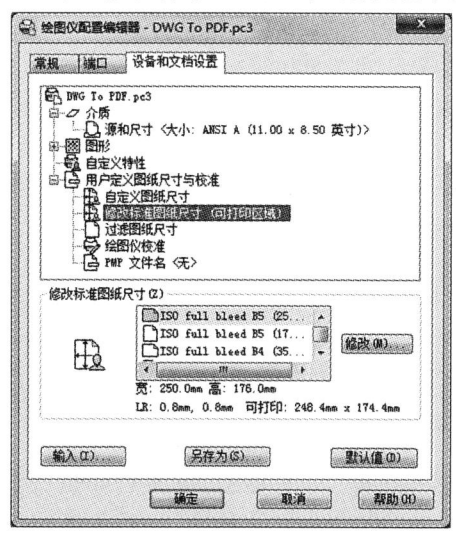

图 10-31　"设备和文档设置"选项卡

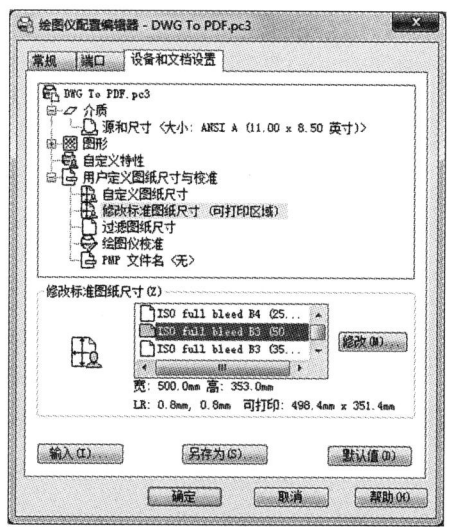

图 10-32　选择标准图纸尺寸

"5"单击 修改(M)... 按钮,在打开的"自定义图纸尺寸—可打印区域"对话框中设置参数,如图10-33所示。

"6"单击 下一步(N) > 按钮,在打开的"自定义图纸尺寸—文件名"对话框中,为修改后的标准图纸命名,如图10-34所示。

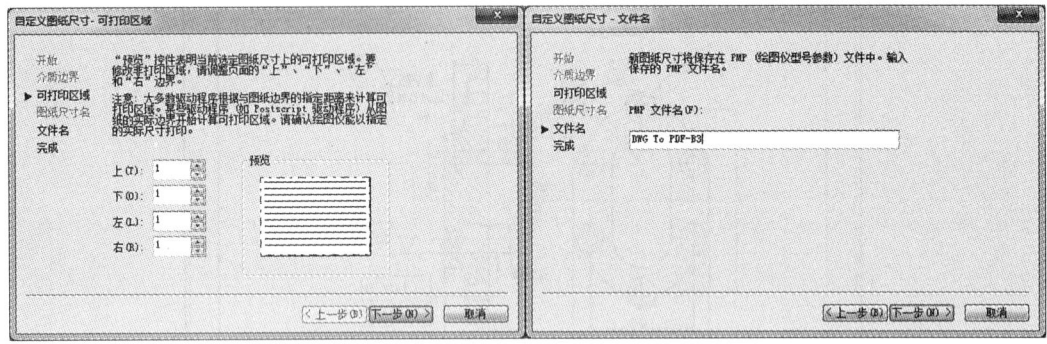

图10-33 修改可打印区域　　　　图10-34 命名修改后的标准图纸

"7"单击 下一步(N) > 按钮,在"自定义图纸尺寸—完成"对话框中单击 完成(F) 按钮,系统返回"绘图仪配置编辑器—DWGToPDF.pc3"对话框,然后单击 另存为(S)... 按钮,对当前配置进行保存,如图10-35所示。

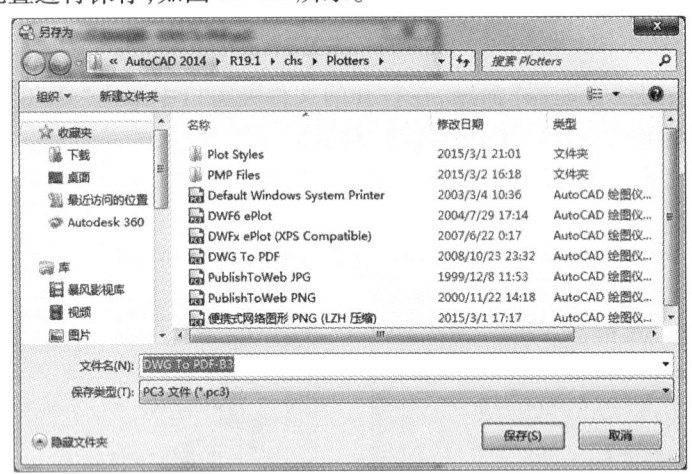

图10-35 保存打印设备

"8"单击 保存(S) 按钮,返回"绘图仪配置编辑器—DWGToPDF.pc3"对话框,然后单击 确定 按钮,完成绘图仪的配置。

"9"执行"页面设置管理器"命令,在打开"页面设置管理器"对话框中单击 新建(N)... 按钮,为新页面命名,如图10-36所示。

"10"单击 确定 按钮,打开"页面设置—模型"对话框,设置打印机、图纸尺寸、打印偏移、打印比例、图形方向等参数,如图10-37所示。

图10-36　为新页面命名　　　　　图10-37　设置页面参数

"11"单击"打印范围"下拉按钮,在下拉列表中选择"窗口"选项,如图10-38所示。

"12"返回绘图区,根据命令行提示,分别捕捉图框的两个对角点,指定打印区域。

"13"系统自动返回"页面设置—模型"对话框,单击 确定 按钮返回"页面设置管理器"对话框,将创建的新页面设置为当前页面,如图10-39所示。

图10-38　选择打印区域

图10-39　置为当前页面

"14"执行"打印预览"命令,对图形进行打印预览,预览结果如图10-40所示。

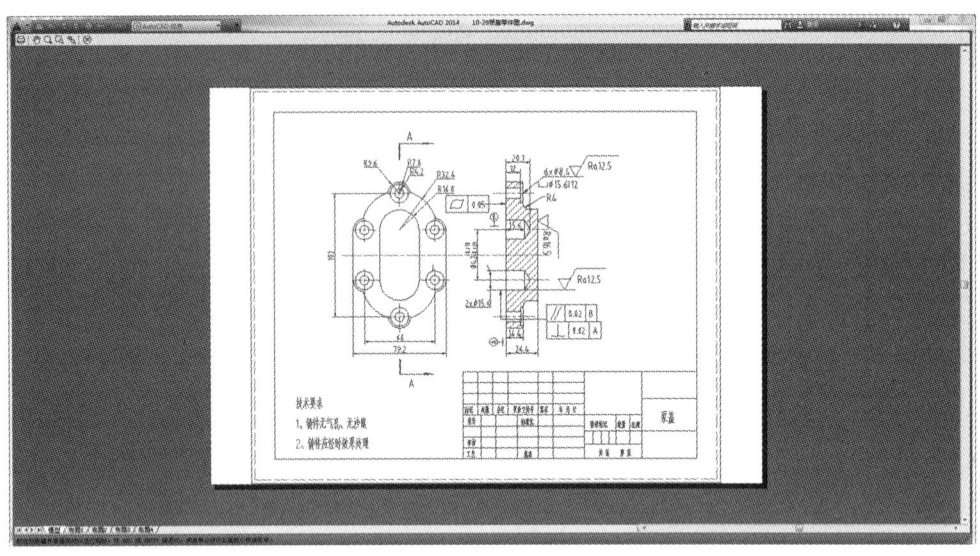

图 10-40　打印预览

"15"单击 🖨 按钮,系统打开如图 10-41 所示的"浏览打印文件"对话框,设置打印文件的保存路径和文件名。

"16"单击 保存(S) 按钮,系统弹出"打印作业进度"的对话框,待该对话框关闭,打印过程结束。

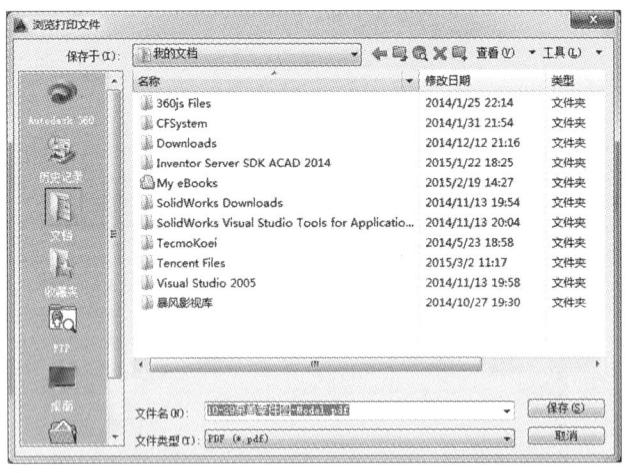

图 10-41　保存打印文件

10.2.3　图纸空间的打印

图纸空间即布局空间,主要用于图形的打印输出。与模型空间的打印在操作和设置上不尽相同,多为专业人员所使用。使用布局空间可以方便地设置打印设备、纸张、比例、图样布局,并预览实际出图效果。当需要将多个视图放在同一张图样上输出时,使用布局就可以方便地控制图形的位置、输出比例等参数。本节主要通过实例来学习图纸空间内的精确打印技巧。

课堂举例:在图纸空间中打印泵盖零件图。

"1"执行"打开"命令,打开某素材文件,如泵盖零件图"\素材文件\10-30 泵盖零件图.dwg"文件。

"2"单击绘图区下方的 布局1 标签,进入"布局1"操作空间,如图 10-42 所示。

"3"执行"删除"命令,删除视口中的图形,结果如图 10-43 所示。

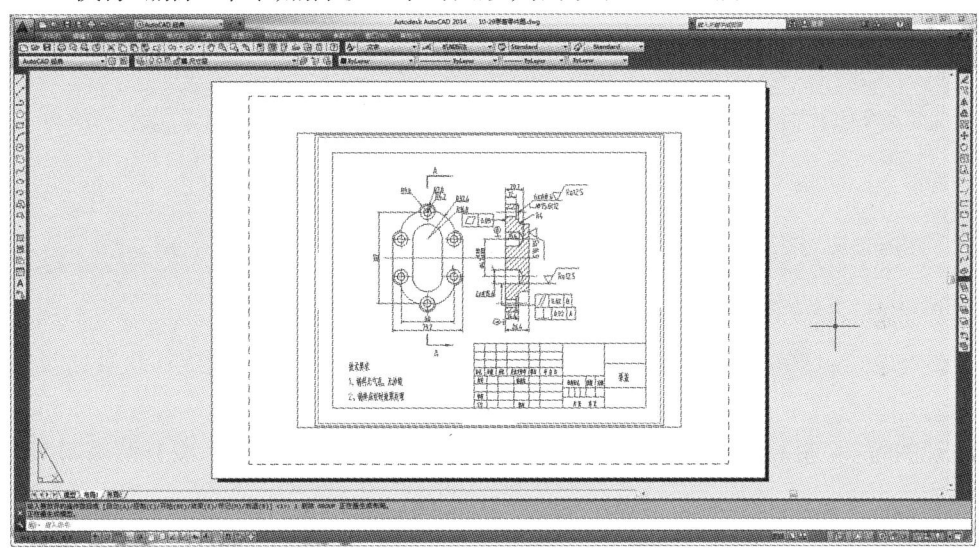

图 10-42 "布局 1"空间

图 10-43 删除结果

"4"执行"页面设置管理器"命令,在打开的"页面设置管理器"对话框中单击 新建(N)... 按钮,为新页面命名,如图 10-44 所示。

"5"单击 确定 按钮,打开"页面设置—布局1"对话框,设置打印机、图纸尺寸、打印偏移、打印比例、图形方向等参数,如图 10-45 所示。

图10-44　为新页面命名　　　　　　图10-45　设置页面参数

"6"单击 **确定** 按钮返回"页面设置管理器"对话框,将创建的新页面设置为当前页面。

"7"执行"复制"命令,将图框从"模型"空间复制到"布局1"空间,复制结果如图10-46所示。

"8"选择菜单栏"视图"|"视口"|"多边形视口"命令,分别捕捉图框角点,创建多边形视口,将图形从模型空间添加到布局空间,如图10-47所示。

"9"在视口内部双击鼠标左键激活多边形视口。

"10"打开视口工具栏,调整比例为1:1,如图10-48所示。

"11"在视口外部双击鼠标左键,关闭视口激活状态,防止图形对象被移动或缩放。

"12"执行"打印"命令,打印输出图形文件,方法同10.2.2。

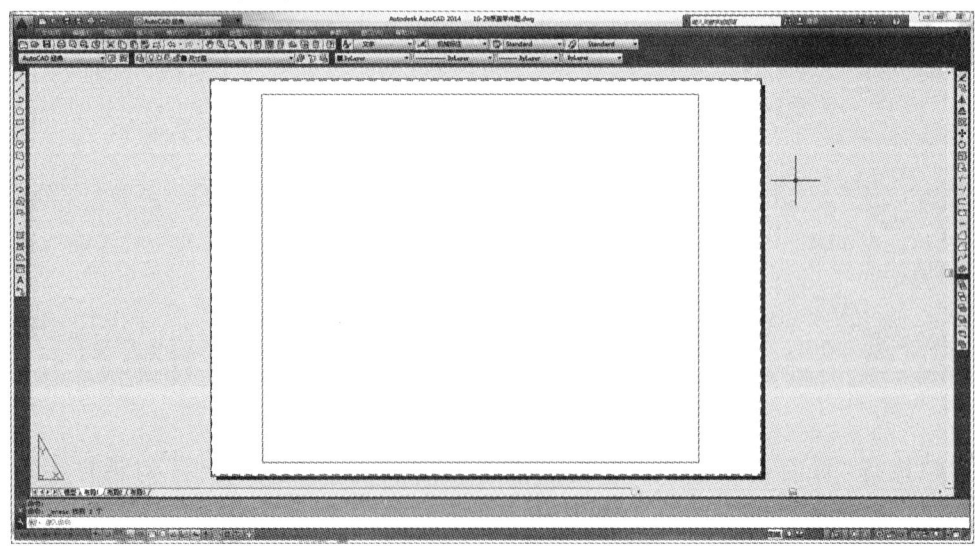

图10-46　复制结果

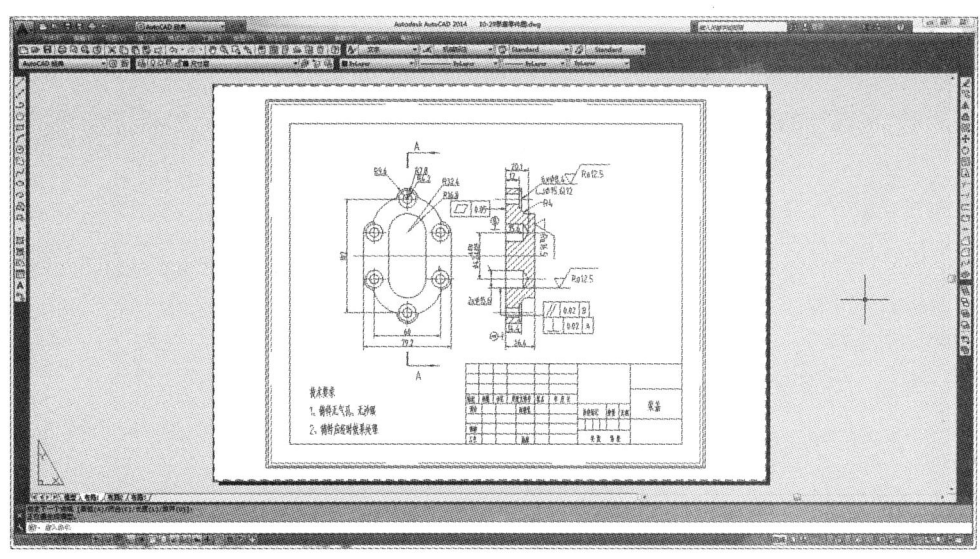

图 10-47　添加图形至布局空间

图 10-48　调整比例

小　　结

本章介绍了 AutoCAD 2014 与其他软件之间的数据交换功能以及后期打印输出功能。AutoCAD 不仅能够输出其他格式的图形文件，也可以使用其他软件生成的图形文件；完成图形绘制后，可以根据需要在模型空间或图纸空间将图形对象打印输出到图纸。

习　　题

1. 填空题

（1）AutoCAD 2014 的输出环境有_____和_____两种。

（2）"页面设置"对话框中"图形方向"选项有_____、_____和_____三种打印方向。

（3）当需要将多个视图放在同一张图样上输出时，可以在_____进行打印。

2. 判断题

（1）在没有安装真实打印机的情况下，用户可以通过选择虚拟打印设备输出图形文件。　　　　　　　　　　　　　　　　　　　　　　　　　　　　　　　　　（　　）

（2）若要在其他软件平台或应用程序使用 AutoCAD 图形，必须将其转换为特定格式。
　　　　　　　　　　　　　　　　　　　　　　　　　　　　　　　　　　　（　　）

（3）当在绘图过程中只涉及一个视图时，在模型空间即可完成图形的打印操作。
　　　　　　　　　　　　　　　　　　　　　　　　　　　　　　　　　　　（　　）

计算机辅助设计
——AutoCAD 2014(中文版)
通用教程

专业应用篇

主 编 吕 晖

河南大学出版社
·郑州·

目 录

第11章 基于CAD软件平台的测绘地形图绘制 ············· 1
- 11.1 测绘符号制作 ············· 1
- 11.2 地形图绘制的基本知识 ············· 4
- 11.3 地类与自定义图层 ············· 9
- 11.4 定制地形图线型与填充图案 ············· 11

第12章 基于cass软件的测绘地图绘制 ············· 26
- 12.1 cass软件简介 ············· 26
- 12.2 CASS9.0各项命令与工具栏 ············· 27
- 12.3 测绘地形图绘制 ············· 51
- 12.4 测绘地籍图绘制 ············· 59
- 12.5 测绘房产图绘制 ············· 68

第13章 绘制建筑工程图纸 ············· 71
- 13.1 建筑工程图纸绘制基础 ············· 71
- 13.2 工程样板图的绘制 ············· 75
- 13.3 建筑平面图的绘制 ············· 79
- 13.4 建筑立面图的绘制 ············· 90
- 13.5 建筑剖面图的绘制 ············· 94
- 13.6 建筑详图的绘制 ············· 98

第14章 天正建筑绘制住宅楼施工图 ············· 107
- 14.1 天正建筑软件简介 ············· 107
- 14.2 用天正建筑T20绘制住宅楼施工图 ············· 111
- 14.3 BIM简介 ············· 130

第15章 绘制机械图纸 ············· 144
- 15.1 机械图绘制基础 ············· 144
- 15.2 机械制图环境设置 ············· 149

15.3 常用机械零件的绘制 …………………………………………………… 158

15.4 机械综合图绘制实例 …………………………………………………… 174

附录 AutoCAD 主要命令与快捷键汇总附录 …………………………………… 186

第 11 章 基于 CAD 软件平台的测绘地形图绘制

11.1 测绘符号制作

随着科技的发展,地图已由传统的纸质地图发展到了数字地图,地图符号在数字地图中占了很大的比例,它们是地图语言的核心。AutoCAD 作为数字化成图的主要应用软件,依靠本身附带的地图符号,是不能满足数字化测图中各种复杂符号需求的,因此需要在此基础上进行定制和开发。

数字测图中所用的图式必须遵循国家颁布的地形图图式规范——《国家基本比例尺地图图式 1∶500 1∶1000 1∶2000 地形图图式》(GB20257.1-2007)。根据规范本部分重点介绍测绘符号的制作方法。

11.1.1 地形图图式符号的基本内容

为了使数字地形图更好地满足各部门的需要。数字化测图软件不仅需要建立一个完整的图式符号库,而且在设计上还应当遵守国家或部门的有关标准。

1. 地形图符号的形状

(1)正形符号

正形符号以物体垂直投影后的几何形状表示,如居民地边界、海洋、湖泊的边界等。

(2)侧视符号

侧视符号从物体一侧按照正射投影后的抽象几何形状表示,如烟囱、水塔、阔叶树等。

(3)象征性符号

用一个象征性符号来表示地物的符号,如学校用"文"、卫生所用"+"等。

(4)会意符号

一些地物在地形图中无论用何种比例尺缩绘,它均为一个点,如三角点、控制点、图根点等;一些地物在地形图中只有概念而无实物,如国界线、省界线、市界线等只能采用不同形式的线段加以表示。这样的一些地物或者信息在地形图中只能用会意符号来表示。

(5)注记符号

有些地物只从形状上还难以区分其性质,因此,必须附加某些说明注记以示区别。例如,同是矿井符号,但要区分其为铜、铁、磷或煤,就必须在其旁加注相应的属性字,因此称之为注记符号。

2. 符号的大小

符号的大小与实物的大小和重要程度有关。重要的物体一般用大的符号和较粗的线来描绘,例如,国界的线宽为 0.8 mm,界碑点的直径为 1.0 mm 的黑点;省界线宽度为 0.6 mm,界碑点直径为 0.8 mm 等。

3. 符号的颜色

符号的颜色主要用以区别地物大类的基本性质,增强地形图的表现力,提高艺术效果,使之逼真美观,清晰易读。由于我国的地形图一般是采用四色印刷,所以不能够完全按照物体的自然色显示出来,而只能够按照 4 大类分别表示:

黑色表示人工物体,如道路、管线、居民地等。

蓝色表示人工要素,如河流、湖泊、沟渠、井、泉等。

棕色表示地貌与土质,如等高线、特殊地貌符号等。

绿色表示植被要素,如森林、果园等。

4. 地形图符号的分类

《1∶500　1∶1000　1∶2000 地形图图式》中共有 8 大类共 410 多个符号(注记除外)表示地面上形态万千的物体。根据符号与实地物体的比例关系将地形图符号分为以下三个类型:

(1)依比例尺符号

地物依比例尺缩小后,其长度和宽度能依比例尺表示的地物符号。

依比例符号轮廓表示面状物体的真实位置与形状,如较大的建筑设施、稻田、森林、湖泊、海洋、草地、沼泽地等。

(2)半依比例尺符号

地物依比例尺缩小后,其长度能依比例尺而宽度不能依比例尺表示的地物符号。在大比例尺地形图中,半依比例尺符号旁只标注宽度尺寸值。

(3)不依比例尺符号

地物依比例尺缩小后,其长度和宽度不能依比例尺表示。在大比例尺地形图中,不依比例尺符号旁标注符号长、宽尺寸值。

5. 建立地形图符号的一般原则

在 AutoCAD 平台上定制测绘符号无论采用何种方法,均需遵循国家测绘局的统一标准,实行统一的原则,方可使建立的符号库在不同的条件下统一使用。根据要求,建立地形图符号应遵循以下原则:

①严格保证图形符号符合国家标准的地形图图式;

②地物符号的整体性,符号一体,属性关联;

③产生的交换文件简洁,图载信息无损失;

④方便作业员操作,尽可能提高作业效率。

11.1.2　创建地形图独立地物符号

在 AutoCAD 平台上定制测绘符号通常有两种方法:一种是利用形(shape)文件,另一种是使用图块(block)。形是一种用文本文件(扩展名是.shp 和.shx)定义的矢量符号,块是一种特殊化了的 AutoCAD 图形文件(*.dwg),可用于所有符号的定义。二者相比较,形具有占用磁盘空间少的优点,适用于规则符号的定义,但定义过程繁琐复杂;块可用于所有符号的定义,方法简便直观,且可定义属性块,实现带有注记的符号(如三角点、导线点)的绘制,缺点是占用磁盘空间较大。无论采用上述任一种方法,创建地形图独立地物符号的第一步都是确定点状符号的定位点和符号的尺寸大小。

1. 定位点的选取

创建点状符号时首先要选择一个绘制基点,即定位点。基点的选取法则如下:①圆形、方形、三角形等几何图形符号,如三角点、导线点等,其几何的中心为定位点;②宽底符号,如烟囱、水塔、散坟等,其符号的底线中心为定位点;③底部为直角形的符号,如加油站、独立树、汽车站等,其符号底部的直角顶点为定位点;④不规则几何图形,又没有宽底或直角顶点的符号,如无线电杆、雷达站等,其符号下方两端点连线的中心为地物的定位点。

2. 符号尺寸大小的确定

大多数点状符号的尺寸大小是依比例尺的变化而变化的,故在不同比例尺的地形图中,同一符号的实际大小尺寸是不同的。如尺寸为 1 mm 的符号,1 mm 指的是在图纸上的尺寸,因此对于 1/1000 比例尺地形图,该符号在图形文件中的实际尺寸应为 1 m。由于符号的尺寸与比例尺有关,因此我们一般取 1/1000 为基本比例尺来制作符号,这样图纸上 1 mm 符号的实际尺寸为 1 m。为了便于换算,当在 1/500 比例尺的地形图中插入该符号时,插入比例应为 0.5;在 1/2000 的地形图中插入该符号时,插入比例应为 2,以此类推。

3. 利用图块功能建立独立地物符号

图块是 AutoCAD 系统中最具特色的图形实体,可以在图形系统中随意定制,并以文字形式保存,绘图时可以任意插入图形中。对于点状符号,其位置固定,数量较多,且一般都带有标注,可逐个制作属性块图元,单独插入。

每个块在图形文件中只存储一次而可多次调用插入,计算机只需存储插入的信息,如图名、插入点、缩放比例、旋转角度等,无需保存整个图块信息,这样可节省大量的存储空间。同时,如若修改了图块定义,则原有插入该图块的地方全部自动更新为新图块,极大地提高图件的编辑效率。

11.1.3　定制地形图线型

线状符号用于表示呈线状分布或带状延伸的物体,如河流、公路、铁路、境界线等都有相应的线状符号表示,线状符号既能表示一定范围内地物的形状、弯曲程度及延伸方向,又能以宽度、色彩等表示地物的数量或质量特征。

线型的多样性,是地形图绘制的特色之一,掌握了地形图中线型的定制和使用,就基本上掌握了 AutoCAD 线型定制的全部内容。通常采用 AutoCAD 提供的线型自定义功能,来定制地形图行政区界线、道路、管线等特殊线型。线状符号在 AutoCAD 中分为基本线型和复合线型,基本线型是指由宽度的实线和各种点划线,可用于表示小路、地类界等简单的线型符号;复合线型是在简单线型的基础上插入了文本以及由形定义的点状符号,因此,可构造出复杂的具有横向结构的线状符号,如栅栏、围墙等。

11.1.4 定制地形填充图案

在绘制地形图过程中,经常需要在所绘图形的某一区域填充图案,比如,草地、园地、房屋等地物,这一操作过程称为"图案填充"。地图面状符号是指地图上用来表示呈面状分布的物体或地理现象的符号。这些符号通过不同方向、不同间隔、不同粗细的"晕线",或呈一定规律分布的个体符号、花纹或颜色来反映不同地物的质量特征或数量上的差异。

在 AutoCAD 中,提供了两个面状符号填充命令,Hatch 和 Bhatch,这两个命令通过调用预定义中的阴影图案完成面状符号的绘制,但地形图中仍有大量复杂的地物面状符号,如盐碱地、林地、草地、旱地等,直接使用 AutoCAD 中的通用填充图案和系统预定义的填充符号无法实现,因此必须依据地形图图式规范对地物填充图案的要求来自定义填充符号。

11.2 地形图绘制的基本知识

11.2.1 地形图绘图坐标系的约定

AutoCAD 中有两个坐标系:一个称为世界坐标系(World Coordinate Sysytm,简称WCS)的固定坐标系和一个称为用户坐标系(User Coordinate Sysytm,简称 UCS)的可移动坐标系。在 WCS 中,X 轴是水平的,指向由左向右,Y 轴是垂直的,正向朝上,Z 轴垂直于 XY 平面,原点是图形左下角 X 轴和 Y 轴的交点。UCS 坐标系是依据 WCS 通过移动原点和旋转坐标轴来定义的,以方便用户根据自己的需要绘制图形。启动 AutoCAD 后,缺省情况下 UCS 与 WCS 重合,其坐标系图标见图 11-1。

虽然上述 WCS 坐标系与我们在测量学中定义的测量坐标系从本质上说是一致的,但容易想象得到,在 AutoCAD 中,按照相同坐标绘制的图形,其方位与我们想象中的并不一致,这是由于两个坐标系视点的不同所造成的。例如,将测量坐标系中正北方向上两点 P1 和 P2 的坐标输入到 AutoCAD 中,就会发现该两点在正东方向上。

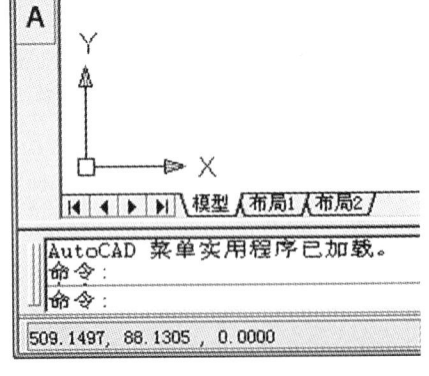

图 11-1 UCS 与 WCS 重合坐标系

1. 定义用户坐标系

为了解决 AutoCAD 中图形显示(视点不同)问题,可以采用户坐标系。借助前面学过的"UCS"命令,将 WCS 分别进行一次绕 Y 坐标轴和 Z 坐标轴旋转即可得到如图 11-2 所示的测量坐标系。具体操作命令如下:

命令:ucs
当前 UCS 名称:*世界*
输入选项
[新建(N)/移动(M)/正交(G)/上一个(P)/恢复(R)/保存(S)/删除(D)/应用(A)/?/世界(W)]<世界>:n
指定新 UCS 的原点或[Z 轴(ZA)/三点(3)/对象(OB)/面(F)/视图(V)/X/Y/Z]<0,0,0>:y
指定绕 Y 轴的旋转角度<0>:180
命令:ucs
当前 UCS 名称:*没有名称*
输入选项
[新建(N)/移动(M)/正交(G)/上一个(P)/恢复(R)/保存(S)/删除(D)/应用(A)/?/世界(W)]<世界>:n
指定新 UCS 的原点或[Z 轴(ZA)/三点(3)/对象(OB)/面(F)/视图(V)/X/Y/Z]<0,0,0>:z
指定绕 Z 轴的旋转角度<0>:90
命令:ucs
当前 UCS 名称:*没有名称*
输入选项
[新建(N)/移动(M)/正交(G)/上一个(P)/恢复(R)/保存(S)/删除(D)/应用(A)/?/世界(W)]<世界>:s
输入保存当前 UCS 的名称或[?]:survey

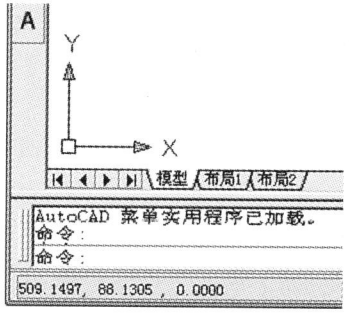

图 11-2 UCS 测量坐标系图标

操作中前两个 UCS 命令是分别绕 Y 轴和 Z 轴旋转,最后一个 UCS 命令是将旋转后的 UCS 坐标系用"survey"名称保存,可用 ucsman 命令查看或在 WCS 和 UCS 中切换(见图 11-3)。

定义了 UCS 坐标系后所有的坐标输入都使用当前 UCS,因此用户可按照测量坐标进行输入和输出以及图形绘制。但是要特别强调的是,在进行文字注记和图案(地物)符号填充时还应将 UCS 切换到 WCS 中来,否则文字和图案符号的方向与

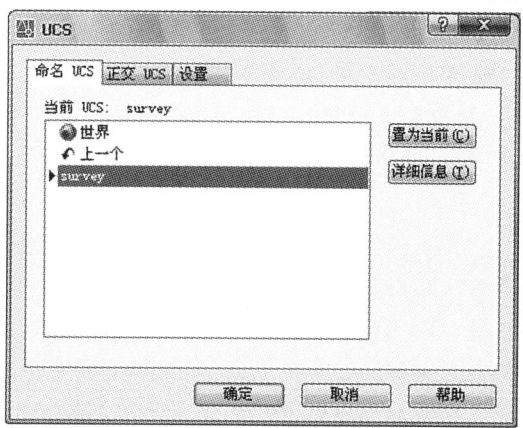

图 11-3 UCS 管理对话框

实际不一致,增加编辑和修改的工作量。

2. 约定坐标系

虽然通过自定义 UCS 坐标系解决了图形显示问题,但是 UCS 坐标系并不是通用的坐标系,不利于多个用户共享,而且在绘图过程中还要频繁地在两个坐标系中切换,并不方便。为此,我们可以采用约定坐标系,即直接将 WCS 作为测量坐标系来使用,不过这里有个约定:需要把 WCS 中的 Y 轴(垂直向上)当作测量坐标系中的 X 轴,相应地把 WCS 中的 X 轴(水平向右)当作测量坐标系中的 Y 轴,或者说,在 AutoCAD 中输入测量坐标时,将 Y 坐标放在 X 坐标之前,当然在 AutoCAD 中输出坐标时,也要按照测量坐标系中的 Y、X 和 H 的顺序来理解。这样约定之后,对后续的所有绘图工作都是非常方便的。事实上,国内所有的基于 AutoCAD 二次开发的地形地籍成图系统都是采用这种约定的坐标系。这就是为什么几乎所有初学者初次接触到成图软件时都要问同样一个问题:为什么测量点的 Y 坐标要放在 X 坐标之前?

进一步理解,其实测量坐标系中的 X 轴和 Y 轴只是人为定义的两个坐标轴的符号,只是为了方便,自然也可以用其他字符表示。相信所有的测量人员一定注意到所有的全站仪并没有出现 X 和 Y,取而代之的是用 N(North)和 E(East)来代表测量中的 X 和 Y 坐标;另外在国外的测量教科书中也都是用字符 N 和 E 来表示坐标的,其意义不言自明。

11.2.2 绘图比例尺

比例尺的定义是图上距离与相应实地水平距离之比,是地形图、地籍图等图件的一个非常重要的尺度参数。有了比例尺,就可以把地面上的地物和地貌的实际尺寸,按照比例尺缩小绘在图纸上,供人们阅读和使用;同时比例尺还代表了图件所达到的精度,例如,要把一条 0.5 m 宽的小路用双线绘在比例尺为 1:1000 的纸质图上就十分困难,或者说,我们不可能在比例尺为 1:1000 的纸质图上量出 0.5 m 的双线小路来。可见,比例尺既是人们用图的需要(图纸不必太大),也是人们绘图的必然选择(绘图精度限制)。因此,比例尺对于传统的纸质图来说是非常重要的。

那么在 AutoCAD 中,比例尺是如何确定的呢?

举一个简单的例子,在手工绘图时,如果取比例 1:500,那么在图纸上 100 mm 长的线段实际代表了 50 m 长的线。如果在 AutoCAD 中也象手工绘图那样画出 100 mm 长的线,这显然是不方便的。从前面学过的内容知道,在 AutoCAD 中线段的长度单位是图形单位,并没有规定实际单位是米,分米还是厘米,这就给用户带来非常大的方便。于是,要确定图形比例尺首先要确定 AutoCAD 中图形单位是多少。

1. 确定图形单位

为了在 AutoCAD 中表示地面两点间的距离,需要确定 AutoCAD 中一个图形单位对应的实际长度。直观上看,测量中点的坐标或线段长度都是以米为单位的,自然这样选取最合理:AutoCAD 中 1 个图形单位=实地 1 米。这种一对一的简单关系给实际绘图带来相当大的好处。在上述例子中,只要在 AutoCAD 中绘 50 个图形单位长度的线,而不去理会它换算到图纸上是多少毫米的线段。或者说,AutoCAD 中某线段有多少个图形单位的长度就等于实地上多少米的距离,不要去管它比例尺是多少,如何折算。

事实上,作为用户而言,用图目的就是要知道地面的真实情况,当你用鼠标在图上进行量距定点时,就如同在野外用全站仪量距定点一样,避免了通过比例尺在图上和实地之间的换算过程。

【例11-1】设 P1、P2 两点坐标分别为(50.0,100.0)和(100.0,200.0),试分别用 POINT 命令展绘出两点,并用 DIST 命令量取两点之间的长度。

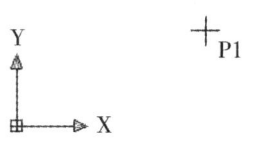

图11-4 展绘测量坐标点

命令操作如下:

命令:point
当前点模式:PDMODE=2PDSIZE=0.000
指定点:100,50
命令:point
当前点模式:PDMODE=2PDSIZE=0.000
指定点:200,100
命令:dist
指定第一点:指定第二点:
距离=111.803,XY 平面中的倾角=27,与 XY 平面的夹角=0
X 增量=100.000,Y 增量=50.000,Z 增量=0.000

2. 确定图形比例

在展绘测量坐标点或绘制线段长度时,直接按实际坐标或实地长度展绘。从这个意义上来理解,可以认为图形的比例尺为 1:1。

然而绘图的目的是供其他用户阅读和使用的,不同地物符号的大小,线状地物的粗细以及各类注记的大小等,在图式规范中均有相应的规定,这样绘制出的图才能布局匀称,疏密合理,图面清晰。由于图式中标注的尺寸是以毫米为单位的,因此需要弄清 AutoCAD 中 1 个图形单位输出到纸质图上相应的长度是多少。

在 AutoCAD 中画一个边长等于 1 个图形单位的正方形,在绘图仪上按 1:1 比例输出后,用三角尺量取正方形边的宽度,结果都等于 1 mm;如果按 1:2 比例输出后,用三角尺量取正方形边的宽度,其结果等于 2 mm。

这个例子说明:在 AutoCAD 图形中,对于所有的独立地物、植被符号、线状地物的线宽、线型比例,以及各类注记等都要考虑比例尺,而对于野外测量的点的坐标和线段的长度却不需考虑比例尺。

因此,在 AutoCAD 中,所谓绘图比例就是指用 SCALE(缩放)、PLINEWID(线宽)和 LTSCALE(线型比例)、HPSCALE(填充比例)等命令执行地物的比例缩放操作时所确定的比例,同传统的图上量距定点无关。

与手工绘图方式不同,在 AutoCAD 中绘图并不是采用绝对比例尺,而是采用一种所谓相对比例尺。因为前面已约定了 1 个图形单位等于实地距离 1 m,而 AutoCAD 中采用公制时 1 个图形单位可选择 1 mm(按出图比例 1:1),这样相当于隐藏了一个事实上的比例尺 1:1000。于是对于比例尺 1:1000 约定 SCALE、LTSCALE 和 HPSCALE 的值为 1.0,PLINEWID 的值为图式规范中规定的线宽。其他比例尺时所采用的值则相对 1:1000 进行变换。

由于约定比例尺 1:1000 的有关变量的值,自然形成了其他比例尺的基准,因此后面的自定义线型、自定义图案以及独立地物符号都是在 SCALE、LTSCALE 和 HPSCALE 的值为 1.0 的情况下定制的。

表 11-1 为当比例尺为 1:500 ~ 1:2000 所对应的 SCALE、LTSCALE、HPSCALE 和 PLINEWID 所采用的值,以及作用的对象。国内各测绘公司开发的地形地籍成图系统,如广州南方 CASS,武汉拓普康 EDMS,以及北京威远图 WELLTOP 等均采用这种约定。

表 11-1 1:500 ~ 1:2000 对应的 SCALE、LTSCALE、HPSCALE 和 PLINEWID 所采用的值

比例尺	SCALE		LTSCALE		HPSCALE		PLINEWID	
	值	作用对象	值	作用对象	值	作用对象	值	作用对象
1:500	0.5 倍尺寸	独立地物符号、注记	0.5	线状地物的比例,如小路、坎状线型等	0.5	地类填充符号,如旱地、菜地等	0.5 倍的标准线宽	线状地物的宽度,如道路、等高(深)线等
1:1000	规范标注尺寸	独立地物符号、注记	1.0	线状地物的比例,如小路、坎状线型等	1.0	地类填充符号,如旱地、菜地等	规范规定的线宽	线状地物的宽度,如道路、等高(深)线等
1:2000	2.0 倍尺寸	独立地物符号、注记	2.0	线状地物的比例,如小路、坎状线型等	2.0	地类填充符号,如旱地、菜地等	2.0 倍的标准线宽	线状地物的宽度,如道路、等高(深)线等

【例 11-2】下图根据相同的数据文件分别按 1:1000 和 1:2000 绘制的地形图。

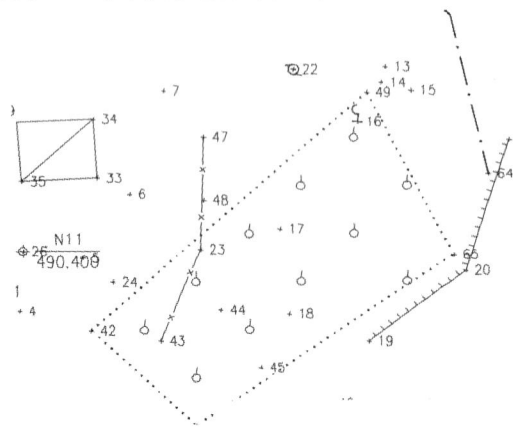

图 11-5 1:1000 局部地形图

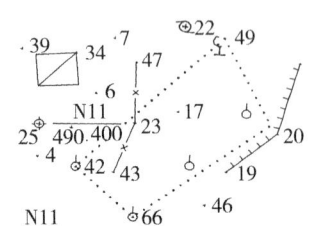

图 11-6 1:2000 局部地形图

3. 绘图比例与屏幕缩放例

由于 AutoCAD 绘图视窗有限,在当前视窗范围内不可能全部清楚地显示整幅地形图。反过来,如果整幅地形图全部显示在当前视窗内,对于那些地形复杂的图形,根本无法看清其中某一细小部分的内容。为了解决这个问题,AutoCAD 提供了屏幕缩放命令 ZOOM,方便用户对当前视窗进行缩放。

既然用 ZOOM 命令可以进行屏幕缩放,肯定存在着一个屏幕缩放比例。屏幕缩放比例实际上就是用 ZOOM 命令进行屏幕缩放前后的当前视窗放大或缩小的倍数。当该比例大于 1 时,屏幕就放大,当前视窗内的实体放大显示。当该比例小于 1 时,屏幕就被缩小,当前视窗内的实体也缩小显示。从视觉的角度来看,当放大屏幕时,就相当于当前视窗内的实体从远处移至近处,以便让用户看清楚。同理,当缩小屏幕时,就相当于当前视窗内的实体从近处移至远处,这样在用户的视野内,所看到的实体就呈缩小状态。

屏幕缩放比例与绘图比例有着本质的区别。绘图比例改变了独立地物符号、植被填充符号以及各类注记的相对大小,也改变了线状地物的线宽和比例;但是屏幕缩放比例只改变了当前视窗的大小,各类地物的实际几何尺寸并没有变化。比如屏幕缩放比例相当于我们用放大镜看物体时的放大倍数,虽然物体并没有真正放大,但却在视觉方面看得更清楚。因此,我们无需在意屏幕缩放比例的大小。

11.3 地类与自定义图层

使用图层来管理和控制复杂的图形,是 AutoCAD 最突出的特点。在 AutoCAD 绘图中,可以将不同种类和用途的图形分别置于不同的图层中,从而实现对相同类图形的统一管理。这种以图层为管理单元的思想与测量上对地类的分类管理是一致的,将不同的地类置于不同的图层中,并利用图层的特性,如不同的颜色、线型和线宽来区分不同的对象,这为地形图和地籍图的绘制提供了极大的方便。

《1:500 1:1000 1:2000 地形图图式》将地类共分十大类,分别是:测量控制点、居民地和垣栅、工矿建(筑)物及其他设施、交通及附属设施、管线及附属设施、水系及附属设施、境界、地貌和土质、植被、注记。如果考虑到实际绘图的需要,也可增加其他图层,如等高线层、高程点层、展点号层、图框层等。

图层的创建可用 LAYER 命令,在图层管理对话框中进行,十分方便。下面演示如何创建测量控制点层。

在命令行输入 layer 回车后,打开图层特性管理器对话框(如图 11-7)后,在中间的空白区中按鼠标右键,点击屏幕菜单"新建图层",在名称输入框中键入字符"KZD"作为图层名称,然后用鼠标左键点击"白色",在颜色对话框中点击"红色"方框,按确定返回图层管理对话框。

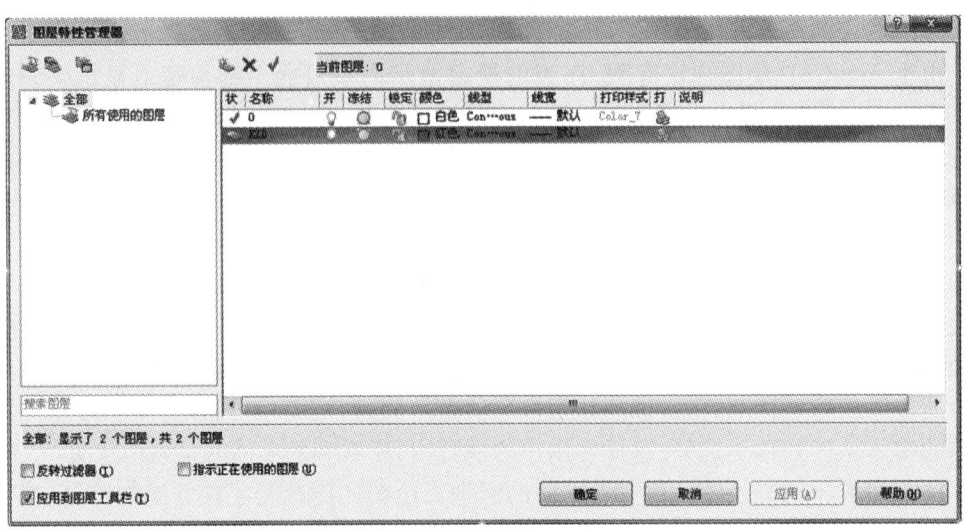

图 11-7　创建测量控制点(KZD)图层

图层的命名可用汉字,也可用英文或汉语拼音标示,但通常都是简写,方便应用。表11-2 是 CASS4.0 定义的图层及名称,英文是作者添加的,仅供参考。

表 11-2　CASS4.0 中定义的图层、名称及颜色

序号	汉语图层名称	拼音图层名称	英文图层名称	索引颜色号
1	测量控制点	KZD	CONTROLPOINT	1
2	居民地和垣栅	JMD	RESIDENCE	6
3	工矿建(筑)物及其它设施	DLDW	BUILDING	11
4	交通及附属设施	DLSS	ROAD	4
5	管线及附属设施	GXYZ	PIPELINE	2
6	水系及附属设施	SXSS	WATER	5
7	境界	JJ	BORDER	2
8	地貌和土质	DMTZ	RELIEF	3
9	植被	ZBTZ	VEGETATION	3
10	注记	ZJ	ANNOTATION	7
11	高程点	GCD	HEIGHTPOINT	1
12	展点号	ZDH	POINTNUMBER	1
13	三角网	SJW	TIN	1
14	等高线	DGX	CONTOUR	2
15	等深线	DSX	ISOBATH	2
16	面积注记	MJZJ	AREA	4
17	界址点	JZD	BOUNDARYMARK	1
18	图框	TK	MAPFRAME	4

11.4 定制地形图线型与填充图案

AutoCAD 提供了标准线型库(文件)和填充图案库(文件),以供大多数用户选用。在 AutoCAD 2004 版本之前,这两个库文件都是以文本文件形式保存在 AutoCAD 的安装目录下面,到 AutoCAD 2004 版本时,这两个文本文件就隐藏在 C:\Documents and Settings\Administrator\Application Data\Autodesk\AutoCAD 2008\R17.1\chs\Support 目录之中。对于需要定制的用户,可以直接打开它,并对它们进行修改和定制自己的线型库和填充图案库。

11.4.1 定制地形图线型

AutoCAD 提供的标准线型是由名为 ACAD.LIN 的标准线型库文件定义的。用记事本打开该文件,可以发现标准线型库包含有通用线型、ISO 线型和复合线型三大类。其中含通用线型 24 种,ISO 线型 14 种,另有包含形定义的复合线型 7 种。由于库中提供的大多数线型在地形图图式中不可用,为此需要根据图式要求重新进行各类线型设计。

1. 线型文件的结构

在设计线型之前先弄清楚线型文件的结构。AutoCAD 中规定,线型文件可以包含多个线型定义,空行和分号后面(注释)的内容在编译时均被忽略。每一定义具有如下形式的标题行:

*线型名[,线型形状描述]

后跟如下形式的格式行:

Alignment,dash-1,dash-2,…

例如,定义一线型,结构为:

· 短划线,0.5 个绘图单位长;

· 空格,0.25 个绘图单位长;

· 点;

· 空格,0.25 个绘图单位长。

则该线型可以定义成如下形式:

*DD1,____. ____. ____. ____

A,0.5,-0.25,0,-0.25

其中 DD1 是线型名,线型形状描述字段是由 LAYERLtype 命令序列所显示的线型描述。在这里描述只是短划线"____"和圆点"."的组合。

形状描述是可选择项,可以是点、空格和短划线的序列,也可以是说明,如"小路"等,用户对线型的描述不能超过 47 个字符。形状描述也可以省略,此时线型名后不能有逗号。

Alignment 字段为直线、圆和圆弧指定对齐方式。到目前为止,AutoCAD 只支持一种对齐方式,通过在字段开头输入"A"来指定。使用 A 型对齐,保证直线的端点和弧的起点及终点处为短划线。这种对齐方式,首短线划的值应大于等于 0(即点或下笔段),第二个短划线的值应小于0(提笔段),并从第一个短划线说明开始,至少要有2个短划线结构说明。

Dash-n 字段指定组成线型的段的长度。若长度为正,则表示是下笔段,即为要画出的线段;若长度为负,则表示为一提笔段;长度为零则画出一个点。在.LIN 文件中,每个线型定义应限制在280个字符以内。

2. 简单线型定义

了解了线型定义的结构后,下面以地形图图式中的小路为例,介绍通过编辑线型文件 ACAD.LIN 的方法来了解建立小路的过程。

【例11-3】根据线型定义构造出图11-8所示的小路。

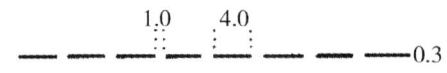

11-8　地形图图式中的小路

由图可知,地形图图式中的小路是一虚线,由短划线和空格组成。其中短划线长为4 mm,空格宽为1 mm,线宽为0.3 mm。

首先说明的是,此处小路的线宽0.3 mm 是无需考虑的,因为线宽可以在 AutoCAD 绘图时来控制。由于牵涉到图形比例尺,这里短划线长4 mm,空格宽1 mm 是如何控制的呢?

前面已讲过,对于这类线型必须考虑线型比例,那么线型比例 LTSCALE 的值为多少才合适? 显然从表11-1中可以看出,取 LTSCALE 的值为1时最合适,于是图式中的小路可按1:1的比例来设计。换句话说,就是在设计小路时直接采用图式中规定的值。

第一步:打开 ACAD.LIN 文件,并在文件的最后输入下面两行;

＊FOOTPATH,————

A,4,-1

第二步:保存此文件退出文本编辑器,同样方法修改 ACADISO.LIN(必须保持两文件相同)。

第三步:加载 FOOTPATH 线型

上面的例子完成了给 ACAD.LIN 文件加入新的线型定义,但并没有将它加到图形的线型符号表中,即没有应用于对象。要加载 FOOTPATH 线型到当前绘图中,在命令行键入 Linetype 命令,弹出线型管理器对话框,如图11-9所示,点击"加载(L)…"按钮,在 acadiso.lin 或 acad.lin 文件的可用线型中找到 FOOTPATH,按确定返回线型管理器,此时 FOOTPATH 已在线型列表框中。

下面作为练习,请读者按照下面的命令操作,绘制出线型后用 DIST 命令分别量出 FOOTPATH 线型的短划线和空格的长度,以及该线型的宽度。

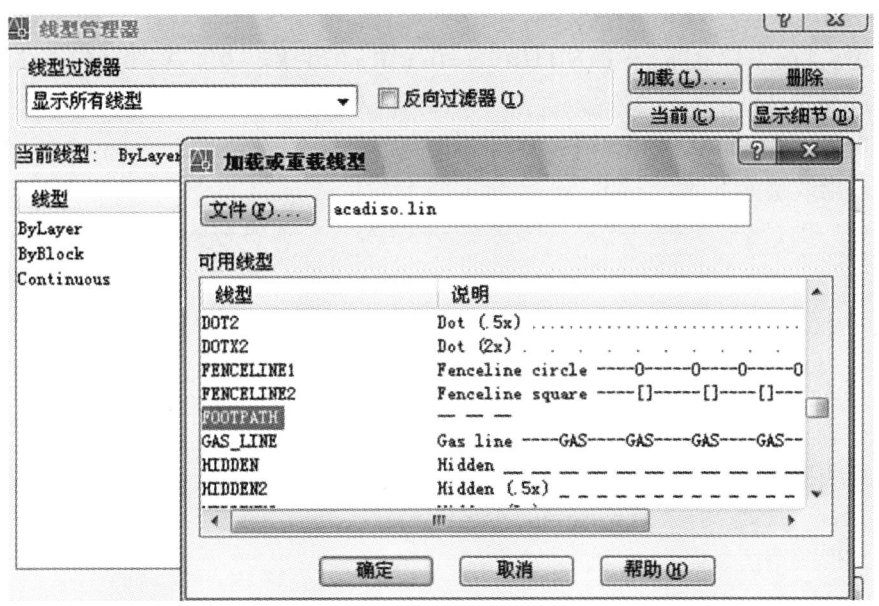

图 11-9　加载自定义线型 FOOTPATH

命令：-linetype
当前线型："ByLayer"
输入选项[？/创建(C)/加载(L)/设置(S)]：s
指定线型名或[？]<ByLayer>：footpath
输入选项[？/创建(C)/加载(L)/设置(S)]：
命令：pline
指定起点：0,0
当前线宽为 0.0
指定下一个点或[圆弧(A)/半宽(H)/长度(L)/放弃(U)/宽度(W)]：w
指定起点宽度<0.0>：0.3
指定端点宽度<0.300>：
指定下一个点或[圆弧(A)/半宽(H)/长度(L)/放弃(U)/宽度(W)]：10,10
指定下一点或[圆弧(A)/闭合(C)/半宽(H)/长度(L)/放弃(U)/宽度(W)]：

3. 复合线型定义

对于虚线和点虚线类的线型，如建设中的等级公路、大车路、乡村路、内部道路、村界等可按前面定义小路的方法进行自定义。但是对于复杂的线型，如陡坎、斜坡、栅栏、铁丝网、篱笆、不依比例围墙、国界等，在 AutoCAD 中要采用复合点划线型的定义方法。复合点划线型功能是线型的定义不再局限于线划、点、空格，用户可在定制的线型中嵌入单个文本字符串或由 SHX 文本定义的形。

复合线型定义语法的开头与前述简单线型相同，在定义行的方括号内增加了特殊参数告诉 AutoCAD 如何插入文本或形。

例如，下面的线型定义，将显示出两种线型的形式。

*GAS_LINE,_-_GAS_-_GAPS_-_GAS
A,0.5,-0.2,["GPS",STANDARD,S=0.1,R=0.0,X=-0.1,Y=0.05],-0.25
*FENCE_LINE,_-__0_-__-_
A,0.25,[CIRC1,LTYPESHP.SHX,S=0.1],-0.2,1
绘制出线型如下图 11-10、11-11 所示。

————GAS————GAS————GAS————GAS————

图 11-10 GAS_LINE

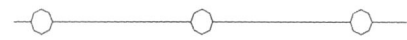

图 11-11 FENCELINE_LINE

复合线型嵌入文本字符串的语法为：
["string",style,R=n,A=n,S=n,X=n,Y=n]
嵌入形的语法是：
[shape,shape_file,R=n,A=n,S=n,X=n,Y=n]
"string" 是双引号中的由一个或多个字符组成的文本串，shape 是 shape_file 文件中的形名。shape_file 中必须有形，否则 AutoCAD 不允许用户使用此线型。

Style 是文本式样的名字，shape_file 为 AutoCADSHX 形文件。如果当前图形中没有 style，AutoCAD 则不允许使用此线型。如果 shape_file 没有位于库搜索路径中，AutoCAD 会提示并要求用户选择另外一个 SHX 文件。在 shape_file 中可以包括路径。

其余五个字段 R=、A=、S=、X=、Y=可为选择的转换分类，每种转换分类后面的 n 表示任意数字。

R=n 表示文本或形相对于当前线段方向的转角。默认时为 0，表示 AutoCAD 文本或形的方向与线段方向一致。

A=n 表示文本或形相对于世界坐标系的 X 轴的绝对转角。当希望文本或形总是以水平形式出现，与线段的方向无关时，可采用 A=0。用户可以指定 R= 和 A=，但两者不能同时指定值。如果两个都没有指定值，AutoCAD 采用 R=0。R= 和 A= 转角以 "度" 为单位，如果希望以弧度或梯度作为单位，数字后面必须加 R 或 G。

S=n 确定文本或形的比例系数。如果使用固定高度的文本式样，AutoCAD 将此高度乘以 n。如果使用的是可变高度（即 0 度）的式样，CASS 则会把 n 看作绝对高度。对于形而言，S=缩放系数会使形从其缺省缩放系数 1.0 按此值往大或往小变化。在任何情况下，AutoCAD 通过 S=缩放系数与 LTSCALE（如 0.5）和 CELTSCALE 的乘积来确定高度或缩放系数。因此，应该将 S=确定成正常 LTSCALE（如 0.5）下以 1:1 为输出比例时所对应的值。这样当在比例不同的图中使用复合线型且将 LTSCALE 设成与各图比例相对应的值时，这些文本或输出的图纸上以相对应的尺寸出现。

X=n 和 Y=n 为可选项，它们确定相对于线型分类中的当前点的偏移量。默认时 AutoCAD 将文本串的左下角点或形的插入点放在此当前点。两个偏移量分别沿着当前线段方向（对于 X=）和沿着与当前线段垂直方向（对于 Y=）度量，就像有一个局部坐标系,它的 X 轴从当前线段的第一个端点指向第二个端点。因此正的 X=偏移量会使文本或形朝着当前线段的第二个端点的方向移动,正的 Y=偏移量会使文本或形朝着 X=方向的 90 度方向(逆时针)移动。这两个偏移量使文本或形的定位更精确。

由于复合线型涉及形文件,下面先对形文件作一简要介绍,然后以地形图图式中的陡坎为例详细介绍陡坎线型是如何创建的。

4. 形文件的结构

(1)形的概念

形是一种能用直线、圆弧和圆来定义的特殊实体,它可很方便地被绘入图形中,并可按需要依比例系数及旋转角度,以获得不同的位置和大小。

在 AutoCAD 中,形从定义到绘入图中需经以下几个步骤:

①按规定格式进行形定义。

②用文本编辑器或字处理器建立形文件,形文件类型为". SHP"。

③对已生成的形文件进行编译,生成". SHX"文件。

④装入编译后的形文件(". SHX"文件)。

⑤使用形。

(2)定义形

定义形的文件称为形文件,它是一种". SHP"类型的文件,并具有一定格式。AutoCAD 将忽略所有空行及分号右边的内容。建立或修改形文件可使用文本编辑器或字处理器,用文本保存文件。

(3)形定义的格式

形定义具有一定的格式和规定,用户必须严格遵守。每个形的定义包含有一个标题行和若干形描述行。

标题行以"＊"开始,说明形的编号、大小及名称,格式如下:

＊形编号,字节数,形名称

·形编号:每个形都定义有一个编号,占用一个字节,编号范围在 1~255 之间。也就是说,一个形文件最多定义 255 个形。

·字节数:是用于描述一个形所需的数据字节数,包括形描述结束符"0"所占用的字节。每个形的定义字节数不得超过 2000。

·形名称:每个形必须有一个名字,且这个形名必须大写,否则形名会被忽略。

描述行在标题行之后,它是用数字或字母来描述形所包含的线段、弧的大小及方向。数字和字母分成一个一个字节,字节之间用逗号分开。描述行以"0"结束。每一行描述的字节数不能超过 2000 个,包括结束符"0"。描述行的格式如下:

长度及方向码,特殊码,

·长度及方向码

描述一个直线矢量的长度和方向需用 3 个字符,第一个必须是 0,它表示后边两个字符是十六进制数,第二个字符代表矢量的长度,有效值为 1~F(1~15 个单位长),第三个字符代表矢量的方向,方向编码见图 11-12。

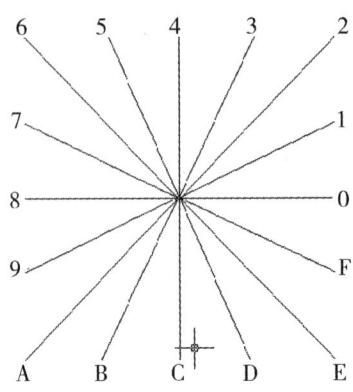

图 11-12 矢量方向编码

【例 11-4】根据矢量方向编码构造图 11-13 所示的形。

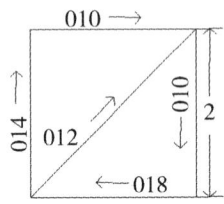

图 11-13 形 DBOX

先按 1:1 的比例绘出矩形图,根据矢量方向编码可知,该形的完整描述如下:

*230,6,DBOX

014,010,01C,018,012,0

第一行为标题行,它说明形编号是 230,定义所占用字节数为 6,形名为"DBOX"。

第二行为描述行,用 5 个字节描述五条线段,每个字节的第一位"0"代表后边两位数是十六进制数,第二位"1"表示矢量长度的单位长度,第三位数字表示矢量方向,最后一个字节"0"表示形定义的结束。

·特殊码

为定义不同对象,如直线段、圆弧以及描述各种状态,如抬笔、落笔和形定义结束等,AutoCAD 设定了一些特殊描述码。这些码是专用的,前两个字符均为 0,它们是:

000　形定义结束

001　激活绘图模式(落笔)

002　关闭绘图模式(抬笔)

003　用下一个字节除矢量长度

004　用下一个字节乘矢量长度

005　将当前位置压入栈

006　将栈中内容弹出当前位置

007　画出由下一个字节给出的子形

008　下两个字节给出(X,Y)位移量

009　由(0,0)结束的多个 X-Y 位移

00A 由下两个字节定义八分弧
00B 由下五个字节定义的小段弧
00C 由(X,Y)位移和凸度定义的弧
00D 多个指定凸度的弧
00E 只在垂直文本方式处理下一个命令

下面详细介绍这些专用码的意义：

◇ 代码0:形结束

该码只是标志形定义的结束。

◇ 代码1和代码2:绘图模式控制

这些码控制绘图模式:当形的开始和代码为1时,绘图模式为打开。当绘图模式为打开时,落笔画线;代码为2时,绘图模式为关闭,此时只移动新位置而不画线。

◇ 代码3和代码4:尺寸控制

代码3和代码4控制每一个矢量的相对尺寸。在shape命令中指定的高度是水平或垂直矢量(0,4,8,c)的初始长度。

代码3和代码4后面附带一个包含整数的比例因子(从1~255)的字节。如果想用形的高度来确定整个形的大小,并用10个矢量长度来绘制它,可以用3,10来指定高度比例。

◇ 代码5和代码6:位置的保存与恢复

代码5和代码6用于画形时把当前坐标压入(保存)和弹出(重置)。这样就能从形中的后面的点返回到原先的位置。弹出时必须把压入栈中的所有内容全部弹出。位置栈只能放4个值。当栈满(由于过多的压栈或忘记弹栈)并画形时,就显示如下信息:

Position stack overflow in shapenn(形编号nnn栈溢出)

相反,如果堆栈已空还要进行弹出操作或弹出的数量超过所压入的数量时,将产生下溢,在画形时将显示如下信息:

Position stack underflow in shapenn(形编号nnn栈下溢)

◇ 代码7:子形

代码7是子形调用。附在代码7后面的是一个从1~255的形编号。这时就画出该形编号所代表的形(这些形必须在同一个形文件中)。注意,绘图模式对新的形并不复位。当完成子形之后,恢复当前形的绘制。

◇ 代码8和代码9:X-Y位移

正常的矢量字节只画16个方向,最长的长度为15。这些限制有助于形的定义更简单,因为这样的线段都是前面所说的标准线段,但这样会产生一些局限,因此,代码8和9允许使用X-Y位移量来画非标准的矢量。代码8后面必须跟下列格式的两个字节:

8,X_displacement,Y_displacement

X和Y方向位移的变化范围是-128~+127,正数前面的"+"号是可选的,而括号用于提高可读性。例如,8,(-10,3)将导致一个向左移动10个单位并向上移动3个单位的矢量被画出,两个位移量字节之后形返回到正常矢量模式。

当需画出一系列非标准矢量时,使用代码9。该码后面可跟任意个(X,Y)位移对,并

由一个(0,0)对结束。例如，
9,(3,1),(3,2),(2,-3),(0,0)

画出三个非标准矢量后，返回到正常的矢量模式。为了让 AutoCAD 识别正常的矢量或特殊码，所有的(X,Y)位移对序列以(0,0)结束。

◇ 代码00A:绘制八分弧

特殊码00A(或10)使用下面的两个字节来定义一段弧。这种类型的弧之所以被叫作八分弧，是因为它的跨度是一个或多个45度弧，并以八分弧边界开始和终止。如图11-14所示，八分弧从时钟上的三点钟位置逆时针方向编号。

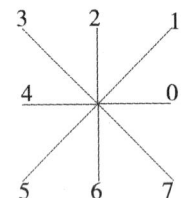

图 11-14 八分弧方向的编号

弧的说明是：

10,radius,(-)0SC

行中的 10 即为八分弧的专用码(00A 的十进数)，半径 radius 的值可以是 1~255 的任何一个值。下一个字节指出弧的方向(正是逆时针，负是顺时针)，S 为起始八分弧的符号，其值为 0~7，C 是该八分弧的跨度，该值是一个 0~7 的值，0 意味着有八个八分弧或一整弧，括号用来提高可读性。

例如，考察下列形定义段：

…012,10,(1,-032),01E…

这段程序将向右上方绘制一单位矢量，然后从第三个八分弧开始绘制半径为一个单位的两段八分弧，最后沿右下方向绘制一个单位的矢量，如图 11-15 所示。

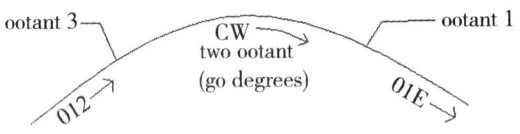

图 11-15 八分弧示例

◇ 代码00B:非标准弧

特殊码00B(11)用于画那些起始位置和终了位置非八分圆角边界的弧。该定义使用五个字节：

11,Star_offset,end_offset,high_radius,low_radius,(-)0SC

起始和终了偏移 Start_offset 和 end_offset 表示弧的开始处和结束处离八分弧边界的距离。而 high_radius 则为半径值的高 8 位标记，若半径值小于 255 个单位值，该值将为零，除此之外，半径、控制字节与八分弧规范完全一样。八分弧(C)是包含这段弧的八分弧个数，而且 0 亦即为 8。通过计算起始八分弧的边界(45 度的倍数)与弧的起点的度数的差，可以决定起始偏移量。然后将该差值乘以 256 再除以 45。若弧的起点在八分弧的边界上,则起始偏移为0。终止偏移角的计算与起始偏移角的计算相似,只是使用最后八分弧的边界值与弧的终止角的差值。若弧在八分弧上终止,则终止偏移角为零。

例如,一个55度至95度半径为三个单位的非标准弧编码如下:

11,(56,28,0,3,012)

解释:

起始八分弧=1=45度

结束八分弧=2=90度

起始偏移角=56=[(55-45)*256/45]取整

终止偏移角=28=[(95-90)*256/45]取整

◇ 代码00C和代码00D(12和13):凸弧

特殊码00C及00D提供在形定义中包含部分弧的另一种方法,它们近似于代码8与代码9,允许指定(X,Y)位移。但是代码00C与00D允许在画弧时把凸起因子应用到偏移矢量中。代码00C画一个单段弧,而代码00D直到被(0,0)结束之前画多个单段圆弧。代码00C后面必须跟三个字节并用其描述该弧,如下所示:

0C,X_displacement,Y_displacement,Bulge

X和Y的位移值变化范围可以是-127~+127,用于指出弧的曲度的凸起度(bulge),其变化范围也是从-127~+127。如图11-16所示,如果由位移量所指定的线段的长度为D,线段中点的垂直高度为H,则凸起度为((2*H/D)*127);如果弧从当前位置到新的位置是顺时针方向,则符号为负。

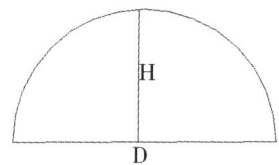

图11-16 半圆弧

半圆的凸度为127(或-127),也是使用这些码所能表示的最大弧。凸度为零的弧也是有效的,它表示一条直线。

多段弧代码(00D或13)后跟零或多个圆弧且由一个(0,0)位移终止。例如,字母S的形描述可由下列序列来定义:

13,(0,5,127),(0,5,-127),(0,0)

在多段弧中,零凸起度由于其能表示直线段,所以非常有用,它比终止一个多段弧,插入一直线段再开始新的多弧段效率更高。

◇ 代码00E(14):标志垂直文本命令

代码00E(14)用于双方向的文本字体描述中,这时字体可以用于水平方向和垂直方向。当在字符定义中碰到该特殊码时,下一个码是处理还是跳过,将取决于文本是水平方向还是垂直方向书写。若是垂直方向书写,则处理;否则,则跳过。对于水平方向文本,每一个字符的起点是基线的左端;而对于垂直方向文本,起点则是字符的顶部中心。在每个字符的结尾,必须提笔直到下一个字符的起点。对水平文本来说,结尾在右边;对垂直文本来说,结尾在下面。

特殊码00E(14)主要用于调整起始点与终止点的差。允许同一字符形定义既可以用在水平方向,也可以用在垂直方向。

5. 形文件的编译与调用

第一步:建立形文件

形文件是一个ASCII码的文件,按照上面所讲形的定义格式利用文本编辑器或字处理器来建立一个.shp文件。

第二步:编译形文件

用文本编辑器建立的.shp形文件,不能被AutoCAD直接调用,必须经过编译才行。编译形文件就是把ASCII码的.shp文件转换成LOAD或STYLE命令所接受的格式,即生成.shx文件。

对形文件进行编译的命令及格式为:

命令:compile

AutoCAD将显示"选择形或字体文件"对话框,提示用户输入要编译的.shp形文件名。

编译完成后,屏幕上显示如下信息:

编译形/字体说明文件

编译成功。输出文件 C:\Documents and Settings\Administrator\桌面\ltypeshp.shx 包含103字节。

被编译后形成的文件名与原定义的文件名相同,只是扩展名变成.shx,这是一个可被LOAD命令装入AutoCAD系统的文件。

注意:如用户要直接使用形文件需执行第三、四步,如果只是调用形来定义线型符号,到此即可编辑线型文件。

第三步:加载形文件

编译后的形文件在被使用前必须被加载到AutoCAD系统中。加载形文件的命令为LOAD,它的功能是将.shx文件后,系统将自动将其加载。

第四步:插入形

当形文件被加载后,我们就可以用shape命令把形插入当前绘制的图形中去。形被插入时,可以放大、缩小或改变其方向,与插入块相同。

6. 陡坎线型符号的建立

【例11-5】根据形的定义建立陡坎线型符号,如图11-17所示。

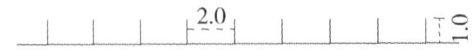

图11-17 未加固陡坎

由地形图图式中的陡坎符号可知,相邻两个齿牙间的间距为2 mm,齿牙高为1 mm。

第一步:建立形文件

先将陡坎线型符号分解成单个的"⊥"形符号,然后按10∶1的比例画出"⊥"形符号的形状(如图11-18所示),并对照标准矢量方向编码,写出其形的完整定义如下:

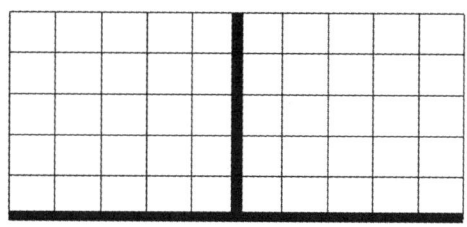

图 11-18 陡坎线

*100,9,RIDGE

003,00A,001,0a0,002,058,001,054,0

解释如下：

形的编号为 100,共 9 个字节,形名为 RIDGE。

描述行的前两个字节是(3,10),其含义是后面所有矢量均被 10 除。字节 1 为落笔画线,后面的 0a0 表示沿水平方向画长度为 10 个单位的矢量。字节 2 为抬笔不画线,后面的 058 表示将笔水平向左移动到"⊥"形符号的底部中心。后面的字节 1 为落笔画线,054 表示向上画长度为 5 个单位的矢量,最后的 0 表示形定义结束。

将上述定义写入记事本,并以"MyLine.shp"保存在 AutoCAD 的 support 目录下。

第二步:编译形文件

在命令行键入 compile 命令,输入形文件"MyLine.shp"按确定,这样编译好的"MyLine.shx"文件就出现在相同的目录下面。

第三步:建立陡坎线型文件

打开记事本,输入下面两行陡坎线型的完整定义,然后以"MyLine.lin"保存在 AutoCAD 的 support 目录下。

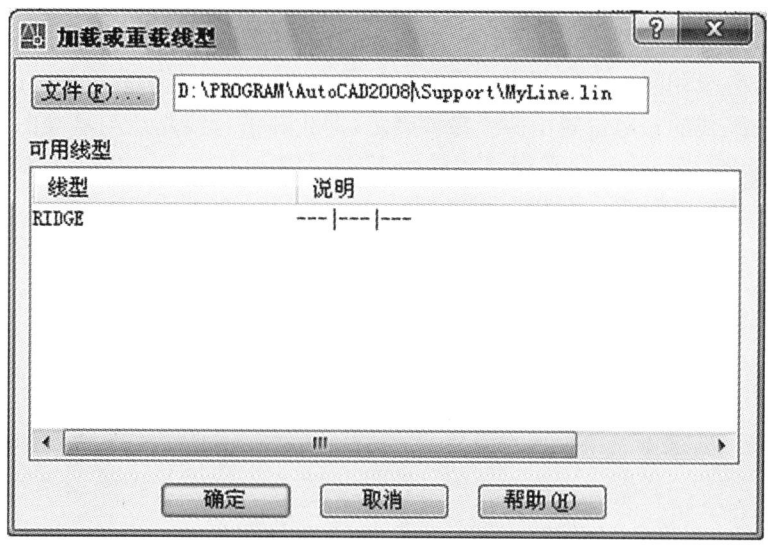

图 11-19 加载 RIDGE 线型

＊RIDGE,---|---|---
A,1,[RIDGE,MYLine.SHX,S=2],1

第四步:加载"MyLine.lin"线型文件,并将名为 RIDGE 的线型设置为当前线型

启动 pline 画线命令,我们所期待的陡坎线型就这样制作好了。

下面给出栅栏线型符号的形的完整定义,其他线型可仿此建立。

＊101,4,FENCEA
003,00A,0aC,0
＊102,9,FENCEB
003,00A,002,050,001,00A,(005,000),0

对应的线型文件中线型定义如下:

＊FENCE,--|---@ ---|---@ ---|---@ --
A,4.5,[FENCEA,Myline.SHX,Y=1],4.5,-0.5,[FENCEB,Myline.SHX],-0.5

11.4.2 定制植被填充图案

AutoCAD 提供的标准图案填充是由名为 ACAD.PAT 的标准图案库文件定义的。标准图案库包含通用的各种图案。由于库中提供的填充图案在地形图式中不可用,为此需按照定义线型的方法对图案进行设计。ACAD.PAT 与 ACAD.LIN 一样,也是一个文本文件,直接用记事本打开可进行修改和编辑,以满足我们的需要。

1. 图案的构成

一个阴影填充图案由一簇或几簇有规律的图案线组成,每一簇图案线中的各条线相互平行且线型相同。因此,只要确定了该线簇中的一条基准图案线的方、线型及其相邻平行线与该基准线的相对位置,则这一簇图案线就唯一确定。

在 AutoCAD 中,基准图案线的方位由三个参数决定,即基准线起点在绘图坐标中的坐标及基准线与 X 轴的夹角 A(逆时针方向为正)。基准图案线的线型与 AutoCAD 线型库中线型参数完全相同。当线型为实线时可以不定义。在基准图案线确定以后,相邻平行线与基准图案线的相对位置由两个参数确定,即相邻平行线起点与基准图案线起点在线的长度方向上的距离 dL 和平行线间的距离 dS。图 11-20 为上述几个参数的几何意义。一般情况下取 dX=0,dY=0。

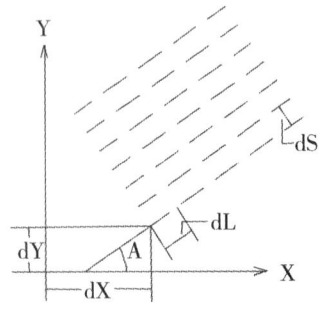

图 11-20 定义阴影填充图案的参数

若一个图案线由几簇平行线叠加而成,则要对每簇平行线分别确定上述参数。
2. 图案的定义格式

在 AutoCAD 的图案库文件中,图案的定义采用如下格式:

*图案名[,图案描述说明]
定义第一簇平行线的参数
定义第二簇平行线的参数
……

在上述格式中,方括号内是对该图案的进一步说明,可以省略。定义每一平行线簇的参数为一行,各参数之间用逗号分开。每一行的定义格式如下:

A,dX,dY,dL,dS[,定义线型的一组参数]

其中方括号内为选项,当线型为实线时不需此项。

【例 11-6】定义图 11-21 所示的倒 U 形按行和列分布的图案。

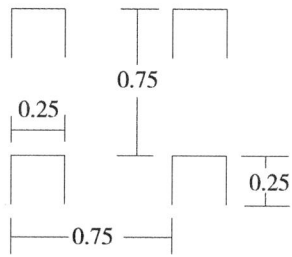

图 11-21　U 型填充图案

该图案由三簇平行虚线叠加而成。第一簇是倒 U 的左边竖线簇,第二簇是上边横线簇,第三簇是倒 U 的右竖线簇。因此要定义三组参数:

第一组:起点取在左边原点,自下而上画线,故

A＝90　dX＝0　dY＝0　dL＝0　dS＝0.75

第二组:起点取在左竖线末端,自左向右画线,故

A＝0　dX＝0　dY＝0.25　dL＝0　dS＝0.75

第三组:起点取在上横线末端,自上向下画线,故

A＝-90　dX＝0.25　dY＝0.25　dL＝0　dS＝0.75

上述三簇虚线的线型定义均为

0.25,-0.25

若把此图案名取为 DU,图案描述说明为 daoyou,则此图案的 AutoCAD 定义为:

*DU,daoyou　　　　　　　　　　　　　　　[图案名及图案描述说明]
90,0,0,0,0.75,0.25,-0.5　　　　　　　　　　[左边竖线簇定义]
0,0,0.25,0,0.75,0.25,-0.5　　　　　　　　　[上边横线簇定义]
-90,0.25,0.25,0,0.75,0.25,-0.5　　　　　　　[右边竖线簇定义]

3. 图案文件的建立与应用

图案文件的定制是在 AUTOCAD 的标准案库文件 ACAD.PAT 中增加新内容或修改

原有的图案定义；也可以建立用户自己的图案文件，其文件扩展名必须为 PAT，文件主名任意，但不能是 ACAD。为使用方便，最好将用户图案文件存放在 ACAD.PAT 所在的目录下。需注意的是，AUTOCAD 的用户图案文件中只允许定义一种图案，且图案名必须与图案文件同名。如果用户要建立几个图案，就要分别建立几个图案文件。

在 ACAD.PAT 中增加新内容或修改原有的图案步骤如下：

用记事本打开 ACAD.PAT，在该文件的结束处，按上节所述的图案定义格式插入新增加图案并存盘退出。注意不能插在原有的某一图案定义的中间，若需修改原有的图案定义，只需找到该图案的定处，直接修改其定义参数并存盘退出即可。

启动 AUTOCAD，即可用新增加或修改后的图案填充。图案填充方法与 AUTOCAD 中原标准图案填充方法相同。

【例 11-7】根据图案的定义建立旱地图案填充符号，如图 11-22 所示。

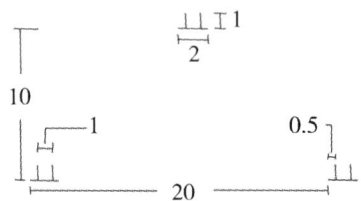

图 11-22　旱地填充图案

第一步：确定旱地填充图案定义

由图 11-22 旱地填充符号可知，该图案由两个"⊥⊥"符号（三组平行线叠加）组成，即由六簇虚线构成，两个横虚线为 2，-18，四个竖虚线为 1，-19，共需定义六组参数。

旱地填充图案参数定义如下：

*Dryland,旱地

0,0,0,0,20,2,-18	［第一个符号横线簇定义］
0,10,10,0,20,2,-18	［第二个符号横线簇定义］
90,0.5,0,0,20,1,-19	［第一个符号左竖线簇定义］
90,10.5,10,0,20,1,-19	［第二个符号左横线簇定义］
90,1.5,0,0,20,1,-19	［第一个符号右横线簇定义］
90,11.5,10.0,0,20,1,-19	［第二个符号右横线簇定义］

第二步：写入 ACAD.PAT 文件

用记事本打开 ACAD.PAT 文件，在文件的末尾添加上述定义内容并存盘。需注意，同线型文件一样，用同样方法修改 ACADISO.PAT 文件（两文件必须保持相同）。

下面我们要看看是否在 AutoCAD 系统中定义了 Dryland 图案。

启动 AutoCAD，在命令行键入 hatch 后，弹出"图案填充和渐变色"对话框，点击图案中的"…"按钮，在"填充图案选项板"对话框中选择"其它预定义"页，即可找到 Dryland 定义图案，如图 11-23 所示。

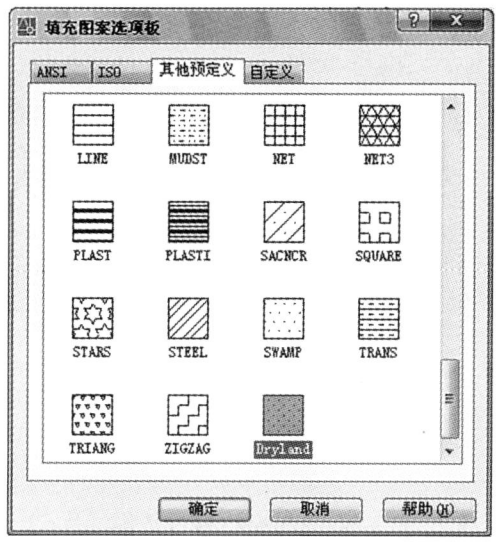

图 11-23 Dryland 定义图案

作为练习,先在 AutoCAD 中画个闭合的图形,然后用我们刚定义的旱地填充图案检验一下填充后的旱地符号是否满足图式中的规定要求。

以下是水稻田和菜地填充图案参数的定义,其他的地形图填充图案可按此步骤进行设计。

*Paddy,水稻田

90,0,0,0,20,3,-17

90,10,10,0,20,3,-17

45,0,0,0,14.14213562,0.707106781,-13.43502884

135,0,0,0,14.14213562,0.707106781,-13.43502884

*Kaleyard,菜地

45,0,0,0,14.14213562,2,-12.14213562

135,0,0,0,14.14213562,1,-13.14213562

0,-1,0,20,20,2,-18

第12章 基于CASS9.0软件的测绘地图绘制

12.1 CASS9.0软件简介

CASS软件是广州南方测绘仪器有限公司基于CAD平台开发的一套集地形、地籍、空间数据建库、工程应用、土石方算量等功能为一体的软件系统。自CASS软件推出以来,软件销量超过18000套,市场占有率遥遥领先,已经成为业内应用最广、使用最方便快捷的软件品牌。也是用户量最大、升级最快、服务最好的主流成图和土石方计算软件系统。CASS软件经过十几年的稳定发展,市场和技术十分成熟,用户遍及全国各地,涵盖了测绘、国土、规划、房产、市政、环保、地质、交通、水利、电力、矿山及相关行业,得到了用户的一致好评。

12.1.1 运行平台

CASS采用全球公认的最优秀图形与设计平台AutoCAD,应用AutoCAD的最新技术成果并积累了丰富的开发经验,CASS2008提供三个安装台,支持AutoCAD2002至Auto-CAD2008版本,图式依照最新标准GB/T20257.1-2007,满足不同客户的需求。

CASS打破以制图为核心的传统模式,结合在成图和入库数据整理领域的丰富经验,真正实现了数据成图建库一体化,同时满足地形、地籍专业制图和GIS建库的需要,减少重复劳动。数据生产、图形处理、数据建库一步到位。

12.1.2 用途

1. 土地勘测定界

土地勘测定界是"金土工程"计划的重要内容,其界定土地使用范围、测定界址位置、计算用地面积等内容是为国土资源行政主管部门用地审批和地籍管理提供科学准确的基础资料而进行的技术服务工作。CASS2008根据TDT1008-2007土地勘测定界规程,更新了勘测定界报告书。

2. 城市部件调查

城市部件管理法就是把物化的城市管理对象作为城市部件进行管理,运用地理编码技术,将城市部件按照地理坐标定位到万米单元格网地图上,通过格网化城市管理信息平台对其进行分类管理的方法。将每个部件都赋予若干位代码,标注在相应的万米单元网格中,相当于它的"身份证"。CASS 城市部件调查主要功能有:城市部件统一编码,城市部件制图、显示,统一属性数据结构,便捷的属性数据录入、修改、查询、统计。

3. 土方计算功能

CASS 系统提供了格网法、DTM 法、等高线法和断面法等丰富的土方计算方法,对不同的工程条件可灵活地采用合适的土方计算模型。

CASS 广泛应用于地形成图、地藉成图、工程测量应用三大领域,且全面面向 GIS,彻底打通数字化成图系统与 GIS 接口,是一个很好的绘图软件。

12.2　CASS9.0 各项命令与工具栏

CASS9.0 的操作界面主要分顶部菜单面板、右侧屏幕菜单和工具条、属性面板,如图 12-1 所示。每个菜单项均以对话框或命令行提示的方式与用户交互应答,操作灵活方便。本章将对各项菜单的功能、操作过程及相关命令逐一详细介绍。

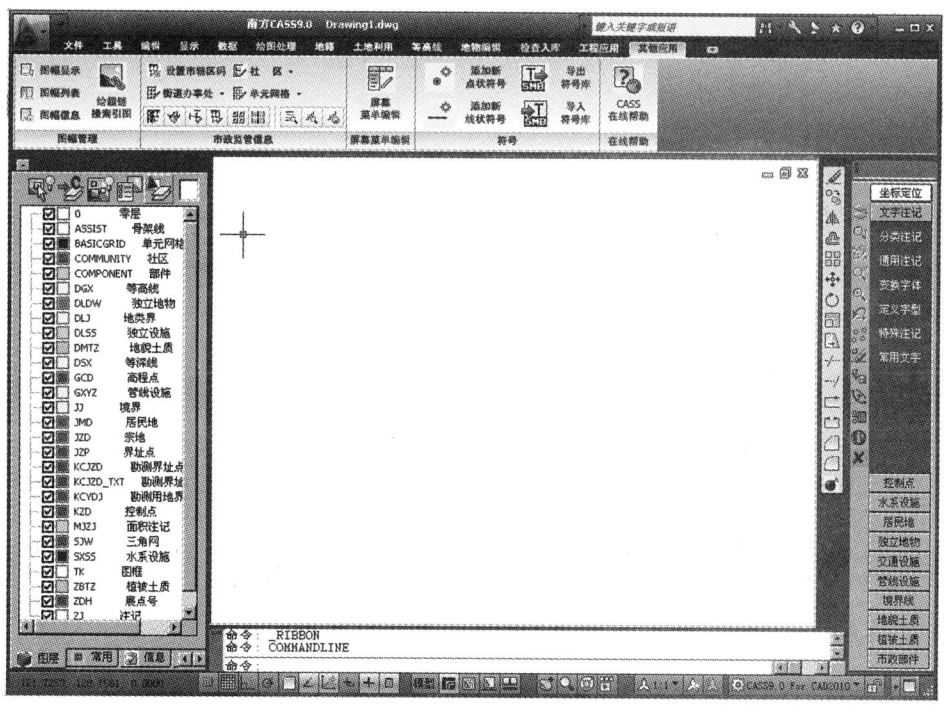

图 12-1　CASS9.0 界面

12.2.1　CASS9.0 顶部菜单面板

几乎所有的 CASS9.0 命令及 AutoCAD 的编辑命令都包含在顶部的菜单面板中,例如文件管理、图形编辑、工程应用等命令都在其中。下面就对下拉菜单逐个详细介绍其功能、操作过程及相关命令。

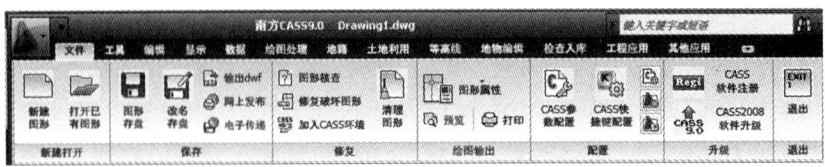

图 12-2 文件菜单面板

本菜单主要用于控制文件的输入、输出,对整个系统的运行环境进行修改设定。

1. 新建图形文件

功能:建立一个新的绘图文件。

操作过程:左键点取本菜单项,然后看命令区。

提示:输入样板文件名[无(.)]<acadiso.dwt>:输入样板名。

其中,acadiso.dwt 即为 CASS9.0 的样板文件,调用后便将 CASS9.0 所需的图块、图层、线型等载入,直接回车便可调用。若需要自定义样板,输入所指样板名后回车即可。输入"."后回车则不调用任何样板而新建一个空文件。

【样板】:即模板,它包含了预先准备好的设置,设置中包括绘图的尺寸、单位类型、图层、线型及其他内容。使用样板可避免每次重复基本设置和绘图,快速地得到一个标准的绘图环境,大大节省工作时间。

2. 打开已有图形文件

功能:打开已有的图形文件。

会弹出一对话框,如图 12-3 所示。在文件名一栏中输入要打开的文件名,然后点击"打开"键即可。在文件类型栏中可根据需要选择"dwg"、"dxf"、"dwt"等文件类型。

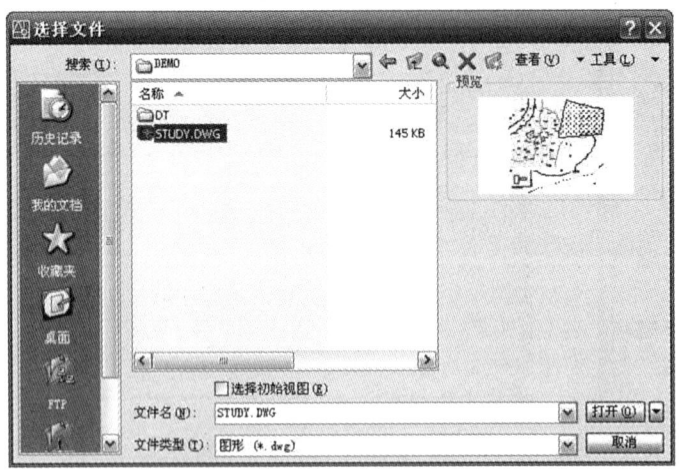

图 12-3 打开已有图形对话框

3. 图形存盘

功能:将当前图形保存下来。

操作过程:左键点取本菜单,若当前图形已有文件名,则系统直接将其以原名保存下来。若当前图形是一幅新图,尚无文件名,则系统会弹出一对话框,此时在文件名栏中输入文件名后,点击保存键即可。在保存类型栏中有"dwg"、"dxf"、"dwt"等文件类型,可根据需要选择。

【注意】：为避免非法操作或突然断电造成数据丢失，除工作中经常手工存盘外，可设置系统自动存盘。设置过程为：点击"文件/AUTOCAD系统配置"，在"打开和保存"选项卡中设置自动保存时间间隔。

4. 图形改名存盘

功能：将当前图形改名后保存。

操作过程：左键点取本菜单后，以后的操作与图形存盘相同。

5. 输出 dwf

功能：将当前图形保存成三维 dwf 格式。

6. 网上发布

功能：将当前图形，通过网上发布的模版文件，生成可在网上发布的格式。

7. 电子传递

功能：将文件打包，以 internet 传播。

8. 修复破坏的图形文件

功能：无须用户干涉修复毁坏的图形。

操作过程：左键点取本菜单后，弹出一对话框，如图 12-4 所示。

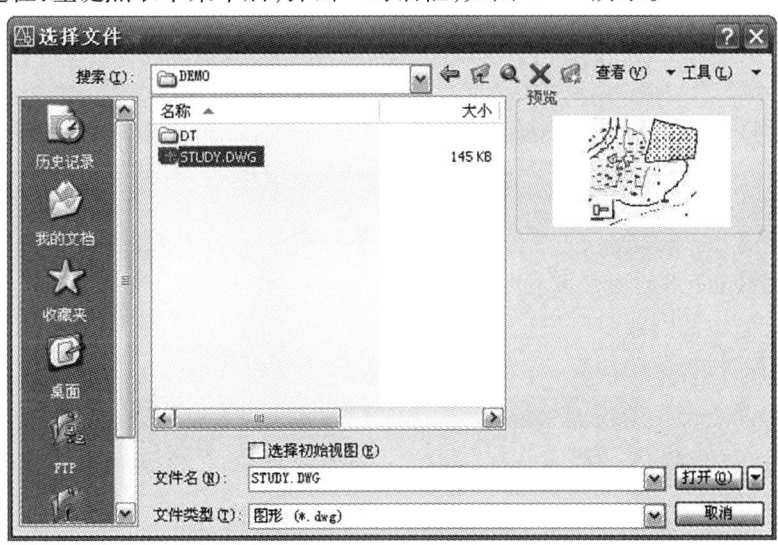

图 12-4　选取文件对话框

在文件名一栏中输入要打开的文件名，然后点击"打开"键即可。

［警告］：当系统检测到图形已被损坏，则打开此文件时会自动启动本项菜单命令对其修复，这时有可能出现该损坏文件再也无法打开的情况，此时请先打开一幅好图，然后通过"插入图"菜单命令（在"工具"栏下）将损坏图形插入，从而避免工作成果的损失。

9. 加入 CASS 环境

功能：将 CASS9.0 系统的图层、图块、线型等加入在当前绘图环境中。

操作过程：左键点取本菜单即可。

【注意】：当您打开一幅由其他软件作的图后，在进行编辑之前最好执行此项操作，否则由于图块、图层等的缺失可能会导致系统无法正常运行。

10. 清理图形

功能：将当前图形中冗余的图层、线型、字型、块、形等清除掉,如图 12-5。

操作过程：选择相应的类或者是各类别下面需要删除的对象,点击清除按钮就可完成对冗余图块、图层、线型、字体等的清理操作。其中在选中一类删除时系统会提示用户是逐一确认后删除,还是全部一次删除。"清理全部"键将使系统根据图形自己判断并删除冗余的数据,同样系统也有相应的确认提示。

之后,系统会弹出图层属性管理对话框,用户可验证修改之后的图层设置及线型变化。

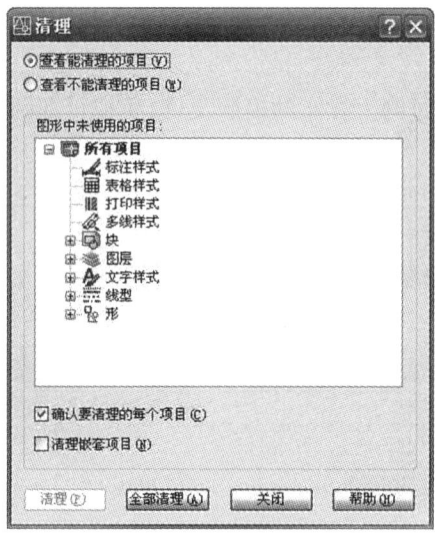

图 12-5　清理图形对话框

11. 绘图输出（用绘图仪或打印机出图）

功能：配置绘图仪或打印机出图。

操作过程：执行此菜单后,会弹出一个对话框如图 12-6 所示。

图 12-6　绘图仪配置对话框 1

在此界面中,用户可以指定布局设置和打印设备设置,并能形象地预览将要打印的图形成果,然后可根据需要作相应地调整。这样就可以大大地节省时间和物力,并使打印出来的图形效果最好。

12.2.2 打印设置面板

下面将详细介绍本界面上各个选项的作用以及如何利用本界面进行设置以打印出自己满意的图形。

1. 布局名

显示当前的布局名称或显示选定的布局(如果选定了多个选项卡)。如果选择"打印"时的当前选项卡是"模型","布局名"将显示为"模型"。

将修改保存到布局:将在"打印"对话框中所作的修改保存到当前布局中。如果选定了多个布局,此选项不可用。

2. 页面设置名

此下拉列表框显示了已命名和已保存的页面设置的列表。用户可以从列表中选择一个页面设置作为当前页面设计的基础。如果用户想要保存当前的页面设置以便在以后的布局中应用,可以在完成当前页面设置以后单击添加按钮,此时将弹出一个对话框,在相应的栏中输入页面设置名,然后按确定键。用户也可以在此菜单中删除已有页面设置或对其进行重命名。

3. 打印设备

用户可以在此指定要用的打印机、打印样式表、要打印的一个或多个布局以及打印到文件的有关信息。

(1)打印机配置

①名称:显示当前配置的打印设备及其连接端口或网络位置,以及附加的关于打印机的用户定义注释。可用的系统打印机和 PC3 文件名的列表将显示在"名称"列表框中。在打印设备名称的前面将显示一个图标以便区别系统打印机和 PC3 文件。用户可以在此列表中选择一项作为当前的打印设备。

②特性:显示打印机配置编辑器(PC3 编辑器),用户可以从中查看或修改当前的打印机配置、端口、设备和介质设置。如果使用"打印机配置编辑器"修改 PC3 文件,将显示"修改打印机配置文件"对话框。关于"打印机配置编辑器"的使用方法,用户可以参考 AutoCAD2006 的使用手册。

③提示:显示指定打印设备的信息。

(2)打印样式表(笔指定)

设置、编辑打印样式表,或者创建新的打印样式表。打印样式是 AutoCAD2006 中新的对象特性,用于修改打印图形的外观。修改对象的打印样式,就能替代对象原有的颜色、线型和线宽。用户可以指定端点、连接和填充样式,也可以指定抖动、灰度、笔指定和淡显等输出效果。如果需要以不同的方式打印同一图形,也可以使用打印样式。

每个对象和图层都有打印样式特性。打印样式的真实特性是在打印样式表中定义的,可以将它附着到"模型"选项卡和布局。如果给对象指定一种打印样式然后把包含该打印样式定义的打印样式表删除,则该打印样式不起作用。通过附着不同的打印样式表到布局,可以创建不同外观的打印图纸。用户想要详细了解打印样式表的有关事项,可参考 AutoCAD2006 的使用手册。

①名称:列表显示当前图形或布局中可以配置的当前打印样式表。要修改打印样式表中包含的打印样式定义,请选择"编辑"选项。如果选定了多个布局选项卡,而且它们配置的是不同的打印样式表,列表框将显示"多种"。

②编辑:显示打印样式表编辑器。从中可以编辑选定的打印样式表,具体编辑方法用户可以参考 AutoCAD2006 的使用手册。

③新建:显示"添加打印样式表"向导,用于创建新的打印样式表,具体创建方法用户可以参考 AutoCAD2006 的使用手册。

(3)打印内容

定义打印对象为选定的"模型"选项卡还是布局选项卡。

①当前选项卡:打印当前的"模型"或布局选项卡。如果选定了多个选项卡,将打印显示查看区域的那个选项卡。

②选定的表:打印多个预先选定的选项卡。如果要选择多个选项卡,用户可以在选择选项卡的同时按下 Ctrl 键。如果只选定一个选项卡,此选项不可用。

③所有布局选项卡:打印所有布局选项卡,无论选项卡是否选定。

④打印份数:指定打印副本的份数。如果选择了多个布局和副本,设置为"打印到文件"或"后台打印"的任何布局都只单份打印。

(4)打印到文件

打印输出到文件而不是打印机。

①打印到文件:将打印输出到一个文件中。

②文件名:指定打印文件名。缺省的打印文件名为图形及选项卡名,用连字符分开,并带有.plt 文件扩展名。

③位置:显示打印文件存储的目录位置,缺省的位置为图形文件所在的目录。

④[...]:显示一个标准的"浏览文件夹"对话框,从中可以选择存储打印文件的目录位置。

4.打印设置

指定图纸尺寸和方向、打印区域、打印比例、打印偏移及其他选项。显示如图 12-7 所示:

(1)图纸尺寸及图纸单位

显示选定打印设备可用的标准图纸尺寸。实际的图纸尺寸通过宽(X 轴方向)和高(Y 轴方向)确定。如果没有选定打印机,将显示全部标准图纸尺寸的列表,可以随意选用。使用"添加打印机"向导创建 PC3 文件时将为打印设备设置缺省的图纸尺寸。图纸尺寸随布局一起保存并替换 PC3 文件的设置。如果打印的是光栅文件(例如 BMP 或 TIFF 文件),打印区域大小的指定将以像素为单位而不是英寸或毫米。

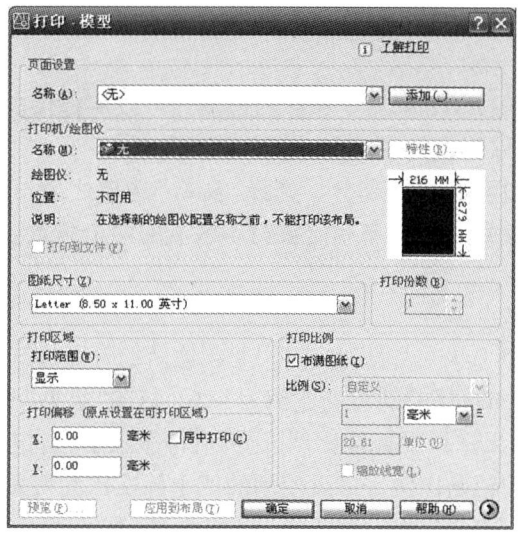

图 12-7 绘图仪配置对话框 2

①打印设备:显示当前选定的打印设备。

②图纸尺寸:列表显示可用的图纸尺寸。用户可根据工作的需要选取合适的图纸尺寸。图纸尺寸旁边的图标指明了图纸的打印方向。

③可打印区域:基于当前配置的图纸尺寸显示图纸上能打印的实际区域。

英寸:指定打印单位为英寸。

毫米:指定打印单位为毫米。

(2)图形方向

指定打印机图纸上的图形方向,包括横向和纵向。用户可以通过选择"纵向"、"横向"或"反向打印"改变图形方向以获得 0-、90-、180-或 270 度旋转的打印图形。图纸图标代表选定图纸的介质方向,字母图标代表图纸上的图形方向。

①纵向:图纸的短边作为图形图纸的顶部。

②横向:图纸的长边作为图形图纸的顶部。

③反向打印:上下颠倒地定位图形方向并打印图形。

(3)打印区域

指定图形要打印的部分。

①布局:打印指定图纸尺寸页边距内的所有对象,打印原点从布局的(0,0)点算起。只有选定了布局时,此选项才可用。如果"选项"对话框的"显示"选项卡中选择了关闭图纸图像和布局背景,"布局"选项将变成"界限"。

界限:打印图形界限所定义的整个绘图区域。如果当前视口不显示平面视图,那么此选项与"范围"作用相同。只当有"模型"选项卡被选定时,此选项才可用。

②范围:打印图形的当前空间部分(图形中包含有对象)。当前空间中的所有几何图形都将被打印。打印之前 AutoCAD 可能重新生成图形以便重新计算当前空间的范围。

如果打印的图形范围内有激活的透视图,而且相机位于这一图形范围内,此选项与"显示"选项作用相同。

③显示:打印选定的"模型"选项卡当前视口中的视图或布局中的当前图纸空间视图。

④视图:打印以前通过 VIEW 命令保存的视图。可以从提供的列表中选择一个命名视图。如果图形中没有保存过的视图,此选项不可用。

⑤窗口:打印指定图形的任何部分。选择"窗口"选项之后,可以使用"窗口"按钮。请选择"窗口"按钮,并使用定点设备指定要打印区域的两个角点或输入其 X、Y 坐标值。

指定第一个角点:指定一点。

指定对角点:指定另一点。

(4)打印比例

控制打印区域。打印布局时缺省的比例为 1:1。打印"模型"选项卡时缺省的比例为"按图纸空间缩放"。如果选择了标准比例,比例值将显示于"自定义"文本框中。

①比例:定义打印的精确比例。最近使用的四个标准比例将显示在列表的顶部。

②自定义:创建用户定义比例。输入英寸(或毫米)数及其等价的图形单位数,可以创建一个自定义比例。

③缩放线宽:线宽的缩放比例与打印比例成正比。通常,线宽用于指定打印对象线的宽度并按线的宽度进行打印,而与打印比例无关。

(5)打印偏移

指定打印区域偏离图纸左下角的偏移值。布局中指定的打印区域左下角位于图纸页边距的左下角,可以输入一个正值或负值以偏离打印原点。图纸中的打印单位为英寸或毫米。

①居中打印:将打印图形置于图纸正中间(自动计算 X 和 Y 偏移值)。

②X:指定打印原点在 X 方向的偏移值。

③Y:指定打印原点在 Y 方向的偏移值。

(6)打印选项

指定线宽打印、打印样式和当前打印样式表的相关选项。可以选择是否打印线宽,如果选择"打印样式",则使用几何图形配置的对象打印样式进行打印,此样式通过打印样式表定义。

①打印对象线宽:打印线宽。

②打印样式:按照对象使用的和打印样式表定义的打印样式进行打印。所有具有不同特性的样式定义都将存储于打印样式表中,并可方便地附着到几何图形上。此设置将代替 AutoCAD 早期版本的笔映射。

③最后打印图纸空间:首先打印模型空间几何图形。通常情况下,图纸空间几何图形的打印先于模型空间的几何图形。

④隐藏对象:打印布局环境(图纸空间)中删除了对象隐藏线的布局。视口中模型空间对象的隐藏线删除是通过"对象特性管理器"中的"消隐出图"特性控制的。这一设置将反映在打印预览中,但不反映在布局中。

5.完全预览

按图纸中打印出来的样式显示图形。要退出打印预览,单击右键并选择"退出"

6. 部分预览

快速并精确地显示相对于图纸尺寸和可打印区域的有效打印区域。部分预览还将预先给出 AutoCAD 打印时可能碰到的警告注意事项。最后的打印位置与打印机有关。

修改有效打印区域所作的改变包括对打印原点的修改。打印原点可以在"打印设置"选项卡的"打印偏移"选项中进行定义。如果偏移打印原点会导致有效打印的区域超出预览区域，AutoCAD 将显示警告。

图纸尺寸：显示当前选定的图纸尺寸。

可打印区域：基于打印机配置显示用于打印的图纸尺寸内的可打印区域。

有效区域：显示可打印区域内的图形尺寸。

警告：列表显示关于有效打印区域的警告信息。

说明：熟悉这些新特性可能需要一些时间，但一旦您了解了它们，您的打印工作就会完成得更快、更简单，一致性也比以往大大提高。各选项设置可详见打印帮助（在进入此对话框前，就会询问是否需要帮助，或之后按 F1 键取得帮助也可）。

12.2.3 工具

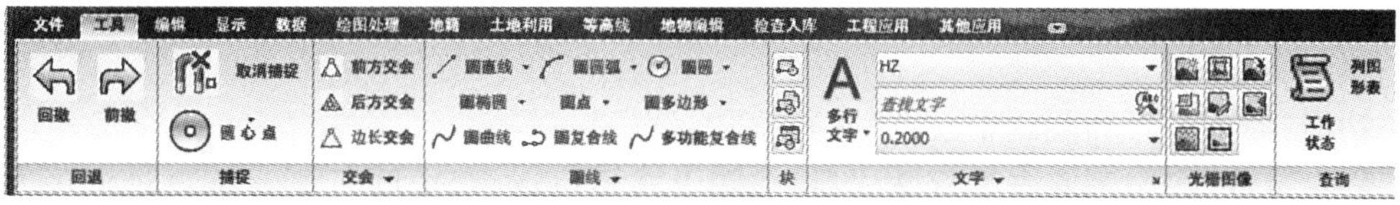

图 12-8 工具菜单面板

工具菜单如图 12-8 所示，顾名思义，本项菜单为您在编辑图形时提供绘图工具。

1. 操作回退

功能：取消任何一条执行过的命令，即可无限回退。可以用它清除上一个操作的后果。

操作过程：左键点取本菜单即可。

相关命令：键入 U 然后回车与点取菜单效果相同。U 命令可重复使用，直到全部操作被逐级取消。还可控制需要回退的命令数，键入 UNDO 回车，再键入回退命令数，回车即可（如输入 50 回车，则自动取消最近的 50 个命令）。

2. 取消回退

功能：操作回退的逆操作，取消因操作回退而造成的影响。

操作过程：左键点取本菜单即可，或敲入 REDO 后回车。在用过一个或多个操作回退后，您可以无限次取消回退直到最后一个回退操作。

3. 物体捕捉模式

当绘制图形或编辑对象时，需要在屏幕上指定一些点。定点最快的方法是直接在屏幕上拾取，但这样不能精确指定点。精确指定点最直接的办法是输入点的坐标值，但这样又不够简捷快速，而应用捕捉方式，便可以快速而精确地定点。AutoCAD 提供了多种定点工具，如栅格（GRID）、正交（ORTHO）、物体捕捉（OSNAP）及自动追踪（AutoTrack），而在物体捕捉模式中又有圆心点、端点、插入点等，如图 12-9 所示子菜单。

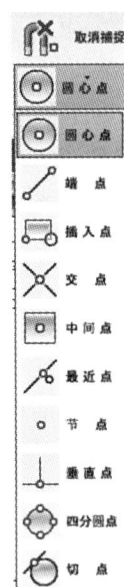

图 12-9 物体捕捉模式子菜单

(1)圆心点

功能:捕捉弧形和圆的中心点(执行 CEN 命令)。

操作过程:设定圆心点捕捉方式后,在图上选择目标(弧或圆),则光标自动定位在目标圆心。

(2)端点

功能:捕捉直线、多义线、踪迹线和弧形的端点(执行 END 命令)。

操作过程:设定端点捕捉方式后,在图上选择目标(线段),用光标靠近希望捕捉的一端,则光标自动定位在该线段的端点。

(3)插入点

功能:捕捉块、形体和文本的插入点(如高程点)(执行 INS 命令)。

操作过程:设定插入点捕捉方式后,在图上选择目标(文字或图块),则光标自动定位到目标的插入点。

(4)交点

功能:捕捉两条线段的交叉点(执行 INT 命令)。

操作过程:设定交点捕捉方式后,在图上选择目标(将光标移至两线段的交点附近),则光标自动定位到该交叉点。

(5)中间点

功能:捕捉直线和弧形的中点(执行 MID 命令)。

操作过程:设定中心点捕捉方式后,在图上选择目标(直线或弧),则光标自动定位在该目标的中点。

(6)最近点

功能:捕捉距光标最近的对象(执行 NEA 命令)。

操作过程:设定最近点捕捉方式后,在图上选择目标(用光标靠近希望被选取的点),则光标自动定位在该点。

(7)节点

功能:捕捉点实体而非几何形体上的点(执行 NOD 命令)。

操作过程:设定节点捕捉方式后,在图上选择目标(将光标移至待选取的点),则光标自动定位在该点。

(8)垂直点

功能:捕捉垂足(点对线段)(执行 PER 命令)。

操作过程:设定垂直点捕捉方式后,从一点对一条线段引垂线时,将光标靠近此线段,则光标自动定位在线段垂足上。

(9)四分圆点

功能:捕捉圆和弧形的上下左右四分点(执行 QUA 命令)。

操作过程:设定四分圆点捕捉方式后,在图上选择目标(将光标移近圆或弧),则光标自动定位在目标四分点上。

(10)切点

功能:捕捉弧形和圆的切点(执行 TAN 命令)。

操作过程:设定切点捕捉方式后,在图上选择目标(将光标移近圆或弧),则光标自动定位在目标的切点。

4. 取消捕捉

功能:取消所有的捕捉功能(执行 NON 命令)。

操作过程:左键点取本菜单即可。

【注意】:采用新的捕捉方式时最好首先使用本功能取消原先的捕捉设置,以免产生混乱。

5. 前方交会

功能:用两个夹角交会一点,如图 12-10 所示。

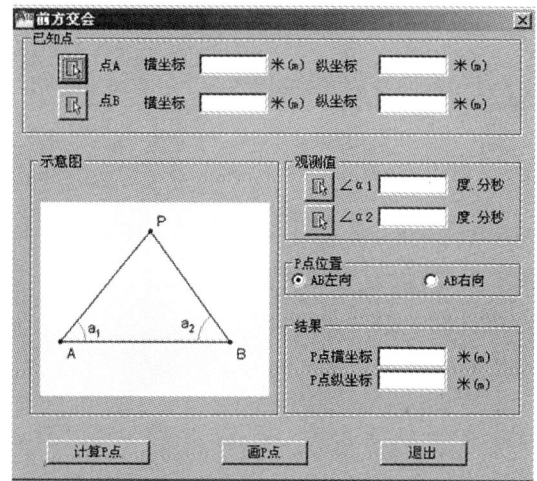

图 12-10　前方交会子菜单

操作过程:左键点取本菜单后,看命令区提示。
提示:第一点:用光标捕捉第一点。
输入点,请指定第一点的观测角:输入角度(单位为度)。
第二点:捕捉第二点。
输入点,请指定第二点的观测角:输入角度(单位为度)。
选择交会点位一侧:在需要定点的一侧用鼠标点一下。

6. 后方交会

功能:已知两点和两个夹角,求第三个点坐标。
操作过程:左键点取本菜单后,看命令区提示。

7. 边长交会

功能:用两条边长交会出一点。
操作过程:左键点取本菜单后,看命令区提示。
提示:输入点,用光标捕捉第一点。
输入从第一点开始延伸的距离:输入一边边长(单位为米),也可用鼠标直接在图上量取距离。
输入点,用光标捕捉第二点。
输入从第二点开始延伸的距离:输入另一边长(单位为米),也可用鼠标直接在图上量取距离。
选择交会点位一侧:在需要定点的一侧用鼠标点一下,在屏幕上画出该点。
【注意】:两边长之和小于两点之间的距离不能交会;两边太长,即交会角太小也不能交会。

12.2.4 数据

本菜单包括了大部分 CASS9.0 面向数据的重要功能,菜单如图 12-11 所示。

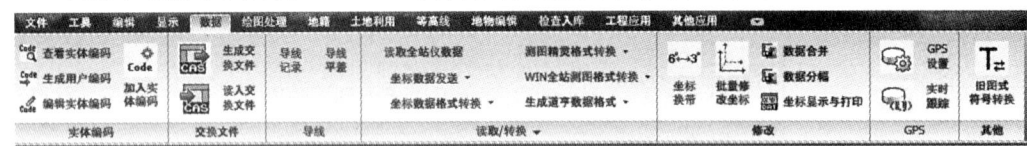

图 12-11 数据处理菜单面板

1. 查看实体编码

功能:显示所查实体的 CASS9.0 内部代码以及文字说明。
操作过程:左键点取本菜单后,见命令区提示。
提示:选择图形实体用光标选取待查实体。

2. 加入实体编码

功能:为所选实体加上 CASS9.0 内部代码。
操作过程:左键点取本菜单后,见命令区提示。
提示:输入代码(C)/<选择已有地物>:这时用户有两种输入代码方式。
①若输入代码 C 回车,则依命令栏提示输入代码后,选择要加入代码的实体即可。

②默认方式下为"选择已有地物",即直接在图形上拾取具有所需属性代码的实体,将其赋予给要加属性的实体。首先用鼠标拾取图上已有地物(必须有属性),则系统自动读入该地物属性代码。此时依命令行提示选择需要加入代码的实体(可批量选取),则先前得到的代码便会被赋给这些实体。系统根据所输代码自动改变实体图层、线型和颜色。

3. 生成用户编码

功能:将 index.ini 文件中对应图形实体的编码写到该实体的厚度属性中去。

说明:此项功能主要为用户使用自己的编码提供可能。

4. 编辑实体地物编码

功能:相当于"属性编辑",用来修改已有地物的属性以及显示的方式。

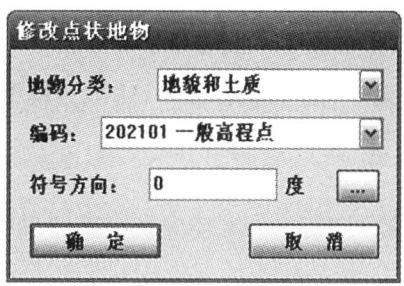

图 12-12　修改点状地物

首先点击"数据"→"编辑实体地物编码",然后选择地物实体,当选择的是点状地物时,弹出如图 12-12 所示对话框,当修改对话框中的地物分类和编码后,地物会根据新的编码变换图层和图式;当修改符号方向后点状地物会旋转相应的方向,也可以点击"…"通过鼠标自行确定符号旋转的角度。

图 12-13　修改线状地物

当选择的地物实体是线状地物时,弹出如图 12-13 所示的对话框,可以在其中修改实体的地物分类、编码和拟合方式,复选框"闭合"决定所选地物是否闭合,"线型生成"相当于"地物编辑"→"复合线处理"→"线性规范化"。

5. 生成交换文件

功能:将图形文件中的实体转换成 CASS9.0 交换文件。

操作过程：左键点取本菜单后，会弹出一个对话框，如图12-14所示。

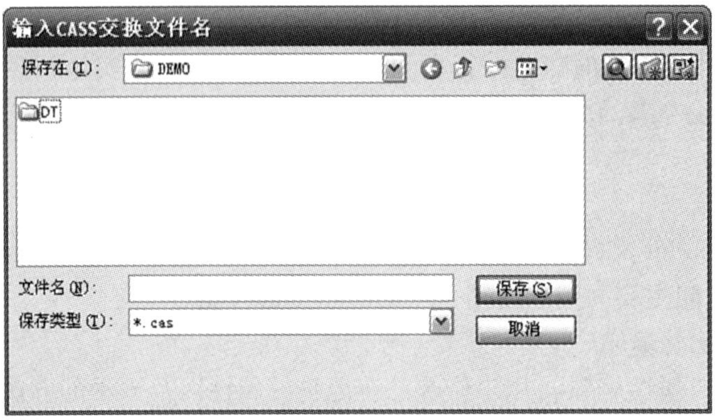

图12-14　生成交换文件对话框

在文件名栏中输入一个文件名后按保存即可，生成过程中命令栏会提示正在处理的图层名。

6．读入交换文件

功能：将CASS9.0交换文件中定义的实体画到当前图形中，和"生成交换文件"是一对相逆过程。

操作过程：左键点取本菜单后，会弹出一个对话框，与图12-14相似。在文件名栏中输入一个文件名后按打开即可。

7．导线记录

功能：生成一个完整的导线记录文件用于做导线的平差。

操作过程：左键点取本命令后系统弹出如图12-15所示对话框。

图12-15　导线记录对话框

导线记录文件名：将导线记录保存到一个文件中。点击 ⋯ 按钮，弹出如图12-16所示对话框，新建或选择一个导线记录文件（扩展名为.SDX）后保存。

第12章 基于CASS9.0软件的测绘地图绘制　41

图 12-16　保存导线记录对话框

起始站:输入导线开始的测站点和定向点坐标和高程,点击 图上拾取 按钮可直接在图上捕捉相应的测站点或定向点。

终止站:输入导线结束的测站点和定向点坐标和高程,点击 图上拾取 按钮可直接在图上捕捉相应的测站点或定向点。

测量数据:输入外业测得每站导线记录的数据,包括斜距、左角、垂直角、仪器高和棱镜高。每输完一站后点 插入(I) 按钮,若要更改或查看某站数据可点 向上(P) 或 向下(N) 按钮,若要删除某站数据,找到该站后点 删除(D) 按钮。记录完一条导线之后点 存盘退出 。若不想存盘则可 放弃退出 。

8.导线平差

功能:对导线记录做平差计算。

操作过程:左键点取本菜单命令后弹出如图 12-17 所示对话框。

图 12-17　导线平差对话框

选择导线记录文件,点击打开,系统自动处理后给出精度信息如图 12-18 所示。

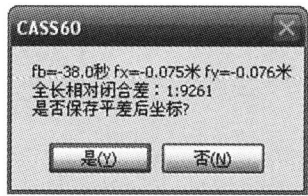

图 12-18　显示平差精度

如果符合要求则点击"是"按钮后系统提示如图 12-19 所示,提示将坐标保存到文件中。

图 12-19 保存坐标数据对话框

9. 读取全站仪数据

功能:将电子手簿或全站仪内存中的数据传入 CASS9.0 中,并形成 CASS9.0 专用格式的坐标数据文件。

操作过程:点取本菜单后弹出数据转换对话框如图 12-20 所示。

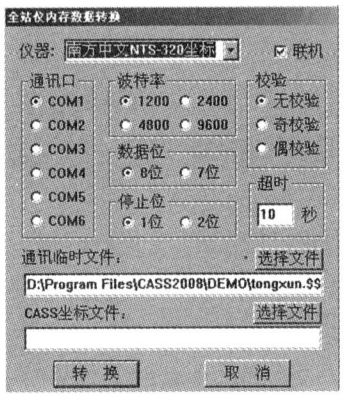

图 12-20 数据转换对话框

仪器:选择电子手簿或带内存全站仪的类型,点击右边下拉箭头可选仪器类型,CASS9.0 支持的仪器类型及数据格式如图 12-21 所示。

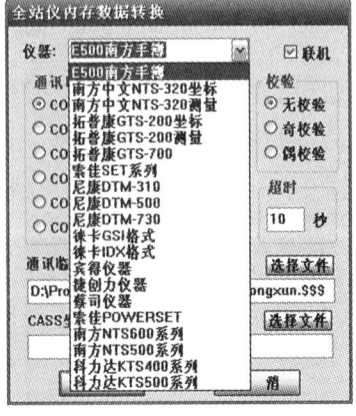

图 12-21 仪器类型选择下拉列表

联机:若选中复选框,则直接从仪器内存中读取相应格式的数据文件,否则就在在通讯临时文件栏中选择一个由其他通讯方式得到的相应格式的数据文件(一般是由各类仪器自带的通讯软件转换或超级终端传输得到的数据文件)。

通讯参数:通讯参数包括通讯口、波特率、数据位、停止位和校检等几个选项设置时应使全站仪的以上通讯参数和本软件的设置一致。

超时:若软件没有收到全站仪的信号则在设置好的时间内自动停止。系统默认的时间是 10 s。

通讯临时文件:打开由其他通讯传输方式得到的相应格式的数据文件(一般是由各类仪器自带的通讯软件转换或超级终端传输得到的数据文件)。

CASS 坐标文件:将转换得到数据保存为 CASS9.0 的坐标数据格式。

(1) E500 南方手簿

功能:将南方电子手簿的测量数据传输到计算机中,并形成相应的坐标数据文件。

操作过程:在"仪器"下拉列表中找到"E00 南方手簿",点击鼠标左键。然后检查通讯参数设置是否正确。在对话框最下面的"CASS 坐标文件:"下的空栏里输入您想要保存的文件名,要留意文件的路径,为了避免找不到您的文件,可以输入完整的路径。最简单的方法是点"选择文件"出现如图 12-22 所示的对话框,在"文件名(N):"后输入想要保存的文件名,点保存。这时,系统已经自动将文件名填在了"CASS 坐标文件:"下的空白处。这样就省去了手工输入路径的步骤。

图 12-22 执行"选择文件"操作的对话框

输完文件名后移动鼠标至"转换"处,按左键(或者直接敲回车键)便出现如图 12-23 所示的提示。

图 12-23 计算机等待 E500 信号

12.2.5 绘图处理

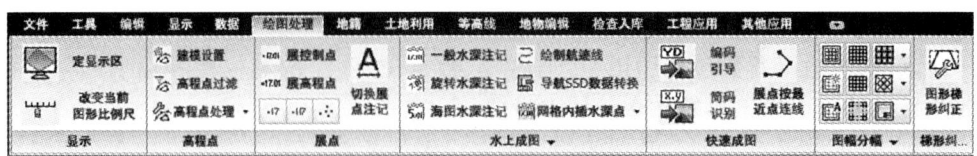

图 12-24　绘图处理菜单面板

1. 定显示区

功能：通过给定坐标数据文件定出图形的显示区域。

操作过程：执行此菜单后，会弹出一个对话框，要求输入测定区域的野外坐标数据文件，计算机自动求出该测定区的最大、最小坐标，然后系统自动将坐标数据文件内所有的点都显示在屏幕显示范围内。

说明：每作一幅新图形时最好先做这一步，但若是没有做这一步，也可随后用右侧屏幕菜单中的"缩放全图"按钮实现全图显示。

2. 改变当前图形比例尺

功能：CASS9.0 根据输入的比例尺调整图形实体，具体为修改符号和文字的大小、线型的比例，并且会根据骨架线重构复杂实体。

操作过程：执行此菜单后，见命令区提示。

提示：输入新比例尺 1：按提示输入新比例尺的分母后回车。

【注意】：有时带线型的线状实体，如陡坎，会显示成一根实线，这并不是图形出错，而是显示的原因，要想恢复线型的显示，只需输入"REGEN"命令即可。

3. 展高程点

功能：批量展绘高程点。

操作过程：执行此菜单后，会弹出一个对话框，输入待展高程点坐标数据文件名后按"打开"键。

提示：注记高程点的距离(米)：输入注记距离。

【注意】：注记的距离即是展点的距离，即任意两高程点间的最小距离，此距离决定了点位密度。

4. 高程点建模设置

功能：设置高程点是否参加建模。

图 12-25　高程点建模设置

操作过程:左键点取"高程点建模设置"后,选择参加设置的高程点,确定后弹出如图 12-25 所示界面,逐个确定高程点是否参加建模。

5. 高程点过滤

功能:从图上过滤掉距离小于给定条件的高程点,适用于高程点过密时。

6. 高程点处理

(1)修改高程

功能:修改指定点的高程值。

操作过程:左键选择要修改高程的高程点,回车确认后,按提示输入高程值。

(2)打散高程注记

功能:使高程注记时的点位和注记打散。

操作过程:左键点击"打散高程注记"后选择需要打散高程注记的高程点。

(3)合成打散的高程注记

功能:与"打散高程点注记"功能互为逆过程。

操作过程:左键点击"合成打散的高程注记"后选择需要合成高程注记的高程点。

(4)根据注记修改高程

功能:根据高程注记,修改对应点位的高程值。

操作过程:左键点击"根据注记修改高程",选择高程注记数字和对应的点位,单击右键确定,即可将高程点的高程值进行修改。

(5)垂直移动到线上

功能:将指定高程点垂直移动到指定直线上。

7. 野外测点点号

功能:展绘各测点的点名及点位,供交互编辑时参考。操作同展高程点。

8. 野外测点代码

功能:展绘各测点编码及点位(在简码坐标数据文件或自行编码的坐标数据文件里有),供交互编辑时参考。操作同展高程点。

9. 野外测点点位

功能:仅展绘各测点位置(用点表示),供交互编辑时参考。

10. 切换展点注记

功能:用户在菜单命令"展野外测点点号"或"展野外测点代码"或"展野外测点点位"后,可以执行"切换展点注记"菜单命令,使展点的方式在"点位""点号""代码"和"高程"之间切换,做到一次展点,多次切换,满足成图出图的需要。

11. 水上成图

功能:批量展绘水上高程点,与展高程点操作类似,与展高程点不同之处在于所展高程点位是小数点位。

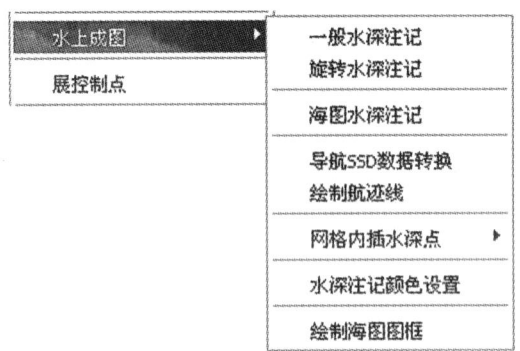

图12-26 水上高程点命令子菜单

(1) 一般注记法

左键单击一般注记法子菜单后，系统会弹出一个对话框提示用户选择坐标数据文件，选择文件后见命令行提示。

提示：注记高程点的距离（米）：输入注记水深点的间距。

输入旋转角：（逆时针为正，单位为度）输入一个角度后，所有的高程注记都会按这个角度倾斜。

(2) 旋转注记

操作过程：左键单击旋转注记子菜单后，系统会弹出一个对话框提示用户选择坐标数据文件，选择文件后见命令行提示。

提示：①选定左岸线；②指定左岸上两点；③输入旋转角<1>若选1则提示。

选定左岸线：选定预先画好的左岸线（必须是复合线）。

批量选择要旋转的水上高程点：

Select objects：批量选取需要旋转的水上高程点，则所选点号字头朝向岸边。

指定左岸上两点和输入旋转角可根据提示操作，指定两点或输入一个角度后，所有的高程注记都会按相应的角度倾斜。

【注意】由于水上高程点注记方向应垂直于河岸，可用此功能批量旋转高程注记。

(3) 海图注记法

功能：按海图法注记水深点。操作与展高程点类似。

(4) 导航 SSD 数据转换

功能：将导航的 *.SSD 数据读入到 CASS9.0 成图系统中。

(5) 绘制航迹线

功能：将坐标数据按照点号顺序自动连接绘制成航迹线。

(6) 网格内插入水深点

功能：按照格网的的排列注记水深点高程注记。

(7) 水深注记颜色设置

功能：按照高程大小，设置水深注记的颜色。

(8) 绘制海图图框

功能：点击绘制海图图框命令，弹出如12-27所示对话框。

图 12-27 海图图框设置对话框

13. 展控制点

功能：批量的展出控制点。

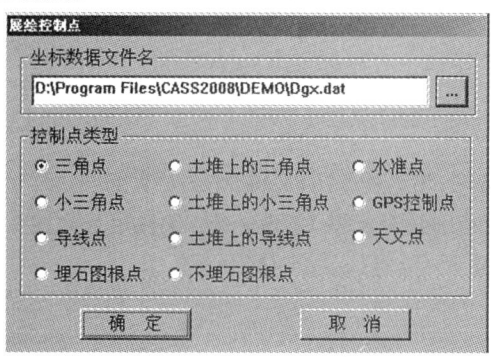

图 12-28 展绘控制点对话框

操作过程：点击"绘图处理"→"展控制点"，弹出如图 12-28 所示对话框，首先点击"…"选择控制点的坐标数据文件或者直接输入坐标文件所在的路径，然后选择展控制点的类型，当数据文件中的点有特殊编码时按照特殊编码展为编码相对应的控制点类型，没有特殊编码，只有普通编码时，按照选定的"控制点类型"展绘出来。

14. 编码引导

功能：根据编码引导文件和坐标数据文件生成带简码的坐标数据文件。

【注意】使用该项功能前，应该先根据草图编辑生成"引导文件"。

操作过程：执行此菜单后，会依次弹出几个对话框，根据提示（见弹出对话框的左上角）分别输入编码引导文件名，坐标数据文件名及此两个文件合并后的简编码坐标数据文件名（这时需要给一个新文件名，否则原有同名文件将被覆盖掉）。

15. 简码识别

功能：将简编码坐标数据文件转换为 CASS9.0 交换文件及一些辅助数据文件供下面

"绘平面图"用。

操作过程:执行此菜单后,会弹出一个对话框要求输入带简码的坐标数据文件名,输入后点"打开"键,此时在命令区提示栏中会不断显示正在处理实体的代码。

16. 图幅网格(指定长宽)

功能:在测区(当前测图)形成矩形分幅网格,使每幅图的范围清楚地展示出来,便于您用"地物编辑"菜单的"窗口内的图形存盘"功能,还能用于截取各图幅(给定该图幅网格的左下角和右上角即可)。

操作过程:执行此菜单后,见命令区提示。

提示:方格长度(mm):输入方格网的长度。

方格宽度(mm):输入方格网的宽度。

用鼠标器指定需加图幅网格区域的左下角点:指定左下角点。

用鼠标器指定需加图幅网格区域的右上角点:指定右上角点。

按提示操作,系统将在测区自动形成分幅网格。

17. 加方格网

功能:在所选图形上加绘方格网。

18. 方格注记

功能:将方格网中的十字符号注记上坐标。

19. 批量分幅

功能:将图形以 50*50 或 50*40 的标准图框切割分幅成一个个单独的磁盘文件,而且不会破坏原有图形。

操作过程:先建立格网,再选择输出文件还是图纸空间。

提示:请选择图幅尺寸:①50*50;②50*40;③自定义尺寸〈1〉选择图幅尺寸。若选③则要求给出图幅的长宽尺寸,选①,②则提示:

输入测区一角:给定测区一角

输入测区另一角:给定测区另一角

在待分幅的图形上,建立方格网。然后选择输出到文件或是图纸空间。输出到文件是保存成 DWG 格式,输出到图纸空间是将图形输出到布局。

20. 批量倾斜分幅

图 12-29 批量倾斜分幅子菜单

(1)普通分幅

功能:将图形按照一定要求分成任意大小和角度的图幅。

操作过程:先依需倾斜的角度画一条复合线作为分幅的中心线,再执行本菜单后见命令行提示。

提示:输入图幅横向宽度:(单位:分米)给出所需的图幅宽度。

输入图幅纵向宽度:(单位:分米)给出所需的图幅高度。

请输入分幅图目录名:分幅后的图形文件将存在此目录下,文件名就是图号。

选择中心线选择事先画好的分幅中心线则系统自动批量生成指定大小和倾斜角度的图幅。

(2) 700 m 公路分幅

功能:将图形沿公路以 700 m 为一个长度单位进行分幅。

操作过程:画一条复合线作为分幅的中心线,再执行本菜单后见命令行提示。

提示:请输入分幅图目录名:分幅后的图形文件将存在此目录下,文件名就是图号。

选择中心线选择事先画好的分幅中心线则系统自动批量生成指定大小和倾斜角度的图幅。

21. 标准图幅(50×50 cm)

功能:给已分幅图形加 50×50 cm 的图框。

操作过程:执行此菜单后,会弹出一个对话框,如图 12-30 所示,按对话框输入图纸信息后点"确定"键,并确定是否删除图框外实体。

【注意】:单位名称和坐标系统、高程系统可以在加图框前定制。图框定制可方便地在"CASS9.0 参数设置\图框设置"中设定或修改各种图形框的图形文件,这些文件放在"\cass90\blocks"目录中,用户可以根据自己的情况编辑,然后存盘。50×50 图框文件名是 AC50TK.DWG,50×40 图框文件名是 AC45TK.DWG。

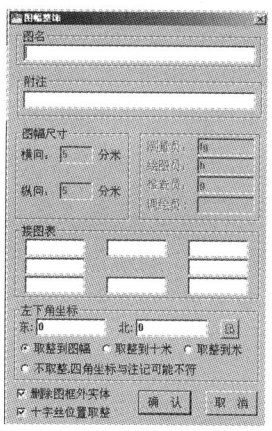

图 12-30 输入图幅信息对话框

22. 标准图幅(50×40 cm)

功能:给已自动编成 50×40 cm 的图形加图框。

命令栏提示和操作同批量倾斜分幅。

23. 任意图幅

功能:给绘成任意大小的图形加图框。

操作过程:执行此菜单后,对话框输入图纸信息,此时"图幅尺寸"选项区域变为可编辑,输入自定义的尺寸及相关信息即可。

24. 小比例尺图幅

功能:根据输入的图幅左下角经纬度和中央子午线来生成小比例尺图幅。

操作过程:执行此菜单后,见命令区提示。

提示:请选择(1)三度带(2)六度带。

然后会弹出一个如图 12-31 所示的对话框,输入图幅中央子午线、左下角经纬度、参考椭球、图幅比例尺等信息,系统自动根据这些信息求出国标图号并转换图幅各点坐标,再根据输入的图名信息绘出国家标准小比例尺图幅

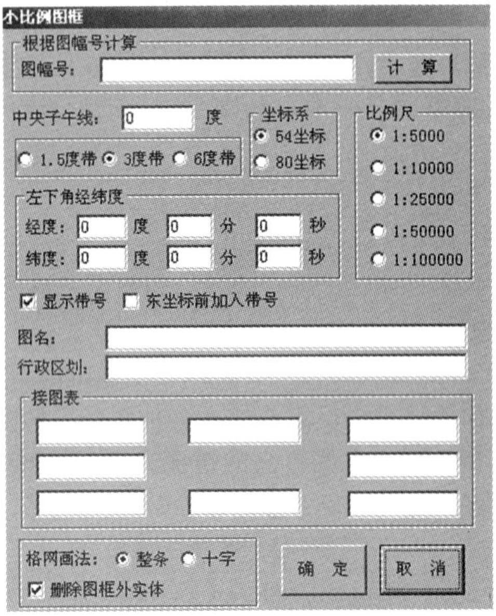

图 12-31　输入小比例尺图幅坐标信息

25. 倾斜图幅

功能:为满足公路等工程部门的特殊需要,提供任意角度的倾斜图幅。

操作过程:执行此菜单后,按图 12-31 所示的对话框输入图纸信息,此时"图幅尺寸"选项区域变为可编辑,输入自定义的尺寸及相关信息确定后见提示。

输入两点定出图幅旋转角,第一点:第二点:

26. 工程图幅

功能:提供 0、1、2、3、4 号工程图框。

操作过程:执行此菜单后,见命令区提示。

提示:用鼠标器指定内图框左下角点位:给出内图框放置的左下角点。

要角图章,指北针〈N〉键入 Y 或 N(缺省为 N)选择是否在图框中画出角图章、指北针。

27. 图纸空间图幅

功能:将图框画到布局里,分为三种类型 50＊50,50＊40,任意图幅。

28. 图形梯形纠正

功能:如果您所用的是 HP 或其他系列的喷墨绘图仪,在用它们出图时,所得到图形的图框的两条竖边可能不一样长,这项菜单的主要功能就是对此进行纠正。

操作过程:先用绘图仪绘出一幅 50＊50 或 40＊50 的图框,并量取右竖直边的实际长度和理论长度的差值,然后见命令区提示。

提示:请选择图框:(1)50*50(2)40*50。

请选取图框左上角点:精确捕捉图框的左上角点。

请输入改正值:(+为压缩,-为扩大)(单位:毫米)输入右竖直边长度和理论长度的差值。

说明:如果差值大于零,则说明右竖直边的实际长度大于理论长度,输入改正值的符号为"+"以便压缩;反之为"-"时扩大。

12.3　测绘地形图绘制

地形图的绘制就是通过实地测量,将地面上各种地物、地貌的平面位置,按一定的比例尺,用《地形图图式》统一规定的符号和注记,缩绘在图纸上的平面图形,既表示地物的平面位置又表示地貌形态。

自电子全站仪应用于地形测量以及计算机技术应用于制图领域以来,地形图测绘的方法已改进为野外实测数据的自动化记录和内业绘图时的计算机辅助成图。数字化成图已成为地形图测绘的主要方法,用 AutoCAD 绘制地形图是测绘技术人员应具备的一项基本技能,南方 CASS 软件是在 AutoCAD 平台下二次开发完成的制图软件,本节介绍用 CASS 软件绘制大比例尺地形图的方法和步骤。

12.3.1　地形图基本知识

1. 地形图的比例尺

图上一段直线长度 d 与地面上相应线段实际长度 D 之比,称为地形图的比例尺。地形图的比例尺有数字比例尺和图示比例尺。

$$\frac{d}{D}=\frac{1}{D/d}=\frac{1}{M}=1:M \qquad (12-1)$$

数字比例尺分子化为1,分母为一个较大整数,通常写成 $1:M$。数字比例尺简单、明了,便于计算。数字比例尺注记在南面图廓外的正中央。

图示比例尺可从图纸上直接量算地面长度,可以消除图纸的伸缩变形。依据2007年颁布的地形图图式,图示比例尺要求表示在图廓的正下方。

地形图按照比例尺分类,M 越大,比例尺越小;M 越小,比例尺越大。

1:500、1:1000、1:2000、1:5000 地形图——大比例尺地形图;

1:1万、1:2.5万、1:5万、1:10万 地形图——中比例尺地形图;

1:25万、1:50万、1:100万 地形图——小比例尺地形图;

我国规定 1:1万、1:2.5万、1:5万、1:10万、1:20万、1:50万、1:100万 7种比例尺地形图为国家基本比例尺地形图。

2. 地形图的分幅和编号

地形图的分幅分为两类:一类是按照经纬线分幅的梯形分幅法,也称国际标准分幅法;另一类是按照坐标格网分幅的矩形分幅法。前者适用于中、小比例尺的国家基本图分幅,后者用于城市大比例尺图的分幅。本部分主要讲述为满足规划设计、工程施工等需要而测绘的大比例尺地形图的分幅和编号方法。

(1) 分幅

1:500、1:1000、1:2000 的地形图一般采用 50 cm×50 cm 的正方形分幅或 40 cm× 50 cm 的矩形分幅，根据需要也可采用其他分幅。

(2) 编号

正方形分幅或矩形分幅的地形图的图幅编号，一般采用图廓西南角坐标公里数编号法，X 坐标在前，Y 坐标在后，中间用短横线连接。其中 1:500 地形图取至 0.01 km(如 18.80-87.45)，而 1:1000、1:2000 地形图取至 0.1 km(如 435.0-200.5)。

带状测区或小面积测区可按照测区统一顺序编号，一般从左到右，从上到下采用阿拉伯数字 1、2、3…编号。

3. 地形图图式

为了便于绘图和读图，地形图在绘制时可用各种符号将实地的地物和地貌表示在图上，这些符号统称为地形图图式。地形图图式作为一种国家标准，由国家标准化管理委员会和国家质检总局联合发布。

地形图图式分为三种符号：地物符号、地貌符号、注记符号。

(1) 地物符号

地球表面上各种不同形状的物体统称地物，地物在测绘地形图时应按照一定的原则进行取舍。

①依据国家测绘主管部门制定的有关"规范"和"图式"进行。

②图上所绘地物要位置准确、主次分明，符号运用恰当，充分反映地物特征，图面清晰易读。

③当需要相邻描绘两种以上地物符号且受区域所限而发生矛盾时，要保证精确表示主要的或有方位意义的地物，次要地物可适当移位、舍去或综合表示。移位时应保持相对位置正确，综合取舍时要保持其总貌和轮廓特征以便得到与实物相似的地貌。

④临时性的、易于变化的以及对用图意义不大的地物，一般不表示。

(2) 地貌符号

地貌是指地面高低起伏的形态，在地形图上最常用的表示方法是等高线。等高线分为首曲线、计曲线、间曲线、助曲线。

绘制等高线时应注意的方面：

①等高线遇到房屋、窑洞、公路、双线表示的河渠、冲沟、陡崖、路堤、路堑等符号时，应表示至符号边线。

②单色图上等高线遇到各类注记、独立地物、植被符号时，应间断 0.2 mm。

③大面积的盐田、基塘区，视具体情况可不测绘等高线。

④等高线高程注记应分布适当，便于用图时迅速判定等高线的高程，其字头朝向高处。根据地形情况图上每 100 cm^2 面积内，应有 1~3 个等高线高程注记。

⑤示坡线与等高线垂直相交，指向低处。一般在谷地、山头、鞍部、图廓边及斜坡方不易判读的地方绘制。凹地的最高、最低一条等高线上也应表示坡线。

(3)注记符号

注记是地形图的重要内容之一,是判读和使用地形图的直接依据。注记一般分为名称注记、说明注记和数字注记。

名称注记是指由不同规格、颜色的字体来说明具有专有名称的各种地形、地物的注记,如海洋、湖泊、河川、山脉的名称,它也是最重要的一种注记,没有名称的地图阅读起来就非常困难。说明注记是指用文字表示地形与地物质量和特征的各种注记,如表示森林树种的注记,表示水井底质的注记。数字注记指由不同规格、颜色的数字和分数式表达地形与地物的数量概念的注记,如高程、坐标、经纬度、地类等。

为了鲜明、正确、便于读解的目的,注记的字体、规格和用途必须有统一规定。地图上使用的汉字应符合国家通用语言文字的规范和标准。注记字大小以毫米(mm)为单位,字级级差为 0.25 mm;数字字大在 2 mm 以下者,其级差为 0.2 mm。注记间隔的选择是按该注记所指地物的面积或长度大小而定,最小为自然间隔,最大为字大的 4~5 倍,地物延伸较长时,在地形图上可重复注记名称。注记字体颜色习惯上按照水系(青色)、地貌(棕色)、植被(绿色)来确定。注记距离说明物体不能太远,一般间距应小于 1/2 字大,如图 12-32 所示。注记的排列形式分为水平字列、垂直字列、雁行字列(各字连线与物体走向平行,且字向直立)、屈曲字列(各字连线与物体走向平行,字向平行或垂直于物体走向)。雁行字列和屈曲字列如图 12-33 和图 12-34 所示。

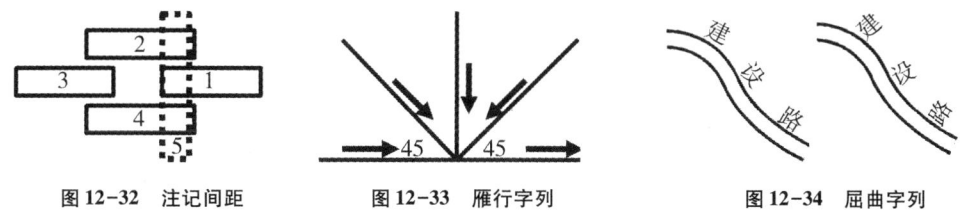

图 12-32 注记间距　　图 12-33 雁行字列　　图 12-34 屈曲字列

12.3.2 绘图环境设置

设置好绘图环境对用户准确、快速、高效地绘图大有益处,并且方便日后对图形的编辑和修改,有助于更好地进行图形管理。

1. 设置图形单位

图形单位是图形绘制中的测量依据,绘图前首先要确定度量单位,图形单位的设置可控制坐标和单位在 AutoCAD 图形中的显示方式。

因为野外采集的点位坐标是以米为单位,精确到毫米位,因此,在"图形单位"对话框中,需要进行如下参数设置:

①"长度"组框中类型设置为"小数","精度"设置为"0.000"。

②"角度"组框中的类型设置为"度/分/秒","精度"设置为"0d00′00″"。

③"插入比例"组框中"用于缩放插入内容的单位"设置为"毫米"。

2. 设置图形界限

在绘制地形图的过程中,需首先设定比例尺,如设定图形比例尺为 1∶1000 即设置图上 1 mm 代表实地 1 m 的水平距离。

由于地形图在绘制过程中用的点位坐标都是绝对坐标,所以在设置图形界限时,应首先计算出测区西南角的坐标(x,y),同时考虑地形图分幅,如采用 50 cm×50 cm 的正方形分幅,则右上角坐标为(x+500,y+500),按照此两点进行图形界限设置,就建立了一个 50 cm×50 cm 的图形界限。图形界限设置完成后打开状态栏上的"栅格",可看到图形界限范围内充满栅格,可提醒用户在作图时的界限。

另外,图形界限并非必须设定,在测绘大面积的地形图时,可以不设置图形界限,直接展点、绘图,整个测区绘成一幅图,在输出地形图时再进行分幅,这样便于图形绘制和使用。

3. 设置图层

绘制地形图过程时,图层规划至关重要,做好图层规划可以使图面清晰、直观。由于地形图中的地物繁多,数量巨大,一般归类设置,同类的地物设置在一个图层上。各层的属性要依照国家规范实用相应的线型、线宽、颜色进行设置,从而方便地物和地貌的绘制和管理。在同一类别中可能用到的线型、线宽也不同,如道路类的街道、快速路、内部路等表示的线宽和线型是不相同的,在绘图时,部分是随层的,部分不随层。层的命名规则要简单、明了、方便、实用,便于理解。

12.3.3 展绘控制点及野外测点

南方 CASS 软件是在 AutoCAD 平台下二次开发完成的制图软件,在测绘成图中应用广泛,本节应用该软件使用全站仪数据来说明相关问题。

1. 数据准备

AutoCAD 的坐标系是笛卡尔坐标系,而测量坐标系为大地坐标系,两者最显著的区别就在于 X、Y 坐标相反。故在绘制地形图之前,必须将野外采集的点位数据的 X 坐标和 Y 坐标对调,这样在 AutoCAD 中输入点坐标时,野外测得的 Y 坐标作为 AutoCAD 坐标系中的 X 值,野外测得的 X 坐标作为 AutoCAD 坐标系中的 Y 值。

全站仪的数据格式分为观测值数据格式和坐标数据格式,观测值数据格式记录的是距离、角度等野外观测值;坐标数据格式记录的是展点所需要的碎部点的坐标数据。观测值数据格式在展点前先要转换为坐标数据格式,这一般通过全站仪内置程序来完成。另外,不同型号、不同厂家的全站仪的坐标数据类型有多种格式,通常为以下两种:

(1)点名,X 坐标,Y 坐标,高程,编码。

(2)点名,X 坐标,Y 坐标,高程。

然而,CASS 软件使用的坐标数据格式为:

点名,编码,Y 坐标,X 坐标,高程。

①文件内每一行代表一个点。

②每个点 Y(东)坐标、X(北)坐标、高程的单位均是"米"。

③编码内不能含有逗号,即使编码为空,其后的逗号也不能省略。

④所有的逗号不能在全角方式下输入。

在利用南方 CASS 软件进行绘图之前,必须经过数据格式的转换,否则数据不可用。数据格式的转换一般在导出全站仪内坐标数据时完成,导出数据时将坐标数据格式设置为 CASS 使用的数据格式。

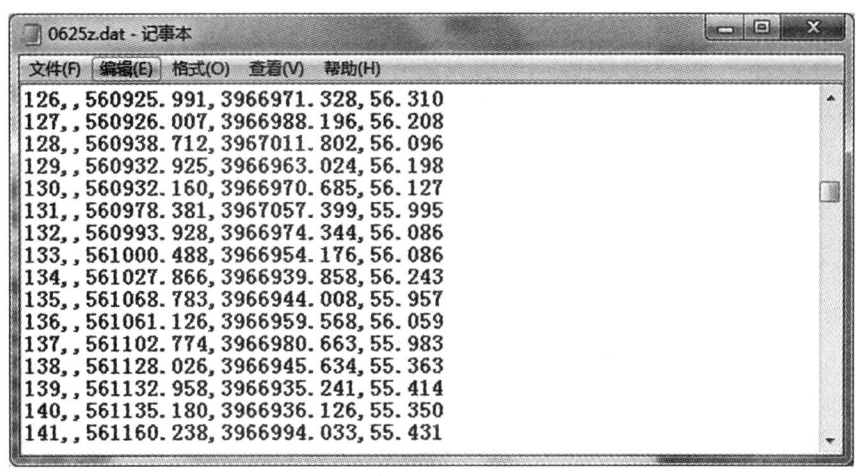

图 12-35　CASS 使用的坐标数据格式

2. 展绘控制点

首先通过"定显示区"自动找到测定区域的最大坐标、最小坐标,并将坐标数据文件内的所有点都显示在屏幕显示范围内。定显示区后,输入地形图比例尺,再点击"绘图处理"菜单下的"展控制点"命令,弹出如图 12-36 所示的对话框,点击　选择控制点的坐标数据文件,然后选择所展控制点的类型,点击"确定"完成控制点的展绘。

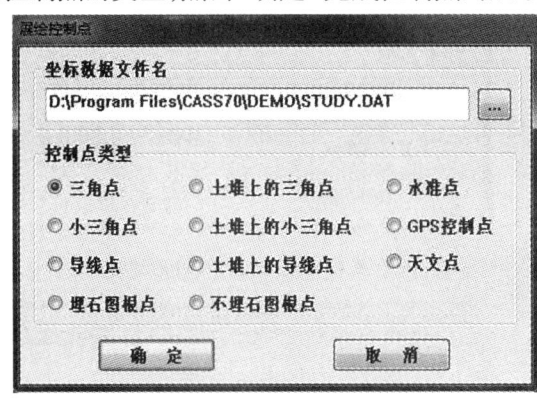

图 12-36　展绘控制点对话框

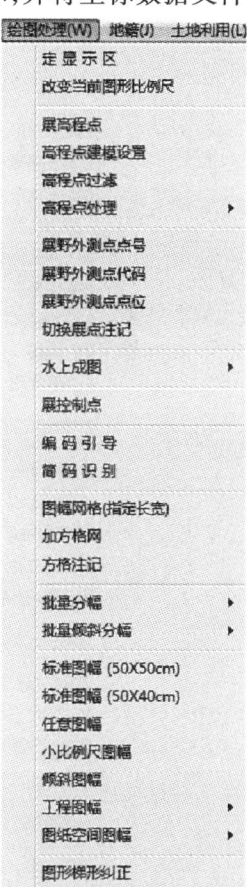

图 12-37　"绘图处理"菜单命令

3. 展绘野外测点

"展野外测点点号"命令,展绘各碎部点的点号和位置,供交互编辑时参考。

"展野外测点代码"命令,展绘各碎部点的编码及点位(在简码坐标数据文件或自行编码的坐标数据文件里有),供交互编辑时参考。

"展野外测点点位"命令,仅展绘各测点位置(用点表示),供交互编辑时参考。

用户在菜单命令"展野外测点点号"或"展野外测点代码"或"展野外测点点位"后，可以执行"切换展点注记"菜单命令，使展点的方式在"点位""点号""代码"和"高程"之间切换，做到一次展点，多次切换，满足成图、出图的不同要求。

将所有控制点及碎部点展绘到 AutoCAD 图形中后，根据野外测量时所绘制的草图，绘制各种地形图符号和线型。

12.3.4 地形等高线绘制

在地形图中，等高线是表示地貌起伏的一种重要手段。在数字化自动成图系统中，等高线是由计算机自动勾绘出的，首先由离散点和一套对地表提供的连续算法，构建出由一些规则的矩形格网和不规则的三角形格网（TIN）组成的数字地面模型（DTM），然后在矩形格网或不规则的三角形格网上追踪等高线的通过点，最后再利用适当的光滑函数对等高线的通过点进行光滑处理，从而形成光滑的等高线。

通过南方 CASS 软件下的等高线菜单，可以建立数字地面模型，计算并绘制等高线或等深线，自动切除穿建筑物、陡坎、高程注记的等高线，等高线菜单如图 12-38 所示。

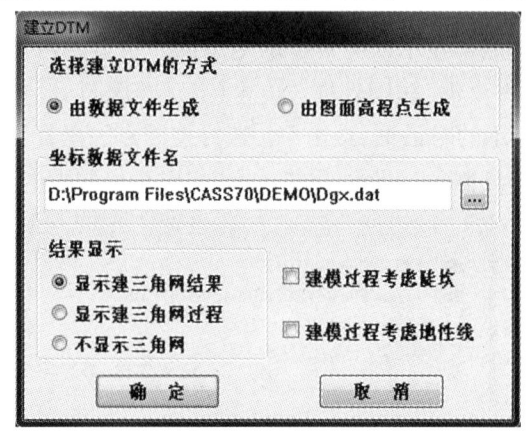

图 12-39 建立 DTM 对话框

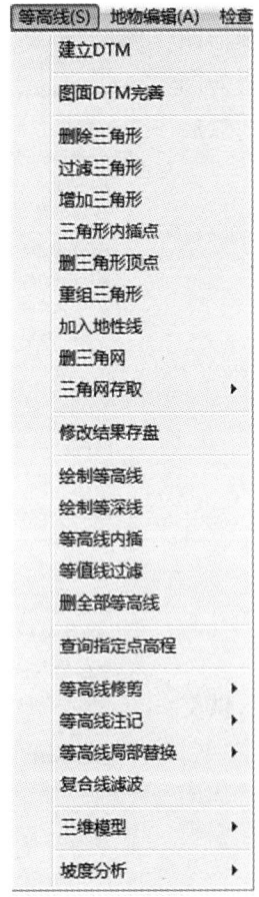

图 12-38 "等高线"菜单

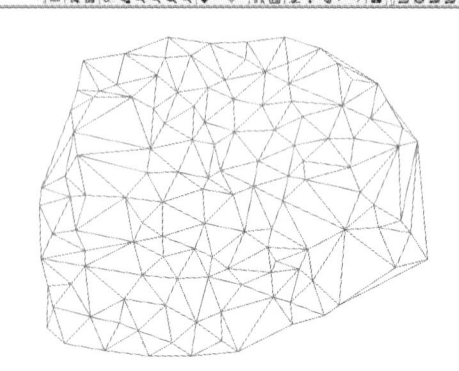

图 12-40 建立 DTM 效果图

1. 建立 DTM

DTM（DigitalTerrainModel）即数字地面模型。

单击"建立 DTM"弹出如图 12-39 所示的对话框，选择建立 DTM 的方式，分为两种，一种是由数据文件生成，一种是由图面高程点生成。

2. 图面 DTM 完善

"图面 DTM 完善"可将各个独立的 DTM 自动重组在一起，而不必进行整个数据的合并后再重新建立 DTM 模型。

3. 重组三角形

通过"重组三角形"可改换三角形公共边顶点重组不合理的三角网。指定两相邻三角形的公共边，系统自动将两三角形删除，并将两三角形的另两点连接起来构成两个新的三角形。如果因两三角形的形状无法重组，会有出错提示。

4. 三角网存取

"三角网存取"可将已经建立好的三角网 DTM 模型数据保存到文件中，以便随时调用。

5. 绘制等高线

系统自动采用最近一次生成的 DTM 三角网或三角网存盘文件计算并绘制等高线，单击"绘制等高线"，弹出如图 12-41 所示的对话框。

对话框中自动显示生成 DTM 的高程点的最小高程和最大高程。生成多条等高线，则在等高距框内输入相邻两条等高线的等高距即可，若生成单条等高线，则勾选"单条等高线"并输入单条等高线的高程即可。关于等高线的拟合方式，共有 4 中，分别为不拟合（折线）、张力样条拟合、三次 B 样条拟合以及 SPLINE 拟合，若选择第 2 种等高线拟合方式，则拟合步长宜输入 2 m 为宜，但这时生成的等高线数据量大，速度会稍慢；测点较密集或等高线较密时，最好选择第 3 种拟合方式；第 4 种拟合方式是用标准 SPLINE 样条曲线来绘制等高线，提示输入样条曲线容差：<0.0>容差是曲线偏离理论点的允许差值，可采用默认值即可，第 4 种拟合相较于第 3 种拟合方式比较容易发生线条交叉现象，但采用第 4 种拟合方式即使被断开后仍然是样条曲线，可以进行后续编辑、修改。

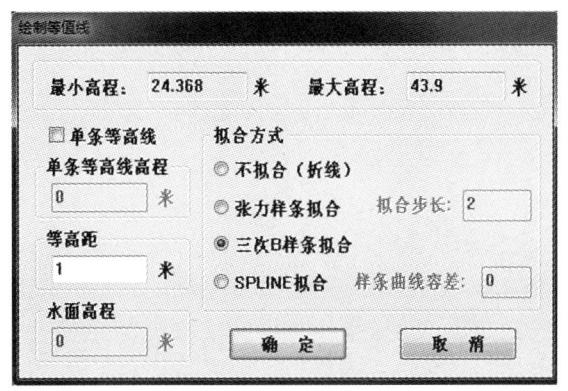

图 12-41 绘制等高线对话框

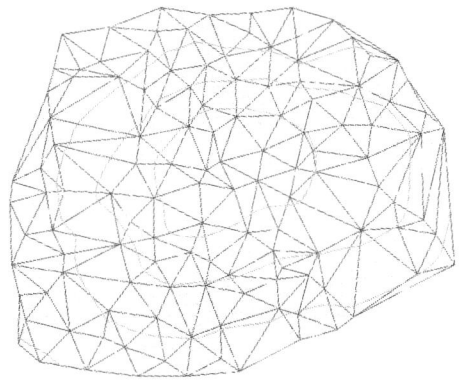

图 12-42 绘制等高线效果图

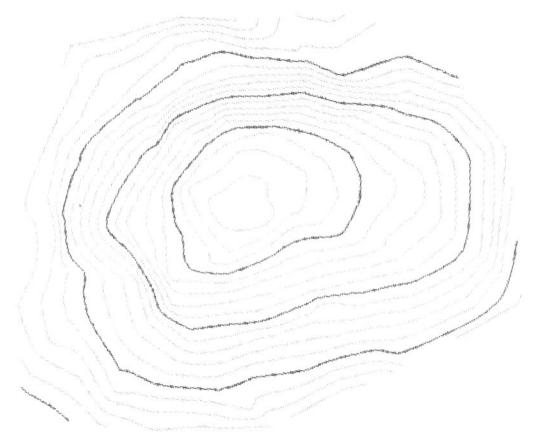

图 12-43　滤除三角网之后的等高线效果图

6. 等高线修剪

利用 CASS 软件中的等高线修剪功能,可批量修剪等高线,功能强大,操作便捷。

单击"等高线修剪"菜单下的"批量修剪等高线",选择是"消隐"等高线或是"修剪"等高线,选择"整图处理"或"手工选择",之后选择要修剪的等高线穿过的地物、注记的类型,单击"确定"后即会依据选择的条件进行等高线的"消隐"或"修剪"。

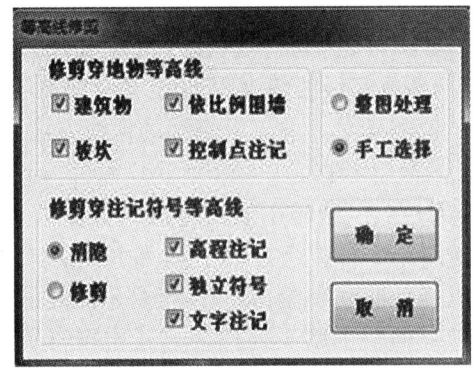

图 12-44　等高线修剪对话框

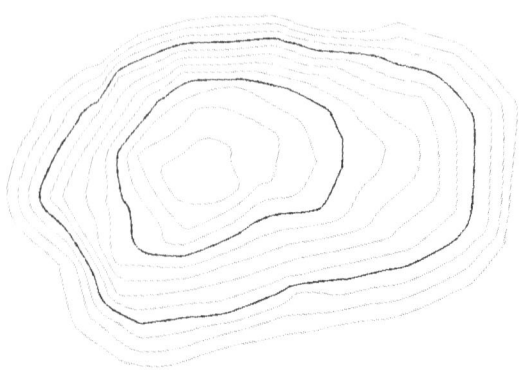

图 12-45　手工修剪后的等高线效果图

7.等高线注记

等高线绘制完成后,需注记等高线的高程。等高线注记有两种类型,分别是"单个高程注记"和"沿直线高程注记"。"单个高程注记"即在指定点为某条等高线注记高程;"沿直线高程注记"需首先用直线命令(line)绘制一条与要标注高程的等高线相交,方可在直线与等高线相交处标注高程。

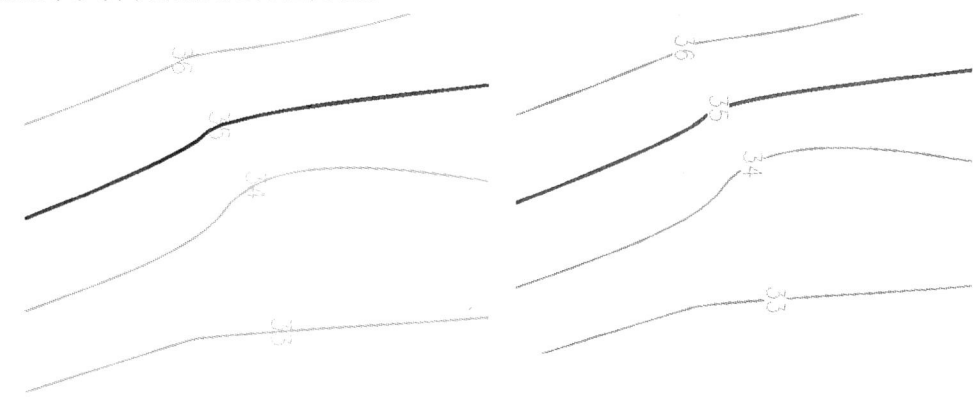

图 12-46　等高线注记高程　　　　图 12-47　经修剪后的等高线注记

12.4　测绘地籍图绘制

地籍是以土地权属为核心,以地块为基础的土地及其附着物的权属、数量、质量、位置和利用现状的土地基本信息的集合,是土地管理的基础。地籍图是地籍测量所绘制的图件,是土地管理的重要依据。

随着数字化地图的兴起和现代化信息管理的需要,建立城镇数字地籍数据库势在必行,因此,能够绘制数字地籍图是测量人员必备的技能。地籍图的绘制既需准确地表示基本的地籍信息,又要保证图面简明、清晰,便于其他用户根据图上的基本要素去增补新内容,加工成各种专题图,以满足各行各业的需求。

12.4.1　地籍图相关知识

1.地籍图的基本概念

地籍图是按照特定的投影方法、比例关系和专用符号把地籍要素及其有关的地物和地貌测绘在平面图纸上的图形,是国家土地管理的基础资料,是国家土地资源管理部门进行土地登记、发证和收取土地税的重要依据,具有法律效力。

地籍图按照表示的内容可以分为基本地籍图和专题地籍图;按照城乡地域的差别可分为农村地籍图和城镇地籍图;按用途可以分为税收地籍图、产权地籍图和多用途地籍图。当前,我国主要测绘的地籍图有城镇地籍图(图 12-48)、农村地籍图(图 12-49)、宗地图(图 12-50)、土地利用现状图、土地所有权属图等。

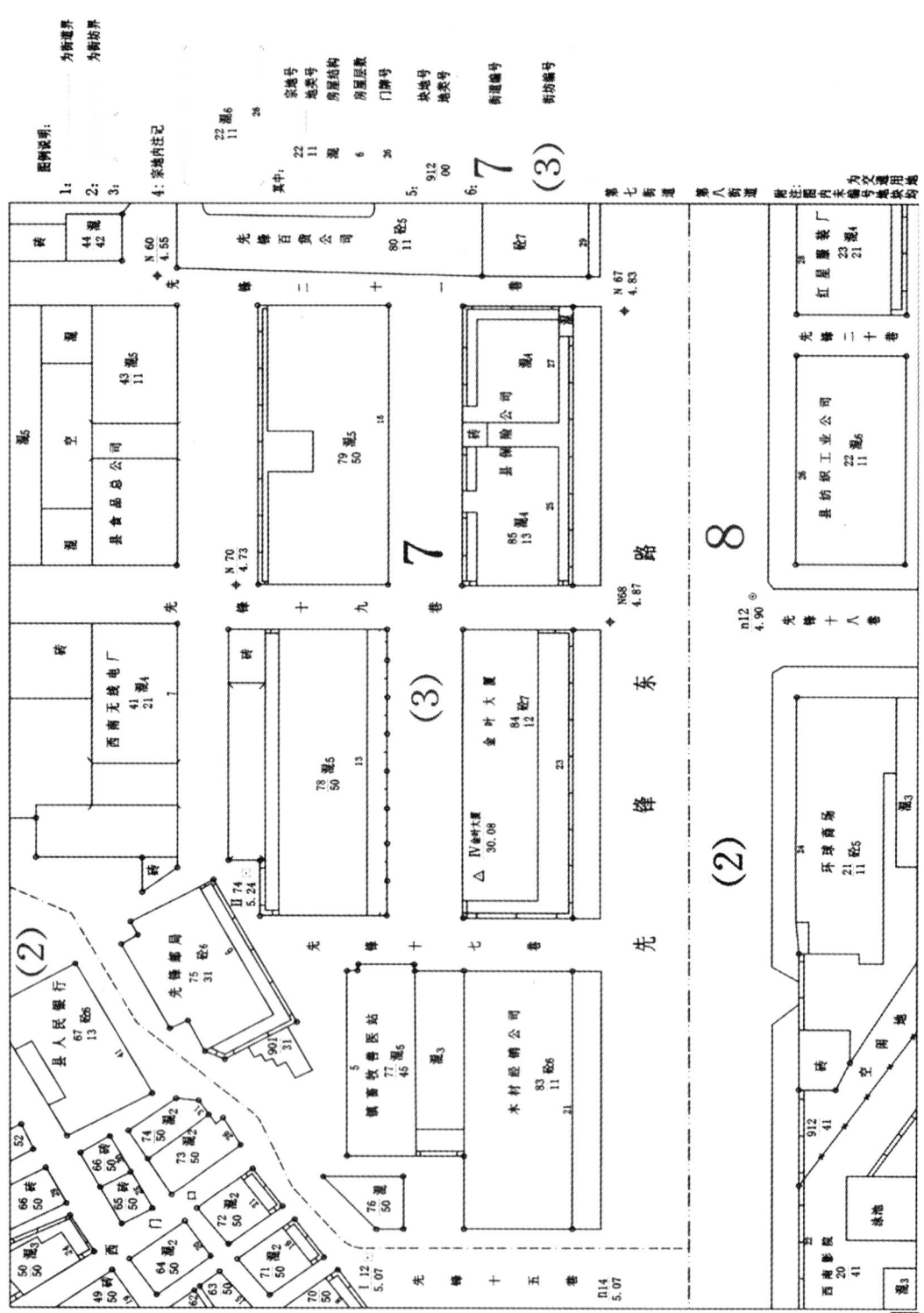

图12-48 城镇地籍图样图

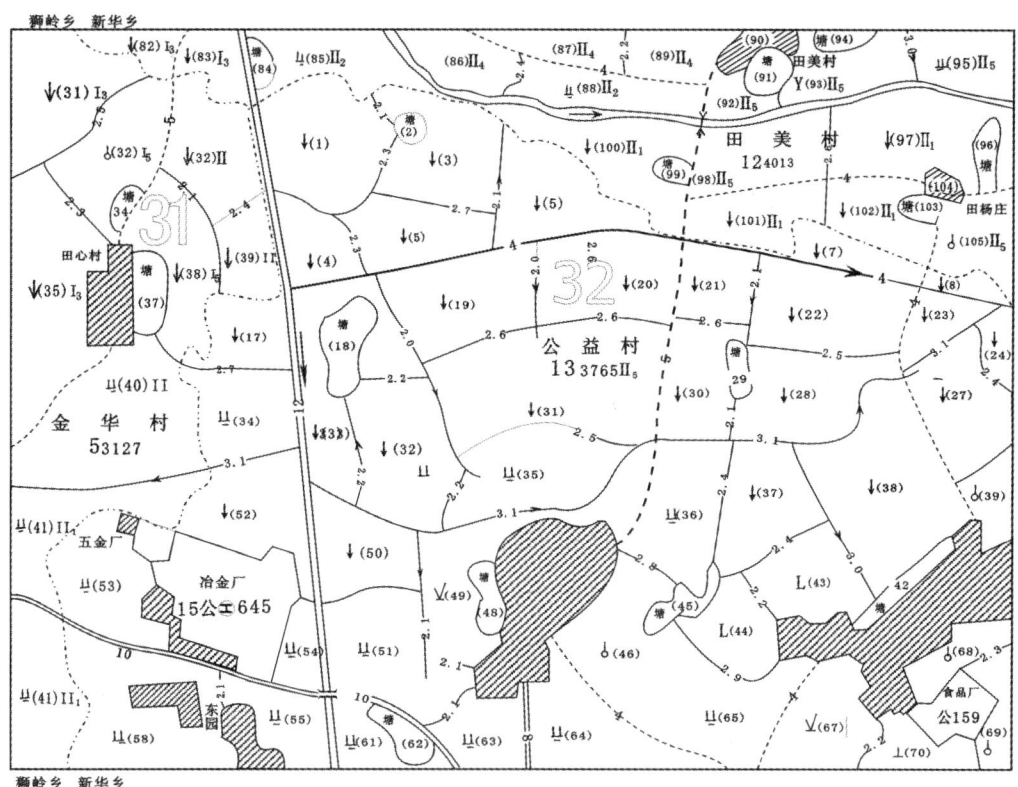

图 12-49 农村地籍图样图

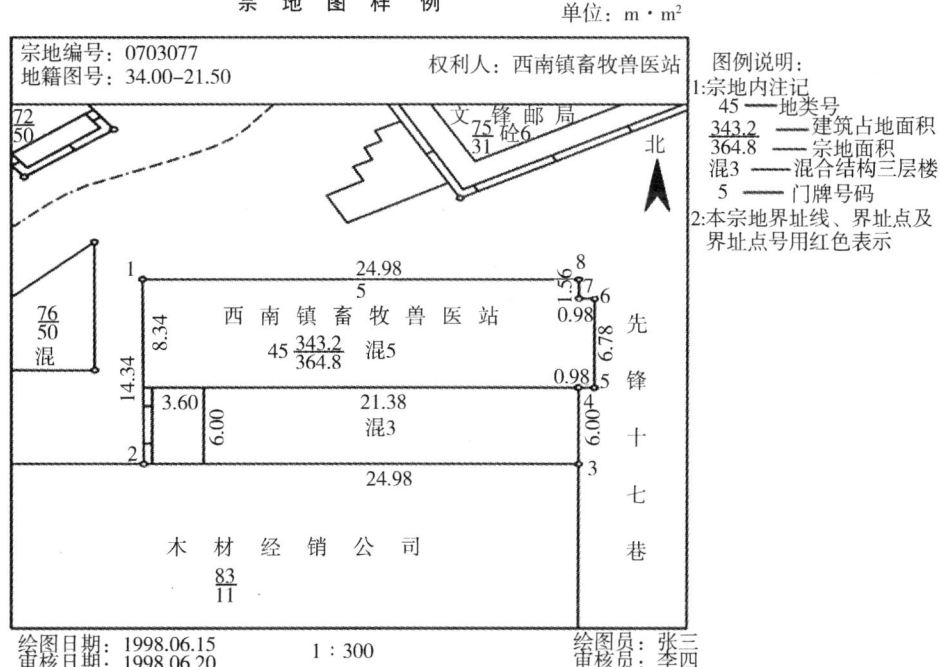

图 12-50 宗地图样图

2. 地籍图的比例尺

地籍图需准确地表示土地的权属界址及土地上附着物等的细部位置，应选用大比例尺。世界上各国地籍图的比例尺系列不统一，目前比例尺最大的为 1:250，最小的为 1:5万。

根据国情，我国地籍图比例尺系列一般规定为：城镇地区（指大、中、小城市及建制镇以上地区）地籍图的比例尺可选用 1:500、1:1000、1:2000，其基本比例尺为 1:1000；农村地区（含土地利用现状图和土地所有权属图）地籍图的测图比例尺可选用 1:5000、1:1万、1:2.5万、1:5万，其基本比例尺为 1:1万。选择地籍图比例尺的依据为繁华程度、土地价值、建设密度以及细部粗度。

地籍图的分幅与地形图分幅相似，1:500、1:1000、1:2000 比例尺地籍图通常采用 50 cm×50 cm 的正方形分幅和 50 cm×40 cm 的矩形分幅，便于各种比例尺地籍图的连接。图幅编号按图廓西南角坐标公里数编号，X 坐标在前，Y 坐标在后，中间用短横线连接。1:5000 和 1:10000 地籍图采用国际标准分幅和编码方法。

3. 地籍图的基本内容

地籍图内容选取的基本要点如下：

①具有宗地划分或划分参考意义的各类自然或人工地物和地貌，如墙、埋设的界标、沟、路、坎、建筑物底层的投影线等。

②具有土地利用现状分类划分意义或划分参考意义的各种地物或地貌，如田埂、地类界、沟、渠、建筑物底层的投影线等。

③土地上的重要附着物，如水系、道路、构筑物、建筑物等，这些地物都是地籍图具有地理性功能的重要要素。

④在土地表面下的各种管线及构筑物，在图上不表示，如下水道、自来水管、井盖等。

⑤地面上的管线只表示重要的地物或地貌，如万伏以上高压线、裸露的大型管道（工厂内部的可以根据需要考虑）等。

⑥界址点、控制点等点要素。

⑦注记部分，也就是地表自然情况的符号表示，如房屋结构和层数、植被、地理名称等。

⑧标识符，它是对地面客体（如土地权属单位、地块）的标识，以便使地籍数据集、地籍簿册和地籍图形集之间有机地连接在一起。

12.4.2 地籍图的绘制

大多数城镇已经有大比例尺地形图，可以在地形图的基础上按照地籍的要求绘制地籍图。地籍图和地形图相较，地籍图不存在小比例尺、精度高，且其主要服务于土地利用管理，而地形图的用途广泛，但两者最主要区别在于上图的要素，地形图的内容主要是地物要素和地貌要素，地籍图的内容则为地籍要素、地物要素、数学要素。

1. 地籍图的内容

（1）地籍要素

①界址：包括各级行政界址和土地权属界址。不同等级的行政境界相重合时只表示

高级行政境界,境界线在拐角处不得间断,应在转角处绘出点或线。当土地权属界址线与行政界线、地籍区(街道)界或地籍子区(街坊)界重合时,应结合线状地物符号突出表示土地权属界址线,行政界线可移位表示。

②地籍要素编号:包括街道(地籍区)号、街坊(地籍子区)号、宗地号或地块号、房屋栋号、土地利用分类代码、土地等级等,分别注记在所属范围内的适当位置,当被图幅分割时应分别进行注记。如宗地或地块面积太小注记不下时,允许移注在宗地或地块外空白处并以指示线标明。

③土地座落:由行政区名、街道名(或地名)及门牌号组成。门牌号除在街道首尾及拐弯处注记外,其余可跳号注记。

④土地权属主名称:选择较大宗地注记土地权属主名称。

(2)地物要素

①作为界标物的地物,如围墙、道路、房屋边线及各类垣栅等应表示。

②房屋及其附属设施:房屋以外墙勒脚以上外围轮廓为准,正确表示占地状况,并注记房屋层数与建筑结构。

③工矿企业露天构筑物、固定粮仓、公共设施、广场、空地等绘出其用地范围界线,内置相应符号。

④铁路、公路及其主要附属设施,如站台、桥梁、大的涵洞和隧道的出入口应表示,铁路路轨密集时可适当取舍。

⑤建成区内街道两旁以宗地界址线为边线。

⑥城镇街巷均应表示。

⑦塔、亭、碑、像、楼等独立地物应择要表示,图上占地面积大于符号尺寸时应绘出用地范围线,内置相应符号或注记。公园内一般的碑、亭、塔等可不表示。

⑧电力线、通讯线及一般架空管线不表示,但占地塔位的高压线及其塔位应表示。

⑨地下管线、地下室一般不表示,但大面积的地下商场、地下停车场及与他项权利有关的地下建筑应表示。

⑩大面积绿化地、街心公园、园地等应表示。零星植被、街旁行树、街心小绿地及单位内小绿地等可不表示。

⑪河流、水库及其主要附属设施如堤、坝等应表示。

⑫平坦地区不表示地貌,起伏变化较大地区应适当注记高程点。

⑬地理名称注记。

(3)数学要素

①图廓线、坐标格网线的展绘及坐标注记。

②埋石的各级控制点位的展绘及点名或点号注记。

③图廓外测图比例尺的注记。

2. 地籍图精度要求

通常地籍图的精度包括绘制精度和基本精度两方面。

(1)绘制精度主要指图上绘制的图廓线、对角线及图廓点、坐标格网点、控制点的展点精度,通常要求是:

内图廓长度误差不得大于±0.2 mm；

内图廓对角线误差不得大于±0.3 mm；

图廓点、坐标格网点和控制点的展点误差不得超过±0.1 mm。

（2）地籍图的基本精度主要指界址点、地物点及其相关距离的精度。通常要求如下：

相邻界址点间距、界址点与邻近地物点之间的距离中误差不得大于图上±0.3 mm；

宗地内外与界址边相邻的地物点，不论采用何种方法测定，其点位中误差不得大于图上±0.4 mm，邻近地物点间距中误差不得大于图上±0.5 mm。

3．地物测绘的一般原则

地籍图上地物的综合取舍，除根据规定的测图比例尺和规范的要求外，应充分根据地籍要素及权属管理方面的需要来确定必须测绘的地物，与地籍要素和权属管理无关的地物在地籍图上可不表示。对一些有特殊要求的地物（如房屋、道路、水系、地块）的测绘，必须根据相关规范和规程在技术设计书中具体指明。

12.4.3 宗地图的绘制

宗地图是以宗地为单位编绘的地籍图，描述宗地位置，界址点、线和相邻宗地关系的实地记录，在其他的地籍资料也正确收集完毕的情况下，依照一定的比例尺制作成的反映宗地实际位置和有关情况的一种图件。日常地籍工作中，一般逐宗实测绘制宗地图。

1．宗地图内容

通常要求宗地图的内容与分幅地籍图保持一致，具体内容如下：

①所在图幅号、地籍区（街道）号、地籍子区（街坊）号、宗地号、界址点号、利用分类号、土地等级、房屋栋号。

②用地面积和实量界址边长或反算的界址边长。

③邻宗地的宗地号及相邻宗地间的界址分隔示意线。

④紧靠宗地的地理名称。

⑤宗地内的建筑物、构筑物等附着物及宗地外紧靠界址点线的附着物。

⑥本宗地界址点位置、界址线、地形地物的现状、界址点坐标表、权利人名称、用地性质、用地面积、测图日期、测点（放桩）日期、制图日期。

⑦指北方向和比例尺。

⑧为保证宗地图的正确性，宗地图要检查审核，宗地图的制图者、审核者均要在图上签名。

2．宗地图绘制的技术要求

①编绘宗地图时，应做到界址线走向清楚，坐标正确无误，面积准确，四至关系明确，各项注记正确齐全，比例尺适当。

②宗地图图幅规格根据宗地的大小选取，一般为32开、16开、8开等，界址点用1.0 mm直径的圆圈表示，界址线粗0.3 mm，用红色或黑色表示。

③宗地图在相应的基础地籍图或调查草图的基础上编制，宗地图的图幅最好是固定的，比例尺可根据宗地大小选定，以能够清楚表示宗地情况为原则。

3．宗地图绘制

在数字地图出现以前，宗地图通常是在相同比例尺的地籍图上逐宗蒙绘下来的，然后再套绘宗地图框。现在的宗地图不必再重绘,而可以直接在已整饰好的数字地籍图上,通过南方 CASS 软件的"地籍"菜单(见图 12-51)下的"绘制宗地图框"(见图 12-51)即可以批量生成宗地图,也可生成单宗宗地图。

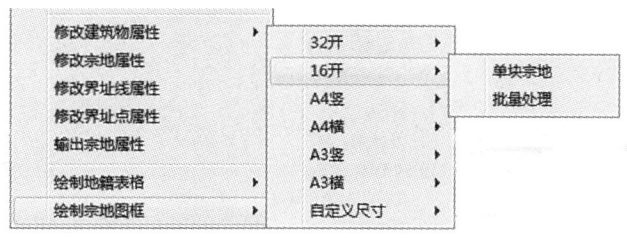

图 12-51 绘制宗地图图框菜单

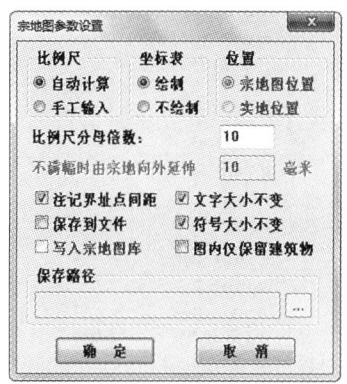

图 12-52 宗地图参数设置

(1)单块宗地

绘制宗地图,选择"地籍"项的"绘制宗地图框"项的"16 开"项的"单块宗地"。命令区提示:

用鼠标器指定宗地图范围:第一角:用鼠标指定要处理宗地的左下方。另一角:用鼠标指定要处理宗地的右上方。

在出现的"宗地图参数设置"对话框中(见图 12-52),"比例尺"项选择"自动计算","坐标表"项选择"绘制"。选定"保存到文件"项,于"保存路径"项确定好文件存放的位置,于"位置"项选择"宗地图位置"。单击"确定"按钮。在命令区出现提示:用鼠标器指定宗地图框的定位点:指定任一空位。

一幅完整的宗地图就绘制完成了。

(2)批量处理

绘制宗地图,选择"地籍"项的"绘制宗地图框"项的"16 开"项的"批量处理"。命令区提示:

选择对象:用鼠标选择若干条权属线后回车结束,也可全选。在出现的"宗地图参数设置"对话框中,"比例尺"项选择"自动计算","坐标表"项选择"绘制"。选定"保存到文件"项,于"保存路径"项确定好文件存放的位置,于"位置"项选择"宗地图位置"。单击"确定"按钮。

所选定的多个宗地图就绘制完成了。

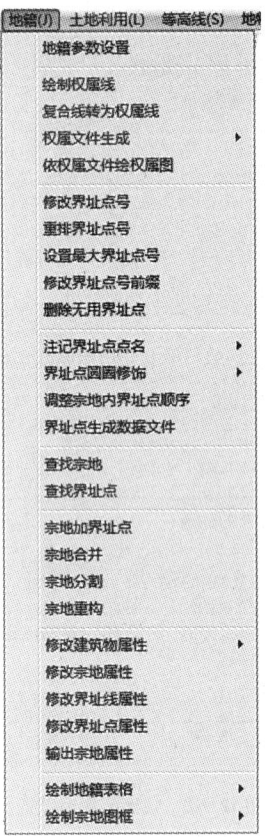

图 12-53 "地籍"菜单

12.4.4 地籍成果表的制作

地籍测绘中,绘制完成地籍图、宗地图,量算出各种用地面积后,要对量算的数据资料加以整理、汇总,制作地籍成果表,使调查和测量数据真正成为土地使用信息,为土地登记、土地统计提供基础数据,成为地籍管理的重要依据。

1. 地籍成果表的内容

地籍成果表一般包括界址点成果表和界址点坐标表、宗地面积计算表、宗地面积汇总表、地类面积统计表等。

①界址点成果表。包括界址点点号、坐标。输出范围包括某一宗地界址点坐标表,以街坊为单位界址点坐标表。

②宗地面积计算表。包括界址点点号、坐标、边长及宗地面积、建筑面积等。

③宗地面积汇总表。包括地籍号、地类码、面积等,该表以宗地为单位分别统计出街道和街坊的总面积。

④地类面积统计表。包括以宗地为单位分别统计出街道、街坊和区的土地分类面积。

2. 地籍成果表的制作

南方 CASS 软件"地籍"菜单下"绘制地籍表格"里的各项命令可实现上述地籍成果表的制作。

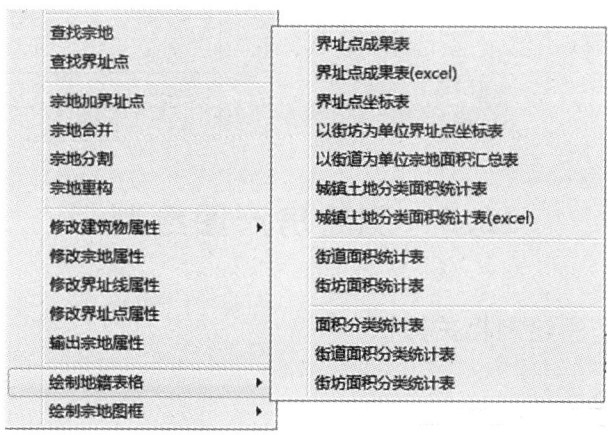

图 12-54 "绘制地籍表格"菜单

表 12-1 界址点成果表

序号	点号	坐标 x(m)	坐标 y(m)	边长
		宗地号: 0010400010		
		权利人: 天河小学		
		宗地面积(平方米): 2613.775		
		建筑面积(平方米): 0.000		
1	29	30107.679	40350.059	55.462
2	194	30052.219	40349.63	56.701
3	34	30049.824	40292.98	15.075
4	33	30064.899	40292.98	29.342
5	32	30090.975	40306.434	21.199
6	31	30104.013	40323.15	20.713
7	30	30107.679	40343.536	6.523
1	29	30107.679	40350.059	

表 12-2 界址点坐标表

点号	X	Y	边长
29	30107.679	40350.059	55.46
194	30052.219	40349.63	56.7
34	30049.824	40292.98	15.08
33	30064.899	40292.98	29.34
32	30090.975	40306.434	21.2
31	30104.013	40323.15	20.71
30	30107.679	40343.536	6.52
29	30107.679	40350.059	

S=2613.8 平方米 合 3.9207亩

表 12-3 面积分类统计表

土地类别		面积
代码	用途	
242	教育用地	10123.06
211	商业用地	12995.80
213	乡饮旅馆业用地	9284.08
245	医疗卫生用地	6946.25
244	文体用地	10594.39
261	铁路用地	10342.86
241	机关团体用地	4716.92
252	城镇混合住宅用地	9547.89

表 12-4　街道面积统计表

街道号	街道名	总面积
001		74551.25

表 12-5　街坊面积统计表

街坊号	街坊名	总面积
00101		15808.53
00102		16230.33
00103		20937.25
00104		21575.14

12.5　测绘房产图绘制

12.5.1　房产图绘制相关知识

1. 房产图的基本概念

房产图是房产产权、产籍管理的基础资料,是全面反映土地和房屋基本情况和权属界线的专用图件,也是房产测量的主要成果,为房产产权、产籍管理、房地产开发利用、交易、征收税费以及城镇规划建设提供数据和资料。同时,利用房产图,可以逐幢、逐处地清理房地产产权,计算和统计房地产面积,作为房地产产权登记和转移变更登记的依据。总之,房产图在房地产产权、产籍管理中乃至整个房地产产业管理中都具有十分重要的作用。

2. 房产图的种类

按房产管理的需要,房产图可分为房产分幅平面图(以下简称分幅图)、房产分丘平面图(以下简称分丘图)和房产分层分户平面图(以下简称分层分户图)。

(1) 房产分幅平面图

分幅图是全面反映房屋及其用地的位置和权属等状况的基本图,是测制分丘图和分层分户图的基础资料,也是房产登记和建立产籍资料的索引和参考资料,比例尺一般为1:500。

分附图表示的内容有:控制点、行政境界、丘界、房屋、房屋附属设施和房屋围护物、房产要素和房产编号,以及与房产管理有关的地形要素和注记。

(2) 房产分丘平面图

分丘图是分幅图的局部明细图,是绘制房产权证附图的基本图,以门牌、户院、产别及其所占用的土地范围,分丘绘制,且每丘单独绘成一张。分丘图是作为权属依据的产权图,具有法律效力,是保护房屋所有权人和土地使用权人合法权益的凭证,必须以较高精度绘制。比例尺一般为1:100 ~ 1:1000。

分丘图除表示分幅图的内容外,还表示房屋产权界线、界址点、挑廊、阳台、建成年份、用地面积、建筑面积、丘界线长度、房屋边长、墙体归属和四至关系等房产要素。

(3) 房产分层分户平面图

分层分户图是在分丘图的基础上绘制的明细图,以一户产权人为单位,表示房屋权属范围的细部图,以明确异产毗连房屋的权利界线,供核发房屋所有权证的附图使用。

比例尺一般为 1:200。

分层分户图表示的内容有：房屋权界限、四面墙体的归属和楼梯、走道等部位以及门牌号、所在层次、户号、室号、房屋建筑面积和房屋边长等，如图 12-55 所示。

3. 房产图绘制

分附图和分丘图的绘制步骤及方法与地籍图的绘制基本相同，分层分户图的绘制步骤及方法与宗地图的基本相同，本部分不再赘述。

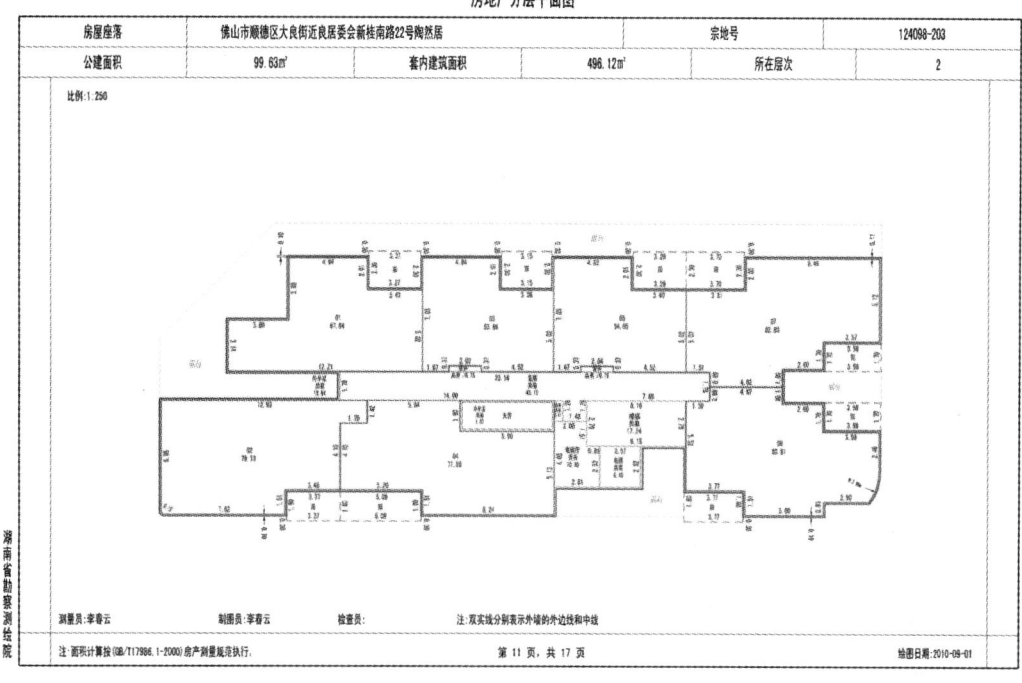

图 12-55　房产分层平面图

12.5.2　房产面积测算

测算房屋及其用地面积是房产测量中的一项重要工作，它是房地产产权产籍管理、核发权属证书、房地产开发等必不可少的资料，同时也是房地产税费的征收、城镇规划建设的重要依据。房地产面积测算是一项精度要求高、专业性强的工作，是房地产测绘的重要组成部分。

房屋面积测算包括房屋建筑面积、房屋使用面积和共有建筑面积的测算；用地面积测算包括房屋占地面积、丘面积、各项地类面积及共用土地面积的测算。面积的计算通过 AutoCAD 软件很容易得到，故本部分不再赘述，仅对各类面积的定义及内容进行介绍。

1. 成套房屋的建筑面积

成套房屋的建筑面积由套内房屋的使用面积、套内墙体面积、套内阳台建筑面积三部分组成。

（1）套内房屋使用面积

套内房屋使用面积为套内房屋使用空间的面积，以水平投影面积按以下规定计算：

①套内使用面积为套内卧室、起居室、过厅、过道、厨房、卫生间、厕所、贮藏室、壁柜等空间面积的总和。

②套内楼梯按自然层数的面积总和计入使用面积。

③不包括在结构面积内的套内烟囱、通风道、管道井。

④内墙面装饰厚度计入使用面积。

(2)套内墙体面积

套内使用空间周围的维护或承重墙体或其他承重支撑体所占的面积。

(3)套内阳台面积

均按阳台外围与房屋外墙之间的水平投影面积计算。

其中封闭的阳台按水平投影全部计算建筑面积,未封闭的阳台按水平投影的一半计算建筑面积。

2.共有面积

共有面积是指各产权主共同占有或共同使用的建筑面积。自然层数等于或大于2的建筑物,一定有共有面积。

可分摊的公共部分为本幢楼的大堂、公用门厅、走廊、过道、公用厕所、电(楼)梯前厅、楼梯间、电梯井、电梯机房、垃圾道、管理井、消防控制室、水泵房、水箱间、冷冻机房、消防通道、变配电室、煤气调压室、卫星电视接收机房、空调机房、热水锅炉房、电梯工休息室、值班警卫室、物业管理用房等,以及其他功能上为该建筑服务的专用设备用房,套与公用建筑空间之间的分隔墙及外墙(包括山墙、墙体面积水平投影面积的一半)。

不应计入的公用建筑空间包括仓库、机动车库、非机动车库、车道、供暖锅炉房、作为人防工程地下室、单独具备使用功能的独立使用空间,售房单位自营、自用的房屋,为多幢房屋服务的警卫室、管理(包括物业管理用房)。

应分摊共有面积的分摊原则如下:

(1)按文件或协议分摊

有面积分割文件或协议的,实际情况并不多见。

(2)按比例分摊:按其使用面积的比例分摊。

各单元应分摊的共有面积=分摊系数 K×各单元套内建筑面积。

K=应分摊的共有面积/各单元套内建筑面积之和。

(3)按功能分摊

对有多种不同功能的房屋(如综合楼、商住楼等),共有面积应参照其服务功能进行分摊。

第13章 绘制建筑工程图纸

采用 AutoCAD 绘制建筑工程图纸不仅使建筑制图更加专业,还能保证制图质量,提高制图效率,做到图面清晰简明、整齐美观。

13.1 建筑工程图纸绘制基础

13.1.1 概述

建筑工程图纸是工程技术的语言,是用于表示建筑物的内部布置情况,外部形状,以及装修、构造、施工要求等内容的图纸,是进行工程施工、编制施工概预算和施工组织设计的依据,也是进行技术管理的重要文件。建筑工程图纸分为建筑施工图、结构施工图、设备施工图。鉴于篇幅有限,在此仅以建筑施工图为例,介绍建筑工程图纸的一般绘制过程。

建筑施工图主要用来表示房屋的规划位置、外部造型、内部布置、内外装修、细部构造、固定设施及施工要求等,包括施工图首页、总平面图、平面图、立面图、剖面图和详图。

1. 施工图首页

施工图首页内含工程名称、实际说明、图纸目录、经济技术指标、门窗统计表以及本套建筑施工图所选用标准图集的名称列表等。

2. 总平面图

总平面图是表示整个建筑基地的总体布局,具体表达新建房屋的位置、朝向以及周围环境(原有建筑、交通道路、绿化、地形)基本情况的图样。

3. 平面图

建筑平面图是用一个假象的水平剖切平面沿略高于窗台的位置剖切建筑物后,移去剖切面上面的部分,对剩下部分向水平面做正投影形成的,简称平面图。

平面图可以反映出建筑物的平面形状、大小和布置,墙、柱的位置、尺寸和材料,门窗的类型和位置以及各部分的联系等,是新建建筑物的施工及施工现场布置的重要依据,也是设计及规划给排水、强弱电、暖通设备等专业工程平面图和绘制管线综合图的依据。

建筑平面图应与建筑层数相对应,建筑物有几层,就应有几个平面图。通常有底层平面图、标准层平面图、顶层平面图等。另外,屋顶平面图也是建筑平面图的一种,它是在空中对建筑物所作的水平投影。

4. 立面图

立面图是建筑物在与建筑物立面平行的铅垂投影面上所作的投影图,用于展示建筑物外貌和外墙面装饰材料等,是建筑施工中控制高度和外墙装饰效果等内容的技术依据。

反映主要出入口或比较显著地反映出房屋外貌特征的那一面立面图,称为正立面图。其余的立面图相应称为背立面图或侧立面图。通常也可按房屋朝向来命名,如南北立面图、东西立面图。

5. 剖面图

剖面图是假想用一个或多个垂直于外墙轴线的铅垂剖切面剖切建筑物所得的投影图,用以表示房屋内部的结构或构造形式、分层情况和各部位的联系、材料及其高度等,是与平面图、立面图互相配合、不可缺少的重要图样之一。

6. 详图

建筑详图是建筑细部的施工图,是建筑平面图、立面图、剖面图的补充。主要包括屋顶详图、楼梯详图、卫生间详图等。

13.1.2　建筑工程图纸的绘制要求及规范

为了保证制图质量,提高效率,做到图面清晰、简明,符合设计、施工、存档的要求,利于技术交流,在绘制建筑工程图纸时必须在图样的画法、图纸、字体、尺寸标注、采用的符号等方面采用统一的标准。

1. 图纸幅面规格

(1)图纸幅面

图纸幅面是指图纸宽度与长度组成的图面。绘制图样时,应采用表 13-1 中规定的图纸基本幅面尺寸,尺寸单位为 mm。

表 13-1　图纸基本幅面及图框尺寸

幅面代号 尺寸代号	A0	A1	A2	A3	A4
$b×l$	841×1189	594×841	420×594	297×420	210×297
c	10			5	
a	25				

注:表中 b 为幅面短边尺寸,l 为幅面长边尺寸,c 为图框线与幅面线间宽度,a 为图框线与装订边间宽度。

图纸以短边作为垂直边称为横式,以短边作为水平边称为立式。一般 A0~A3 图纸宜横式使用,必要时也可立式使用。

(2)标题栏

横式使用的图纸,应按图 13-1 的形式布置标题栏;立式使用的图纸,应按图 13-2 的形式布置标题栏。

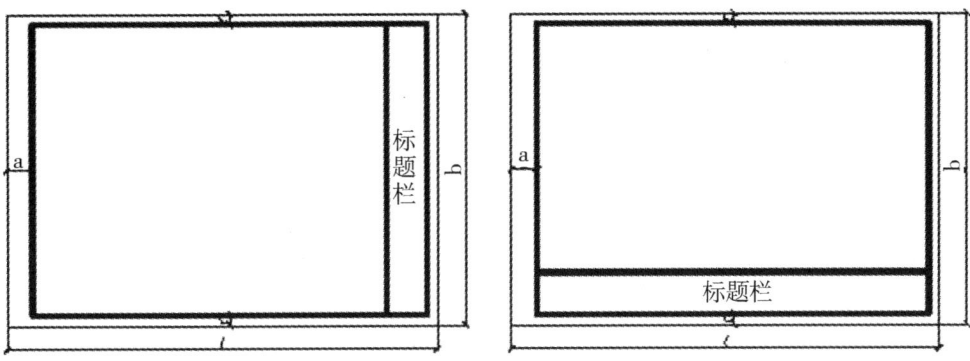

图 13-1　A0～A3 横式幅面

标题栏应根据工程的需要选择确定其尺寸、格式及分区。

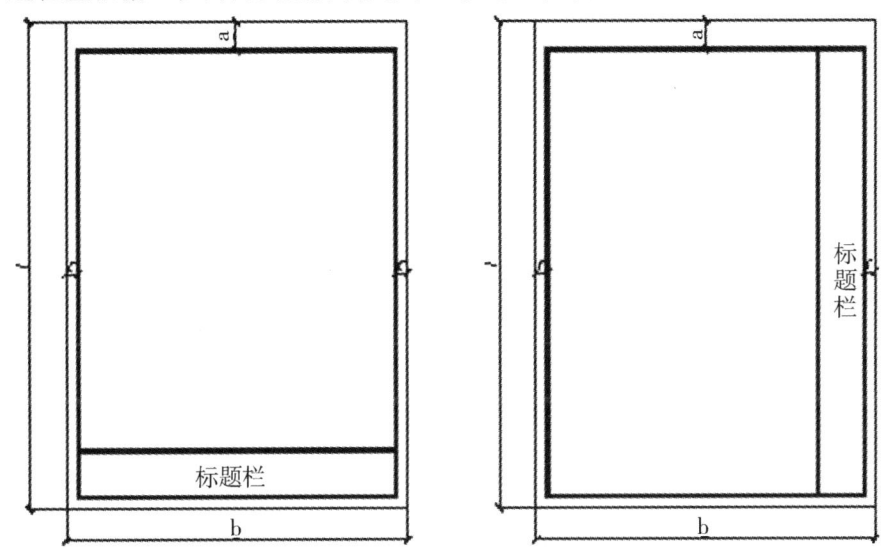

图 13-2　A0～A4 立式幅面

2. 图线

在建筑工程图纸中,为了表明不同的内容并使层次分明,需要采用不同线型和线宽的图线来绘制图样,图线应按表 13-2 选用。

表 13-2　图线

名称	线宽	一般用途
粗实线	b	主要可见轮廓线
中粗实线	$0.7b$	可见轮廓线
中实线	$0.5b$	可见轮廓线、尺寸线、变更云线
细实线	$0.25b$	图例填充线、家具线
中粗虚线	$0.7b$	不可见轮廓线

续表

名称	线宽	一般用途
中虚线	$0.5b$	不可见轮廓线、图例线
细虚线	$0.25b$	图例填充线、家具线
细单点长画线	$0.25b$	中心线、对称线、轴线等
细双点长画线	$0.25b$	假想轮廓线、成型前原始轮廓线
折断线	$0.25b$	断开界线
波浪线	$0.25b$	断开界线

表中 b 为图线宽度,宜从1.4、1.0、0.7、0.5、0.35、0.25、0.18、0.13mm 线宽系列中选取。图线宽度不应小于0.1mm。每个图样应根据复杂程度与比例大小,先选定基本线宽 b,再选用表13-3中相应的线宽组。

表13-3 线宽组

线宽比	线宽组			
b	1.4	1.0	0.7	0.5
$0.7b$	1.0	0.7	0.5	0.35
$0.5b$	0.7	0.5	0.35	0.25
$0.25b$	0.35	0.25	0.18	0.13

3. 字体

文字高度应从3.5、5、7、10、14、20mm 中选用,当需书写更大的字时,其高度应按 $\sqrt{2}$ 的倍数递增。

图样及说明中的汉字宜采用长仿宋体,其字高与字宽的比例约为1:0.7。拉丁字母、阿拉伯数字与罗马数字宜采用单线简体或 Rmoan 字体。

4. 比例

绘图所用的比例应根据图样的用途与被绘对象的复杂程度选用。在建筑施工图中,各种图样常用的比例如表13-4所示。

表13-4 建筑施工图中常用比例

类别	常用比例	备注
总平面图	1:500,1:1000,1:2000	—
平面图、立面图、剖面图	1:50,1:100,1:200	—
详图	1:1,1:2,1:5,1:10,1:20,1:25,1:50	1:25 仅适用于结构构件详图

5. 定位轴线

定位轴线应用细单点长画线绘制,并进行编号,编号应注写在轴线端部的圆内。圆用细实线绘制,直径为8~10mm,其圆心应在定位轴线的延长线或延长线的折线上。横向轴线采用阿拉伯数字,按从左向右的顺序注写;纵向轴线采用大写拉丁字母,按从下向上的顺序注写。

6. 尺寸标注

图样上的尺寸应包括尺寸界线、尺寸线、尺寸起止符号和尺寸数字。

尺寸界线应用细实线绘制，并与被注长度垂直，其一端应离开图样轮廓线不小于 2mm，另一端超出尺寸线 2~3mm。

尺寸线应用细实线绘制，且与被注长度平行。

尺寸起止符号用中粗斜短线绘制，其倾斜方向应与尺寸界线成顺时针 45°角，长度宜为 2~3mm。但半径、直径、角度与弧长的起止符号宜用箭头表示。

尺寸数字的单位，除标高及总平面图以米为单位外，其他均以毫米为单位。

图样轮廓线以外的尺寸界线，距图样最外轮廓之间的距离不宜小于 10mm。平行排列的尺寸线的间距宜为 7~10mm，并保持一致。

标高符号应以直角等腰三角形表示，用细实线绘制。标高数字以米为单位，注写到小数点后三位。正数标高不注"+"，是负数标高应注"-"。

13.2 工程样板图的绘制

在绘制建筑图形时需要严格遵守各种制图规范，对图幅规格、图线、字体、尺寸标注等都有一定的限制，因而没有必要每次绘图时都一一进行设置。为了节省时间，提高绘图效率，可通过制作样板图的方式将设定的相关绘图环境保存起来，以后再绘制图形时可以直接调用。

13.2.1 设置绘图环境

1. 设置绘图单位和精度

选择菜单栏"格式"|"单位"命令，打开"图形单位"对话框，如图 13-3 所示。在对话框中设置小数精度为 0.000，其余保持默认设置即可。

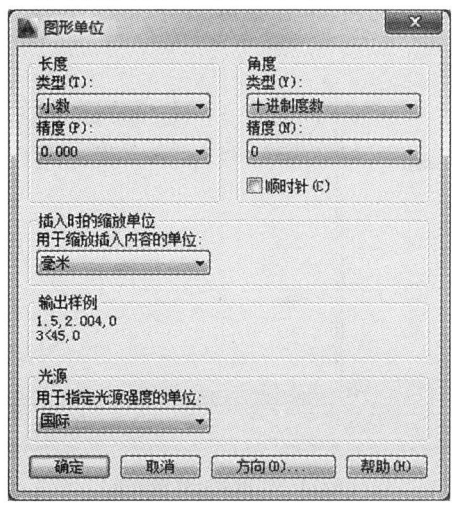

图 13-3 设置绘图单位和精度

2．设置图形界限

在绘图之前设置图形界限可以将绘制的图形控制在图幅之内，通常按照图幅的大小来设置。选择菜单栏"格式"|"单位"命令即可设置图形界限。如果要显示图形范围，可单击状态栏的"栅格"按钮。

3．设置捕捉模式

选择菜单栏"工具"|"草图设置"命令，打开"草图设置"对话框，展开"对象捕捉"选项卡，根据需要启用一些常用的对象捕捉模式，如图13-4所示，在绘图过程中可以根据需要重新设置捕捉模式。

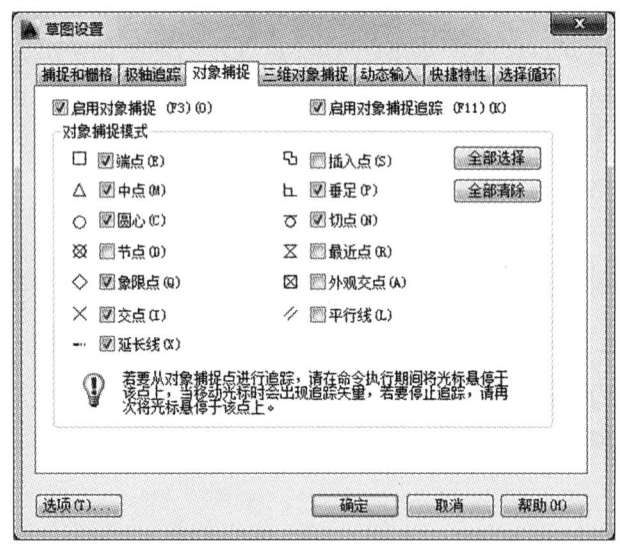

图13-4　设置对象捕捉模式

13.2.2　设置图层及其特性

选择菜单栏"格式"|"图层"命令，打开如图13-5所示的"图层特性管理器"对话框。

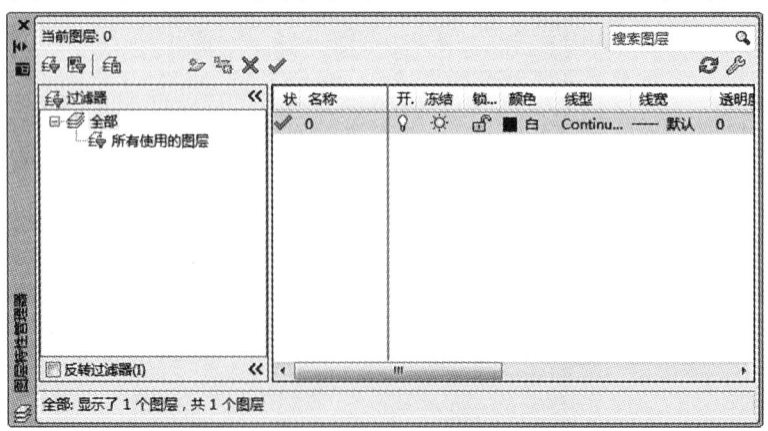

图13-5　图层特性管理器

单击"新建图层"　　按钮，创建表13-5所示的图层，结果如图13-6所示。

表 13-5 各图层要求

图层	颜色	线型	线宽
尺寸标注	蓝	Continuous	默认
文字说明	洋红	Continuous	默认
墙线	白	Continuous	0.7mm
门窗	青	Continuous	默认
楼梯	黄	Continuous	默认
轴线	红	ACAD_ISO04W100	默认
轴线编号	红	Continuous	默认
其他	白	Continuous	默认

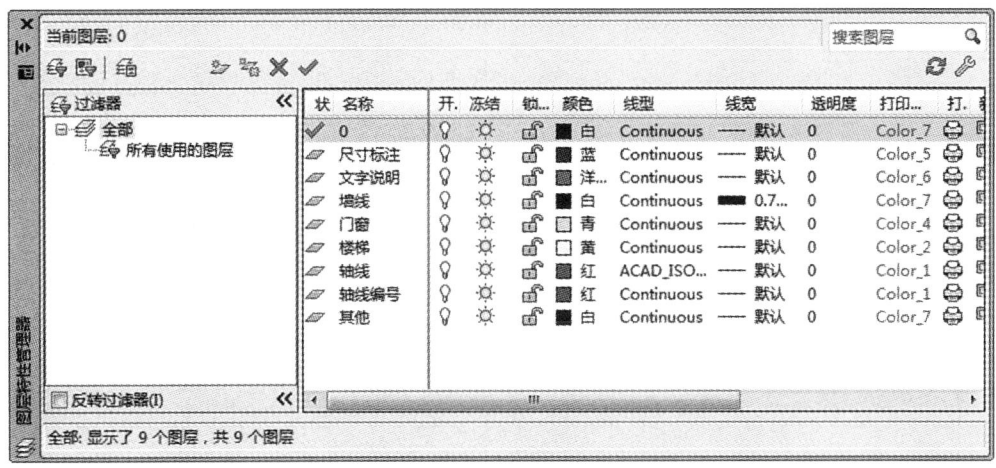

图 13-6 设置图层

13.2.3 设置文字样式

选择菜单栏"格式"|"文字样式"命令,打开"文字样式"对话框,新建"汉字"和"数字字母"两种样式,其参数设置分别如图 13-7、13-8 所示。

图 13-7 设置"汉字"样式　　　　　图 13-8 设置"数字字母"样式

13.2.4 设置标注样式

选择菜单栏"格式"|"标注样式"命令,打开"标注样式"对话框,新建名称为"建筑标注"的样式,对"线"、"符号和箭头"、"文字"、"调整"、"主单位"等选项卡,根据制图标准的要求,按图 13-9 ~ 13-13 进行参数设置。

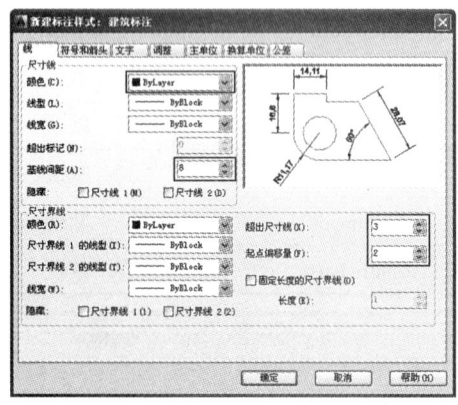

图 13-9 设置"线"参数　　　　　图 13-10 设置"符号和箭头"参数

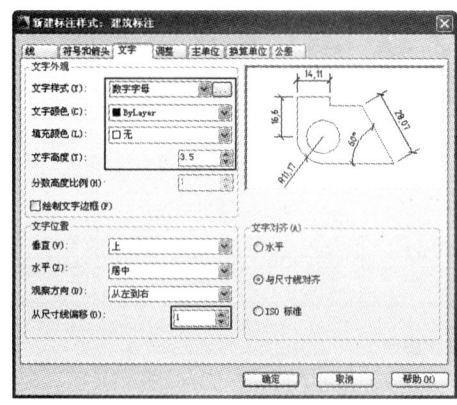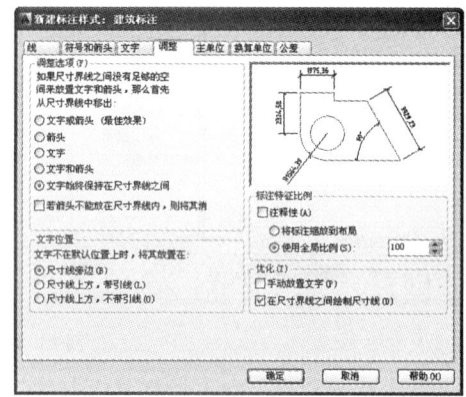

图 13-11 设置"文字"参数　　　　　图 13-12 设置"调整"参数

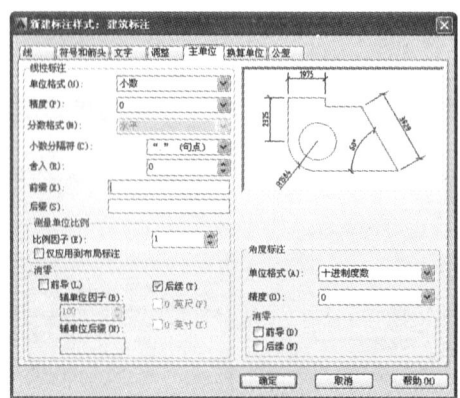

图 13-13 设置"主单位"参数

13.2.5 保存样板图

选择菜单栏"文件"|"另存为"命令,打开"图形另存为"对话框,设置文件的存储类型为"AutoCAD 图形样板(∗.dwt)",如图 13-14 所示。

将文件命名为"建筑样板"后点击保存,打开"样板选项"对话框,如图 13-15 所示,点击确定,即可创建工程样板文件,并保存于 AutoCAD 安装目录下的"Template"文件夹中。

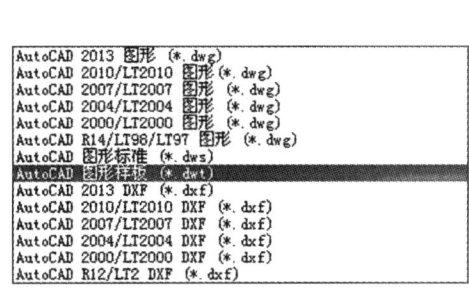

图 13-14 "文件类型"下拉列表

图 13-15 "样板选项"对话框

13.3 建筑平面图的绘制

如图 13-16 所示为某建筑底层平面图,本节以此图为例,讲解建筑平面图的一般绘制过程与方法。

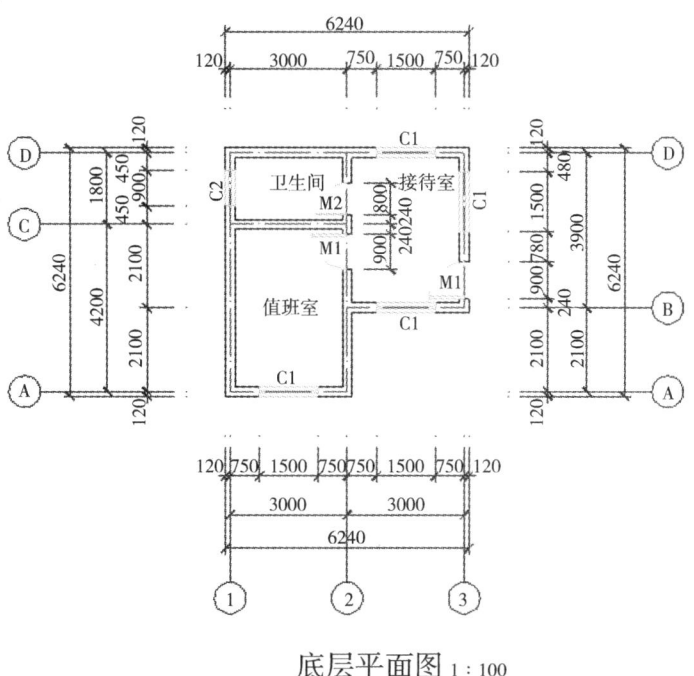

图 13-16 某建筑底层平面图

13.3.1 绘制轴网

①执行"新建"命令,打开"选择样板"对话框,选择"建筑样板"作为基础样板,新建名称为"底层平面图"的绘图文件。

②选择"图层"工具栏中的"图层控制"下拉列表,将"轴线"图层置为当前图层。

③打开"正交"模式,执行"直线"命令,绘制两条基准正交轴线,如图13-17所示。

④执行"偏移"命令,将基准轴线进行偏移,创建轴网,如图13-18所示。

⑤执行"修剪"命令,将已绘制好的轴网进行修剪,修剪完成后如图13-19所示。

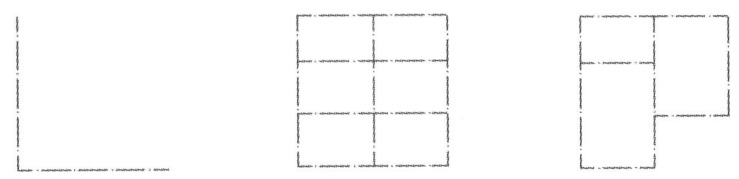

图13-17 绘制基准正交轴线　　图13-18 偏移轴线　　图13-19 修剪轴线

13.3.2 绘制墙体

①选择"图层"工具栏中的"图层控制"下拉列表,将"墙线"图层置为当前图层。

②执行"格式"|"多线样式"命令,弹出"多线样式"对话框,新建"墙线"多线样式,其参数设置如图13-20所示,并将"墙线"置为当前样式。

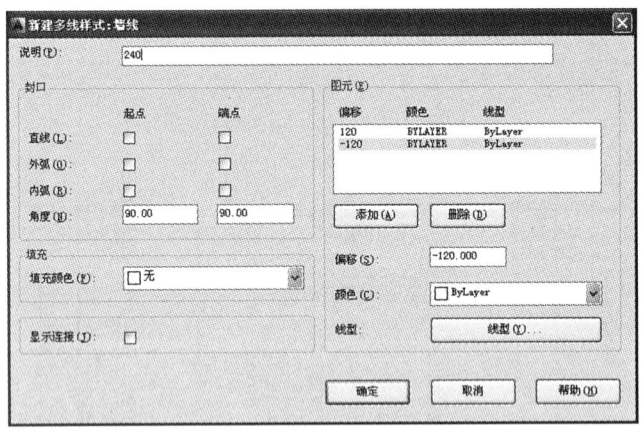

图13-20 设置"墙线"多线样式

③执行"绘图"|"多线"命令,设置"对正"、"比例"两个参数,命令行操作如下:

命令:MLINE
当前设置:对正=上,比例=20.00,样式=墙线
指定起点或[对正(J)/比例(S)/样式(ST)]:　　　　　　　　　　　//J 按 Enter 键
输入对正类型[上(T)/无(Z)/下(B)]<无>:　　　　　　　　　　　//Z 按 Enter 键
当前设置:对正=无,比例=1.00,样式=墙线
指定起点或[对正(J)/比例(S)/样式(ST)]:　　　　　　　　　　　//S 按 Enter 键
输入多线比例<20.00>:　　　　　　　　　　　　　　　　　　　//1 按 Enter 键

④配合"对象捕捉"功能,绘制墙体,结果如图 13-21 所示。

⑤执行"修改"|"对象"|"多线"命令,打开"多线编辑工具",单击如图 13-22 所示的"T形合并"按钮,在命令行提示"选择第一条多线:"时,选择如图 13-23 所示的墙线,在命令行提示"选择第二条多线:"时,选择如图 13-24 所示的墙线,合并结果如图 13-25 所示。

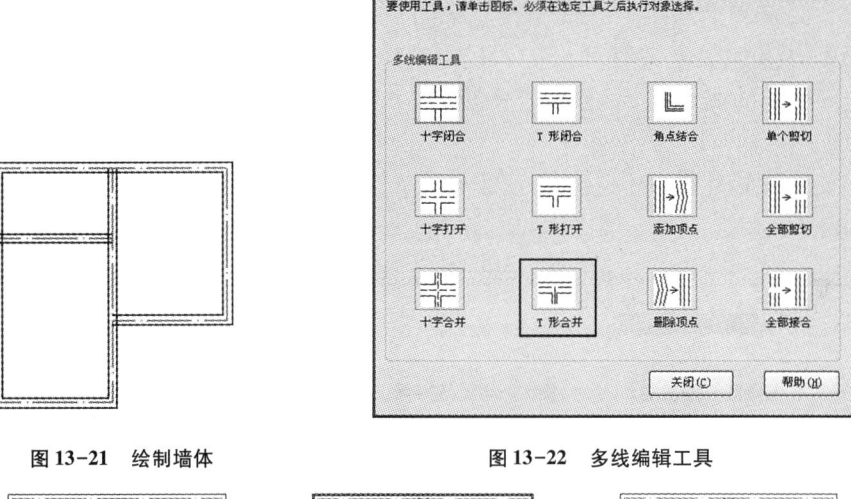

图 13-21 绘制墙体   图 13-22 多线编辑工具

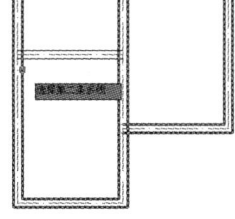 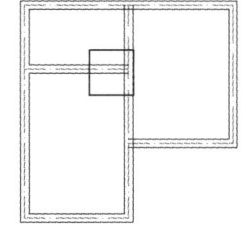

图 13-23 选择第一条多线   图 13-24 选择第二条多线   图 13-25 T形合并结果

⑥继续在命令行的提示下,分别选择其他位置的 T 形墙线进行合并,编辑结果如图 13-26 所示。

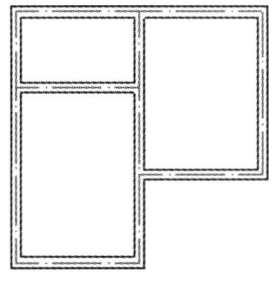

图 13-26 墙线编辑结果

13.3.3 绘制门窗

①执行"偏移"命令,以门窗洞口两侧的轴线为基准,确定门窗洞口位置。以确定窗

C1 的位置为例,命令行操作如下:

```
命令:_offset
当前设置:删除源=否 图层=源 OFFSETGAPTYPE=0
指定偏移距离或[通过(T)/删除(E)/图层(L)]<通过>:           //750 按 Enter 键
选择要偏移的对象,或[退出(E)/放弃(U)]<退出>://选择如图 13-27 所示的轴线
指定要偏移的那一侧上的点,或[退出(E)/多个(M)/放弃(U)]<退出>:
                                            //鼠标在该轴线右侧单击
选择要偏移的对象,或[退出(E)/放弃(U)]<退出>://选择如图 13-28 所示的轴线
指定要偏移的那一侧上的点,或[退出(E)/多个(M)/放弃(U)]<退出>:
                                            //鼠标在该轴线左侧单击
选择要偏移的对象,或[退出(E)/放弃(U)]<退出>:
                               //按 Enter 键,偏移结果如图 13-29 所示
```

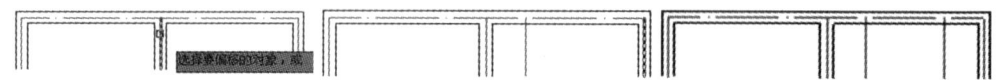

图 13-27　选择第一条轴线　　　图 13-28　选择第二条轴线　　　图 13-29　偏移结果

②执行"修剪"命令,修剪洞口定位轴线之间的墙体,效果如图 13-30 所示。

③执行"删除"命令,删除定位轴线,并执行"直线"命令,补上洞口侧面的墙体,如图 13-31 所示。

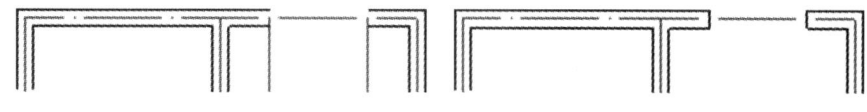

图 13-30　修剪墙线　　　　　　　　图 13-31　补全墙线

④重复以上步骤,定位所有的门窗洞口位置,结果如图 13-32 所示。

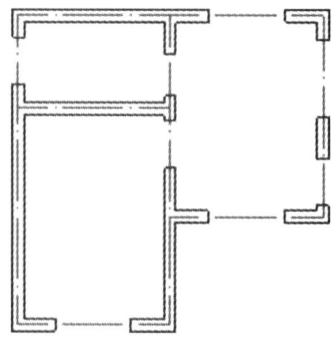

图 13-32　开门窗洞口结果

⑤选择"图层"工具栏中的"图层控制"下拉列表,将"门窗"图层置为当前图层。

⑥执行"格式"|"多线样式"命令,弹出"多线样式"对话框,新建"窗线"多线样式,其参数设置如图 13-33 所示,并将"窗线"置为当前样式。

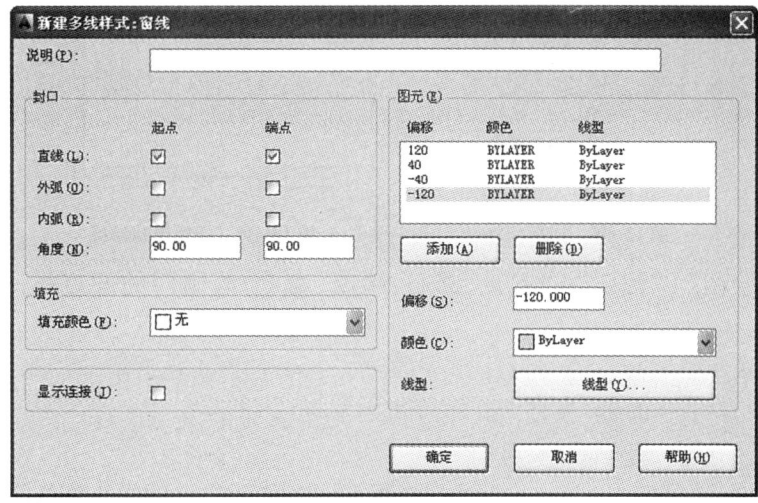

图 13-33 设置"窗线"多线样式

⑦执行"绘图"|"多线"命令,设置"对正"、"比例"两个参数,命令行操作如下:

命令:MLINE
当前设置:对正=上,比例=20.00,样式=窗线
指定起点或[对正(J)/比例(S)/样式(ST)]:   //J 按 Enter 键
输入对正类型[上(T)/无(Z)/下(B)]<无>:   //Z 按 Enter 键
当前设置:对正=无,比例=1.00,样式=窗线
指定起点或[对正(J)/比例(S)/样式(ST)]:   //S 按 Enter 键
输入多线比例<20.00>:   //1 按 Enter 键

⑧配合"对象捕捉"功能,绘制窗户,结果如图 13-34 所示。

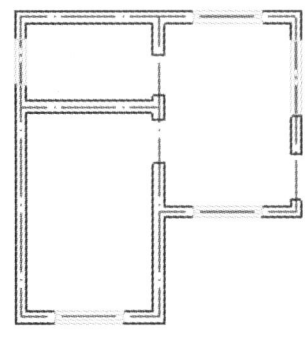

图 13-34 绘制窗线结果

⑨执行"矩形"命令,以墙体中心线与门洞线的交点作为门轴点,命令行操作如下:

命令:_rectang
指定第一个角点或[倒角(C)/标高(E)/圆角(F)/厚度(T)/宽度(W)]:
                                    //捕捉如图 13-35 所示的交点
指定另一个角点或[面积(A)/尺寸(D)/旋转(R)]:
                                    //@ -900,50 按 Enter 键,结果如图 13-36 所示

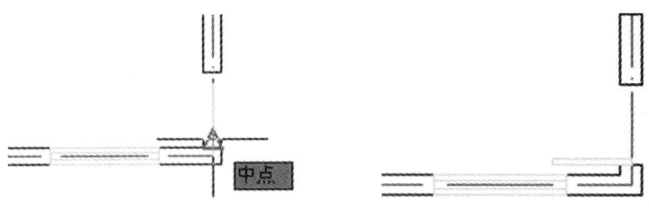

图13-35　捕捉门轴点　　　　图13-36　门扇绘制结果

⑩执行"绘图"|"圆弧"|"起点、圆心、端点"命令，绘制门的开启线，命令行操作如下：

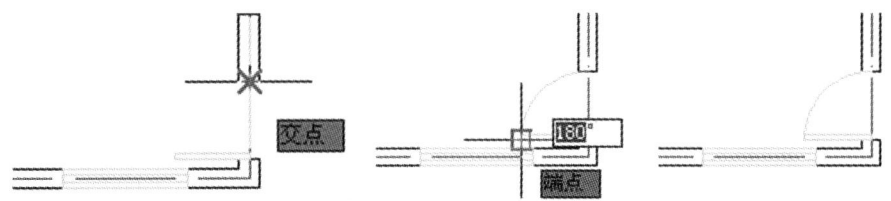

命令:_arc
圆弧创建方向:逆时针（按住 Ctrl 键可切换方向）。
指定圆弧的起点或[圆心(C)]:
　　　　　　　　　　　//捕捉如图 13-37 所示的墙体中心线与门洞线的交点
指定圆弧的第二个点或[圆心(C)/端点(E)]:_C 指定圆弧的圆心：　　//捕捉门轴点
指定圆弧的端点或[角度(A)/弦长(L)]:
　　　　　　//捕捉如图 13-38 所示的矩形左下角点，绘制结果如图 13-39 所示

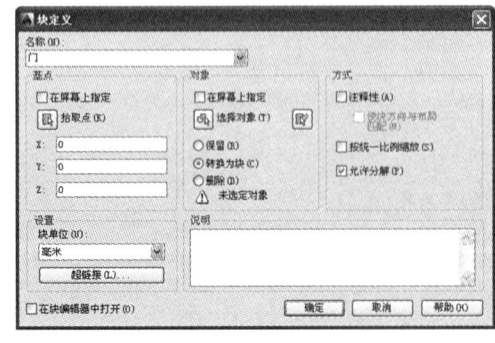

图13-37　指定圆弧起点　　图13-38　指定圆弧端点　　图13-39　开启线绘制结果

⑪执行"绘图"|"块"|"创建"命令，弹出"创建块"对话框，设置名称为"门"，如图13-40所示。

⑫点击"拾取点"按钮，返回绘图区域，捕捉门轴点。

⑬点击"选择对象"按钮，返回绘图区域，选择已绘制的门，其他参数设置如图 13-41所示，再点击"确定"按钮完成图块的创建。

图13-40　"块定义"对话框　　　　图13-41　图块参数设置

⑭执行"插入"|"块"命令，弹出"插入"对话框，在"名称"栏选择"门"，参数设置如图 13-42 所示。单击"确定"，"门"图块随鼠标出现在屏幕上，捕捉如图 13-43 所示的门

轴点插入图块。

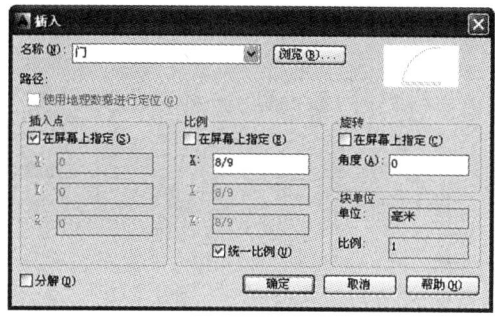
图13-42 "插入"对话框

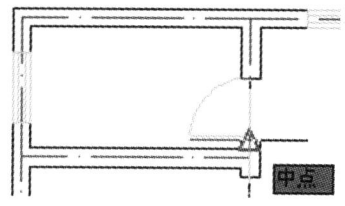
图13-43 拾取插入点

⑮按照上述方法,在另一个门洞口处插入"门"图块,可配合使用"镜像"命令对门的方向进行调整。绘制完成的门如图13-44所示。

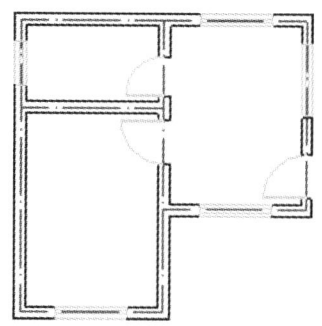
图13-44 门绘制结果

13.3.4 标注文字

①选择"图层"工具栏中的"图层控制"下拉列表,将"文字说明"图层置为当前图层。
②选择"样式"工具栏中的"文字样式控制"下拉列表,将"文字"设置为当前文字样式。
③执行"绘图"|"文字"|"单行文字"命令,在命令行提示下,在平面图右上角房间内拾取一点作为文字的起点,设置文字高度为350,旋转角度为0,输入"接待室",如图13-45所示。
④分别将光标放在其他房间,为各房间标注文字说明,结果如图13-46所示。

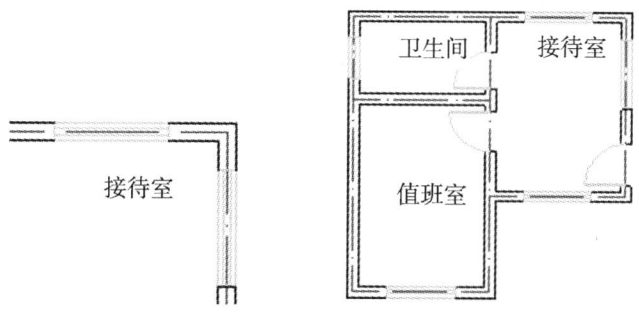

图13-45 输入单行文字　　图13-46 标注房间功能

⑤连续按两次 Enter 键,结束"单行文字"命令。
⑥选择"样式"工具栏中的"文字样式控制"下拉列表,将"数字字母"设置为当前文字样式。
⑦按照同样的方法,执行"单行文字"命令,标注门窗型号,如图 13-47 所示。

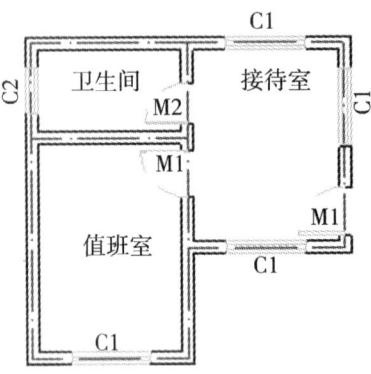

图 13-47　标注门窗型号

13.3.5　标注尺寸

①选择"图层"工具栏中的"图层控制"下拉列表,将"尺寸标注"图层置为当前图层。
②执行"标注样式"命令,将"建筑标注"设置为当前标注样式。
③执行"构造线"命令,在平面图左侧绘制一条垂直构造线作为尺寸对齐辅助线,构造线距离平面图最外侧轮廓线 1000 个绘图单位。
④执行"标注"|"线性"命令,命令行提示"指定第一条尺寸界线原点或<选择对象>:"时,捕捉追踪虚线与辅助线的交点,作为第一条尺寸界线的起点,如图 13-48 所示。
⑤命令行提示"指定第二条尺寸界线原点:"时,捕捉追踪虚线与辅助线的交点,作为第一条尺寸界线的起点,如图 13-49 所示。
⑥命令行提示"指定尺寸线位置或[多行文字(M)/文字(T)/角度(A)/水平(H)/垂直(V)/旋转(R)]:"时,垂直向左移动光标,输入 1000 并按 Enter 键,结果如图 13-50 所示。

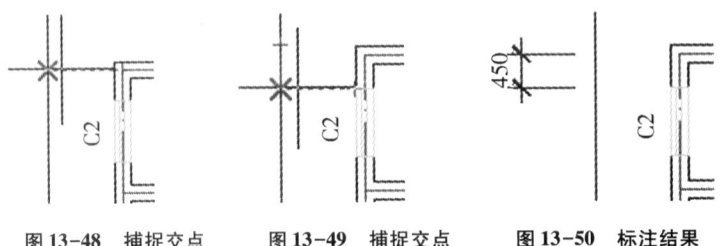

图 13-48　捕捉交点　　图 13-49　捕捉交点　　图 13-50　标注结果

⑦执行"标注"|"连续"命令,配合捕捉和对象捕捉追踪功能标注左侧的细部尺寸,结果如图 13-51 所示。
⑧选中最上侧标注的尺寸,将光标放在数字的夹点之上,出现浮动菜单后选择"仅移动文字",如图 13-52 所示,对重叠的尺寸文字进行调整,结果如图 13-53 所示。

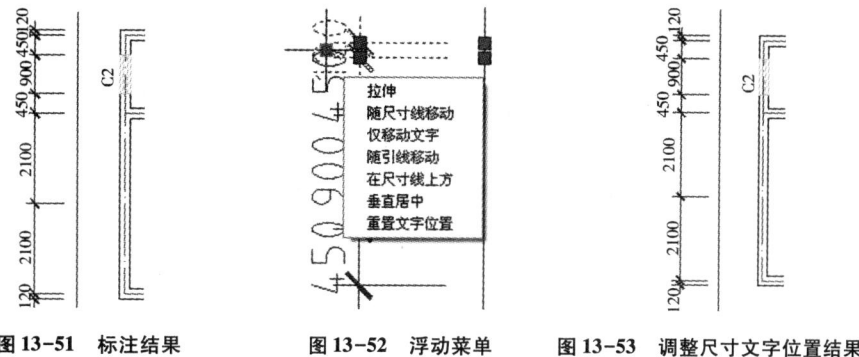

图 13-51 标注结果　　图 13-52 浮动菜单　　图 13-53 调整尺寸文字位置结果

⑨按同样的方法,综合使用"线性"、"连续"命令,分别标注轴线尺寸和外包尺寸,结果如图 13-54 所示。

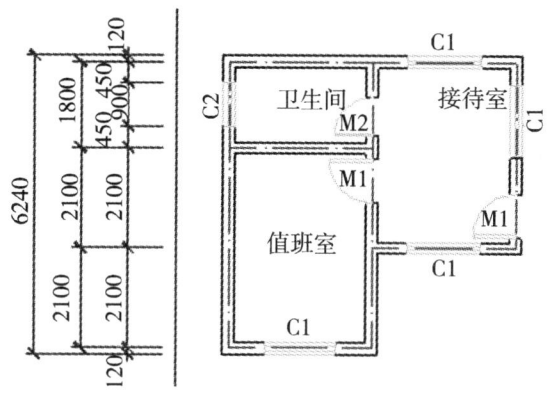

图 13-54 标注其他尺寸

⑩参照上述操作步骤,分别标注平面图其他侧的细部尺寸、轴线尺寸及外包尺寸,并对重叠尺寸进行调整。

⑪执行"删除"命令,删除 4 条尺寸对齐辅助线,最终标注结果如图 13-55 所示。

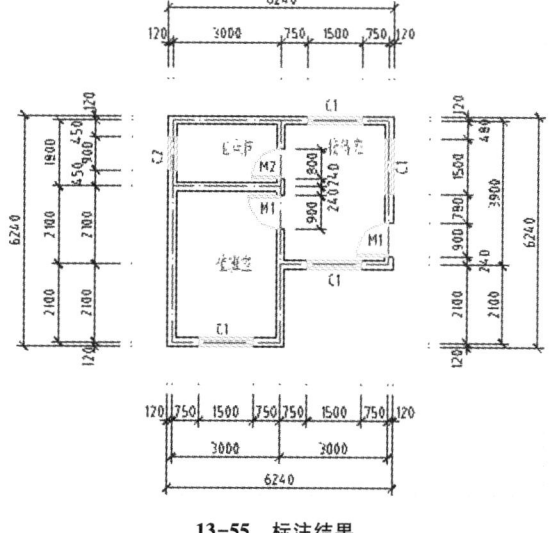

13-55 标注结果

13.3.6 绘制轴线编号

①选择"图层"工具栏中的"图层控制"下拉列表,将"轴线编号"图层置为当前图层。

②选中平面图中的一个轴线尺寸,点击鼠标右键,打开"特性"对话框,将尺寸界线超出尺寸线的长度修改为20。关闭"特性"对话框并取消夹点显示,结果如图13-56所示。

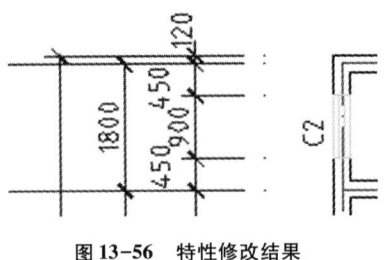

图13-56 特性修改结果

③单击"标准"工具栏中的"特性匹配" 按钮,将其尺寸界线的特性应用到其他轴线尺寸,结果如图13-57所示。

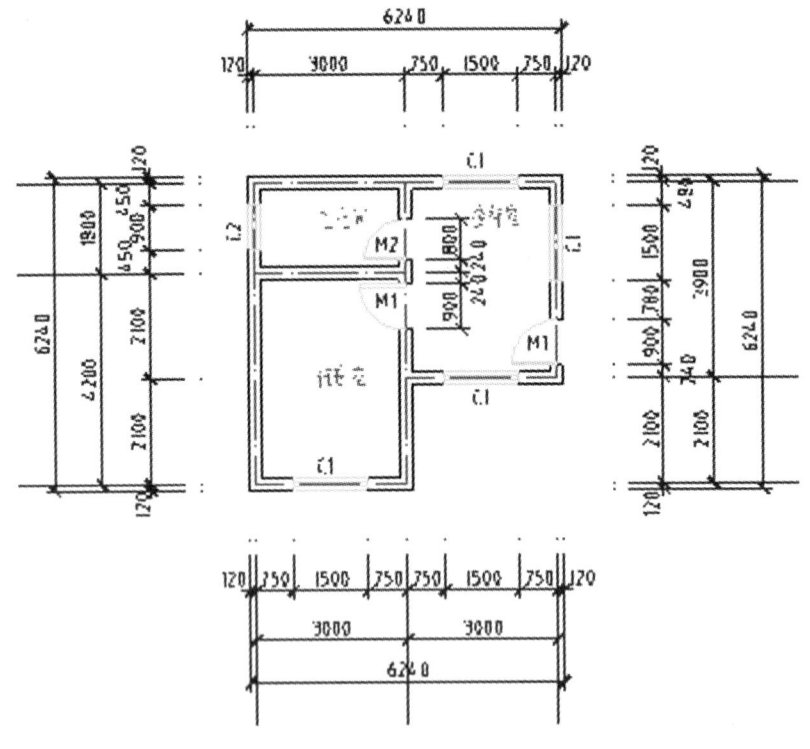

图13-57 特性匹配结果

④执行"圆"命令,在空白区域绘制一个半径为400的圆,并使用"单行文字"命令在圆的中心位置输入高度为500的数字1,如图13-58所示。

⑤执行"移动"命令,将已绘制的轴线编号移动到轴线尺寸界线的端部,如图13-59所示。

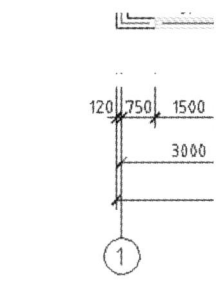

图 13-58　绘制轴线编号　　　图 13-59　移动轴线编号至适当位置

⑥执行"复制"命令,将轴线编号复制到各轴线尺寸界线的端部。

⑦双击编号,输入新的编号,并按 Enter 键使修改生效。重复该操作修改其他轴线编号,最终结果如图 13-60 所示。

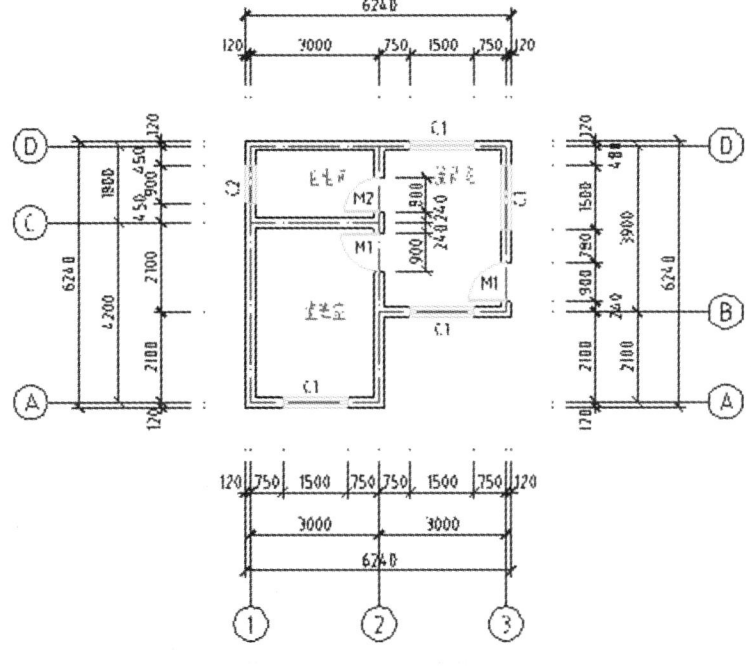

图 13-60　修改轴线编号

13.3.7　后期处理

①选择"图层"工具栏中的"图层控制"下拉列表,将"文字说明"图层置为当前图层。

②选择"样式"工具栏中的"文字样式控制"下拉列表,将"文字"设置为当前文字样式。

③执行"单行文字"命令,标注图名,字高设置为 700。

④选择"样式"工具栏中的"文字样式控制"下拉列表,将"数字字母"设置为当前文字样式。

⑤执行"单行文字"命令,标注比例,字高设置为 500。

⑥执行"多段线"命令,绘制宽度为 50 的直线段,置于图名下方。最终效果如图 13-61 所示。

底层平面图 1:100

图 13-61 标注图名、比例

13.4 建筑立面图的绘制

如图 13-62 所示为某建筑立面图,本节以此图为例,讲解建筑立面图的一般绘制过程与方法。

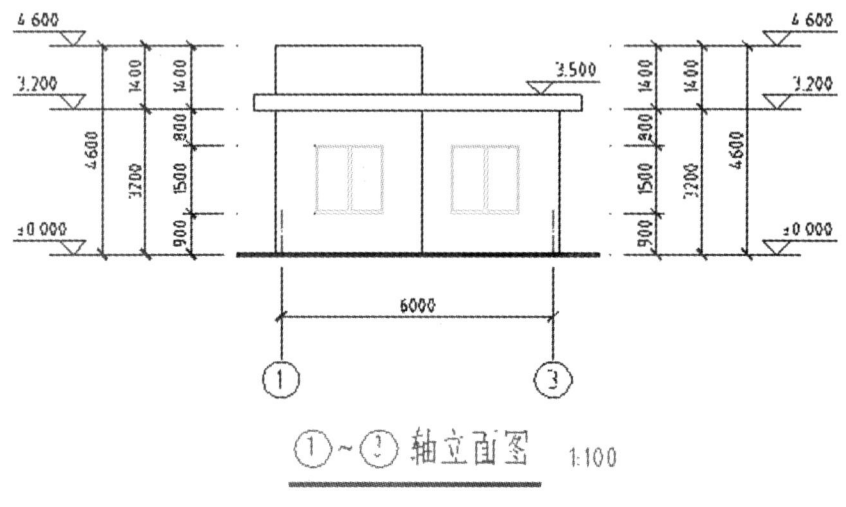

图 13-62 ①~③轴立面图

13.4.1 绘制轴线及室外地坪线

与绘制平面图不同,在立面图中轴线的数目较少,一般只标识两端的轴线仍不能起到定位作用,还需通过绘制室外地坪线进行定位。

①执行"新建"命令,打开"选择样板"对话框,选择"建筑样板"作为基础样板,新建名称为"立面图"的绘图文件。

②选择菜单栏"格式"|"图层"命令,新建"地坪线"、"立面轮廓线"和"立面细部线"两个图层,立面轮廓线线宽设置为 0.7mm,其他保持默认。

③选择"图层"工具栏中的"图层控制"下拉列表,将"轴线"图层置为当前图层。

④打开"正交"模式,执行"直线"命令,绘制两条长度为 1000 的垂直轴线,相距 6000mm,如图 13-63 所示。

⑤选择"图层"工具栏中的"图层控制"下拉列表,将"地坪线"图层置为当前图层。

⑥执行"多段线"命令,设置线宽为 100,绘制标高为±0.000 的室外地坪线,其长度应

比两条轴线距离略长,如图 13-64 所示。

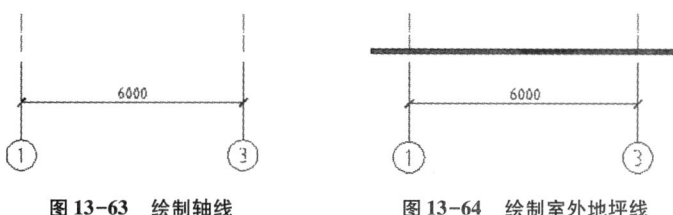

图 13-63　绘制轴线　　　　　图 13-64　绘制室外地坪线

13.4.2　绘制外墙及门窗洞口

①选择"图层"工具栏中的"图层控制"下拉列表,将"立面轮廓线"图层置为当前图层。

②执行"直线"命令,在距①轴线左侧 120mm 处绘制长度为 4600mm 的垂直轮廓线,如图 13-65 所示。

③执行"偏移"命令,将垂直轮廓线向左偏移 500mm、向右偏移 3240mm、6240mm、6740mm,如图 13-66 所示。

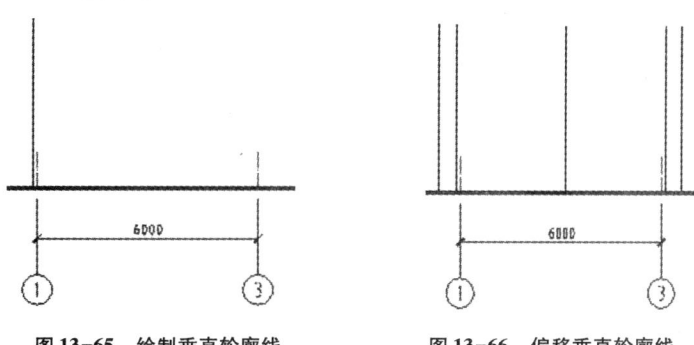

图 13-65　绘制垂直轮廓线　　　　　图 13-66　偏移垂直轮廓线

④执行"直线"命令,绘制连接左右两侧轮廓线的水平线。

⑤执行"偏移"命令,将绘制的水平轮廓线向下偏移 1100mm、1450mm,如图 13-67 所示。

⑥执行"修剪"命令,将轮廓线修剪成图 13-68 所示的图形。

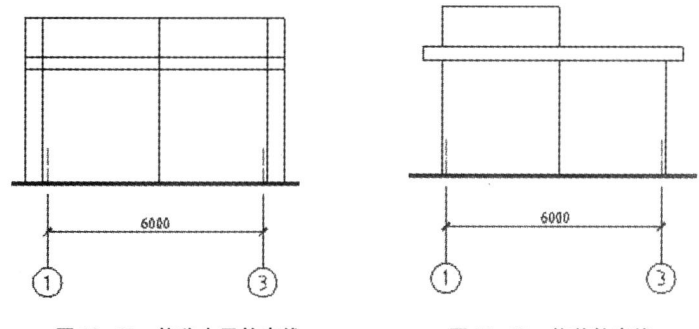

图 13-67　偏移水平轮廓线　　　　　图 13-68　修剪轮廓线

⑦执行"偏移"命令,将如图 13-69 所示的轮廓线向下偏移 750mm、2250mm,并修剪成如图 13-70 所示的图形。

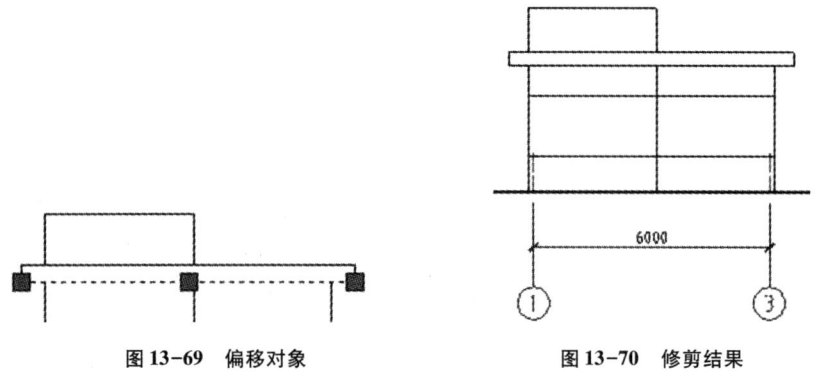

图 13-69　偏移对象　　　　　图 13-70　修剪结果

⑧执行"偏移"命令,按照底层平面图中窗户洞口尺寸,以轴线为基线,绘制窗户洞口,并对其进行修剪,效果如图 13-71 所示。

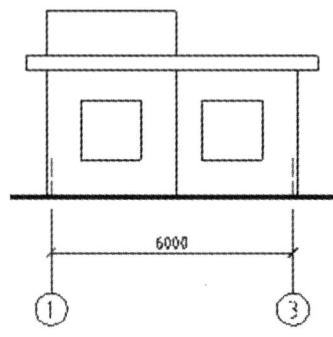

图 13-71　窗户洞口绘制结果

⑨选择绘制的所有窗户洞口线,将其图层更换至"立面细部线"图层。

13.4.3　绘制窗户

①选择"图层"工具栏中的"图层控制"下拉列表,将"门窗"图层置为当前图层。

②执行"矩形"命令,绘制 1500×1500 的矩形,并使用"偏移"命令将其向内偏移 50mm,如图 13-72 所示。

③执行"直线"命令,在矩形中点处绘制一条中线,如图 13-73 所示。

④执行"偏移"命令,将中线分别向左右偏移 30mm,最后将多余线段修剪或删除,结果如图 13-74 所示。

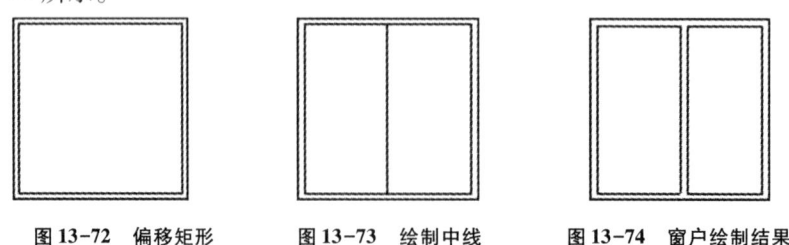

图 13-72　偏移矩形　　　图 13-73　绘制中线　　　图 13-74　窗户绘制结果

⑤执行"复制"命令,将窗户复制到窗户洞口,效果如图 13-75 所示。

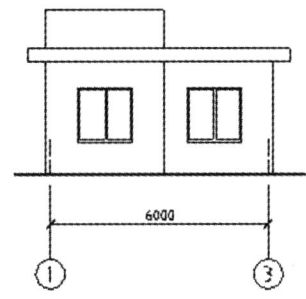

图 13-75　窗户插入结果

13.4.4　标注尺寸、标高及图名

①选择"图层"工具栏中的"图层控制"下拉列表,将"尺寸标注"图层置为当前图层。
②执行"标注样式"命令,将"建筑标注"设置为当前标注样式。
③综合使用"线性"、"连续"命令,分别标注细部尺寸、轴线尺寸和外包尺寸,如图13-76所示。
④执行"直线"命令,绘制标高符号。
⑤选择"样式"工具栏中的"文字样式控制"下拉列表,将"数字字母"设置为当前文字样式。
⑥执行"多行文字"命令,输入标高数值±0.000,如图13-77所示。

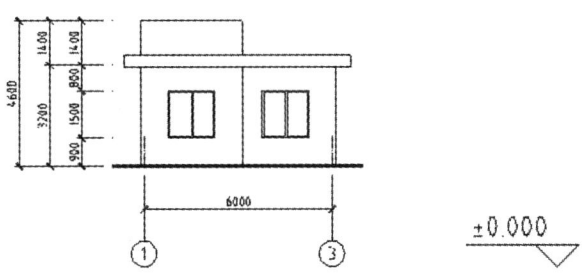

图 13-76　标注尺寸　　　　图 13-77　绘制标高符号

⑦执行"复制"命令,将标高复制到合适位置,并双击标高数值,修改为正确的标高值,结果如图13-78所示。

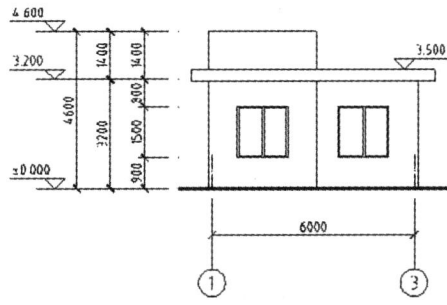

图 13-78　标高标注结果

⑧执行"镜像"命令,将左侧尺寸与标高复制到右侧,结果如图13-79所示。

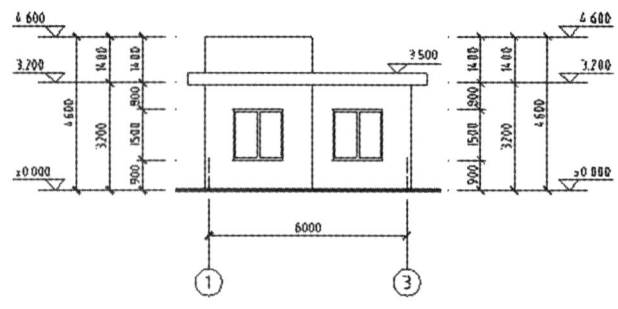

图13-79 镜像尺寸与标高

⑨选择"图层"工具栏中的"图层控制"下拉列表,将"尺寸标注"图层置为当前图层。

⑩选择"样式"工具栏中的"文字样式控制"下拉列表,将"文字"设置为当前文字样式。

⑪执行"单行文字"命令,标注图名,字高设置为700。

⑫选择"样式"工具栏中的"文字样式控制"下拉列表,将"数字字母"设置为当前文字样式。

⑬执行"单行文字"命令,标注比例,字高设置为500。

⑭执行"多段线"命令,绘制宽度为50的直线段,置于图名下方。最终效果如图13-80所示。

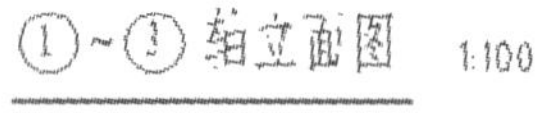

①~③轴立面图 1:100

图13-80 标注图名

13.5 建筑剖面图的绘制

如图13-81所示为某建筑剖面图,本节以此图为例,介绍建筑剖面图的一般绘制过程与方法。

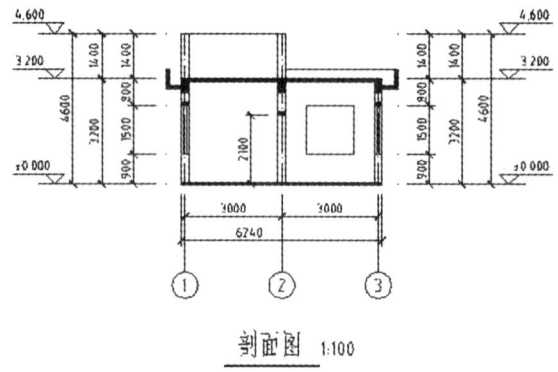

图13-81 建筑剖面图

13.5.1 绘制轴线及地坪线

①执行"新建"命令,打开"选择样板"对话框,选择"建筑样板"作为基础样板,新建名称为"剖面图"的绘图文件。

②选择菜单栏"格式"|"图层"命令,新建"地坪线"、"剖面线"、"填充材料"3个图层,"剖面线"线宽设置为0.7mm,其他保持默认。

③选择"图层"工具栏中的"图层控制"下拉列表,将"轴线"图层置为当前图层。

④执行"编辑"|"复制"命令,在底层平面图中选择轴线①~轴线③,将其复制在剖面图的正下方,直接利用底层平面图上的尺寸。

⑤选择"图层"工具栏中的"图层控制"下拉列表,将"地坪线"图层置为当前图层。

⑥执行"多段线"命令,设置线宽为100,绘制长度为6240mm的室内地坪线,效果如图13-82所示。

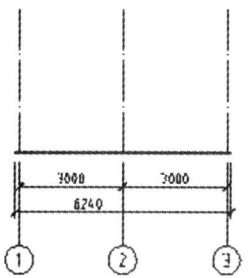

图13-82 绘制轴线及地坪线

13.5.2 绘制墙线及门窗线

①选择"图层"工具栏中的"图层控制"下拉列表,将"剖面线"图层置为当前图层。

②执行"格式"|"多线样式"命令,将"墙线"置为当前样式。

③执行"多线"命令,绘制墙线,用"直线"命令封口,再配合使用"修剪"命令对轴线进行修剪,效果如图13-83所示。

④按照底层平面图及立面图中门窗洞口尺寸,修剪墙线,开出门窗洞口,如图13-84所示。

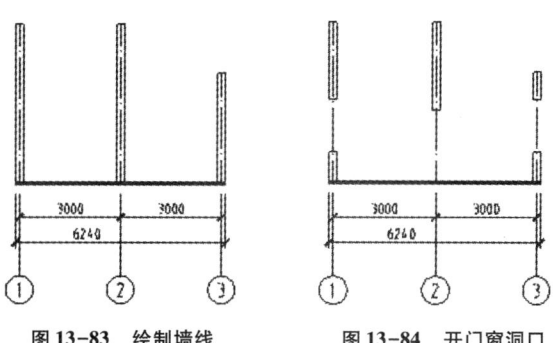

图13-83 绘制墙线　　　图13-84 开门窗洞口

⑤选择"图层"工具栏中的"图层控制"下拉列表,将"门窗"图层置为当前图层。

⑥执行"多线"命令,绘制门窗剖面线及可见窗线,效果如图13-85所示。

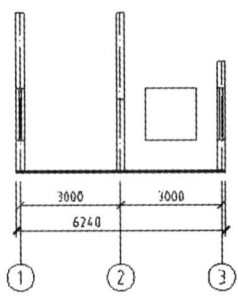

图 13-85　绘制门窗剖面线及可见窗线

13.5.3　绘制楼板、梁

①选择"图层"工具栏中的"图层控制"下拉列表,将"剖面线"图层置为当前图层。

②执行"直线"命令,绘制距离地坪线 3200mm 的屋面线,并将屋面线分别超出①、③轴线 720mm。

③执行"偏移"命令,将屋面线向上偏移 300mm,再向下依次偏移 100mm、100mm、100mm、100mm,偏移结果如图 13-86 所示。

④执行"偏移"命令,将①轴线向左依次偏移 620mm、100mm,将③轴线向右依次偏移 620mm、100mm,效果如图 13-87 所示。

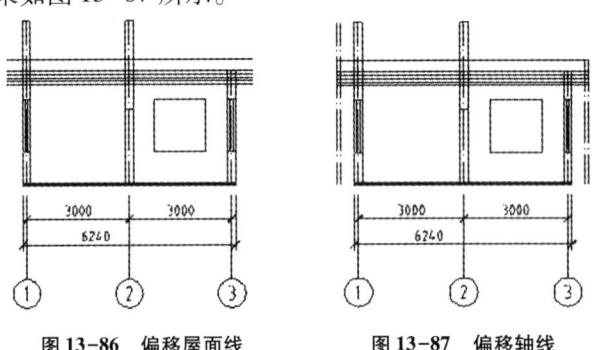

图 13-86　偏移屋面线　　　　图 13-87　偏移轴线

⑤执行"偏移"命令,对偏移得到的直线进行修剪,修剪后的结果如图 13-88 所示。

⑥选择红色的梁剖面线,将其图层更换至"剖面线"图层。

⑦执行"偏移"命令,将各门窗洞口上侧墙线向上偏移 100mm,效果如图 13-89 所示。

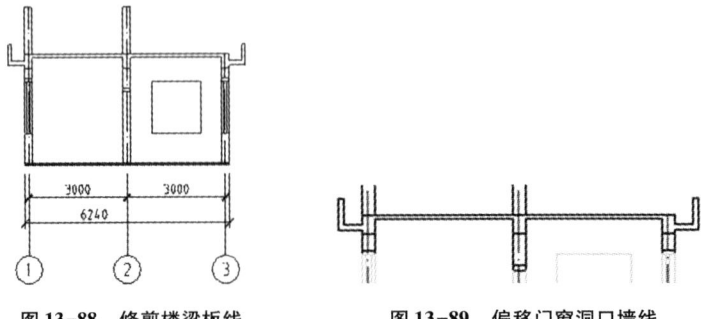

图 13-88　修剪楼梁板线　　　　图 13-89　偏移门窗洞口墙线

⑧执行"直线"命令,补充绘制屋檐线,如图13-90所示。

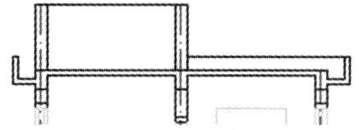

图13-90 补充屋檐线

⑨选择"图层"工具栏中的"图层控制"下拉列表,将"填充材料"图层置为当前图层。

⑩执行"图案填充"命令,对梁、板区域进行填充,填充图案为SOLID,填充效果如图13-91所示。

⑪再次执行"图案填充"命令,对剖面砖墙部分进行填充。在"填充图案"选项卡中设置"类型"为"用户定义","角度"为45°,"间距"为100,填充效果如图13-92所示。

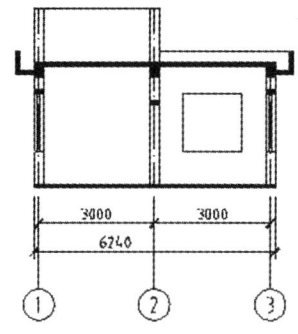
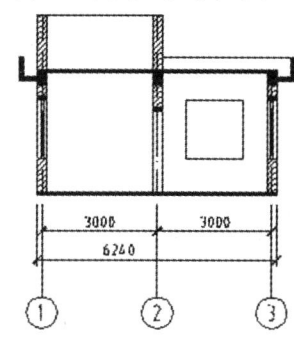

图13-91 填充梁板区域　　　　　　图13-92 填充剖面砖墙

13.5.4 标注尺寸、标高及图名

①选择"图层"工具栏中的"图层控制"下拉列表,将"尺寸标注"图层置为当前图层。

②执行"标注样式"命令,将"建筑标注"设置为当前标注样式。

③综合使用"线性"、"连续"命令,分别标注细部尺寸、轴线尺寸和外包尺寸,如图13-93所示。

④利用"特性"对话框,将轴线尺寸的尺寸界线超出尺寸线的长度修改为20。

⑤执行"直线"命令与"多行文字"命令,标注标高,结果如图13-94所示。

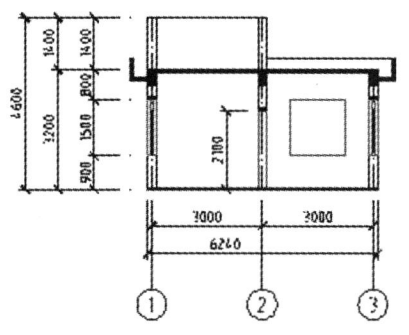
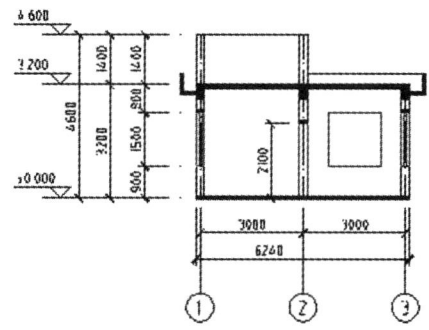

图13-93 标注尺寸　　　　　　图13-94 标注标高

⑥执行"镜像"命令,将左墙尺寸与标高复制到右墙,结果如图13-95所示。

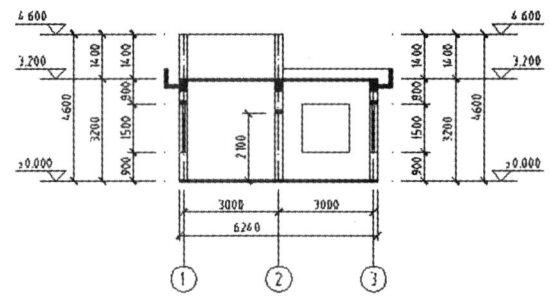

图13-95 镜像尺寸与标高

⑦选择"图层"工具栏中的"图层控制"下拉列表,将"文字说明"图层置为当前图层。

⑧选择"样式"工具栏中的"文字样式控制"下拉列表,将"文字"设置为当前文字样式。

⑨执行"单行文字"命令,标注图名,字高设置为700。

⑩选择"样式"工具栏中的"文字样式控制"下拉列表,将"数字字母"设置为当前文字样式。

⑪执行"单行文字"命令,标注比例,字高设置为500。

⑫执行"多段线"命令,绘制宽度为50的直线段,置于图名下方。最终效果如图13-96所示。

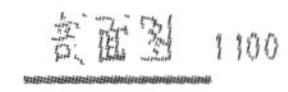

图13-96 标注图名

13.6 建筑详图的绘制

楼梯详图是建筑详图的重要组成部分,本节以图13-97和图13-98所示的楼梯平面详图和楼梯剖面详图为例,介绍楼梯详图的一般绘制过程。

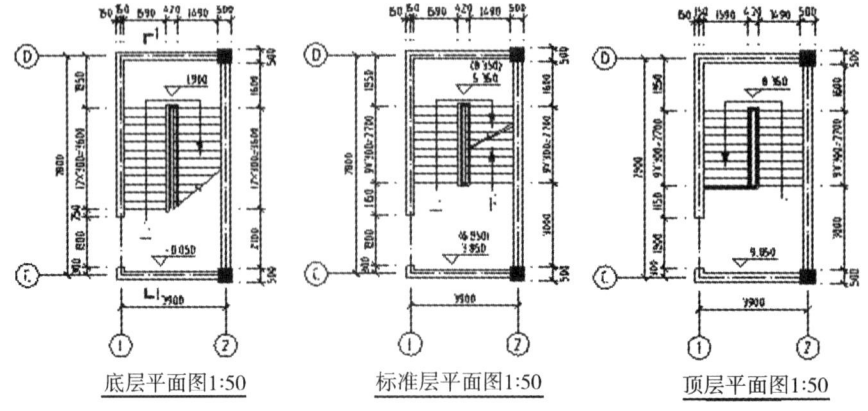

图13-97 楼梯平面详图

第 13 章 绘制建筑工程图纸 | 99

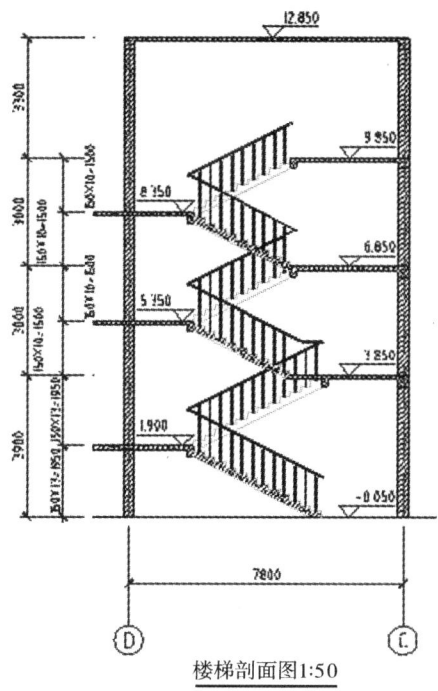

图 13-98 楼梯剖面详图

13.6.1 绘制楼梯平面详图

1. 绘制墙体

①执行"新建"命令,打开"选择样板"对话框,选择"建筑样板"作为基础样板,新建名称为"楼梯平面详图"的绘图文件。

②选择"图层"工具栏中的"图层控制"下拉列表,将"轴线"图层置为当前图层。

③打开"正交"模式,执行"直线"命令,绘制定位轴线,确定楼梯的位置,如图 13-99 所示。

④选择"图层"工具栏中的"图层控制"下拉列表,将"墙线"图层置为当前图层。

⑤执行"格式"|"多线样式"命令,将"墙线"多线样式图元偏移改为 150、-150,并将"墙线"置为当前样式。

⑥执行"多线"命令,绘制墙体,结果如图 13-100 所示。

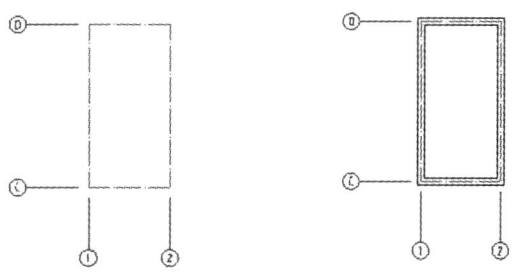

图 13-99 绘制定位轴线　　图 13-100 绘制墙体

2.绘制门洞和支柱

①执行"偏移"命令,将轴线 C 依次向上偏移 300mm、1800m。

②执行"修剪"命令,将墙体进行修剪,并对墙线进行封口,删除偏移的轴线,效果如图 13-101 所示。

③执行"修剪"命令,将轴线 C 和轴线 D 分别向左、向右偏移 250mm,将轴线②分别向上、向下偏移 250mm。

④执行"延伸"命令,使偏移后不相交的轴线相交,以确定支柱的位置,如图 13-102 所示。

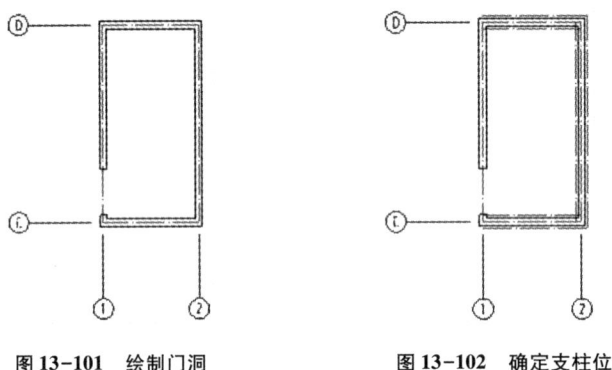

图 13-101 绘制门洞   图 13-102 确定支柱位置

⑤执行"矩形"命令,捕捉轴线的角点,绘制支柱轮廓。

⑥删除偏移的轴线,执行"修剪"命令,对墙线进行修剪,效果如图 13-103 所示。

⑦执行"图案填充"命令,对立柱进行填充,填充图案为 SOLID,填充效果如图 13-104 所示。

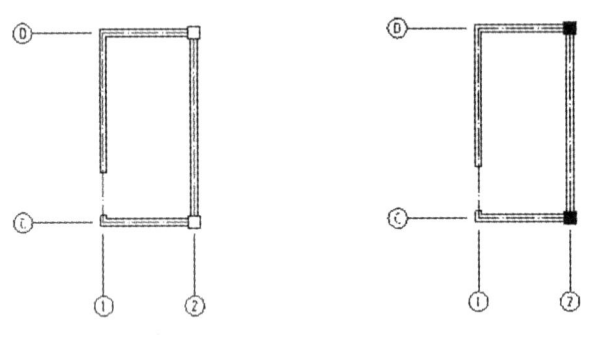

图 13-103 修剪墙线   图 13-104 填充支柱

3.绘制楼梯

①选择"图层"工具栏中的"图层控制"下拉列表,将"楼梯"图层置为当前图层。

②执行"偏移"命令,将轴线 D 向下偏移 1850mm,确定踏步线的位置,在执行"直线"命令,绘制踏步线,如图 13-105 所示。

③执行"矩形阵列"命令,对已绘制的踏步线进行阵列,其中阵列行数为 10,列数为 1,行间距为 -300,阵列后效果如图 13-106 所示。

④执行"分解"命令,将阵列出的踏步线进行分解。

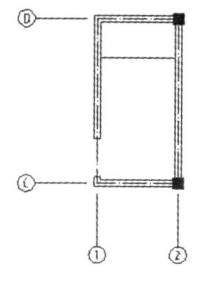
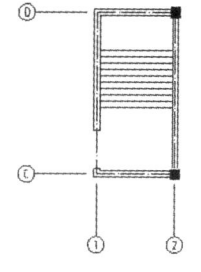

图 13-105　绘制踏步线　　　　图 13-106　阵列踏步线

⑤执行"直线"命令，绘制一条垂直线使其通过踏步线的中点，并使其超出踏步线 120mm。

⑥执行"偏移"命令，将垂直线分别向其两侧偏移三次，每次偏移距离为 70mm，偏移后删除此垂直线，另外将两端踏步线分别向外偏移两次，每次偏移距离为 56mm，效果如图 13-107 所示。

⑦对偏移的直线进行修剪，绘制栏杆投影效果，结果如图 13-108 所示。

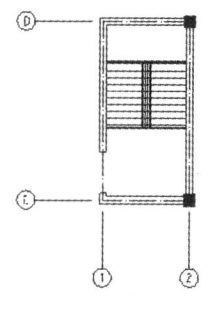
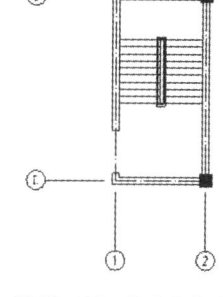

图 13-107　偏移垂直线　　　　图 13-108　修剪偏移直线

⑧执行"多段线"命令，绘制剖断线，并对踏步线进行修剪，同时删除右侧最下一条踏步线，结果如图 13-109 所示。

⑨执行"多段线"命令，绘制上、下方向箭头，箭头部分起点宽度为 200mm，端点宽度为 0，长为 500mm，如图 13-110 所示。

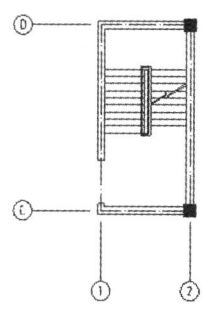
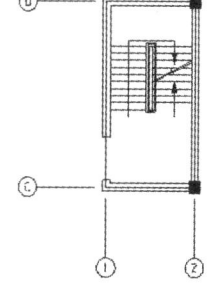

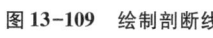

图 13-109　绘制剖断线　　　　图 13-110　绘制箭头

4. 标注尺寸及文字说明

①选择"图层"工具栏中的"图层控制"下拉列表，将"尺寸标注"图层置为当前图层。

②执行"标注样式"命令，将"建筑标注"设置为当前标注样式。

③综合使用"线性"、"连续"等命令,标注尺寸和标高,如图 13-111 所示。
④选择"图层"工具栏中的"图层控制"下拉列表,将"文字说明"图层置为当前图层。
⑤执行"单行文字"命令,标注楼梯走向、图名及比例等,效果如图 13-112 所示。

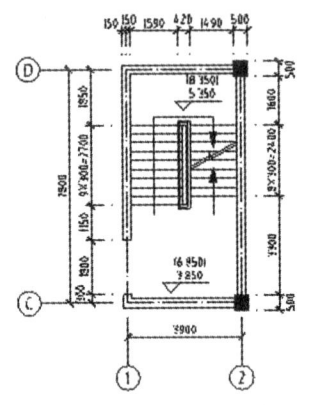
图 13-111 标注尺寸与标高

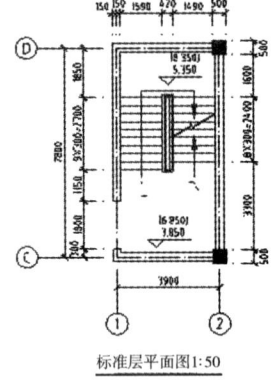
图 13-112 标注文字

5. 其他楼层的楼梯详图

其他楼层楼梯平面图可在标准层平面图的基础上进行修改编辑而成,在此不再赘述,可由读者自行绘制。

13.6.2 绘制楼梯剖面详图

1. 绘制结构部分

①执行"新建"命令,打开"选择样板"对话框,选择"建筑样板"作为基础样板,新建名称为"楼梯剖面详图"的绘图文件。
②选择"图层"工具栏中的"图层控制"下拉列表,将"轴线"图层置为当前图层。
③打开"正交"模式,执行"直线"命令,绘制定位轴线,其长度为 13200mm,如图 13-113 所示。
④选择"图层"工具栏中的"图层控制"下拉列表,将"墙线"图层置为当前图层。
⑤执行"直线"命令,绘制一条水平直线作为地面线,如图 13-114 所示。

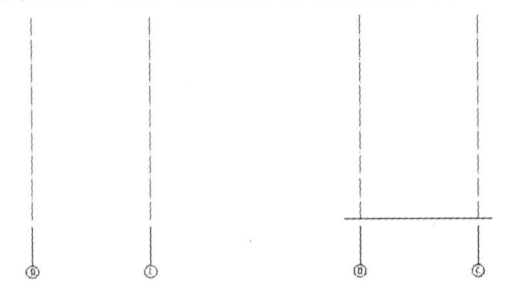

图 13-113 绘制定位轴线　　　图 13-114 偏移地面线

⑥执行"格式"|"多线样式"命令,将"墙线"多线样式图元偏移改为 150、-150,并将"墙线"置为当前样式。
⑦执行"多线"命令,绘制墙线,并用直线封口,结果如图 13-115 所示。

⑧执行"偏移"命令,将地面线分别向上偏移1650mm、1850mm、1950mm、3600mm、3800mm、3900mm,以确定平台板的位置,效果如图13-116所示。

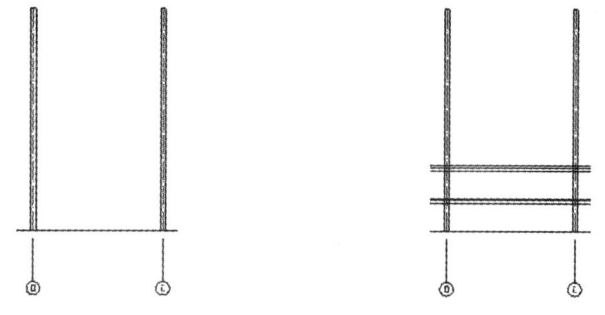

图13-115　绘制墙线　　　　　图13-116　确定平台板位置

⑨执行"偏移"命令,将轴线D向右偏移1650mm、1850mm,将轴线C向左偏移2150mm、2350mm,以确定平台板的位置,效果如图13-117所示。

⑩综合使用"偏移"、"修剪"、"删除"等命令,绘制平台板,效果如图13-118所示。

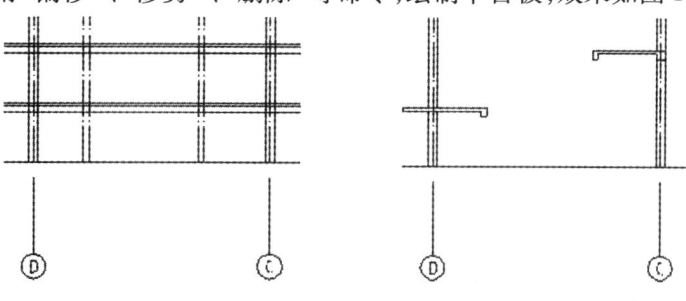

图13-117　偏移轴线　　　　　图13-118　绘制平台板

2. 绘制楼梯部分

①选择"图层"工具栏中的"图层控制"下拉列表,将"楼梯"图层置为当前图层。

②执行"偏移"命令,将地面线向上偏移150mm,将左侧墙体内边线向内侧偏移1650mm。

③执行"矩形阵列"命令,对偏移的地面线进行阵列,其中阵列行数为11,列数为1,行间距为150mm,再将偏移的墙体内边线进行阵列,其中阵列行数为1,列数为12,列间距为300mm,阵列后效果如图13-119所示。

④执行"直线"命令,配合使用对象捕捉功能,绘制楼梯踏步,如图13-120所示。

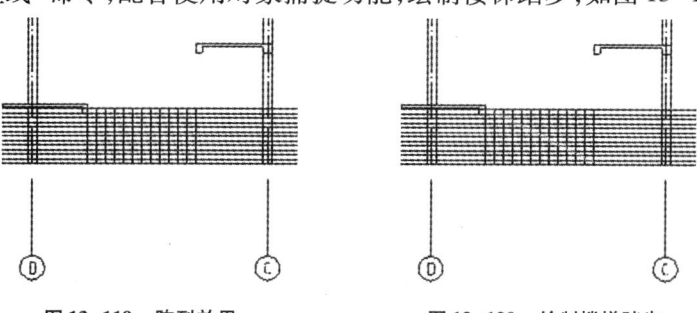

图13-119　阵列效果　　　　　图13-120　绘制楼梯踏步

⑤执行"删除"命令,删除辅助线,并用"直线"命令连接踏步下边缘线,如图 13-121 所示。

⑥执行"移动"命令,将踏步下边缘线移动至梁的右下角点,并对其超过地面线的部分进行修剪,效果如图 13-122 所示。

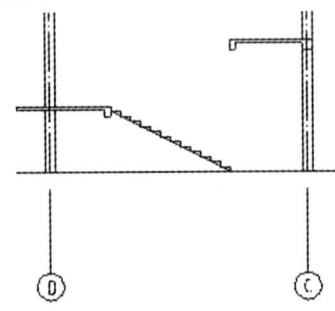 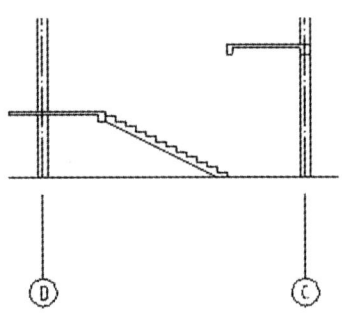

图 13-121　连接踏步下边缘线　　　　图 13-122　绘制楼梯板下边缘线

⑦利用同样的方法绘制上部梯段,效果如图 13-123 所示。

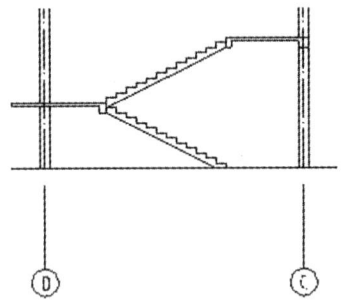

图 13-123　绘制上部梯段

⑧执行"复制"命令,将底层的结构部分和楼梯部分进行复制,再进行适当修改即可得到标准层的楼梯,结构如图 13-124 所示。

⑨将标准层的梁板进行复制,再作适当修改,即可得到高层的梁板,效果如图 13-125 所示。

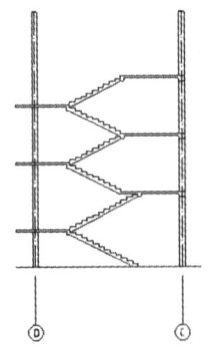 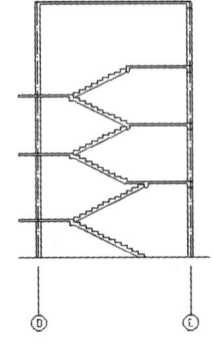

图 13-124　绘制标准层楼梯　　　　图 13-125　绘制高层梁板

⑩执行"图案填充"命令,对墙体、梁板及楼梯板区域进行填充,填充效果如图 13-126 所示。

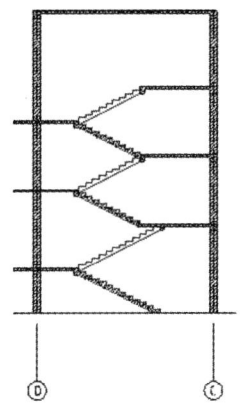

图 13-126　填充剖面材料

3. 绘制栏杆

①选择"图层"工具栏中的"图层控制"下拉列表，将"其他"图层置为当前图层。

②执行"多线"命令，绘制长度为 1000mm，宽度为 30mm 的竖向多线作为栏杆，每个踏步放置一个，如图 13-127 所示。

③执行"直线"命令，连接各栏杆，并将所得直线向上偏移 30mm，形成扶手，如图 13-128 所示。

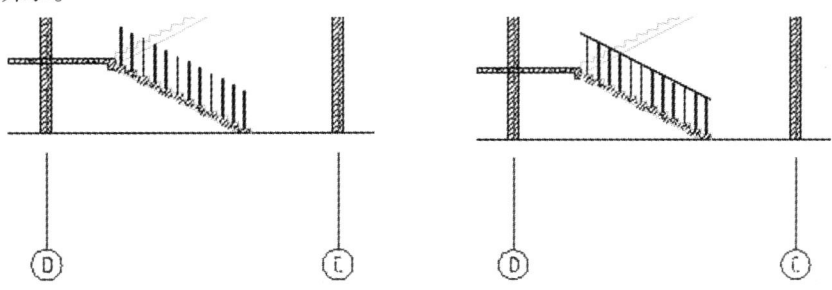

图 13-127　绘制竖向栏杆　　　　　图 13-128　绘制扶手

④执行"直线"命令，确定扶手的范围，然后执行"修剪"命令，对栏杆线进行修改，效果如图 13-129 所示。

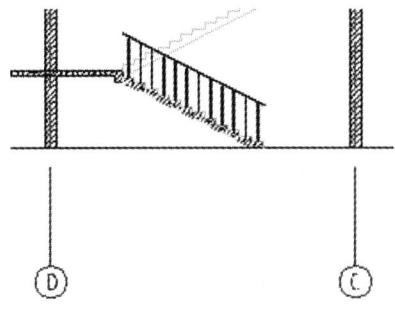

图 13-129　修改栏杆线

⑤执行"复制"命令，将底层的栏杆部分进行复制，再进行适当修改即可得到其他楼层的楼梯栏杆，效果如图 13-130 所示。

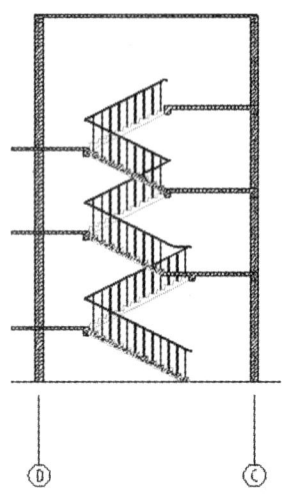

图 13-130 绘制其他楼层栏杆

4. 标注尺寸及文字说明

①选择"图层"工具栏中的"图层控制"下拉列表,将"尺寸标注"图层置为当前图层。
②执行"标注样式"命令,将"建筑标注"设置为当前标注样式。
③综合使用"线性"、"连续"、"插入"图块等命令,标注尺寸及标高。
④选择"图层"工具栏中的"图层控制"下拉列表,将"文字说明"图层置为当前图层。
⑤执行"单行文字"命令,标注图名及比例等,最终效果如图 13-131 所示。

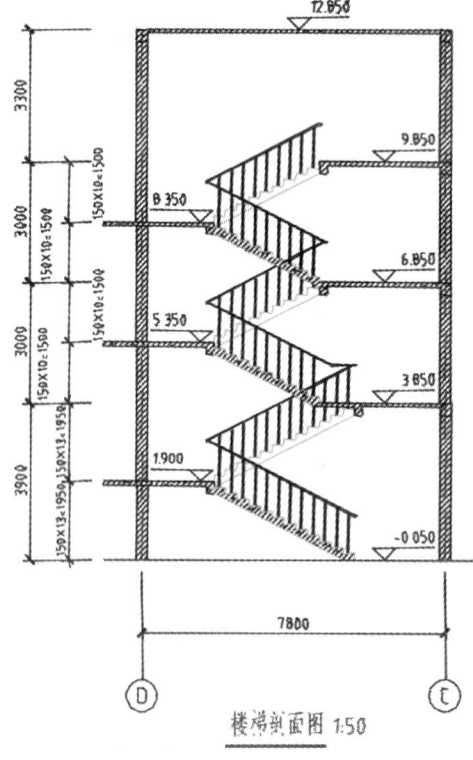

图 13-131 标注结果

第14章 天正建筑绘制住宅楼施工图

14.1 天正建筑软件简介

天正公司是由具有建筑设计行业背景的资深专家发起成立的高新技术企业,自1994年开始以 AutoCAD 为图形平台成功开发建筑、暖通、电气、给排水等专业软件,是 Autodesk 公司在中国大陆的第一批注册开发商。多年来,天正公司的建筑 CAD 软件在全国范围内取得了极大的成功,可以说天正建筑软件已成为国内建筑 CAD 的行业规范,它的建筑对象和图档格式已经成为设计单位之间、设计单位与甲方之间图形信息交流的基础,随着建筑设计市场的需要,天正日照设计、建筑节能、规划、土方、造价等软件也相继推出,基于天正建筑对象的建筑信息模型已经成为天正系列软件的核心,逐渐得到多数建筑设计单位的接受,成为设计行业软件正版化的首选。不仅如此,公司还应邀参与了《房屋建筑制图统一标准》(GBT50001-2010)、《建筑制图标准》(GBT50104-2010)等多项国家标准的编制。

早在2011年,我们认识到信息化的核心问题是信息的有效性和实效性。而在那个时候,我们的专业软件并不具备承载符合中国建筑设计标准的有效信息的能力,要么信息不全,要么信息海量,因此我们将我们的工作重点放在对有效信息的提取和植入这两个方面,变海量信息为有效信息。现在,我们已经完成了对我们全部专业软件的技术底层的改造,使之具备了承载并且可以拓展有效信息的能力。本章主要介绍天正新一代的建筑专业软件--T20,天正 T20 系列软件已经完成对有效信息的植入,并将逐步延展到其他的各个专业软件。

天正 T20 系列软件通过界面集成、数据集成、标准集成及天正系列软件内部联通和天正系列软件与 Revit 等外部软件联通,打造真正有效的 BIM 应用模式。具有植入数据信息、承载信息、扩展信息等特点。

14.1.1 安装天正建筑软件

天正建筑软件的安装需要匹配合适的 AutoCAD 版本,两者结合起来才能正常使用天正建筑软件。本节以 AutoCAD 2014 为基础进行讲解。

①运行安装包中 setup.exe 文件,在界面中选择"我接受"单击下一步,如图 14-1 所示。

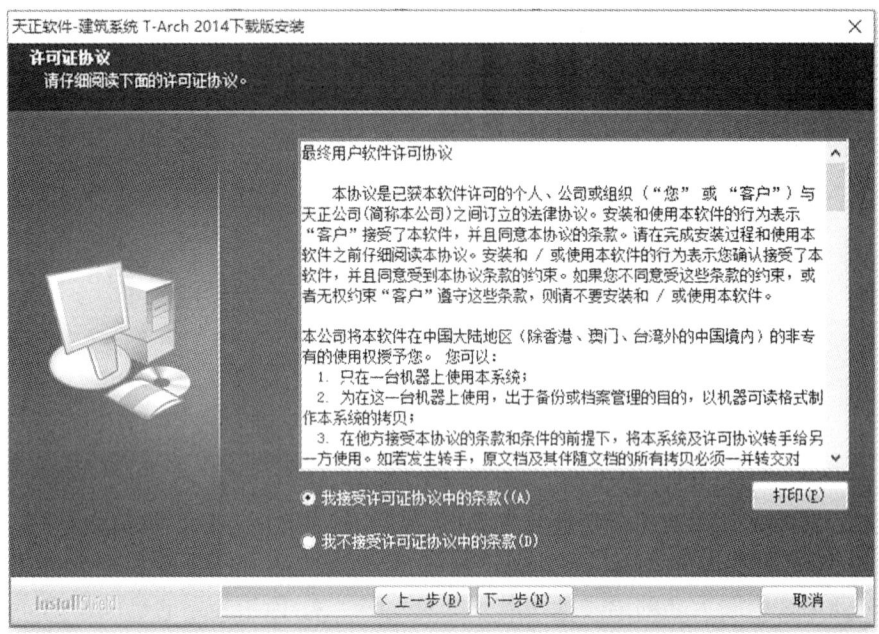

图 14-1　安装界面

②在弹出的界面中选择安装路径,如图 14-2 所示。

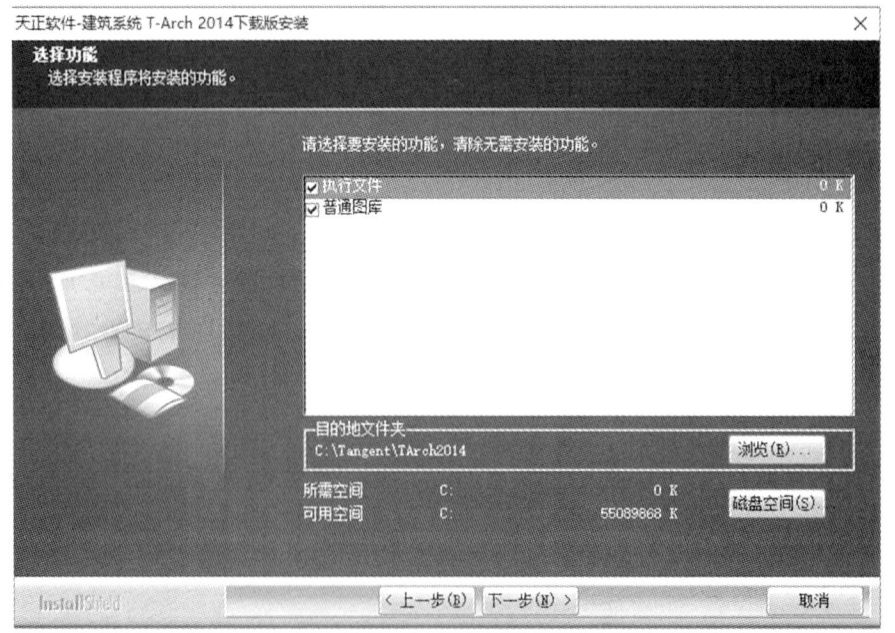

图 14-2　选择安装路径

③安装完成后运行天正软件,在屏幕的左侧会显示天正建筑的菜单栏,如图 14-3 所示。该屏幕菜单可以通过"【ctrl】+【+】"组合键实现开启和隐藏操作。

第 14 章 天正建筑绘制住宅楼施工图

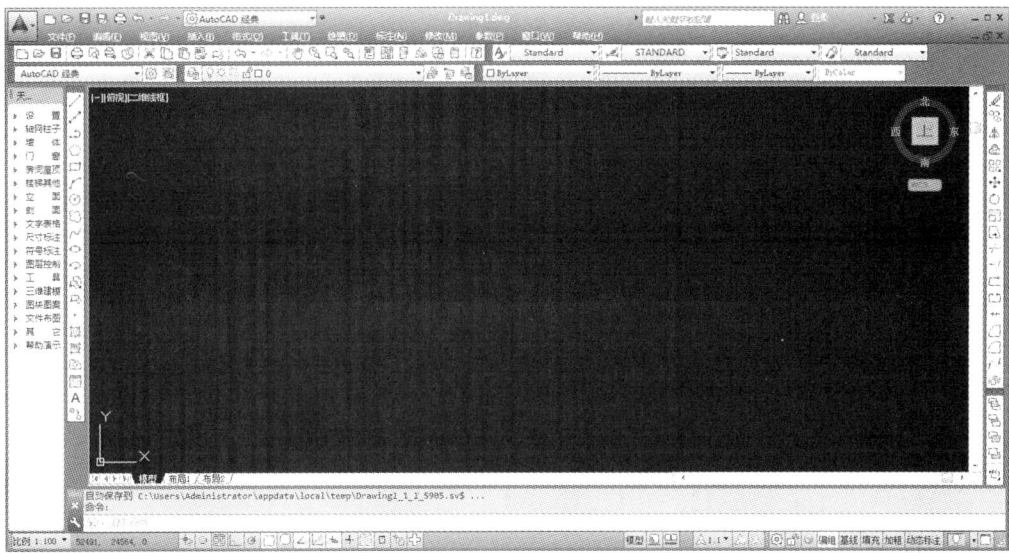

图 14-3 加载天正建筑的工作界面

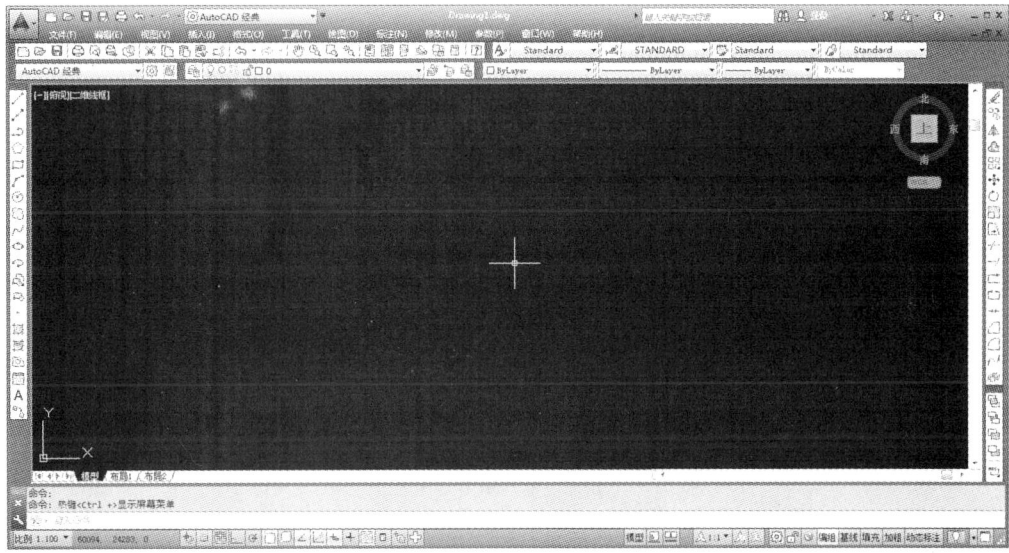

图 14-4 AutoCAD 的原始工作界面

14.1.2 天正建筑软件的基本操作

①天正建筑做建筑设计的基本流程,如图 14-5 所示。

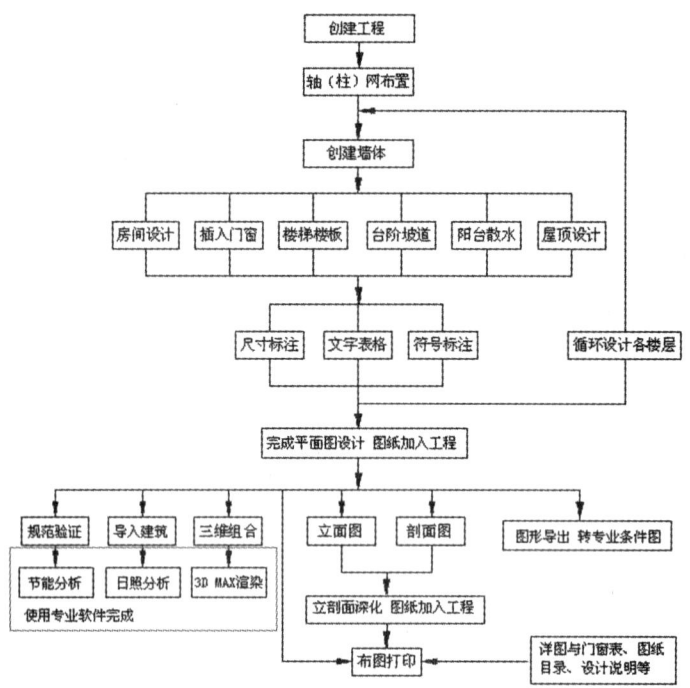

图14-5 天正建筑做建筑设计的基本流程

②天正建筑菜单的使用方法,如图14-6所示。

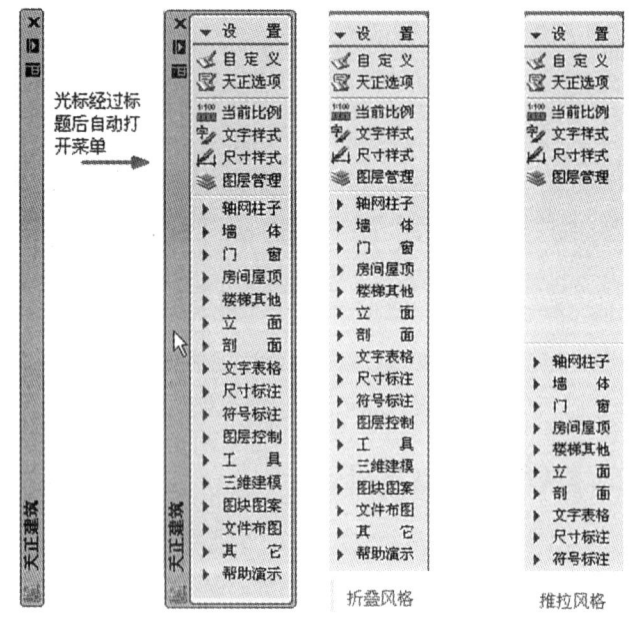

图14-6 天正建筑菜单

折叠菜单系统除了界面图标使用了256色,还提供了多个菜单可供选择,每一个菜单还可以选择不同的使用风格,菜单系统支持鼠标滚轮,快速拖动个别过长的菜单。折叠菜单的优点是在操作过程中可随时看到上层菜单项,直接切换其他子菜单,而不必返回上级菜单。

从使用风格区分,每一个菜单都有"折叠风格"和"推拉风格"可选,两者区别是:折叠风格是使下层子菜单缩到最短,菜单过长时自行展开,切换上层菜单后滚动根菜单;推拉风格使下层子菜单长度一致,菜单项少时补白,过长时使用滚动选取,菜单不展开。

14.2 用天正建筑 T20 绘制住宅楼施工图

14.2.1 绘制 1 号住宅架空层平面图

(1)绘制轴网

单击 ▶ 轴网柱子 命令后,单击 ╫ 绘制轴网 ,弹出"绘制轴网"对话框,单击"直线轴网"标签,输入开间间距,如图 14-7 所示。

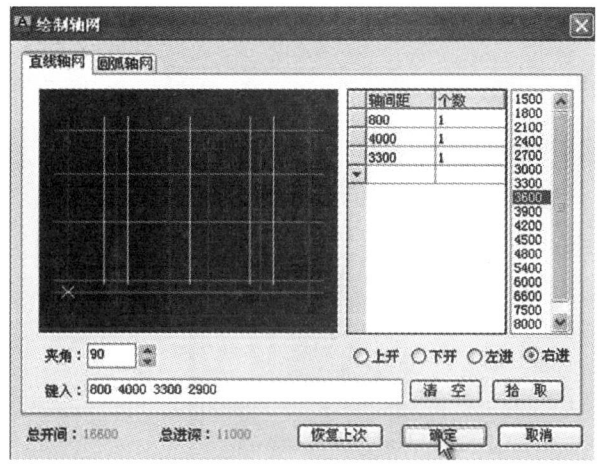

图 14-7 绘制轴网

输入轴网数据方法:

①直接在[键入]栏内输入轴网数据,每个数据之间用空格或英文逗号隔开,输入完毕后按回车键生效;

②在电子表格中键入[轴间距]和[个数],常用值可直接点取右方数据栏或下拉列表的预设数据;

③切换到对话框单选按钮"上开"、"下开"、"左进"、"右进"之一,单击[拾取]按钮,在已有的标注轴网中拾取尺寸对象获得轴网数据。

(2)轴网标注

单击【轴网标注】菜单命令后,弹出"轴网标注"对话框,如图 14-8 所示。

图 14-8 轴网标注

(3) 添加轴线

单击 ▶ 轴网柱子 、╫ 添加轴线 菜单命令后,进行绘制。

(4) 绘制墙体

单击 ▼ 墙 体,显示菜单,在菜单中单击 ═ 绘制墙体,弹出"绘制墙体"对话框,输入数据,绘制墙体,如图 14-9 所示。

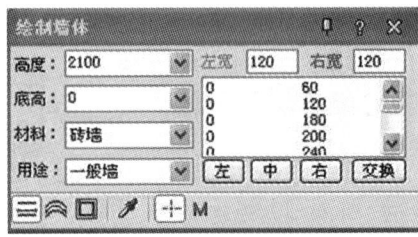

图 14-9 绘制墙体

(5) 插入柱子

单击 ▶ 轴网柱子,在菜单中单击 ■ 标准柱,弹出"标准柱"对话框,如图 14-10 所示。

图 14-10 插入柱子

(6) 创建门窗

单击 ▼ 门 窗,在菜单中单击 ◠门 窗,弹出如图 14-11 所示"门窗"对话框,并输入数据。

图 14-11　创建门窗

(7) 绘制楼梯

单击 ▼ 楼梯其他 ，在菜单中单击 直线梯段 ，弹出"直线梯段"对话框，并输入数据，如图 14-12 所示。

图 14-12　绘制楼梯

(8) 标注上楼方向箭头

单击 ▼ 符号标注 ，在菜单中单击 箭头引注 ，在"箭头引注"对话框中输入相应文字，如图 14-13 所示。

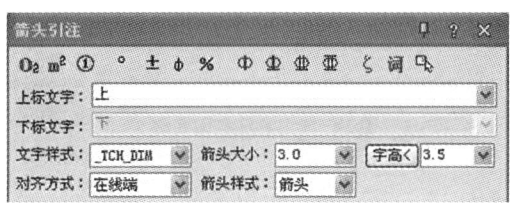

图 14-13　标注上楼方向箭头

(9) 创建台阶

单击 ▼ 楼梯其他 ，在菜单中单击 台　阶 ，弹出如图 14-14 所示"台阶"对话框，并输入数据。

图 14-14　创建台阶

(10) 绘制散水

单击 ▼ 楼梯其他 ，在菜单中单击 散　水 ，弹出如图 14-15 所示"散水"对话框，并输入数据。(在显示对话框中设置好参数,然后执行命令行提示,选择构成一完整建筑物的所有墙体(或门窗、阳台),全选墙体后按对话框要求生成散水与勒脚、室内地面。)

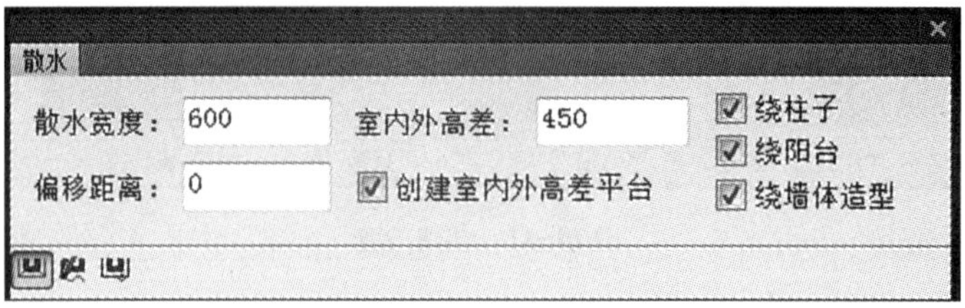

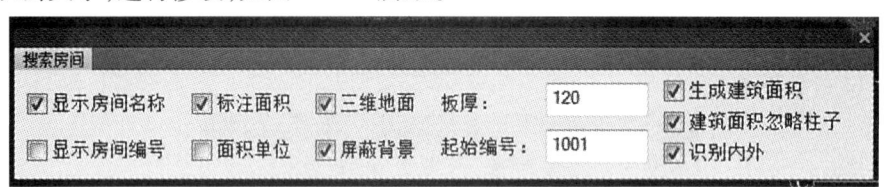

图 14-15　绘制散水

(11)合并尺寸线

单击 ▼ 尺寸标注,在菜单中单击 ▼ 尺寸编辑,再单击 连接尺寸,选择需要连接的尺寸线,回车键确认。

单击 ▼ 尺寸标注,在菜单中单击 ▼ 尺寸编辑,再单击 合并区间,选择需要合并的尺寸线,回车键确认。

(12)标注房间名称

单击 ▶ 房间屋顶,在菜单中单击 搜索房间,在"搜索房间"对话框中输入相应文字,再双击文字,进行修改,如图 14-16 所示。

图 14-16　标注房间名称

(13)标高标注

单击 ▼ 符号标注,在菜单中单击 标高标注,显示"标高标注"的对话框,输入相应楼地板标高,然后插入到相应位置,如图 14-17 所示。

图 14-17　标高标注

(14)图名标注

单击 ▼ 符号标注,在菜单中单击 图名标注,显示"图名标注"的对话框,并输入图纸名称,然后插入到图纸正下方,如图 14-18 所示。

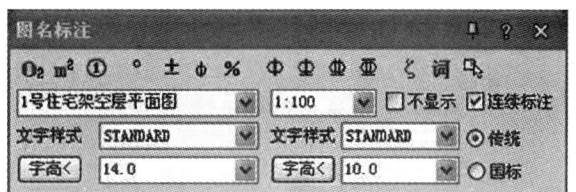

图 14-18 图名标注

(15) 完成绘制

完成绘制,如图 14-19 所示。

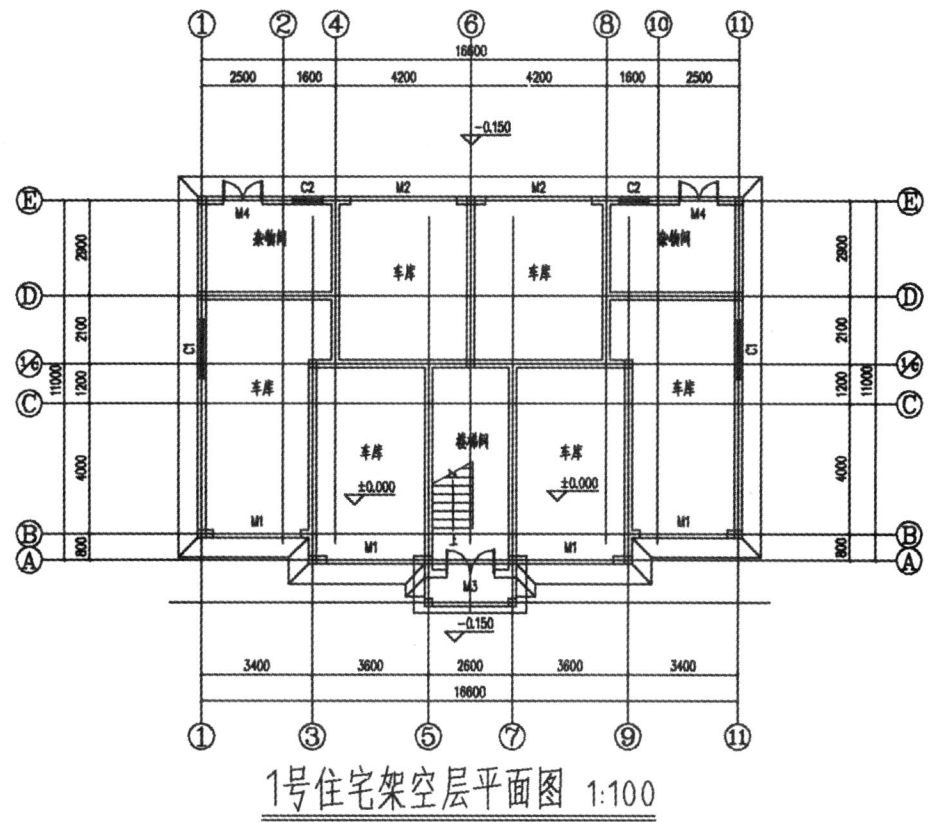

图 14-19　1 号住宅架空层平面图

14.2.2　绘制 1 号住宅一层平面图

(1) 复制平面图

复制 1 号住宅架空平面图,删除 1 号住宅架空平面图中相较于住宅楼一层平面图中多余的部分。

(2) 更改层高

单击 ▼墙　体 → ▼墙体工具 在菜单中单击 改高度 ,修改高度。

(3) 绘制墙体

单击 ▼墙 体，显示菜单，在菜单中单击 绘制墙体，显示"绘制墙体"对话框，并输入数据，绘制墙体，如图14-20所示。

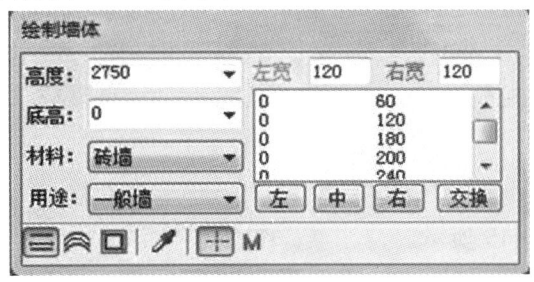

图14-20　绘制墙体

(4)创建门窗

单击 ▼门 窗，在菜单中单击 门 窗，弹出"门窗"对话框，并输入数据，如图14-21所示。

图14-21　创建门窗

(5)修改直线梯段

双击"楼梯"，弹出"直线梯段"对话框，进行修改，如图14-22所示。

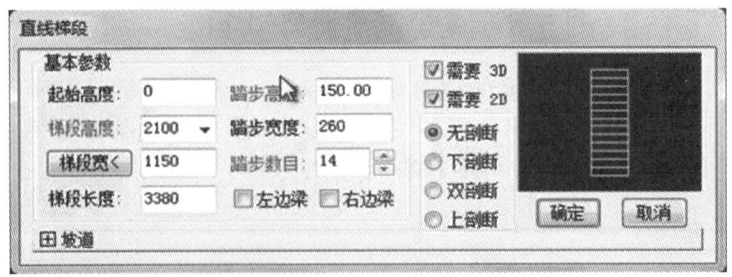

图14-22　修改直线楼梯

(6)创建楼梯

单击 ▼楼梯其他，在菜单中单击 双跑楼梯，弹出"双跑楼梯"对话框，并输入数据，如图14-23所示。

第14章 天正建筑绘制住宅楼施工图

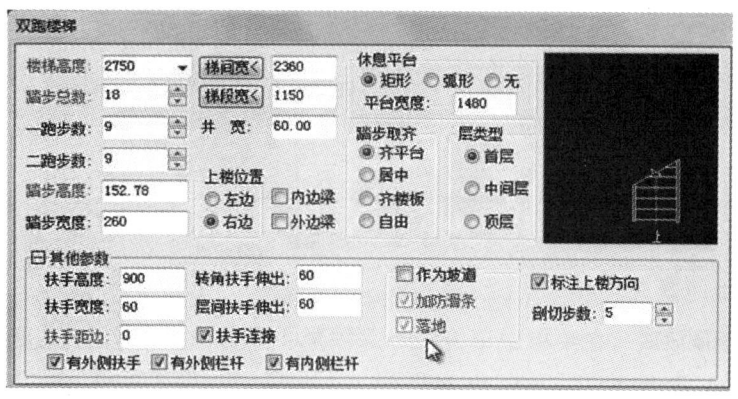

图 14-23 创建楼梯

(7)绘制阳台

单击 ▼ 楼梯其他，在菜单中单击 阳 台，弹出"阳台"对话框，并输入数据，如图 14-24 所示。

图 14-24 绘制阳台

(8)布置浴缸

单击 ▶ 房间屋顶，在菜单中单击 ▼ 房间布置，再单击 布置洁具，选择"浴缸"，输入尺寸，如图 14-25、14-26 所示。

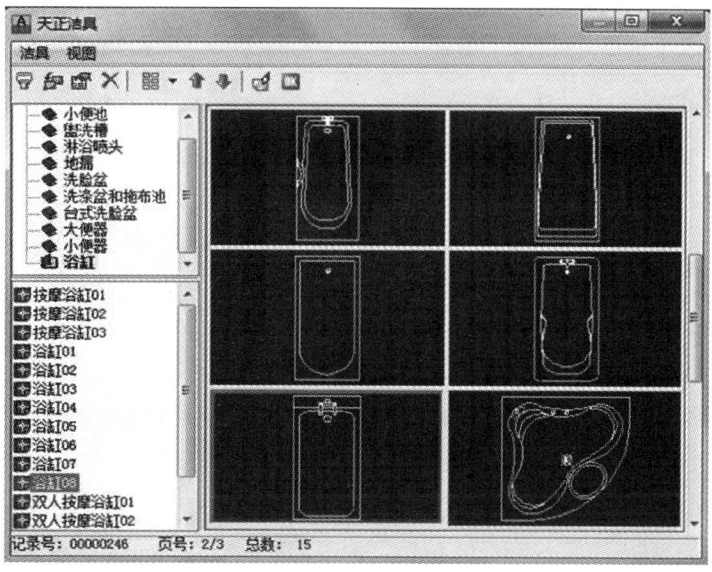

图 14-25 选择浴缸

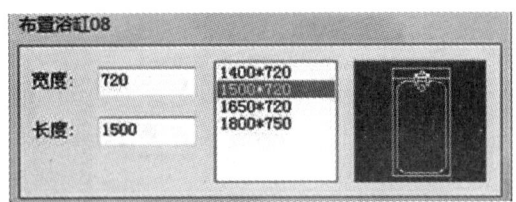

图 14-26　布置浴缸

（9）布置坐便器

单击 ▶ 房间屋顶，在菜单中单击 ▼ 房间布置，再单击 布置洁具，选择"坐便器"，并输入尺寸，如图 14-27、14-28 所示。

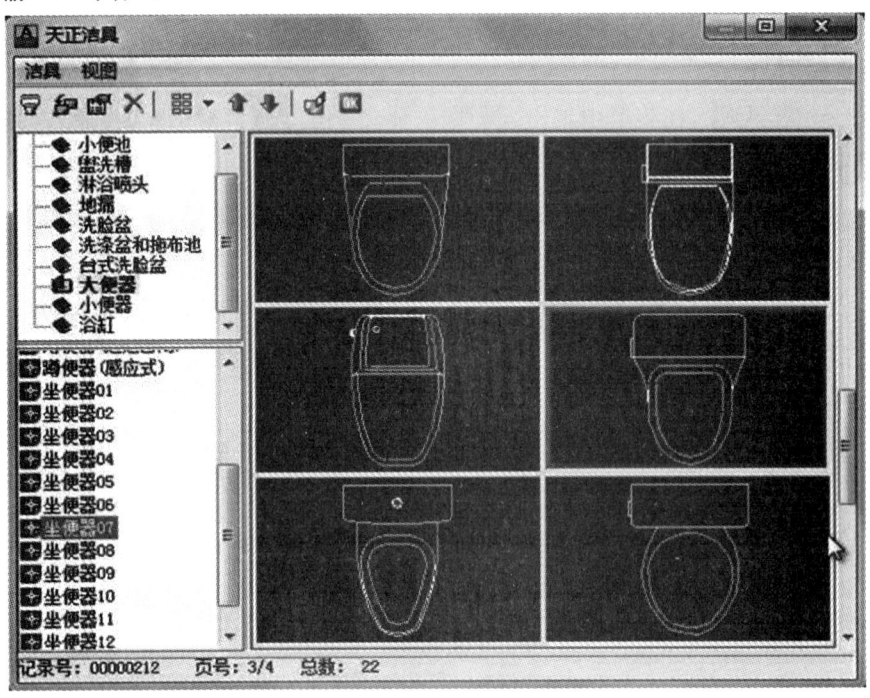

图 14-27　布置坐便器

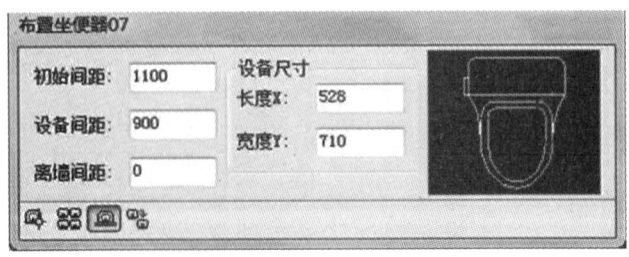

图 14-28　布置坐便器

（10）布置洗脸盆

单击 ▶ 房间屋顶，在菜单中单击 ▼ 房间布置，再单击 布置洁具，选择"洗脸盆"，输入数据，如图 14-29、14-30 所示。

第14章 天正建筑绘制住宅楼施工图 119

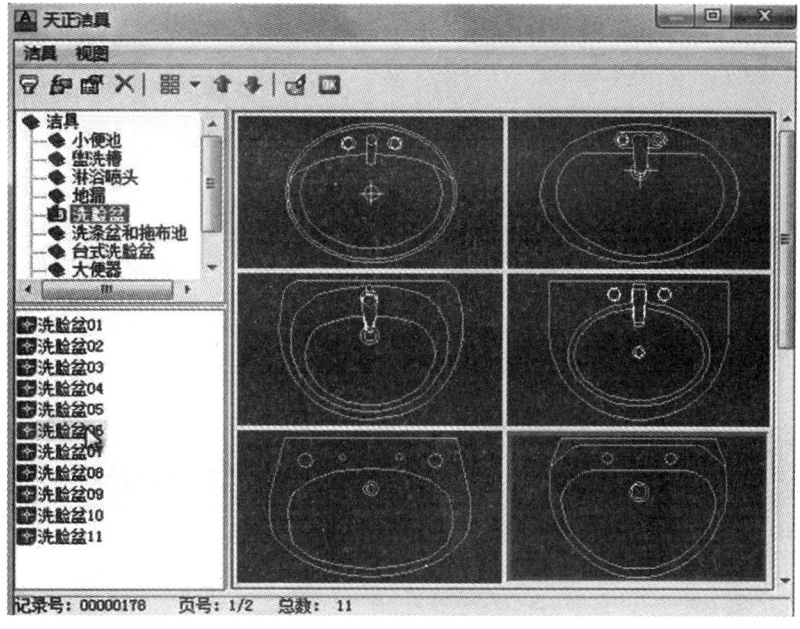

图 14-29 选择洗脸盆

图 14-30 布置洗脸盆

(11)创建人字坡顶

单击 ▶ 房间屋顶，在菜单中单击 ▼ 房间布置，再单击 人字坡顶，进行绘制。调用填充命令，进行填充。

(12)创建房间名称

单击 ▶ 房间屋顶，在菜单中单击 搜索房间，在"搜索房间"对话框中输入相应文字，再双击文字，并进行修改，如图 14-31 所示。

图 14-31 创建房间名称

(13)创建图名标注

单击 ▼ 符号标注，在菜单中单击 图名标注，显示"图名标注"的对话框，并输入如图 14-32 所示图纸名称，然后插入到图纸正下方。

图 14-32　创建图名标注

(14) 完成绘制

完成绘制,图 14-33 所示。

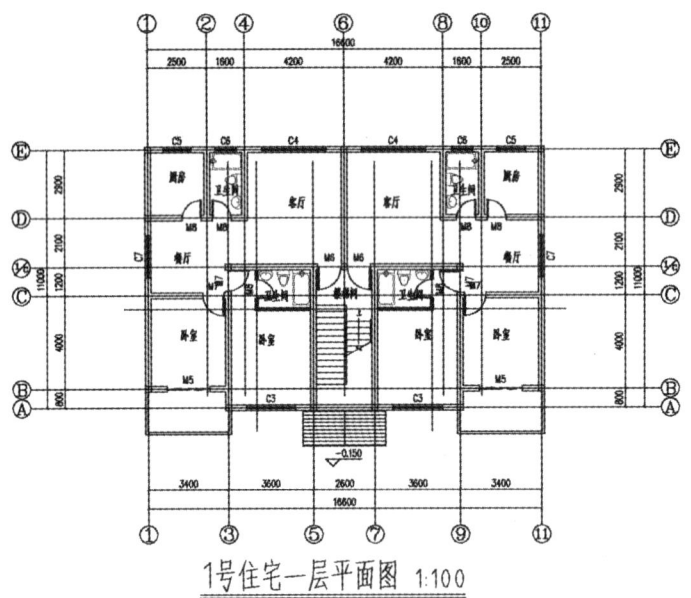

图 14-33　1 号住宅一层平面图

14.2.3　绘制 1 号住宅楼标准层平面图

(1) 复制平面图

复制住宅楼一层平面图,删除多余部分。

(2) 修改楼梯

双击"楼梯",弹出"双跑楼梯"对话框,将底层改为中间层,如图 14-34 所示。

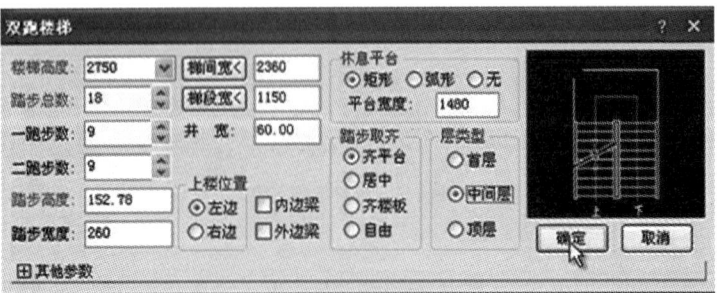

图 14-34　修改楼梯

(3) 绘制楼梯间窗户

单击 ▼门窗，在菜单中单击 门窗，弹出"门窗"对话框，并输入数据，如图 14-35 所示。

图 14-35　绘制楼梯间窗户

(4) 创建图名标注

单击 ▼符号标注，在菜单中单击 图名标注，显示"图名标注"的对话框，并输入如图 14-36 所示图纸名称，然后插入到图纸正下方。

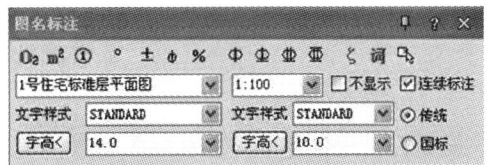

图 14-36　创建图名标注

(5) 完成绘制

完成绘制，如图 14-37 所示。

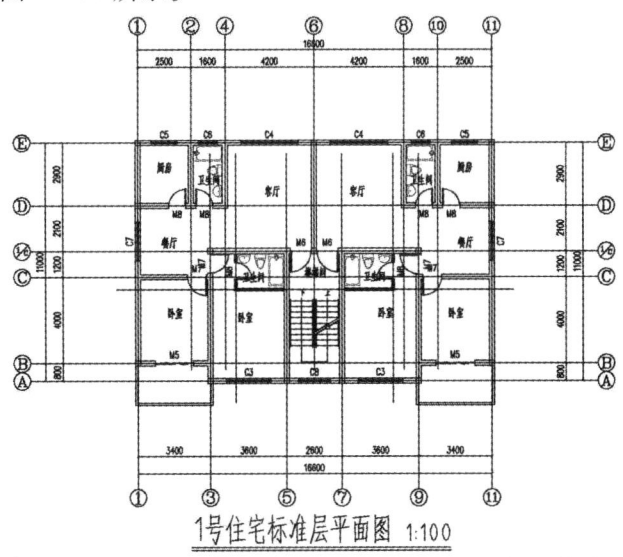

图 14-37　1 号住宅标准层平面图

14.2.4　绘制 1 号住宅楼屋顶平面图

(1) 绘制屋顶轮廓线

复制住宅楼标准层平面图，沿墙体绘制屋顶轮廓线，并将多余部分删除。

（2）修改楼梯样式

双击"双跑楼梯"，在弹出的"双跑楼梯"对话框中将中间层改为顶层，如图14-38所示。

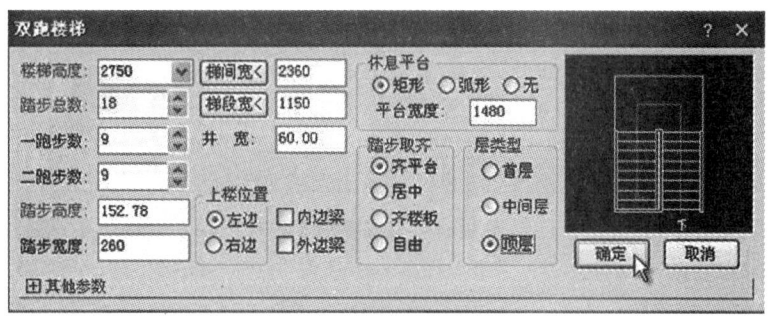

图14-38　修改楼梯样式

（3）创建人字坡顶

单击 ▶ 房间屋顶，在菜单中单击 ▼ 房间布置，再单击 ▭ 人字坡顶，进行绘制。调用填充命令，进行填充，如图14-39所示。

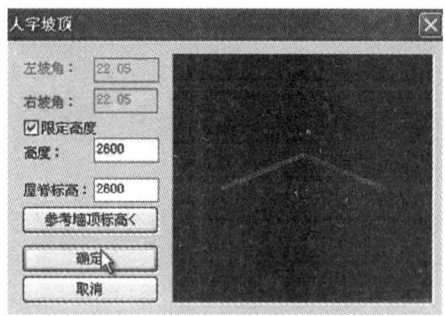

图14-39　创建人字坡顶

（4）创建老虎窗

单击 ▶ 房间屋顶，在菜单中单击 🗔 加老虎窗，进行绘制。调用填充命令，进行填充，如图14-40所示。

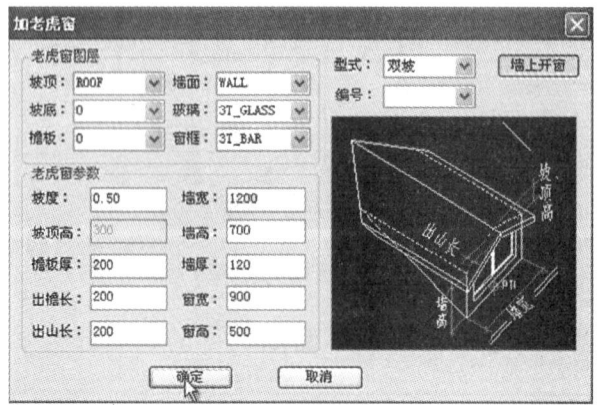

图14-40　创建老虎窗

(5) 填充屋面材料

调用填充命令,选择屋顶,进行材料填充。

(6) 创建图名标注

单击 ▼ 符号标注,在菜单中单击 图名标注,显示"图名标注"的对话框,并输入如图 14-41 所示图纸名称,然后插入到图纸正下方。

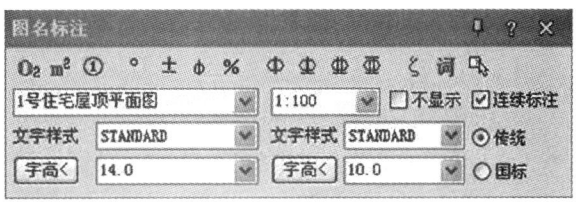

图 14-41 创建图名标注

(7) 完成绘制

完成绘制,如图 14-42 所示。

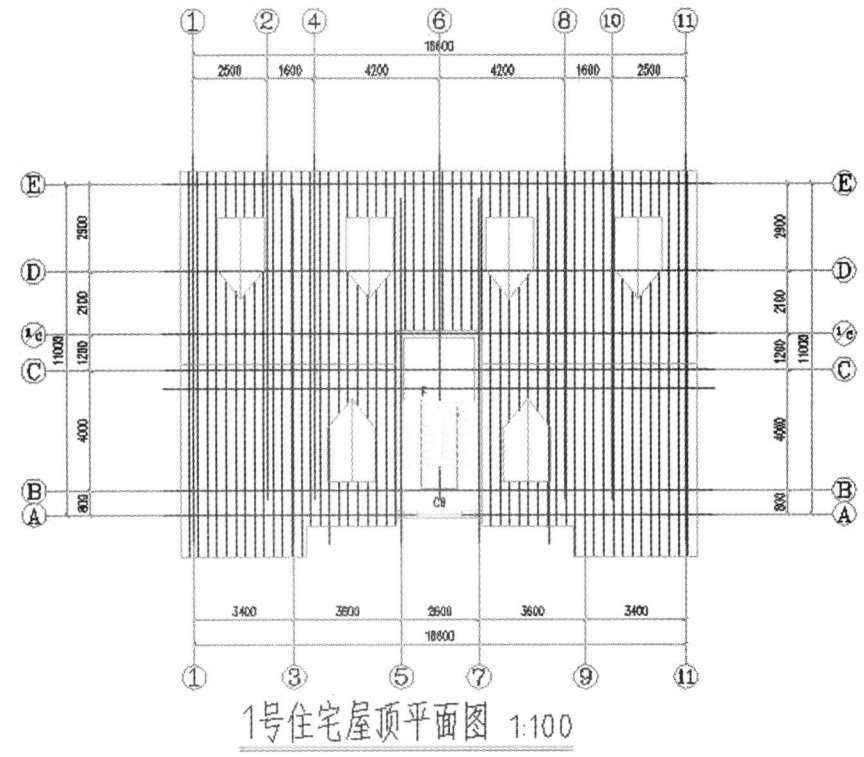

图 14-42 1 号住宅屋顶平面图

14.2.5 绘制 1 号住宅楼正立面图

(1) 新建工程

单击 ▼ 文件布图,在下拉菜单中单击 工程管理,在弹出菜单栏中单击"新建工程",创建住宅楼工程并保存,如图 14-43 所示。

图 14-43 新建工程

(2)添加图纸

单击工程管理菜单栏中的"平面图",选择添加图纸,并保存,如图 14-44 所示。

图 14-44 添加图纸

(3)创建楼层表

在工程管理菜单栏中的楼层表中输入相应内容,如图 14-45 所示。

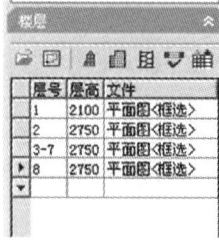

图 14-45 创建楼层表

(4)生成正立面图

单击 ▆ ,输入"f"(正立面),选择出现在正立面上的轴线,生成立面,如图 14-46

所示。

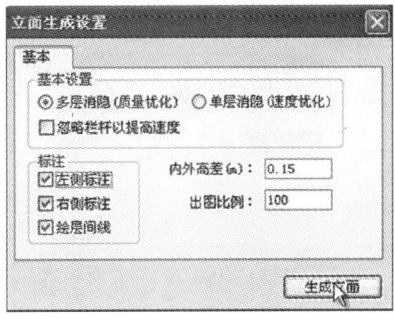

图 14-46　生成正立面图

（5）创建立面窗、门样式

绘制图样如下图 14-47 所示。

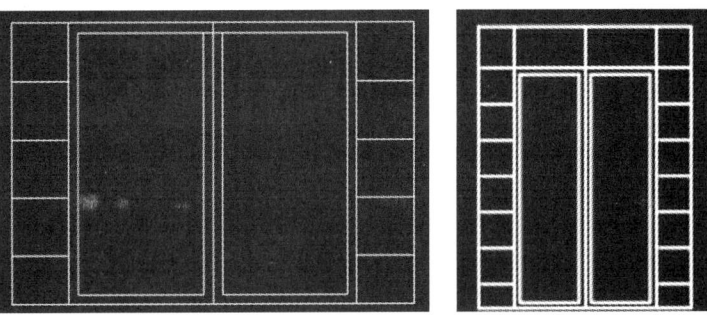

图 14-47　创建立面窗、门样式

（6）替换立面门、窗

单击 ▼ 立　面，在菜单中单击 立面门窗，在弹出的对话框将窗户、门改成如上形式，进行绘制，如图 14-48、14-49 所示。

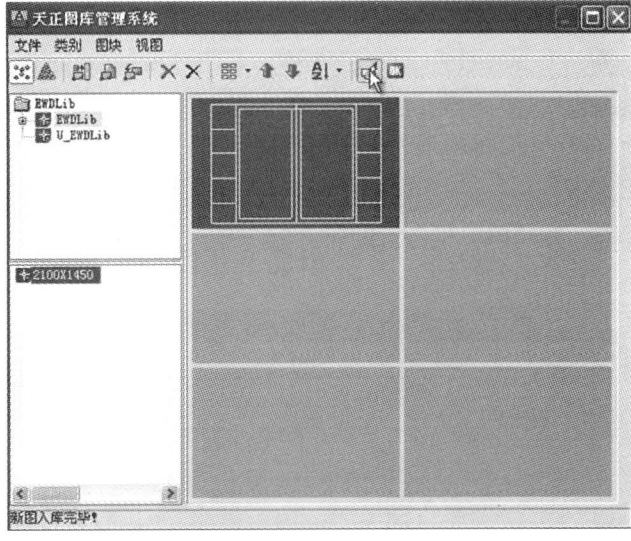

图 14-48　替换立面门

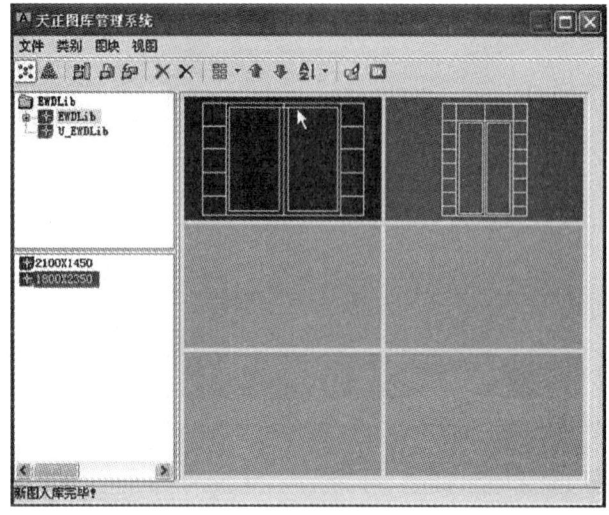

图 14-49 替换立面窗

(7)添加立面窗套

单击 ▼立 面，在菜单中单击 立面窗套，选择窗户,在弹出的对话框中输入数据,进行绘制,如图14-50所示。

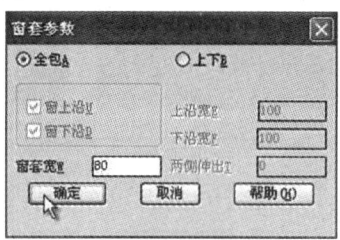

图 14-50 添加立面窗套

(8)图形裁剪

单击 ▼立 面，在菜单中单击 图形裁剪，选中裁剪部分,进行裁剪。

(9)填充立面图例

调用填充命令,进行立面材料填充。

(10)标注引出文字

单击 ▼符号标注，在菜单中单击 引出标注，显示"引出标注"的对话框,如图14-51所示。

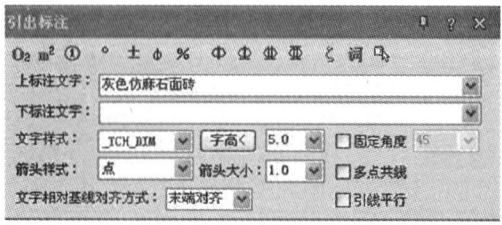

图 14-51 标注引出文字

(11) 创建立面轮廓

单击 ▼ 立　面，在菜单中单击 立面轮廓，选中整个立面图,生成立面轮廓。

(12) 创建图名标注

单击 ▼ 符号标注，在菜单中单击 图名标注，显示"图名标注"的对话框,并输入如图 14-52 所示图纸名称,然后插入到图纸正下方。

图 14-52　创建图名标注

(13) 完成绘制

完成绘制,如图 14-53 所示。

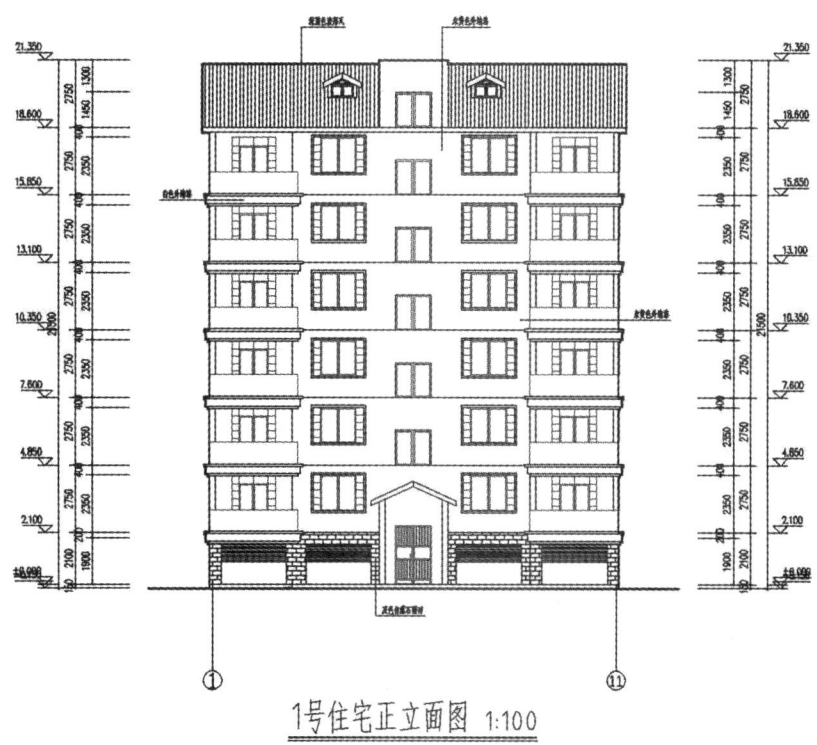

图 14-53　1 号住宅正立面图

14.2.6　绘制 1 号住宅楼剖面图

(1) 创建剖切符号

单击 ▼ 符号标注，在菜单中单击 剖切符号，显示"剖切符号"的对话框,然后将剖切符号插入到相应位置,如图 14-54 所示。

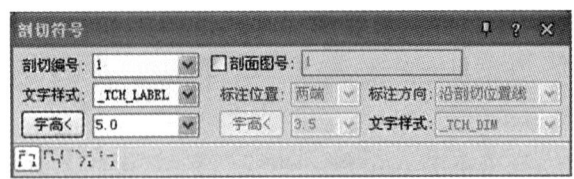

图14-54 创建剖切符号

(2)生成剖面图

单击 ▼文件布图，在下拉菜单中单击 工程管理，在菜单栏中的"楼层"对话框中单击 ，生成住宅楼剖面图并保存，如图14-55所示。

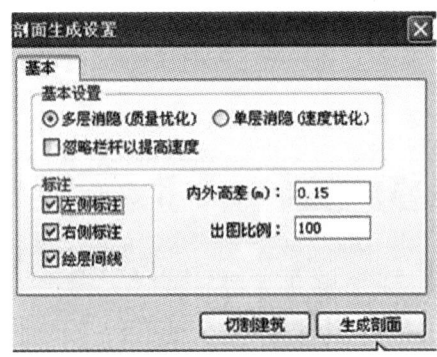

图14-55 生成剖面图

(3)创建双线楼板

单击 ▼剖 面，再单击 双线楼板 菜单命令，并进行绘制。

(4)加剖断梁

单击 ▼剖 面，再单击 加剖断梁 菜单命令，并进行绘制。

(5)创建门窗过梁

单击 ▼剖 面，再单击 门窗过梁 菜单命令，选择添加过梁的墙面，并进行绘制。

(6)绘制楼梯栏杆

单击 ▼剖 面，再单击 楼梯栏杆 菜单命令，并进行绘制。

单击 ▼剖 面，再单击 扶手接头 菜单命令，并进行绘制。

(7)填充楼板、墙面剖面材料

单击 ▼剖 面，再单击 剖面填充 菜单命令，选择需要填充的楼板、墙面，填充楼板、墙面。

(8)剖面加粗

单击 ▼剖 面，再单击 居中加粗 菜单命令，进行部分加粗。

(9)标注房间名称

单击 ▼文字表格，在菜单中单击 字 单行文字，显示"单行文字"的对话框，输入相应房间名称，然后插入各个房间，如图14-56所示。

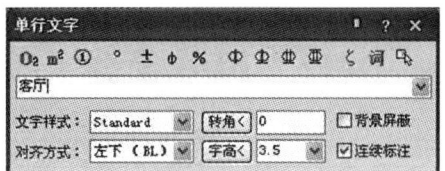

图 14-56　标注房间名称

(10) 创建图名标注

单击 ▼ 符号标注，在菜单中单击 图名标注，显示"图名标注"的对话框，并输入如图 14-57 所示图纸名称，然后插入到图纸正下方。

图 14-57　创建图名标注

(11) 完成绘制

完成绘制，如图 14-58 所示。

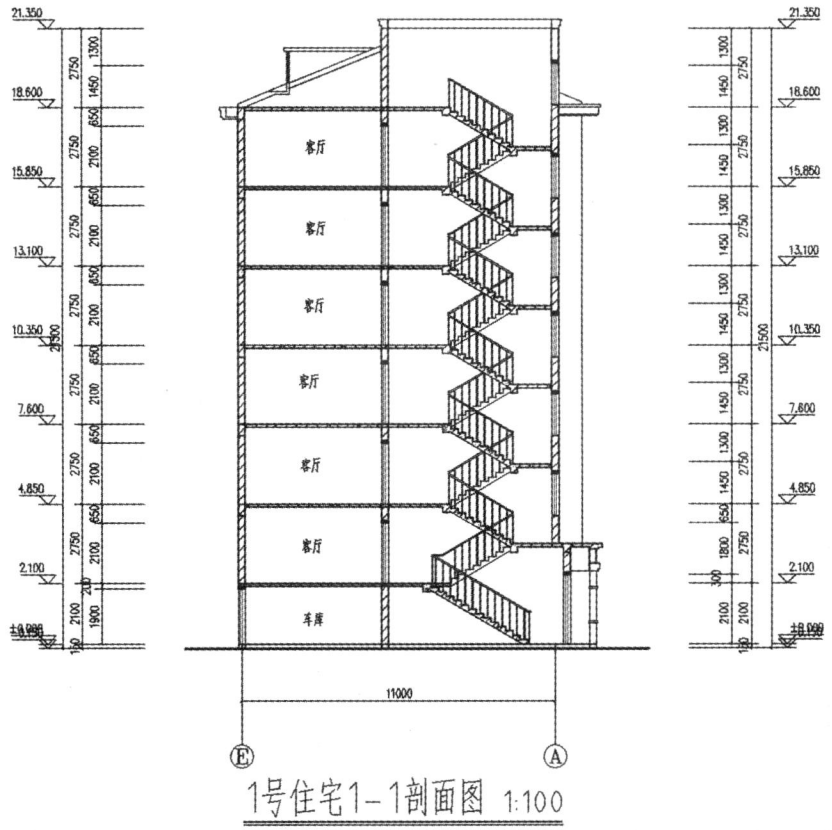

图 14-58　1 号住宅 1-1 剖面图

14.3 BIM 简介

BIM 是建筑信息模型（Building Information Modeling）或者建筑信息管理（Building Information Management）缩写，它是以建筑工程项目的各项相关信息数据作为基础，建立起三维的建筑模型，通过数字信息仿真模拟建筑物所具有的真实信息。它具有信息完备性、信息关联性、信息一致性、可视化、协调性、模拟性、优化性和可出图性八大特点。

BIM 的相关软件很多，目前在建筑领域应用最多的就属欧特克公司的 Autodesk Revit Architecture 系列软件，该软件包括建筑、结构、管道三个主要板块，可以应用到设计、施工、碰撞检测、施工进度管理等建筑全部领域。本节简要介绍一下 Autodesk Revit Architecture 的基本操作。

14.3.1 Autodesk Revit Architecture 简介

Autodesk Revit Architecture 建筑设计软件可以按照建筑师和设计师的思考方式进行设计，因此，您可以开发更高质量、更加精确的建筑设计。专为建筑信息模型而设计的 Autodesk Revit Architecture，能够帮助您捕捉和分析早期设计构思，并能够从设计、文档到施工的整个流程中更精确地保持您的设计理念。利用包括丰富信息的模型来支持可持续性设计、施工规划与构造设计，帮助您做出更加明智的决策。自动更新可以确保您的设计与文档的一致性与可靠性。

BIM 使用户的工作更高效，可以帮助用户更快、更经济地交付项目。借助该套软件，您不仅可以轻松迁移到建筑信息模型（BIM），还可以保护在旧版软件、培训和设计数据方面的投资。Autodesk Revit Architecture 可以帮助您促进可持续设计分析，自动交付协调、一致的文档，加快创意设计进程，进而获得强大的竞争优势。您可以根据自身进度借助 Autodesk Revit Architecture 迁移至 BIM，同时可以继续使用 AutoCAD 或 AutoCAD Architecture。

图 14-59 设计实例

14.3.2 Autodesk Revit 与 Autodesk AutoCAD 的区别

(1)设计及管理流程

AutoCAD 只是建筑业比较强。而 Autodesk Revit 分 Revit Architecture、Revitmep 以及 Revit Structure,区别就显而易见了。AutoCAD 多适用于平面制图,现在比较常用;Revit 三维表达上比较好,Revit 是建立在 AutoCAD 平台基础上的一个三维软件,一个信息连续化,节能分析虚拟化,建造过程可视化的协同作业平台,如图 14-60 所示。

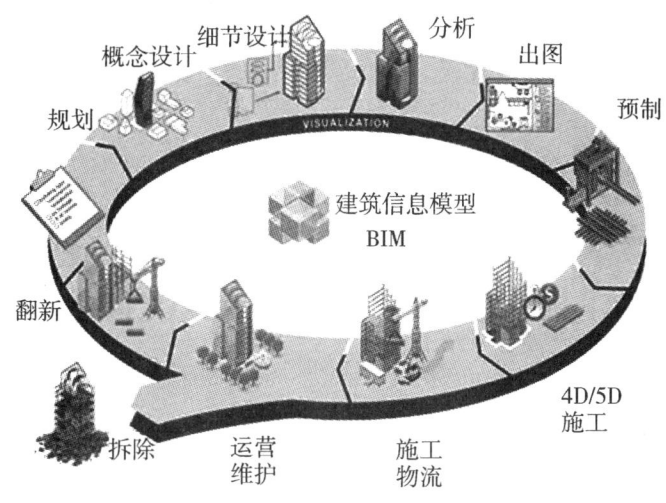

图 14-60 协同作业平台

(2)审图形式

Autodesk Revit Architecture 可以从平、立、剖及三维视图设备布置,同时有多重尺寸进行标注经确定位,从而生成正确的无误的整体模型,如图 14-61 所示,AutoCAD 只能在平面中显示,而 Revit 呈现的是三维视图。

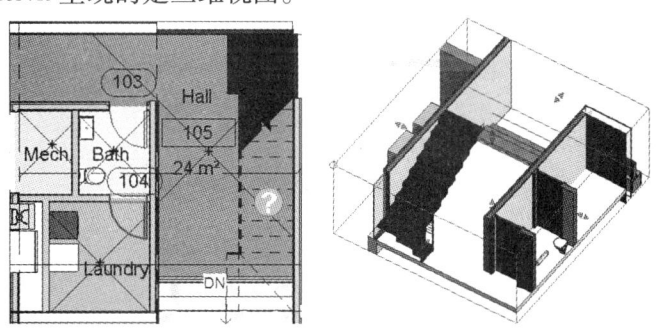

图 14-61 AutoCAD 与 Revit 显示效果对比

(3)参数化设置

Autodesk Revit Architecture 通过参数设计三维设备可以对多个属性参数进行定位,能够根据项目的要求进行模型外观样式大小的修改,只需要修改相应项目文件的参数就可以得到理想的模型文件,并且方便设计者的使用和文件的调取和储存,如图 14-62 所示。AutoCAD 的三维只能进行简单的三维编辑和大小变化。

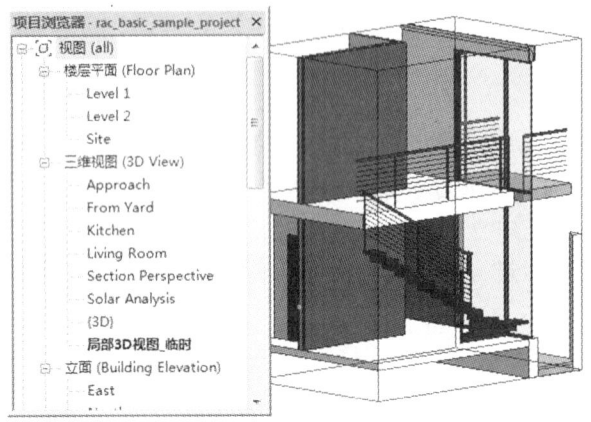

图 14-62　Autodesk Revit Architecture 的参数化设置

14.3.3　启动 Autodesk Revit Architecture

点击软件左上角图标 ![icon]，依次点击"新建"→"项目",出现以下图 14-63 所示对话框,选择样板文件,点击"浏览",找到建筑样板文件,确定并在新建栏目下选择项目,点击确定,完成项目的新建。

图 14-63　"新建项目"对话框

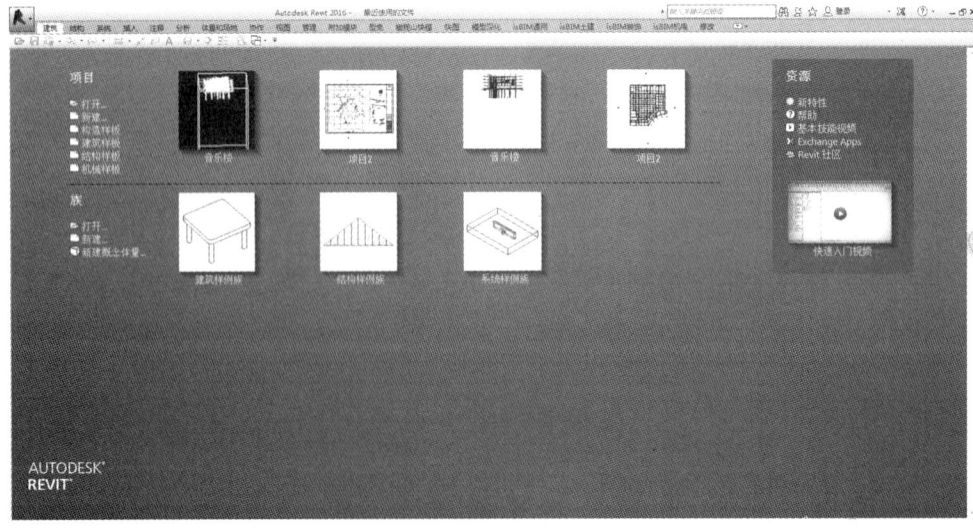

图 14-64　"最近使用的文件"界面

启动 Autodesk Revit Architecture 后,在"最近使用的文件"界面(见图 14-64)的"项目"列表中单击"建筑样例项目"项目文件,进入项目查看与编辑状态,其界面如图 14-65 所示;工具功能区,如图 14-66 所示;Revit 属性面板,如图 14-67 所示。

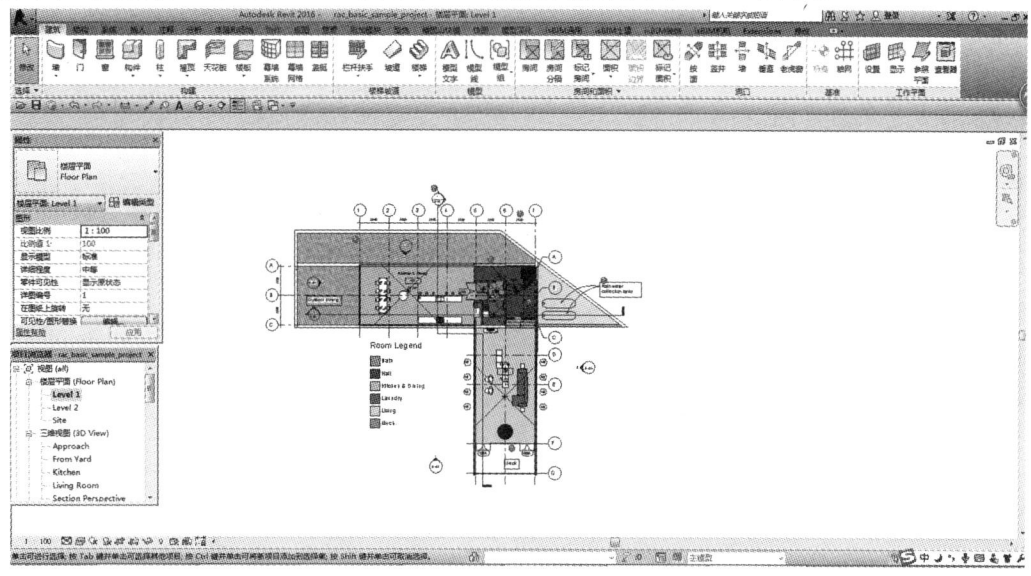

图 14-65　查看与编辑项目

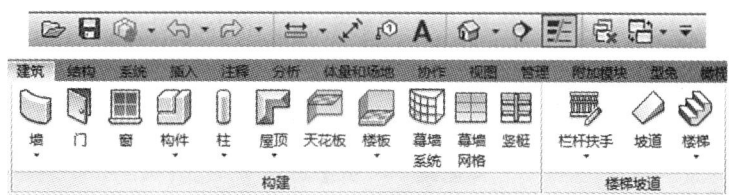

图 14-66　功能区

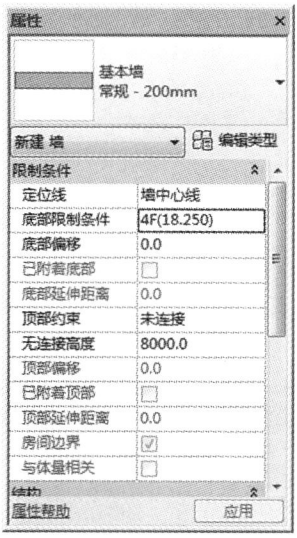

图 14-67　Revit 属性面板

14.3.4 Autodesk Revit Architecture 设计流程

了解 Autodesk Revit Architecture 的基本知识后,便可以开始用 Autodesk Revit Architecture 进行设计。因为 Autodesk Revit Architecture 的工作模式与以 CAD 绘图为中心的常规设计方法有较大的区别,本节将以某音乐楼为例介绍 Autodesk Revit Architecture 的设计流程及它的外延用。

(1)项目介绍及创建

在 Autodesk Revit Architecture 中,所有的设计模型、视图及信息都储存在后缀为"rvt"的 Revit 项目文件中。项目文件包括设计所需的全部信息,例如,建筑模型的三维视图、平立剖面及节点视图、各种的明细表、施工图纸、以及其他相关信息。

单击 按钮下拉列表中的 命令,可新建 Revit 项目文件,如图 14-68 所示。

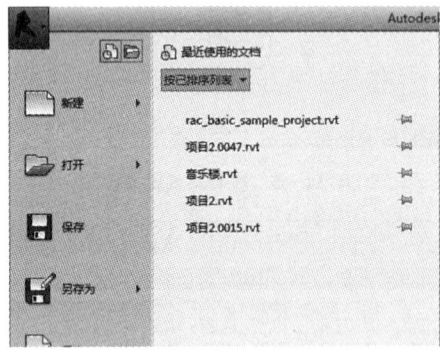

图 14-68　创建项目

(2)绘制标高

标高主要用来确定建筑本身在高度方向的信息,如层高、室内外高差等。此音乐楼主体梁顶标高 4.450m、8.950m、13.450m、18.250m、21.200m,室内外高差 0.45m。

双击项目浏览器中"南立面",进入项目的正立面,将在此立面上绘制标高,如图 14-69 所示。

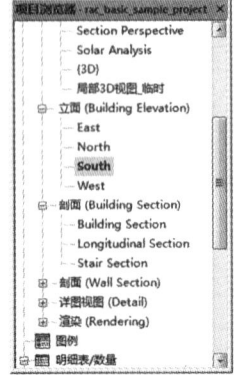 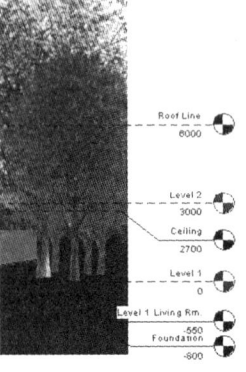

图 14-69　绘制标高

(3)绘制轴网

移动鼠标光标确定标高后,可以开始绘制轴网,单击"建筑"选项卡"基准"面板中的"轴网"工具,如图14-70所示。

图14-70 "建筑"选项卡面板

移动鼠标光标至视图区域,单击鼠标确定轴线起点,垂直向上移动鼠标光标,单击鼠标确定终点,Autodesk Revit Architecture将在起点和终点间绘制轴线,完成轴线绘制并自动为该轴线标号。Autodesk Revit Architecture将按照现有的轴线编码的最后一个数值按顺序继续创建轴号编码,自动编的轴号可能会不符合要求,对于不符合要求的轴号,双击轴号圈中的文字即可进行修改,结果如图14-71所示。

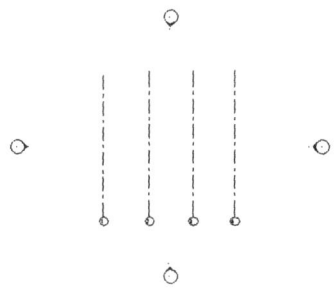

图14-71 绘制轴网

(4)创建基本模型

①绘制墙体。

切换至"室外标高"视图,单击"建筑"选项卡"构建"面板中的"墙"工具,在左侧实例属性栏墙体类型下拉栏选择相应的墙体类型,选择墙体的底部限制条件为"室外标高",顶部约束为"直到标高:梁底标高"。如图14-72所示。

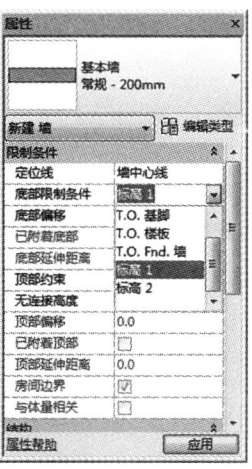

图14-72 绘制墙体

在视图区域单击鼠标左键,作为起点,沿墙体所在位置的轴线进行绘制,再次单击鼠标右键作为终点,按下 Esc 键,结束墙体的绘制。依次绘制出四周的墙体。

②创建柱子。

在一层平面视图中,单击"建筑"选项卡"构建"面板中的"柱"工具。在左侧实例属性栏中单击柱类型下拉栏,选择对应的 H 型钢柱类型,并在实例属性栏输入柱相应的顶部标高和底部标高。如图 14-73 所示。

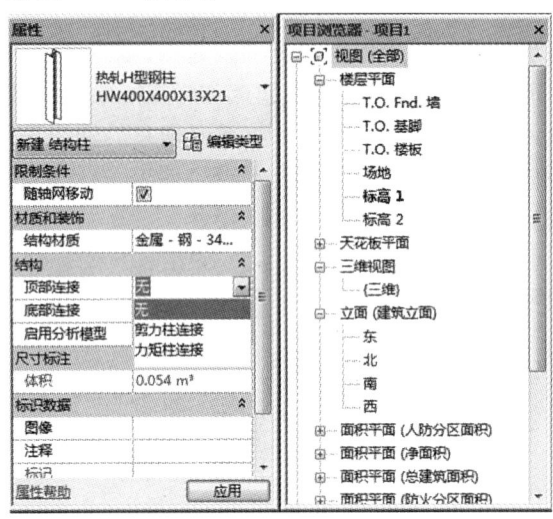

图 14-73　创建柱子

③创建门窗。

在平面视图中,单击"建筑"选项卡中"构建"面板下的"门"工具,在左侧实例属性的下拉列表中选择对应的门类型。

移动鼠标光标至墙体上,出现门的平面轮廓时即可在此处单击插入门。如果门的开启方向不符合要求,在选中门的状态下,可以按空格键调整门的开启方向,或者按下图所示,使用门的"开启方向调节箭头"进行调整。

调整门的位置。选择门,在出现的临时标注尺寸中单击标注文字,修改尺寸,门会在尺寸的驱动下改变位置。

窗户的插入方法与门相同,如图 14-74 所示。

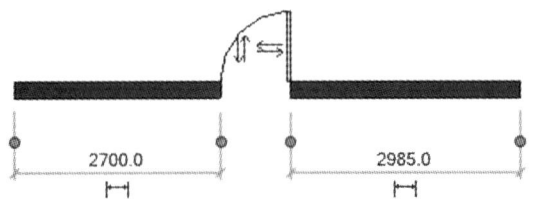

图 14-74　创建门窗

④创建楼板、屋顶。

双击"项目浏览器"中的"梁顶标高",打开楼层平面视图,如图 14-75 所示。设置视图范围,如图 14-76 所示。

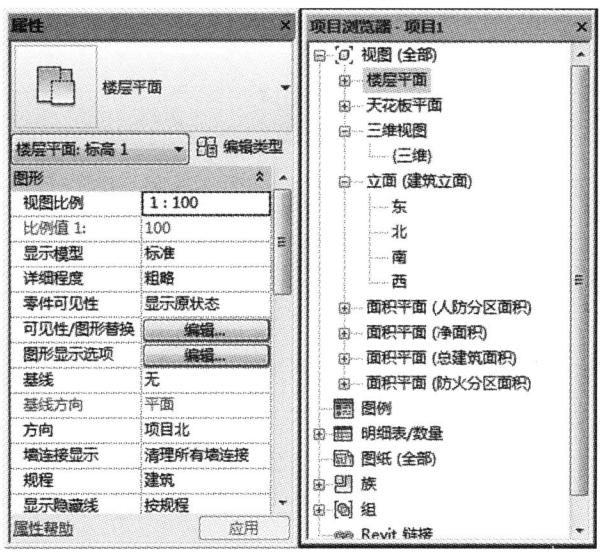

图 14-75　创建楼板、屋顶

图 14-76　设置视图范围

单击"建筑"选项卡中"构建"面板下的"屋顶"工具下拉列表中的"迹线屋顶",用草图线绘制出屋面的边界,如图 14-77 所示。

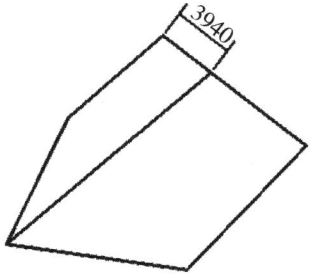

图 14-77　迹线屋顶

框选上下两段草图线,如图 14-78 所示,勾选的定义坡度,在属性栏输入坡度值,完成后在视图区域单击鼠标,继续框选左右两段草图线,不勾选定义坡度。完成后单击确定。Revit 将按照跨度中心将屋面分别坡向两边。

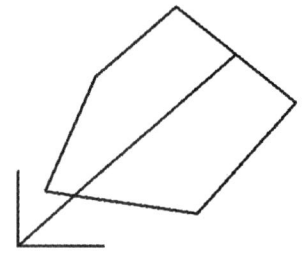

图 14-78 定义坡度值

⑤创建楼梯。

使用楼梯工具能够创建各种各样的楼梯,楼梯有扶手和楼梯两部分构成,使用楼梯前,应首先需要定义好楼梯类型属性中的各种参数,如图 14-79 所示。

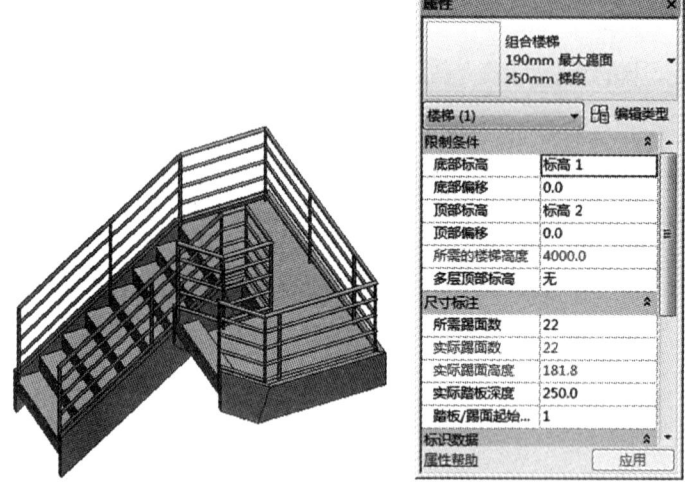

图 14-79 创建楼梯

(5)复制楼层

如果建筑每层间的共用信息较多,比如存在标准层,可以复制楼层来加快模型的速度。复制后的模型将作为独立的模型,对原型的任何编辑或修改,均不会影响复制后的模型,如图 14-80 所示。

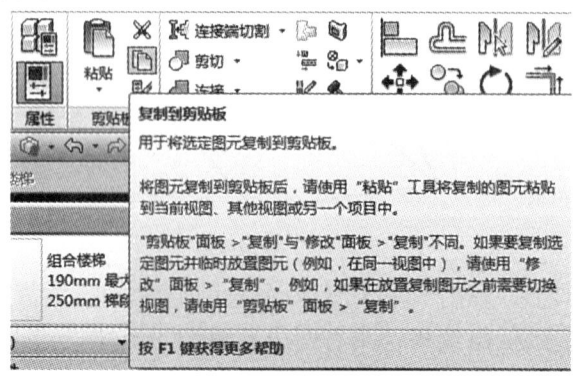

图 14-80 复制楼层

(6)生成剖面图

在"视图"选项卡中单击"创建"面板下的"剖面"工具,如下图所示,在平面视图中剖切位置绘制出剖面符号,绘制完成后,在"项目浏览器"中会出现一个剖面视图,双击打开即为所创建的剖面视图,如图 14-81 所示。

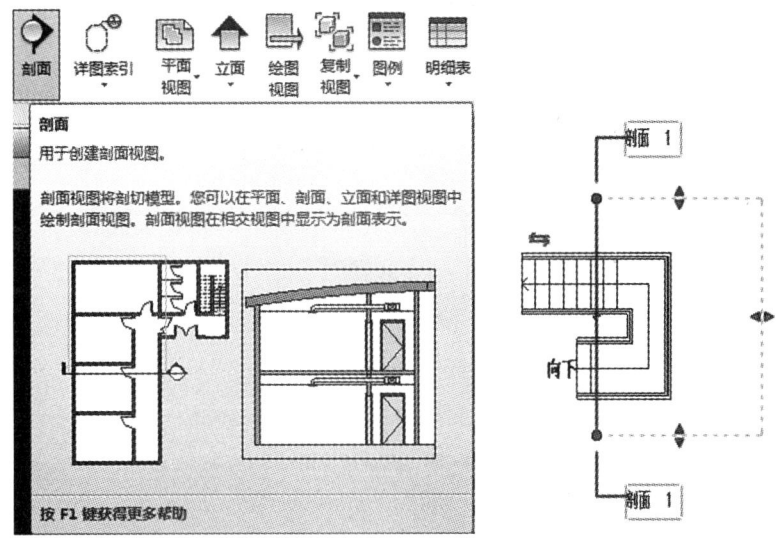

图 14-81　创建剖面图

(7)统计明细表

使用"明细表/数量"工具可以按对象类别统计并显示项目中的各类模型图元信息。例如,可使用"明细表/数量"工具统计项目中的所有门、窗图元的宽度、高度、数量等信息。以下单独介绍明细表的统计。

一般在项目样板中,已经设置了门明细表和窗明细表两个明细表视图,并组织在项目浏览器的"明细表/数量"类别中,如图 14-82 所示。

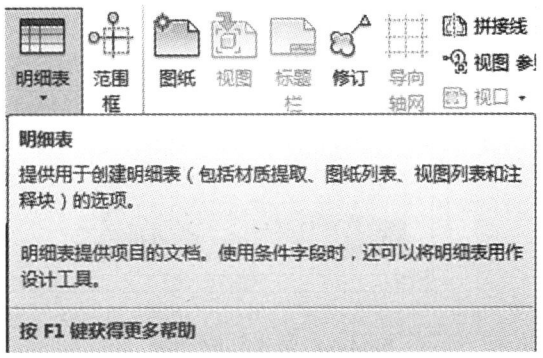

图 14-82　明细表工具

(8)生成效果图

打开一层平面视图,单击"视图"选项卡"创建"面板"三维视图"下拉列表中的"相机"工具,如图 14-83 所示,在视图区域点击视点拉出相机,单击鼠标生成三维透视图。

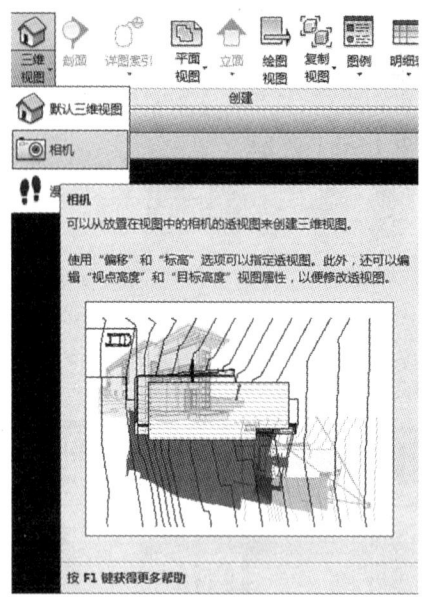

图 14-83　三维透视图

(9) 布图及打印输出

在项目浏览器中右键单击"图纸(图纸前缀)"选择"新建图纸",弹出"新建图纸"对话框,选择图框类型"建筑 A1 横向"→"新建"。

在右侧图纸属性栏中,修改图纸的编号和图纸名称以及其他信息,如图 14-84 所示。将所需视图从项目浏览器中拖至图框中,进行合理的布置,即完成图纸的创建。

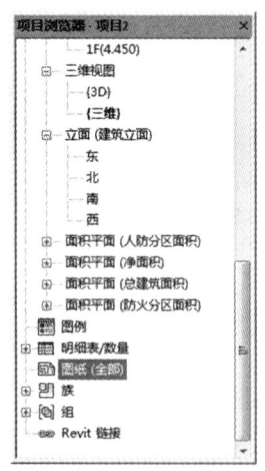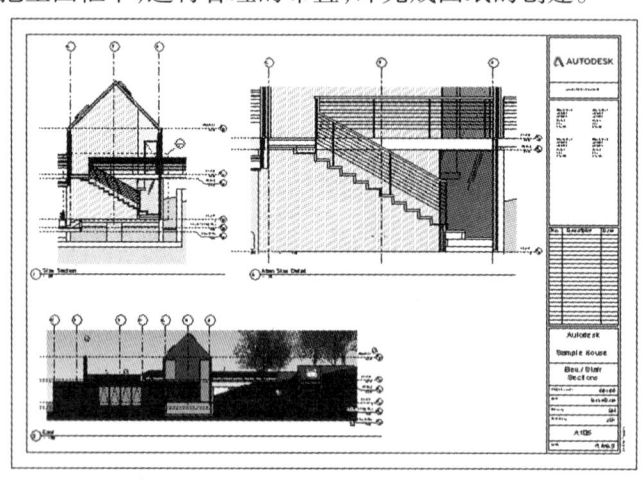

图 14-84　完成图纸的创建

14.3.5　将外部建筑模型链接到 Revit 项目

(1) 新建项目文件

单击"应用程序"→"新建"→"项目"按钮,如图 14-85 所示,打开"新建项目"对话框。单击"浏览"按钮,选择项目样板文件后单击"确定"按钮。

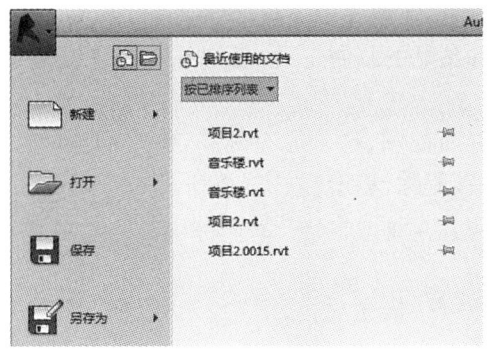

图 14-85　新建项目文件

(2) 链接模型

新建项目后,将建筑结构模型链接到项目文件中。单击功能区中"插入"选项卡-"链接 Revit"按钮,打开"导入/链接 Revit"对话框,如图 14-86 所示,选择要链接的建筑模型"别墅项目",并在"定位"下拉列表中选"自动-原点到原点",单击右下角的"打开"按钮,建筑模型就链接到了项目文件中。

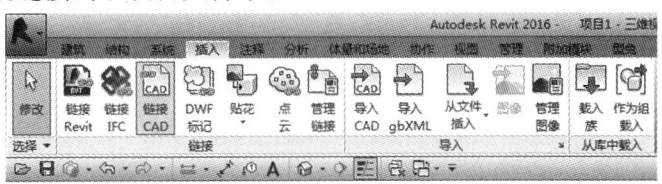

图 14-86　链接模型

(3) 复制标高及创建平面视图

链接建筑模型后,切换到某个立面视图。如切换到"立面"-"东"(East),如图 14-87 所示发现在绘图区中有两套标高,一套是"Systems-DefaultCHSCHS.rte"项样板文件自带标高,一套是链接模型的标高。在项目浏览器的"视图"下也能发现楼层平面天花板平面视图中的标高是项目样板文件自带的标高。

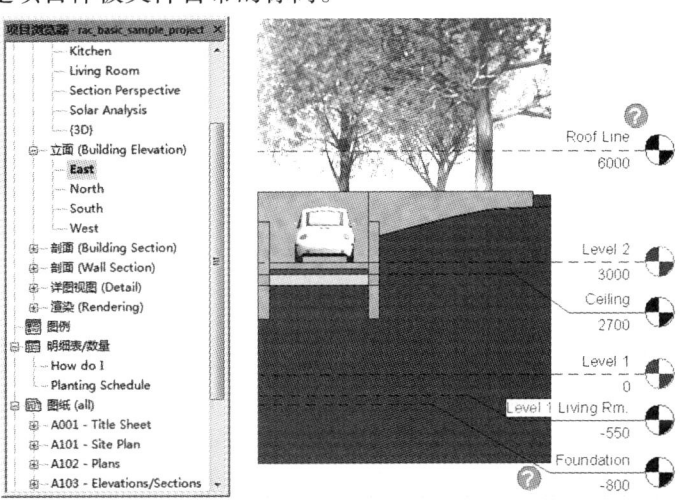

图 14-87　东立面图

为了共享建筑设计信息,需要先删除自带的平面和标高,然后使用"复制"工具(该工具不同于其他用于复制和粘贴的复制工具)复制并监视建筑模型的标高。具体操作步骤如下:

①切换到任意一个立面视图,选中原有标高,将它们删除。在删除时会出现一个警告对话框,提示各视图将被删除,单击"确定"按钮。

②单击功能区中"协作"选项卡→"复制/监视"→"选择链接"按钮,如图14-88所示。

③在绘图区域中拾取链接模型后,激活"复制/监视"选项卡,单击"复制",激活"复制/监视"选项栏。

④勾选"复制/监视"选项栏中的"多个"复选框,然后在立面视图中选择标高,单击"确定"按钮后,在选项栏中单击"完成"按钮,再单击选项卡中的完成按钮,完成复制。这样既创建了链接模型标高的副本,又在复制的标高和原始标高之间建立了监视关系。

如果所链接的建筑模型中的标高有变更,打开该项目文件时,会显示警告。同样复制监视轴网,项目中的其他图元如墙、卫浴装置均可通过此步骤复制监视。

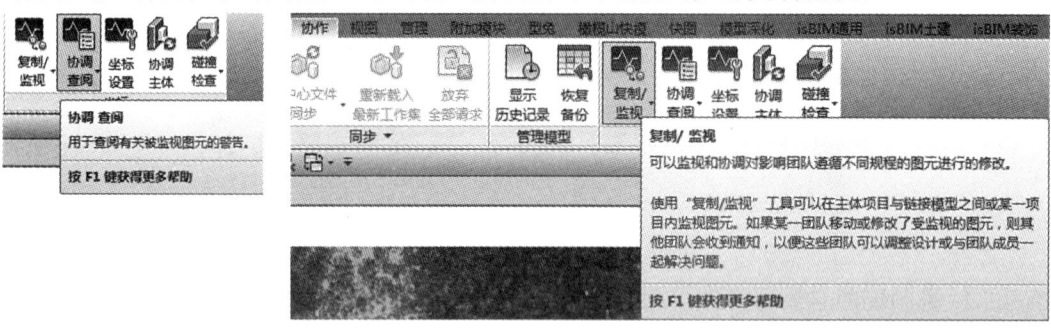

图14-88 "协作"选项卡

14.3.6 创建平面视图

删除项目文件中自带的标高后,项目文件中自带的楼层平面及天花板平面也会被删除,所以需要创建与建筑模型标高相对应的平面视图,具体步骤如下:

①单击功能区中"视图"选项卡→"平面视图"→"楼层平面"按钮,打开"新建平面"对话框。

②选择标高,然后单击"确定"按钮。

③平面视图名称将显示在项目浏览器中。其他类型平面视图,如天花板投影平面视图创建方法与上述方法类似。

④单击"项目浏览器"→"机械"→"HAVC"→"楼层平面"→"层"按钮,打开楼层平面图,可以看到由于链接建筑模型可以是以"原点对原点"的方式链接,所以链接楼层平面图不在4个立面视图的中间。这时,可以调整4个立面视图,使建筑模型在平面中间。

将复制好标高的项目文件保存并复制两份,分别用于水系统及电气系统的绘制,并分别其命名为"风系统模型"、"水系统模型"、"电气系统模型"。

14.3.7 CAD 模型的导入

①单击"插入"选项卡→"导入 CAD"按钮,打开"导入 CAD 格式对话框",选择"选择需要导入的 CAD 文件"文件,导入单位为"毫米",定位为"自动-原点到原点",放置于对应层数,单击"打开"按钮,如图 14-89 所示。

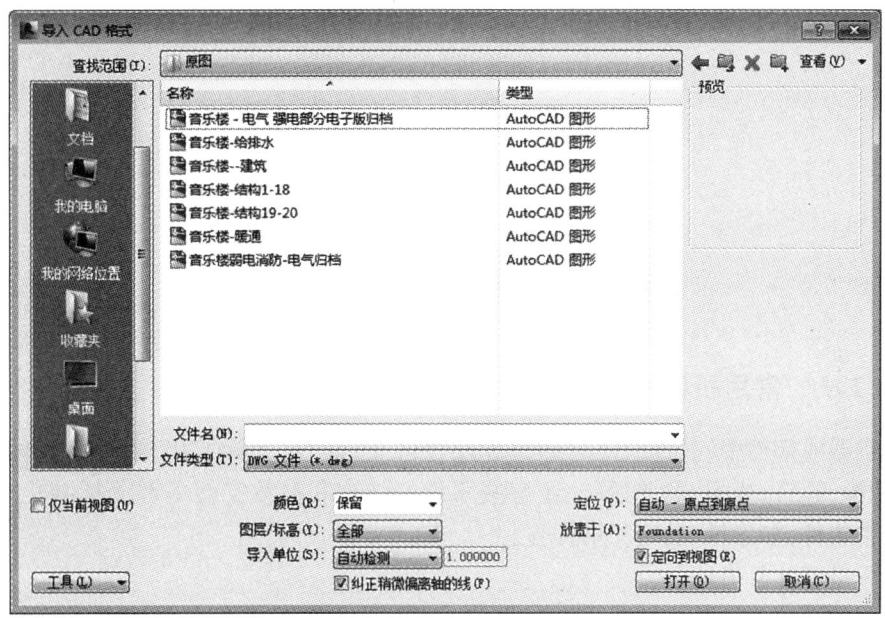

图 14-89　导入 CAD 模型

②导入 CAD 模型后,若 CAD 模型与建筑模型不重合,则使用"对齐"命令,先选择建筑模型上的墙线,再选择 CAD 模型中对应的墙线,将 CAD 模型和建筑模型重合。

第15章 绘制机械图纸

15.1 机械图绘制基础

15.1.1 常用机械零件介绍

在机器或部件中,有些零件的结构和尺寸已全部实现了标准化,这些零件称为标准件,如螺栓、螺钉、垫圈、键、销等。还有些零件的结构和参数实行了部分标准化,这些零件称为常用件,如齿轮、涡轮和蜗杆等。

1. 常用螺纹紧固件

常用的螺纹紧固件有螺栓、螺柱、螺钉、螺母和垫圈等,它们的结构和尺寸均已标准化,由专门的标准厂间成批生产。常用螺纹紧固件的完整标记由以下各项组成:名称、标准编号、型式、规格精度、机械性能等级或材料及热处理、表面处理和其他要求。

2. 齿轮

齿轮是广泛用于机器或部件中的传动零件。齿轮的参数中只有模数,压力角已经标准化。因此属于常用件,齿轮不仅可以用来传递动力,还能改变转速和回转方向。

3. 键与销

键是标准件,用来实现轴上零件的轴向固定,借以传递扭矩。常用的键有普通平键、半圆键、钩头楔键等。

销是标准件,在机器中起链接和定位作用。

4. 轴承

轴承是支承轴的一种标准组件。由于结构紧凑、摩擦力小,所以得到广泛使用。

15.1.2 机械零件的视图表示方法

1. 视图

(1)基本视图

机件向基本投影面投影所得的视图,称为基本视图。国家标准中规定正六面体的六个面为基本投影面,将机件放在六面体中,然后向各基本投影面进行投影,即得到六个基本视图。基本视图的投影规律:主、俯、后、仰四个视图长对正;主、左、后、右四个视图高平齐;俯、左、仰、右四个视图宽相等,如图 15-1 所示。

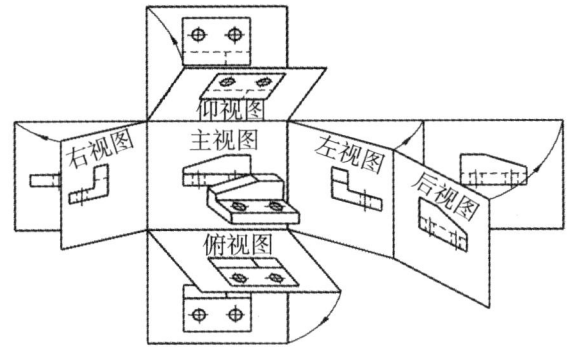

图 15-1　基本投影面的展开方法

(2) 向视图

向视图是可以自由配置的视图。向视图必须进行标注。当基本视图不能按规定的位置配置时,可采用向视图的表达方式,如图 15-2 所示。

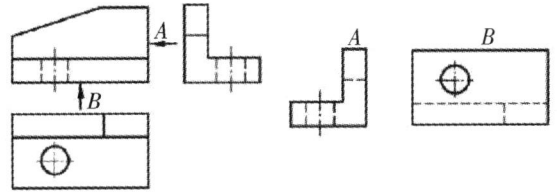

图 15-2　向视图的表示方法

(3) 局部视图

将机件的某一部分向基本投影面投射所得的视图称为局部视图,如图 15-3 所示。

局部视图的画法:局部视图的断裂边界应用波浪线表示,当所表示的局部结构是完整的,且外轮廓线又成封闭时,波浪线可省略不画。

局部视图的配置:为了看图方便,局部视图一般应按投影关系配置,有时为了合理布局,也可把局部视图放在其他适当位置。

局部视图的标注:画局部视图时,一般都需要标注,其标注方法和基本视图的标注方法完全相同,当局部视图按投影关系配置,中间又没有其他图形隔开时,标注可以省略。

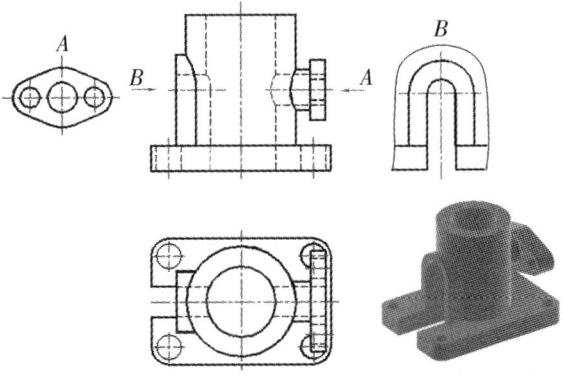

图 15-3　局部视图

（4）斜视图

向不平行于任何基本投影面的平面投影所得的视图称为斜视图，如图 15-4 所示。

斜视图的画法：斜视图一般只表达机件倾斜部分的实形。其断裂边界画法与局部视图完全相同，一般以波浪线表示。当所表示的局部结构是完整的，且外轮廓线又成封闭时，波浪线可省略不画。

斜视图的配置：斜视图一般按投影关系配置，必要时，也可配置在其它适当位置。有时为了画图方便，在不至引起误解时，允许将斜视图的主要中心线或轮廓线旋转到水平或垂直位置。

斜视图的标注：斜视图必须进行标注。其标注方法与局部视图相同。经过旋转后的斜视图必须标注旋转符号，用以字高为半径画一圆弧，字母写在箭头端，也可将转角写在字母之后，箭头方向与旋转方向一致。

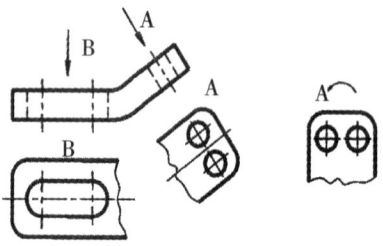

图 15-4　斜视图图示

2. 剖视图

当机件内部的结构形状较复杂时，在画视图时就会出现较多的虚线，这不仅影响视图清晰，给看图带来困难，也不便于画图和标注尺寸。为了清楚地表达机件内部的结构形状，在技术图样中常采用剖视图这一表达方法，如图 15-5 所示。

剖视图的画法：一般用平面剖切机件，剖切平面应通过机件内部孔、槽等的轴线或对称面，且使其平行或垂直于某一投影面，以便使剖开后的结构反映实形。

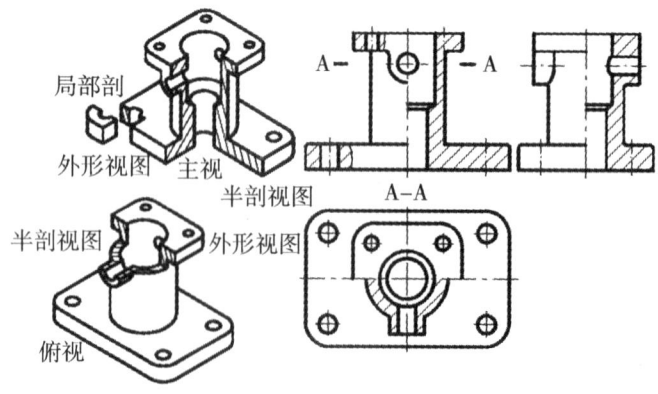

图 15-5　机件的剖视图

剖视图的标注：

①在剖视图的上方用字母标出剖视图的名称，如 A-A，B-B 等，在相应的视图上用剖切符号表示剖切面的位置，用箭头表示投影的方向。

②当剖视图与标注剖切位置的视图按投影关系配置,中间又没有其他图形隔开时,可以省略箭头。

③剖切平面通过机件的对称面或基本对称面,且剖视图按投影关系配置,此时可以不加任何标注。

④用两平行的或两相交的及组合的剖切面剖切得到的剖视图必须标注。

剖视图分为全剖视图、半剖视图和局部剖视图。

用剖切平面完全地剖开机件所得的剖视图,称为全剖视图。全剖视图主要用于表达内部结构复杂、外形比较简单的机件。

对于具有对称平面机件,以对称中心线为界,一半画成视图,用以表达机件的外部结构形状,另一半画成剖视图,用以表达机件的内部结构形状的图形称为半剖视图。

用剖切平面局部地剖开机件所得的剖视图,称为局部剖视图。局部剖视图主要用于表达不宜采用全剖视图和半剖视图的机件。

3. 断面图

假想用剖切平面把机件的某处切断,仅画出断面的图形称为断面图。如图15-6所示。

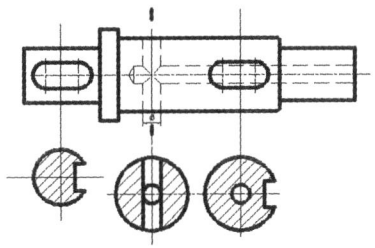

图15-6 断面图示例

断面图与剖视图的区别在于:断面图是零件上剖切处断面的投影,而剖视图则是剖切后零件的投影。

15.1.3 机械图绘制标准

为便于指导生产与交流,在绘制机械图时必须严格遵守国家关于机械制图的相关标准。该标准对图形的版面、画法、标注等制定了统一的国家标准。

1. 图纸幅面

图纸幅面主要是指图纸的宽度(B)和长度(L),在绘制机械图时,图纸幅面应按照国家规定的5种标准图纸尺寸见表15-1。

表15-1 标准幅面尺寸

幅面代号	A0	A1	A2	A3	A4
长(L)×宽(B)	841×1198	594×841	420×594	297×420	210×297
a	25				
c	10			5	
e	20		10		

2. 图框格式

在绘制机械图时,图纸上必须用粗实线绘制图框,图框内区域为实际作图区。图框格式分为保留装订边和不留装订边两种形式,如图 15-7 所示。同一个机械设备的图纸只能采用一种格式。

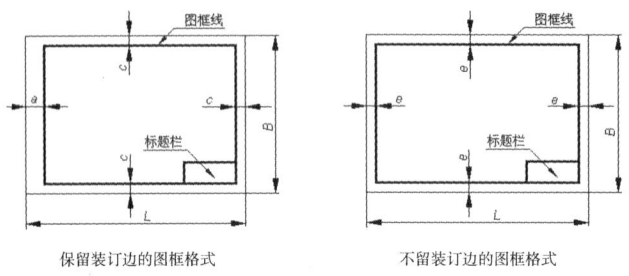

图 15-7　图框格式

3. 标题栏

图纸上的标题栏一般位于右下角,主要有名称、代号区、签字区等区域组成。我国在 2008 年制定了标题栏新国标。标题栏形式如图 15-8 所示。

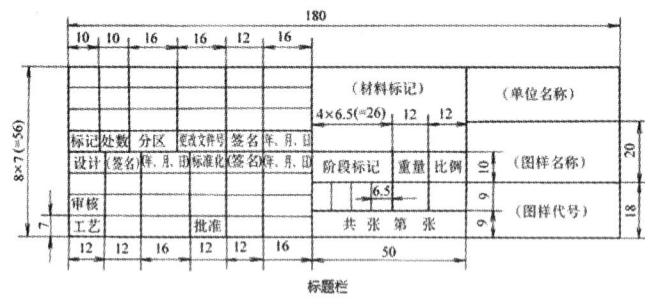

图 15-8　标题栏格式

4. 图线

在机械制图中,为了能更清晰地表达图形各线条的意义,在绘图中线型与线宽的不同代表了不同的含义。在机械制图国标中针对绘图中各种图线的名称、线型及线宽都做了相关规定,如图 15-9 所示。

图线名称	图线线型	图线宽度	主要用途
粗实线	———————	b	可见轮廓线
细实线	———————	$b/2$	尺寸线、尺寸界限、剖面线、辅助线、重合剖面的轮廓线、引出线等
虚线	- - - - - - -	$b/2$	不可见轮廓线
细点画线	— · — · — · —	$b/2$	轴线、对称中心线
粗点画线	— · — · — · —	$b/2$	有特殊要求的线或表面的表示线
双点画线	— ·· — ·· —	$b/2$	假想轮廓线、极限位置的轮廓线
波浪线	∽∽∽∽∽	$b/2$	断裂处的边界线、视图和剖视的分界线
双折线	—/\—/\—	$b/2$	断裂处的边界线

图 15-9　图线形式与应用

5. 图形比例

图形比例主要指绘制图形与实际对象的线性尺寸之比。比例分为放大比例、原值比例与缩小比例。当图形与实物尺寸比例大于 1 时为放大比例,等于 1 为原值比例,小于 1 为缩小比例。在绘制图形对象时应选用合适的符合国家标准规定的制图比例。机械制图常用三种比例为 2∶1、1∶1、1∶2。

15.2　机械制图环境设置

计算机辅助设计 AutoCAD 绘图软件是一个功能强大并且广泛的应用于多种行业的绘图软件。因其通用性强,所以软件中默认设置或绘图模板并没用完全符合行业的标准要求,所以我们在利用 AutoCAD 进行机械图的绘制时,应进行一些规范化设置,使制图符合国家标准或者本行业的规定,这样有利于图纸在机械行业内的交流和使用,同时也促进了行业的规范化和标准化的管理与发展。

本节对于 AutoCAD 机械制图中的系统配置、图形界限与图形单位、对象捕捉和栅格捕捉、图层、文字、标注以及保存等的设置及运用技巧进行介绍,使得我们在利用 AutoCAD 进行机械制图时符合国家标准与规范,同时可以通过建立保存机械绘图模板,来提高绘图效率。

15.2.1　设置绘图系统配置

使用菜单栏中的"工具"→"选项"对话框修改系统配置。

①选择"显示"选项卡,修改显示精度为 2000,使圆和圆弧显示更平滑,如图 15-10 所示。

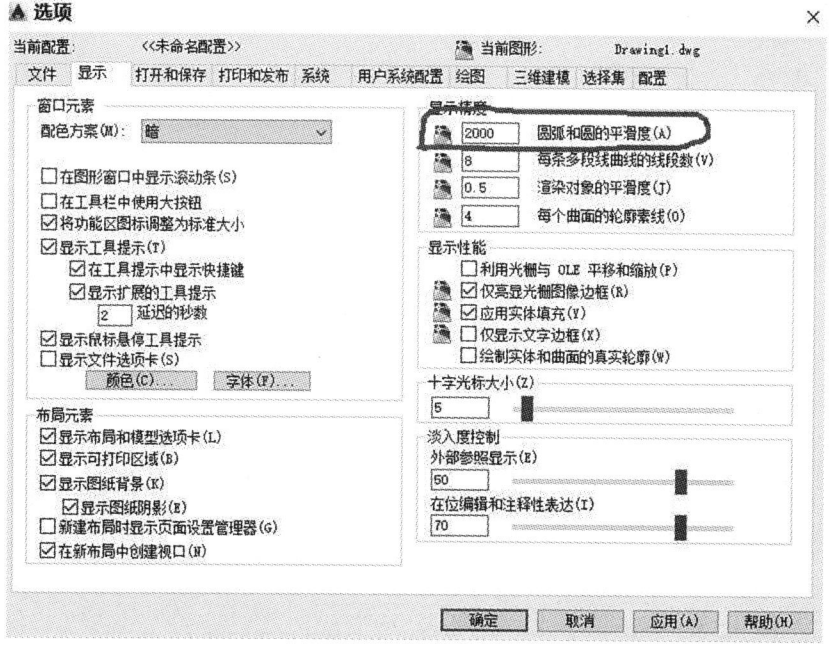

图 15-10　显示选项卡

②选择"工具"→"选项"→"用户系统配置"选项卡,自定义鼠标右键功能。"默认模式"选择第一项"重复上一个命令","命令模式"选择第一项"确认"。此设置依照个人习惯而定,如图15-11所示。

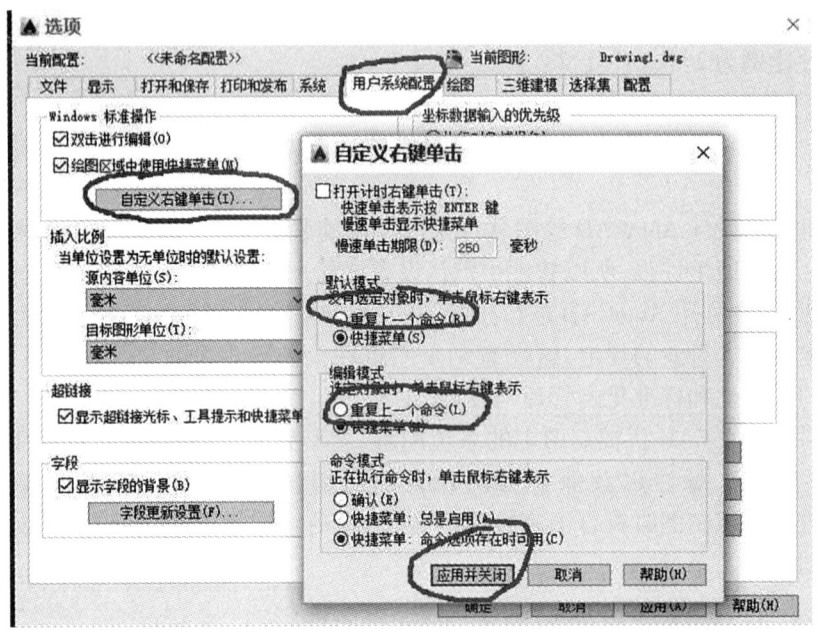

图15-11 用户系统配置选项卡

③选择"工具"→"选项"→"绘图"选项卡,将拾取框大小调整到中间偏左位置,拾取框大小变大,更容易拾取对象,如图15-12所示。

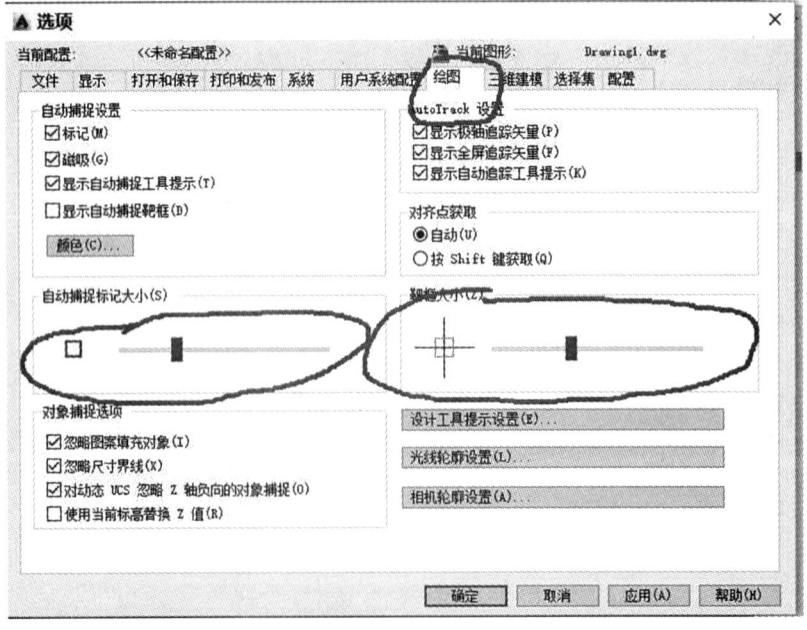

图15-12 绘图选项卡

15.2.2 设置图形单位与图形界限

1. 图形单位

启动 AutoCAD，单击从"格式"下拉菜单中选取"单位"，出现对话框。设置长度单位小数即十进制，其精度为 0.00；设置角度单位为十进制，其精度为 0.00；设置插入时的缩放单位为毫米，其余默认，如图 15-13 所示。

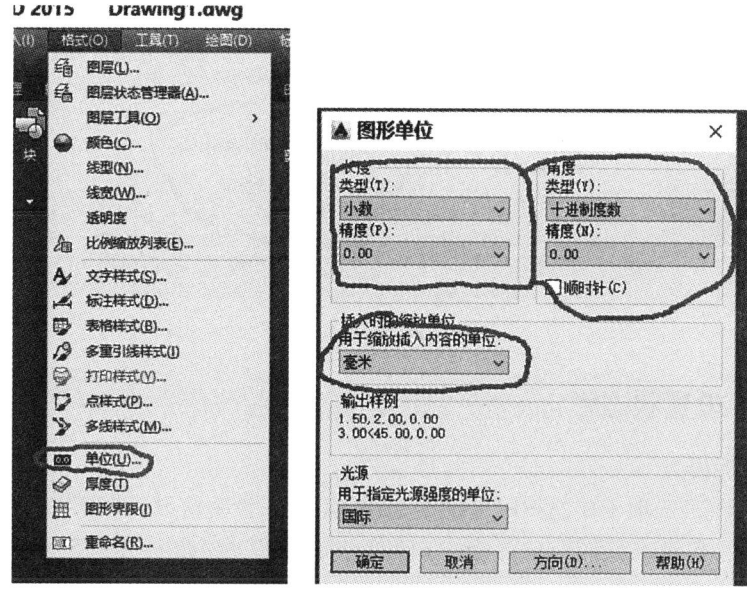

图 15-13 图形单位对话框

2. 图形界限

若设置 AutoCAD 绘图界限为 210 * 297，图纸幅面为 A4 横放。可从菜单栏中"格式"→"图形界限"，根据命令提示，输入相应数值，点击一次回车。如左下角界限输入 0.00，0.00，有上角界限输入 210,297。修改"栅格"设置，使栅格布满设置的图形界限之内的范围，如图 15-14 所示。

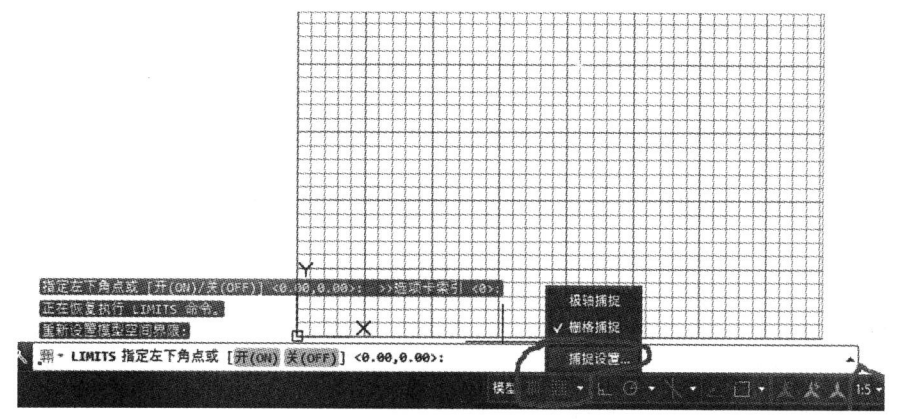

图 15-14(a) 图形界限设置

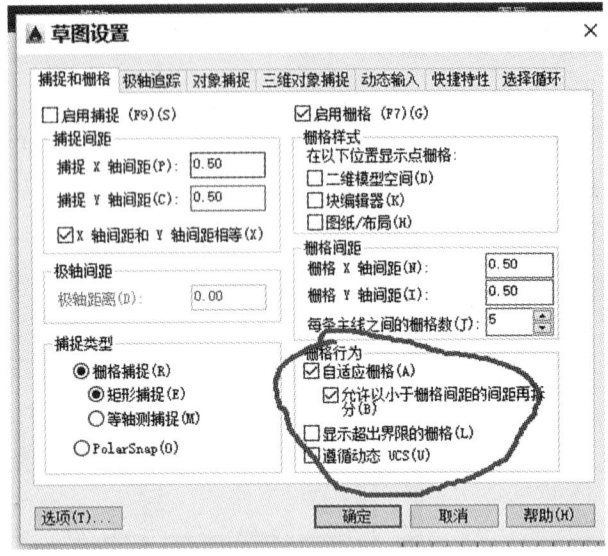

图 15-14(b) 栅格设置

15.2.3 设置状态栏

①点开捕捉设置。

在"极轴追踪"选项卡中,选中"启用极轴追踪";将增量角设为"30";选中"用所有极轴角设置追踪",保证在绘图时向各个方向都能出现追踪线,如图 15-15 所示。

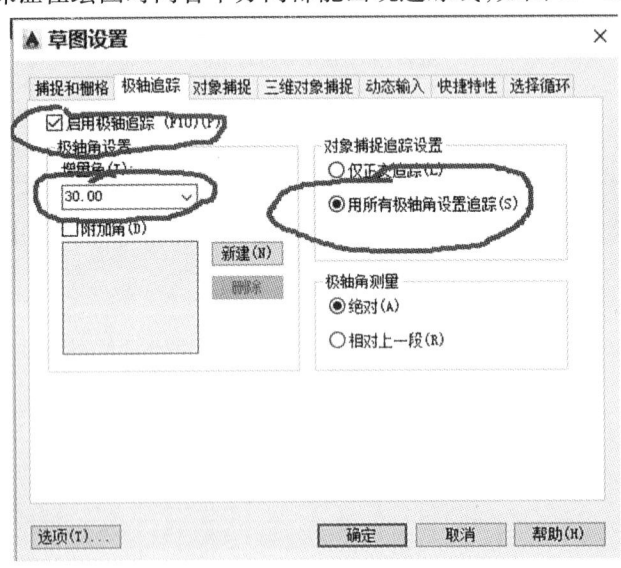

图 15-15 极轴追踪设置

②在"对象捕捉"选项卡中,将端点、中点、圆心、象限点、交点、垂足、切点这 7 个常用的选中,在绘图时若感觉捕捉点太多,出现互相干涉现象,可随时关闭多余的捕捉点,若有时需要用到特殊捕捉点,可利用"对象捕捉工具栏"中的临时捕捉点进行捕捉,如图 15-16 所示。

第 15 章 绘制机械图纸 | 153

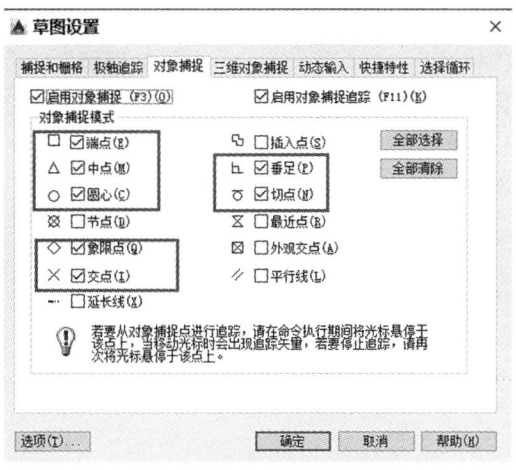

图 15-16 对象捕捉设置

③选择:"格式"→"线宽"按钮,同时调整线宽显示比例。具体设置方法是:右键单击"线宽"按钮将"调整显示比例"滑块拖到左边第二格中间位置,这样显示的图线宽度比较适中,如图 15-17 所示。

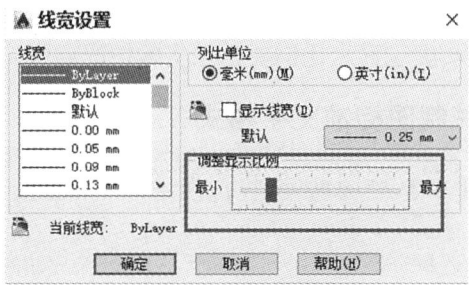

图 15-17 线宽设置

15.2.4 设置图层

"格式"→"图层"用图层来管理中心线、轮廓线、虚线、剖面线、尺寸标注以及文字说明等元素,不仅能使图形的各种信息清晰、有序,便于查看,而且也会给图形的编辑、修改和输出带来很大方便,如图 15-18 所示。

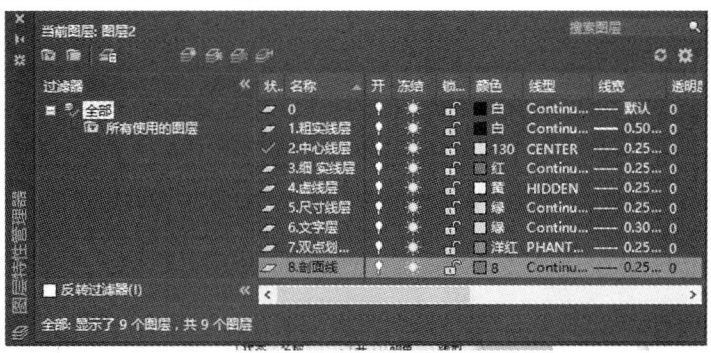

图 15-18 图层特性管理器

注意:为了防止虚线、中心线显示为实线,还要将线型全局比例因子设为0.3。设置方法是从菜单栏中选取"格式"→"线型",弹出"线型管理器"对话框,在"线型管理器"对话框下部的"全局比例因子"文字编辑框中输入整体线型比例0.3(如果下方没有详细信息,可点击右上方的"显示细节"按钮),如图15-19所示。

图15-19 线性管理器

注意:线型比例0.3适用于1∶1比例显示,用于计算机按1∶1打印出图,若图形过大或过小,充满屏幕后,点画线、虚线显示比例要根据实际情况调整。

15.2.5 设置机械制图标准文字格式

为了使图样中的文字符合制图标准,可作如下设置(格式/文字样式),如图15-20所示。

1. 汉字样式

① 字体长仿宋体(注意:不要选择"@长仿宋体"字体,否则输入的汉字将倒)。

② 高度取0(如果在此输入一个非零值,AutoCAD 将此值用于所设的文字样式,标注文字时,字高不能再改变。此处一般使用"0",在标注文字时,系统会提示输入高度。

③ 宽度因子取1(由于长仿宋体本身字体较窄,不需要变窄,对于"宋体"等方体字,此处取0.707,宽度会变窄)。

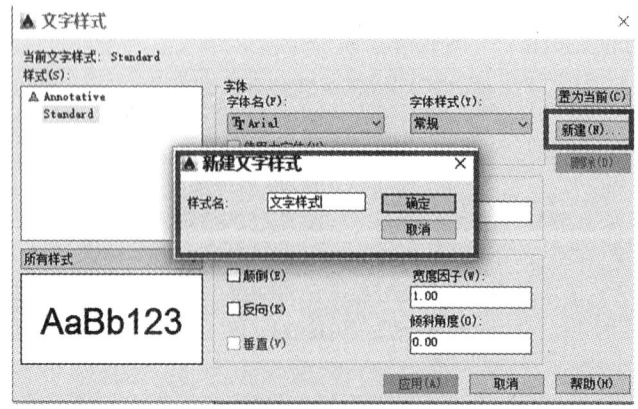

图15-20(a) 新建文字样式

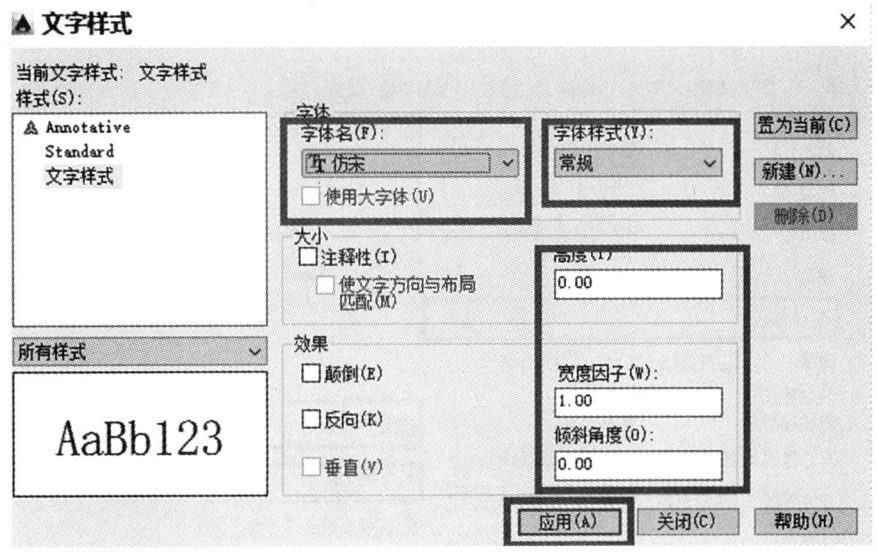

图15-20(b) 文字样式设置

2. 数字样式

字体选 gbenor.shx(相当于国标直体数字、字母样式)、高度取0、宽度比例取1(从输出效果看,gbenor.shx 字体已经比较瘦,所以宽度比例可保持默认值1)。

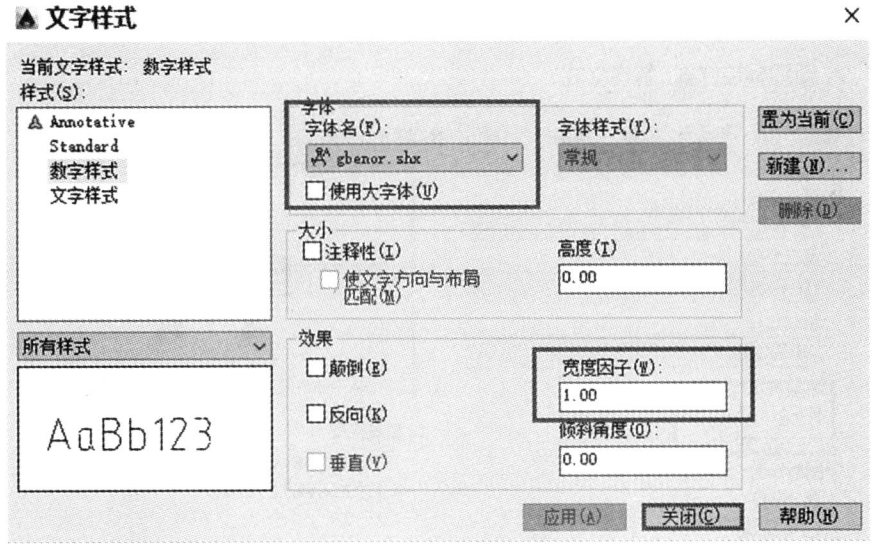

图15-20(c) 数字样式设置

15.2.6 设置标注样式

AutoCAD 中的缺省样式与我国的制图标准不完全一致,而尺寸标注又比较复杂多样,具体标注要根据图形情况而定,所以在设置绘图环境时,可只作一些共性的设置(格式/标注修改)。标注样式各选项卡设置,如图15-21所示。

线设置为基线间距为7,超出尺寸线取2.5,起点偏移量为0,箭头大小取3。

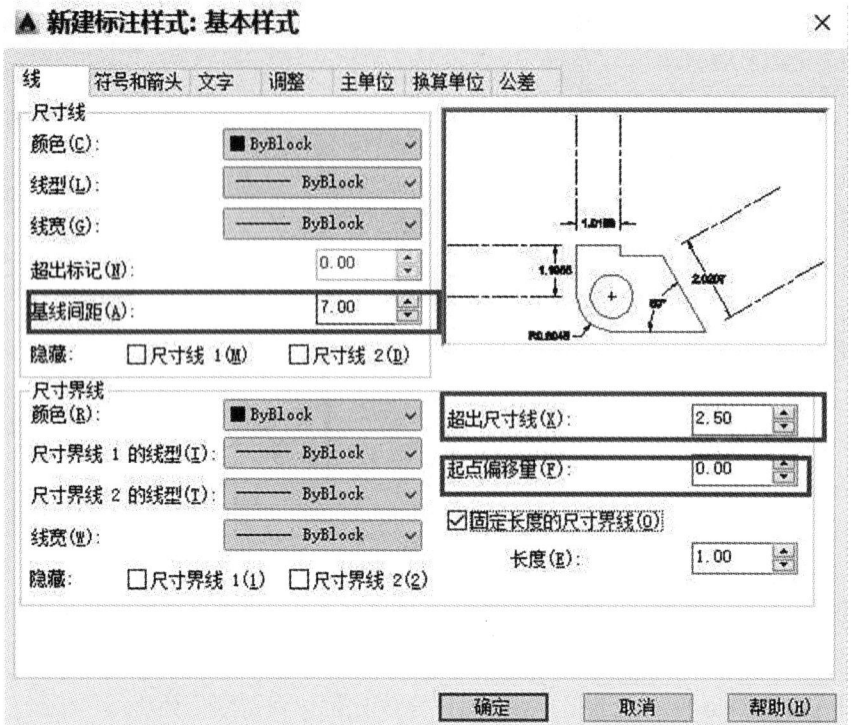

图 15-21(a) 标注中"线"的设置

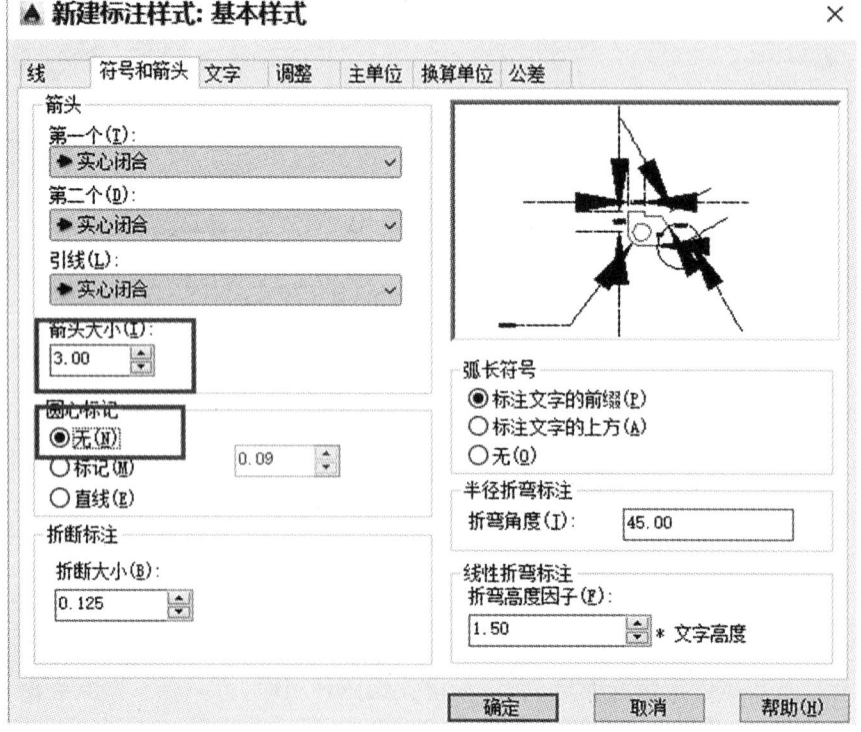

图 15-21(b) 标注中"符号与箭头"设置

第 15 章 绘制机械图纸 157

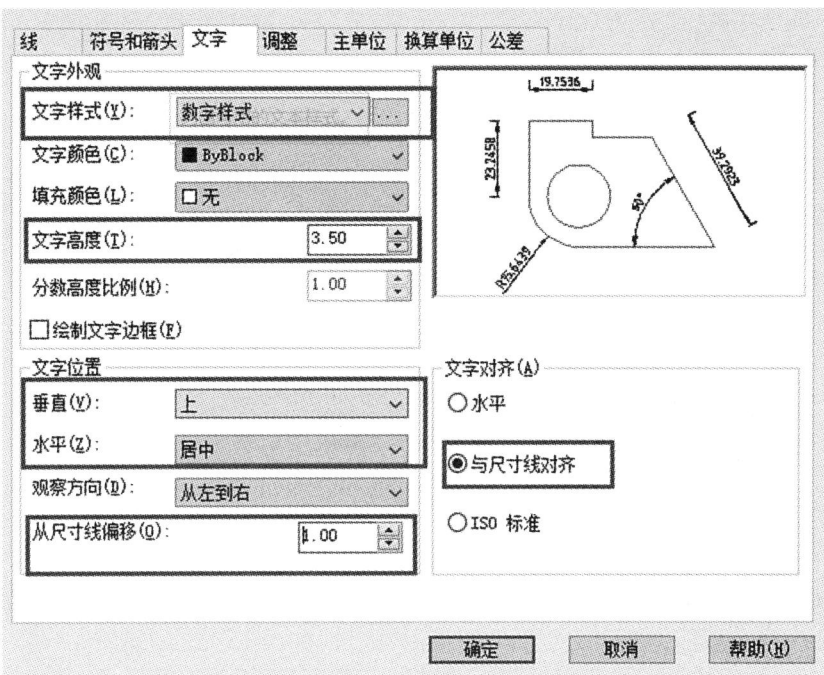

图 15-21(c) 标注中"文字"设置

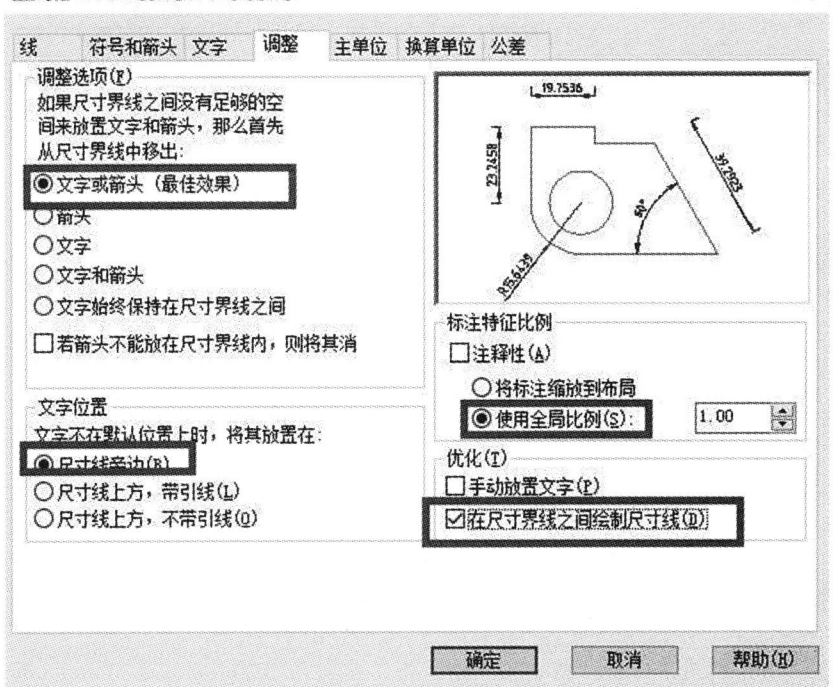

图 15-21(d) 标注中"调整"设置

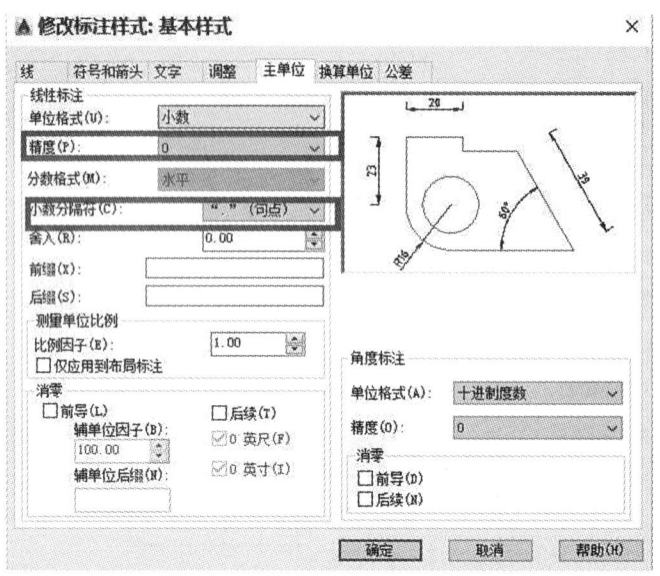

图 15-21(e) 标注中"主单位"设置

以上设置为基础,可进行各种新建样式的设置,比如,角度标注样式、非圆直径标注样式、连续小尺寸标注样式、带尺寸公差标注样式等,如图 15-22 所示。

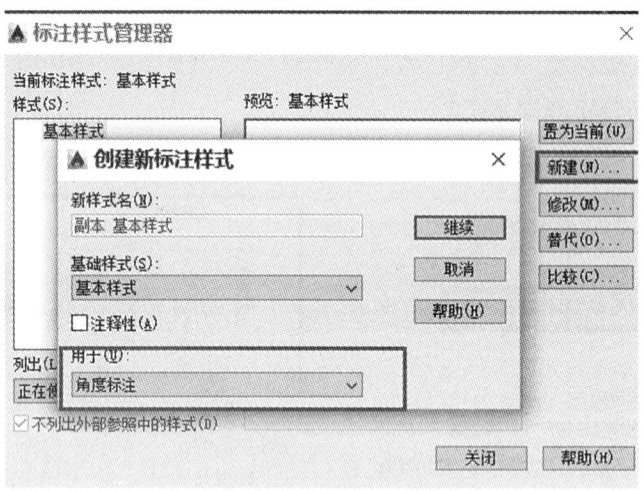

图 15-22 标注样式的新建

15.3 常用机械零件的绘制

15.3.1 轴体零件设计

1. 调用样板图,开始绘新图。

①在绘制一幅新图之前应根据所绘图形的大小及个数,确定绘图比例和图纸尺寸,建立或调用符合国家机械制图标准的样板图。绘图应尽量采用 1∶1 比例,假如我们需要

一张1:5的机械图样,通常的作法是,先按1:1比例绘制图形,然后用比例命令(SCALE)将所绘图形缩小到原图的1/5,再将缩小后的图形移至样板图中。

②如果没有所需样板图,则应先设置绘图环境。设置包括绘图界限、单位、图层、颜色和线型、文字及尺寸样式等内容。

本例选择A3图纸,绘图比例1:1,图层、颜色和线型设置如表15-2所示,全局线型比例1:1。

③用SAVERS命令指定路径保存图形文件,文件名为"轴零件图.dwg"。

表15-2 图层、颜色、线型设置

图层名	颜色	线型	线宽
粗实线	绿色	Continuous	0.5
细实线	白色	Continuous	0.25
虚线	黄色	HIDDEN	0.25
中心线	红色	CENTER	0.25
文字	白色	Continuous	0.25
尺寸	白色	Continuous	0.25

2. 绘制图形

绘图前应先分析图形,设计好绘图顺序,合理布置图形,在绘图过程中要充分利用缩放、对象捕捉、极轴追踪等辅助绘图工具,并注意切换图层。

①绘制主视图。轴的零件图具有一条对称轴,且整个图形沿轴线方向排列,大部分线条与轴线平行或垂直。根据图形这一特点,我们可先画出轴的上半部分,然后用镜像命令复制出轴的下半部分。

方法1:用偏移(OFFSET)、修剪(TRIM)命令绘图。根据各段轴径和长度,平移轴线和左端面垂线,然后修剪多余线条绘制各轴段,如图15-23(a)所示。

图15-23(a) 绘制轴方法1

方法2:用直线(LINE)命令,结合极轴追踪、自动追踪功能先画出轴外部轮廓线,如图15-23(b)所示,再补画其余线条。

图15-23(b) 绘制轴方法2

②用倒角命令(CHAMFER)绘轴端倒角,用圆角命令(FILLET)绘制轴肩圆角,如图15-23(c)所示。

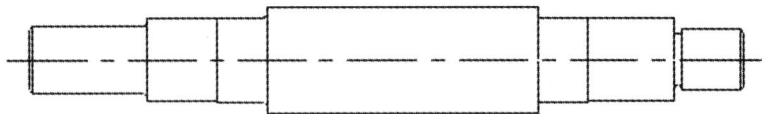

图 15-23(c)　绘制倒角、轴肩圆角

③绘键槽。用样条曲线绘制键槽局部剖面图的波浪线,并进行图案填充。然后用样条曲线命令和修剪命令将轴断开,结果如图 15-23(d)所示。

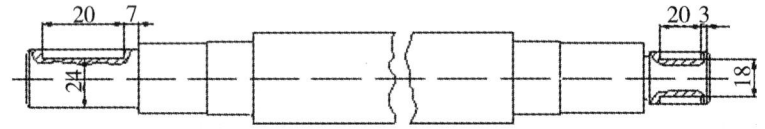

图 15-23(d)　图案填充

④绘键槽剖面图和轴肩局部视图,如图 15-23(e)所示。

图 15-23(e)　绘键槽剖面图、轴肩局部视图

⑤整理图形,修剪多余线条,将图形调整至合适位置。

3. 标注尺寸和形位公差

关于标注尺寸见第 7 章,在此仅以图中同轴度公差为例,说明形位公差的标注方法。

①选择"标注公差"后,弹出"形位公差"对话框,如图 15-24(a)所示。

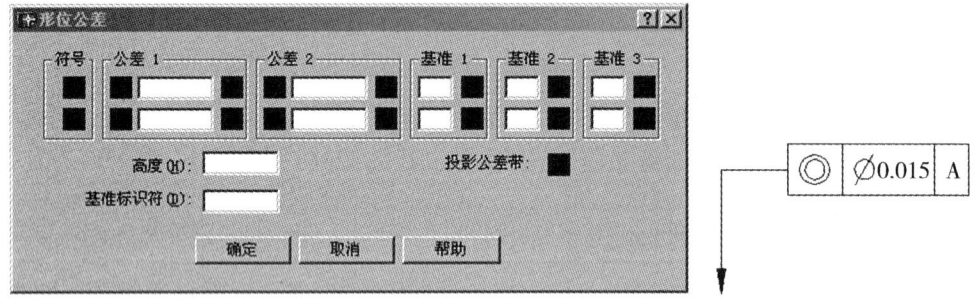

图 15-24(a)　形位公差对话框　　　　　　　　图 15-24(b)　形位公差

②单击"符号"按钮,选取"同轴度"符号"◎"。
③在"公差 1"单击左边黑方框,显示"Φ"符号,在中间白框内输入公差值"0.015"。
④在"基准 1"左边白方框内输入基准代号字母"A"。
⑤单击"确定"按钮,退出"形位公差"对话框。
⑥单击"常用"选项卡中的"注释"面板中的"引线"按钮绘制引线,结果如图 15-24(b)所示。
⑦用引线命令可同时画出指引线并注出形位公差。

4. 书写标题栏、技术要求中的文字

在图纸标题栏中输入"轴",并填写该图相关技术信息,如材料、比例等。

15.3.2 支撑零件设计

1. 绘制基本零件图形

①新建一个二维图形。

②单击"绘图"工具栏中的"圆"按钮,绘制一个半径为 4.5 的圆,如图 15-25 所示。

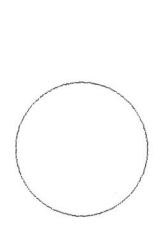 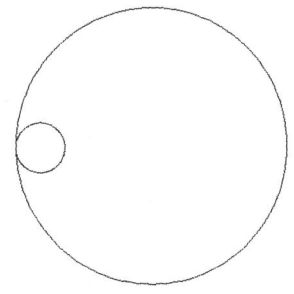

图 15-25 半径 4.5 的圆　　　图 15-26 半径为 19 的圆

③单击"绘图"工具栏中的"圆"按钮,绘制一个半径为 19 的圆,两个圆心的中心位于一条水平线上,圆心距离为 14.4,如图 15-26 所示。

④单击"绘图"工具栏中的"圆"按钮,绘制一个半径为 11 的圆,该圆和第一个圆同心,如图 15-27 所示。

⑤单击"绘图"工具栏中的"圆"按钮,绘制一个半径为 2 的圆,依次选择相切圆,绘制的圆如图 15-28 所示。

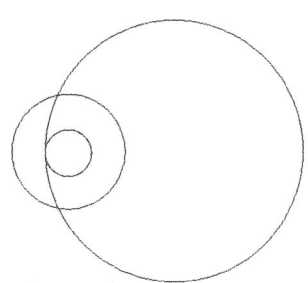 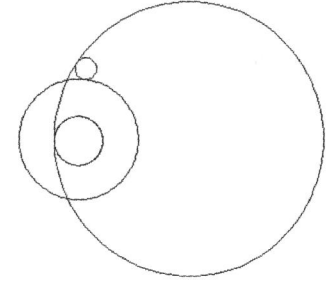

图 15-27 绘制半径为 11 的圆　　　图 15-28 半径为 2 的相切圆

⑥使用相同的方法绘制另一个圆,半径为 8,如图 15-29 所示。

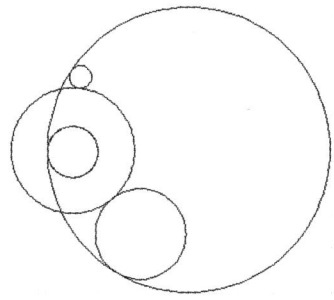

图 15-29 半径为 8 的相切圆

⑦单击"修改"工具栏中的"修剪"按钮,修剪掉不需要的部分,如图15-30所示。

⑧单击"绘图"工具栏中的"圆"按钮,绘制一个半径为29的圆,该圆与已绘制成的最大弧形同心,如图15-31所示。

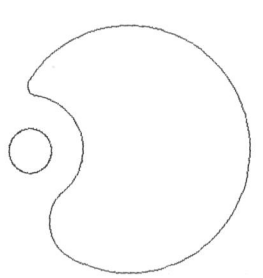 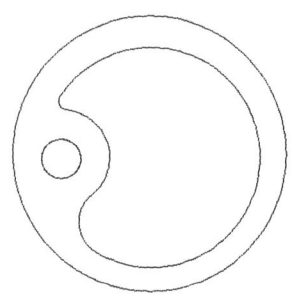

图15-30 修剪图形　　　　　　　图15-31 绘制半径为29的圆

⑨单击"绘图"工具栏中的"直线"按钮,绘制两条直线,位置尺寸如图15-32所示。

⑩单击"绘图"工具栏中的"圆"按钮,绘制一个半径为7.5的圆,该圆位置尺寸如图15-33所示。

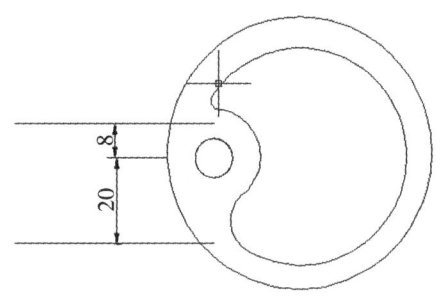 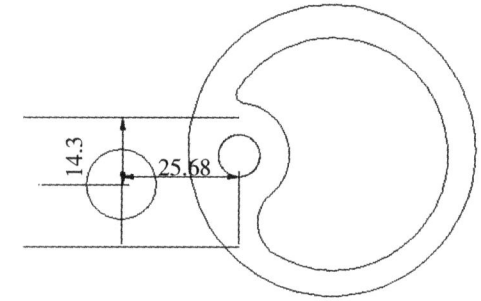

图15-32 绘制直线　　　　　　　图15-33 绘制半径为7.5的圆

⑪单击"绘图"工具栏中的"直线"按钮,绘制两条直线,位置尺寸如图15-34所示。

⑫单击"绘图"工具栏中的"圆"按钮,绘制一个半径为12的圆,和两条直线相切,如图15-35所示。

⑬单击"修改"工具栏中的"修剪"按钮,修剪掉不需要的部分。

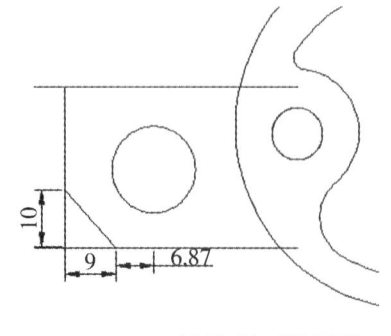 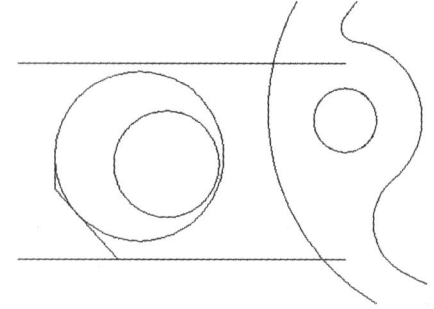

图15-34 绘制直线　　　　　　　图15-35 绘制圆

2.绘制完整的零件图形

①选择"常用"选项卡的"特性"面板中的"线型"下拉列表,选择CENTER选项。

②单击"绘图"工具栏中的"直线"按钮,绘制中心线和三条斜线,尺寸如图15-36所示。

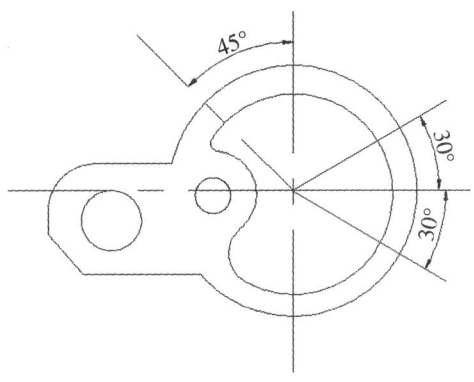

图15-36 绘制中心线

③恢复默认线型,单击"绘图"工具栏中的"圆"按钮,绘制三个圆,如图15-37(a)所示。完成后单击"修改"工具栏中的"修剪"按钮,修掉不需要的部分,如图15-37(b)所示。

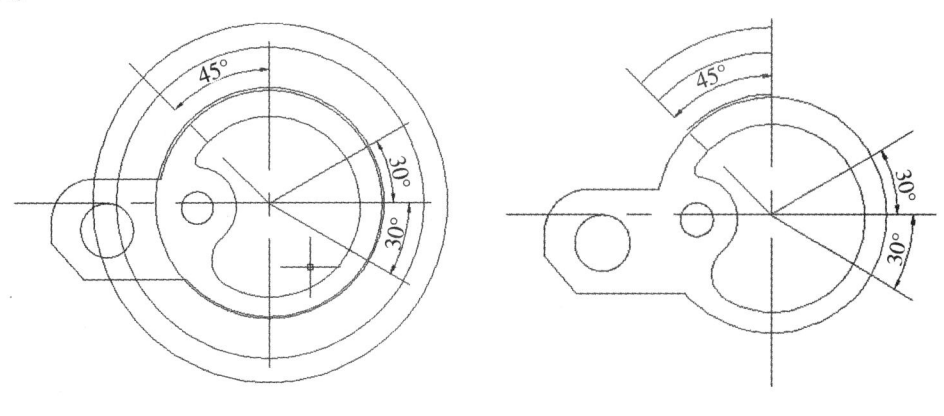

图15-37(a) 绘制圆　　　　　　　图15-37(b) 修剪图形

④单击"绘图"工具栏中的"圆弧"按钮,绘制圆弧,如图15-38所示。

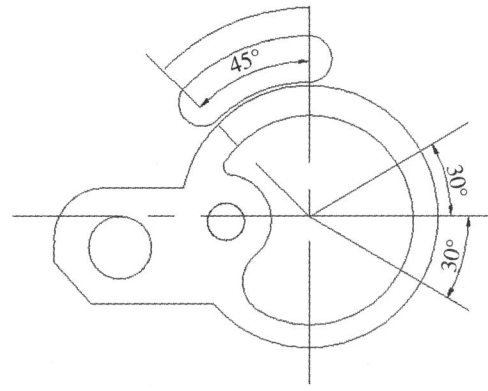

图15-38 绘制圆弧

⑤单击"绘图"工具栏中的"圆"按钮,绘制一个半径为 9.6 的圆,如图 15-39 所示。

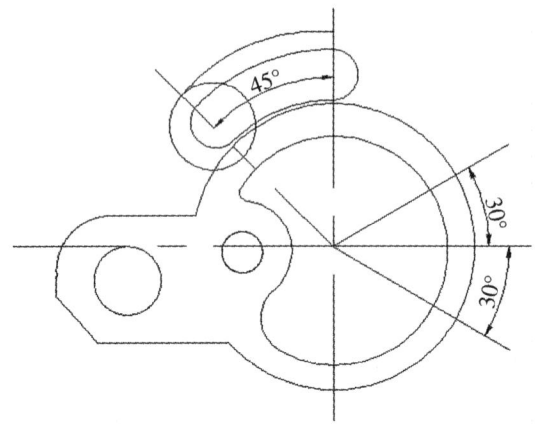

图 15-39 绘制半径为 9.6 的圆

⑥单击"绘图"工具栏中的"圆"按钮,绘制半径为 12.48 的圆,和两条圆弧相切。
⑦单击"修改"工具栏中的"修剪"按钮,修掉不需要的部分,如图 15-40 所示。

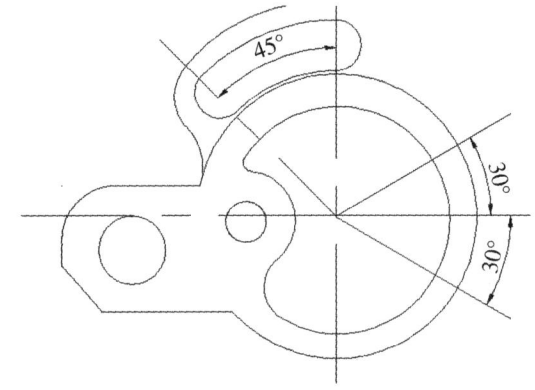

图 15-40 修剪图形

⑧单击"绘图"工具栏中的"圆"按钮,绘制半径为 10 的圆。
⑨单击"绘图"工具栏中的"圆"按钮,绘制半径为 12 的圆,和两条圆弧相切。
⑩单击"修改"工具栏中的"修剪"按钮,修剪掉不需要的部分,如图 15-41 所示。

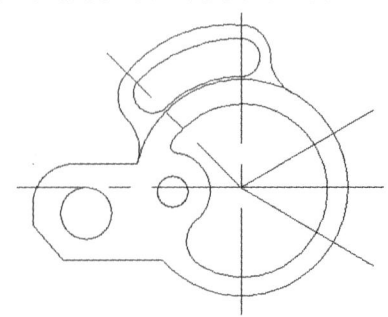

图 15-41 绘制圆之后修剪图形

⑪选择"常用"选项卡中的"特性"面板中的"线型"下拉列表框,选择 CENTER 选项,

单击"绘图"工具栏中的"圆"按钮,绘制圆。

⑫恢复默认线型,单击"绘图"工具栏中的"圆"按钮,绘制两个圆,如图 15-42 所示。

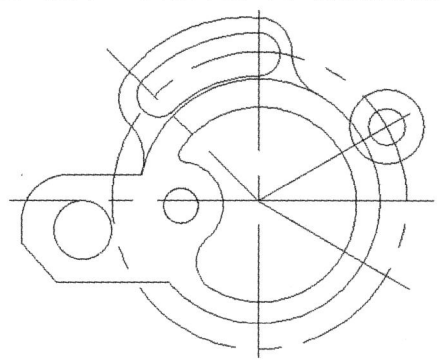

图 15-42　绘制圆

⑬单击"绘图"工具栏中的"圆"按钮,绘制两个半径为 5 的圆,和两条圆弧相切。

⑭单击"修改"工具栏中的"修剪"按钮,修剪掉不需要的部分,如图 15-43 所示。

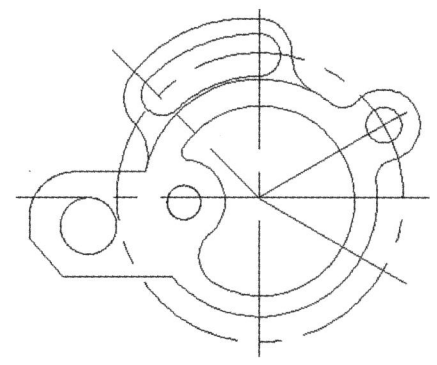

图 15-43　绘制相切圆及修剪图形

⑮恢复默认线型,单击"绘图"工具栏中的"圆"按钮,绘制三个圆。

⑯单击"绘图"工具栏中的"直线"按钮,绘制直线。

⑰单击"修改"工具栏中的"修剪"按钮,修剪掉不需要的部分,如图 15-44 所示。

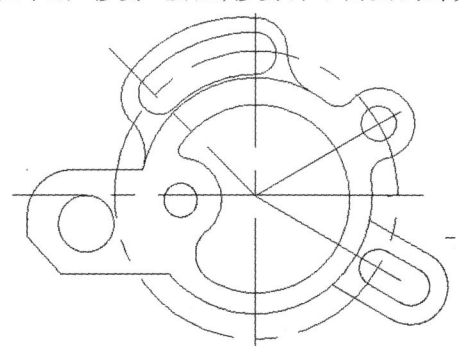

图 15-44　绘制圆及修剪图形

⑱单击"修改"工具栏中的"圆角"按钮,设置圆角弧度半径为 7,进行倒圆角,如图 15-45 所示。

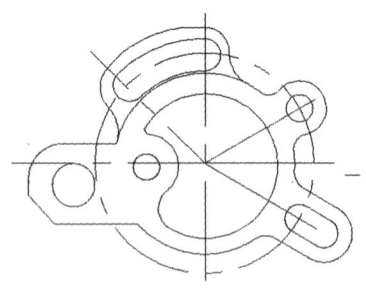

图 15-45　倒圆角

3. 标注零件

单击"常用"选项卡的"注释"面板中的"线性"按钮,进行线性标注,然后进行其他标注,这里就不在详细介绍了,标注完成后,这个零件图就绘制完成了。

15.3.3　箱体零件设计

调用样板图开始绘新图同轴体零件绘制实例。

1. 绘制图形

①打开正交、对象捕捉、极轴追踪功能,并设置 0 层为当前层,用直线(LINE)、偏移(OFFSET)命令绘制基准线,如图 15-46(a)所示

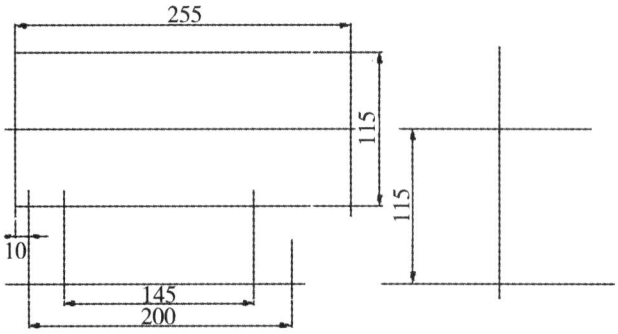

图 15-46(a)　绘基准线

②绘主视图、左视图上半部分。用偏移(OFFSET)、修剪(TRIM)命令绘制主视图及左视图上半部分。用画圆命令(CIRCLE)绘 φ115、φ80 圆。对称图形可只画一半,另一半用镜像命令(MIRROR)复制,结果如图 15-46(b)所示。

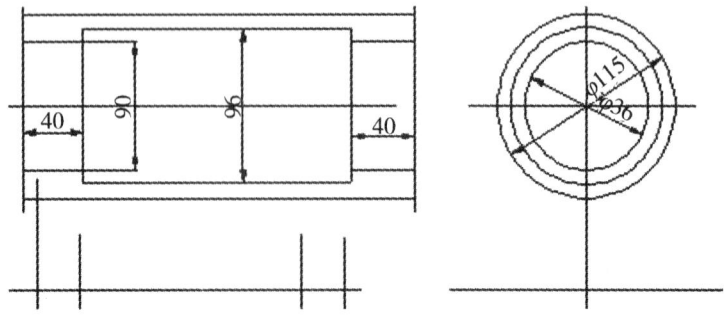

图 15-46(b)　主视图上半部分

③绘主视图、左视图下半部分。先绘制左视图下半部分左侧图形,用镜像命令复制出右侧图形。然后绘制主视图下半部分图形,注意投影关系,如图 15-46(c)所示。

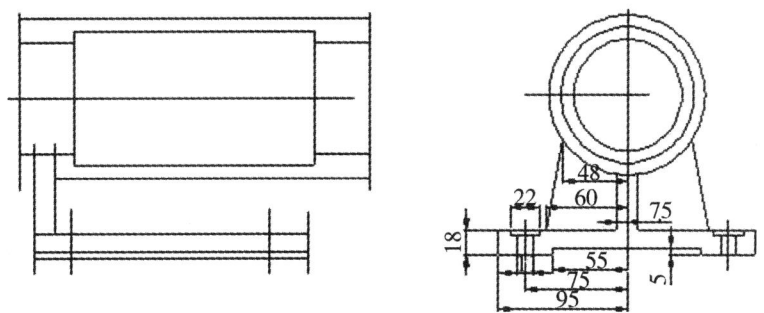

图 15-46(c) 主视图、左视图下半部

④作辅助线 AB,以 A 点为圆心,以 R95 为半径作辅助圆,确定圆心 O。以 O 点为圆心,绘 R110、R95 两圆弧,如图 15-46(d)所示。

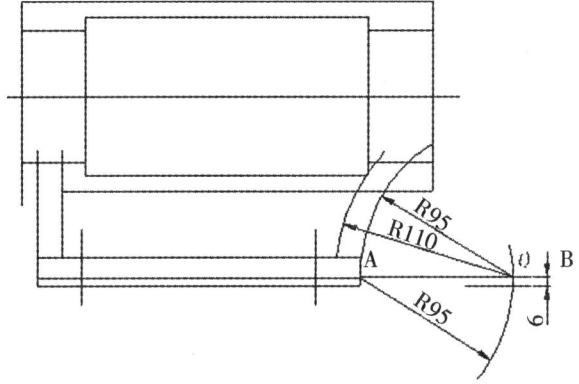

图 15-46(d) 绘 R95、R110 圆弧

⑤绘 M8 螺纹孔。在中心线图层,用环形阵列绘制左视图螺纹孔中心线,如图 15-46(e)所示。

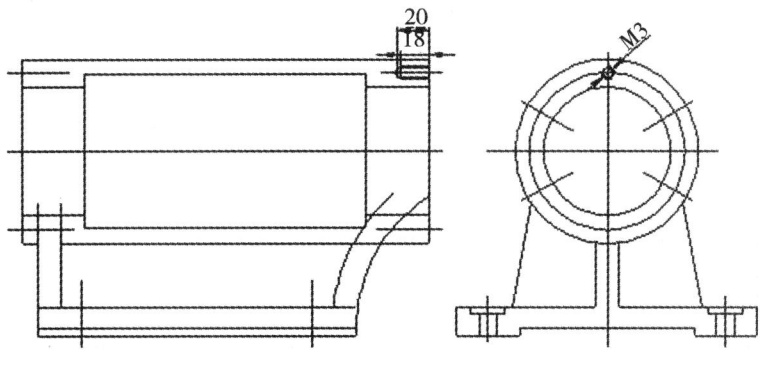

图 15-46(e) M8 螺纹孔

⑥倒角、绘波浪线。

用倒角命令(CHAMFER)绘主视图两端倒角,用圆角命令(FILLET)绘制各处圆角。用样条曲线绘制波浪线。结果如图 15-46(f)所示。

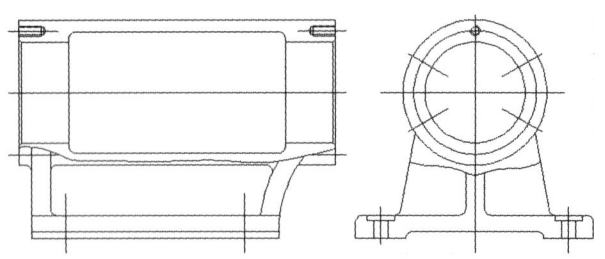

图 15-46(f) 倒角、绘波浪线

⑦绘俯视图并根据制图标准修改图中线型。

绘俯视图并将图中线型分别更改为粗实线、细实线、中心线和虚线。如图 15-46(g)所示。

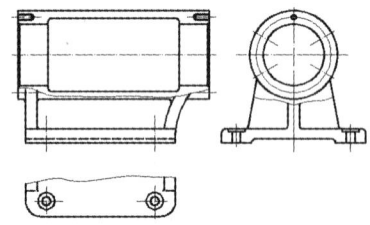

图 15-46(g) 绘俯视图、轮廓线

⑧用剖面线命令(Hatch)绘剖面线,结果如图 15-46(h)所示。

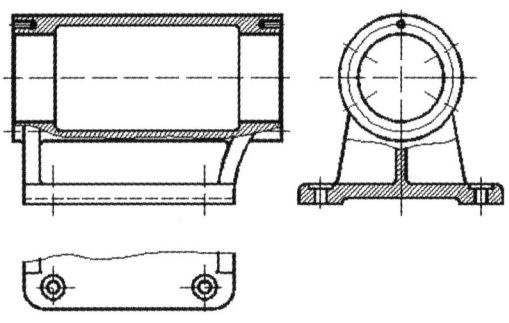

图 15-46(h) 绘剖面线

⑨标注尺寸、书写标题栏及技术要求。

座体零件图绘制完成。

15.3.4 吊钩零件设计

吊钩类零件在机械工程领域中的起重机械中经常见到的一种吊具。吊钩通常借助于滑轮组等部件悬挂在起升机构的钢丝绳上。其在绘图过程中主要是由圆来组成,最终通过修剪而得来。本节以图 15-47(a)绘制吊钩为例,介绍吊钩类零件的绘制方法和绘制过程。

由图 15-47(a)可以看出,吊钩在绘制过程中主要组成元素为圆,因此本图绘制的主要目的是要求学生灵活掌握圆的各种画法。难点是各个圆位置的确定以及修建出所需要部分。通过分析本图可以得出绘制吊钩过程中基准线绘制的必要性与重要性。绘制本图中的吊钩要用的到命令主要有:图层 LA、直线 L、圆 C、偏移 O、圆角 F、倒角 CHA 等。

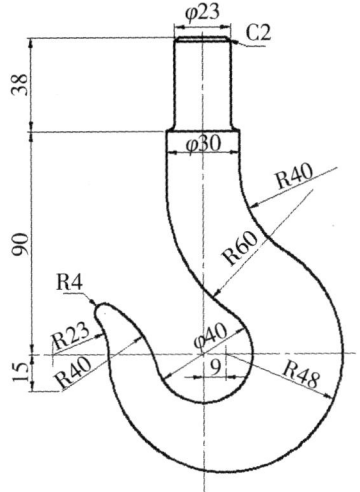

图 15-47(a)　绘制吊钩零件

绘制步骤：

1. 设置绘图单位

用公制默认设置创建图形文件。

单击常用工具栏上"新建"按钮，或菜单栏"文件"|"新建";出现"autocad"菜单，选择"创建图形"选项卡中"默认设置"|"公制";

2. 设置图层

点击"图层"命令设置图层,创建"中心线"、"轮廓线"两个图层,并编辑各图层特性,如图 15-47(b)。

①单击"图层特性",在弹出对话框中新建两个图层,并选中图层,单击键盘上"F2"按钮将图层名称更改为"中心线"和"轮廓线"。

②更改"中心线"图层颜色为红色,线性为"CENTER",线宽默认。其中线性中若没有所需要的"CENTER"线型可通过加载获取。"轮廓线"图层颜色为黑色,线型为默认"continuous",因在机械绘图中轮廓线应为加粗黑色实线,所以线宽设置为 0.3mm。

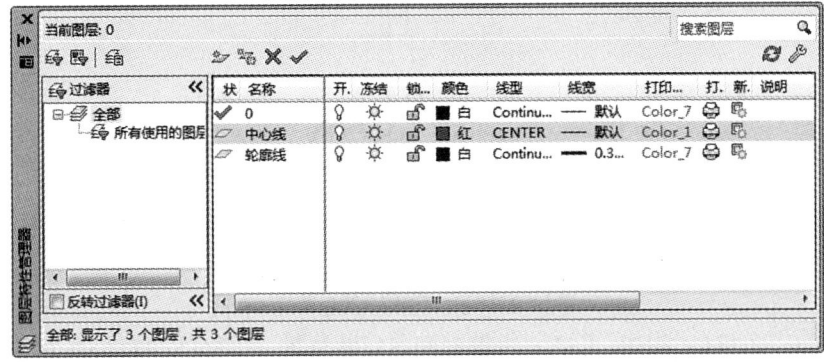

图 15-47(b)　图层特性

3. 画图操作步骤

将"中心线"层设为当前层,用"直线 L"命令绘制中心线做为基准线;

将"轮廓线"层设为当前层,使用"直线 L"、"偏移 O"、"倒角 CAH"、"修剪 TR"命令配合绘制出图形的圆柱部分;

单击绘图工具栏上"圆 C"按钮 ⊙,将鼠标移到两中心线交点处,出现捕捉光标时单击画圆,在命令行中直径(D)后面输入 40,并回车。再用"圆 C"的相切、相切、半径方法分别画出圆 R60、R40,如图 15-47(c)所示。

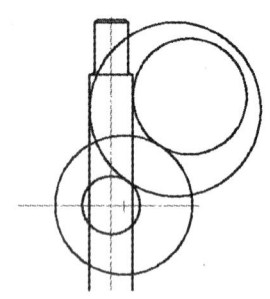

图 15-47(c)　绘制中心线、圆柱、圆

再用"修剪 TR"删除多余线条,如图 15-47(d)所示。

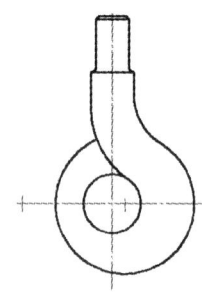

图 15-47(d)　修剪轮廓线

再用"偏移 O"命令得到圆 R23 和 R40 的圆心并画 R23 和 R40 的圆。其中 R40 的圆通过"相切、相切、半径"的方法得到,并进行修剪,如图 15-47(e)所示。

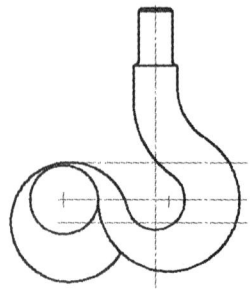

图 15-47(e)　绘制圆并修剪轮廓线

用"圆 C"的相切、相切、半径方法得到圆 R4,并修剪,如图 15-47(f)所示。

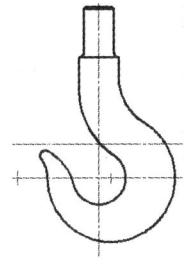

图 15-47(f)　圆角命令绘制 R4 并修剪

4. 保存退出

单击"文件"|"保存",或单击常用工具栏上"保存"按钮 ,在"图形另存为"对话框中,选择某一文件夹;并在"文件名"中输入"吊钩",单击"保存"按钮,保存图形文件。

15.3.5　轮盘零件设计

轮盘类零件包括端盖、阀盖、法兰盘、齿轮等,这类零件的基本形状一般为回转体或者其他几何形状的扁平的盘状体,通常还带有各种形状的凸缘、均布的圆孔和肋等局部结构。本节以齿轮零件如图 15-48(a)所示为例,介绍轮盘类零件的绘制方法和绘制过程。

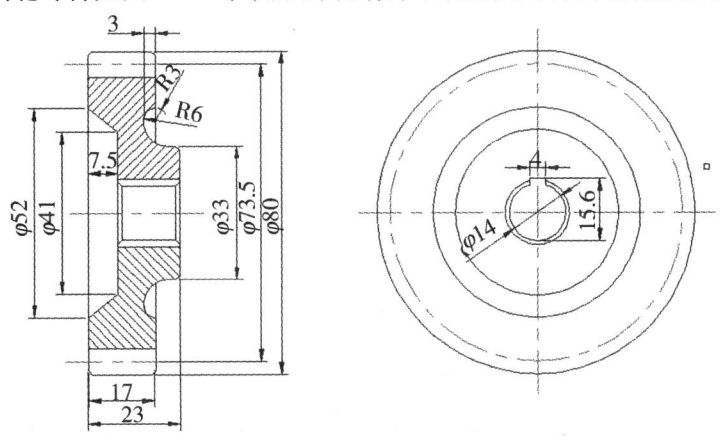

图 15-48(a)　齿轮零件图

由图 15-48(a)可以看出,主视图相对于水平中心线基本对称,主要由直线组成,因此可以使用直线命令绘制上半部分或者下半部分,然后利用镜像命令得出全图,并加以修改就可绘制完成。而左视图基本上是由圆构成,并相对于竖直中心线对称,因此可以绘制圆以后利用直线命令进行修改完成。本图中所需要使用的命令有:直线、圆、图案填充、镜像、修剪、倒角、圆角。

绘图步骤:

1. 设置绘图单位

用公制默认设置创建图形文件

单击常用工具栏上"新建"按钮 ,或菜单栏"文件"|"新建";出现"autocad"菜单,选择"创建图形"选项卡中"默认设置"|"公制";

2. 设置图层

点击"图层"命令设置图层,创建"中心线"、"轮廓线"、"填充线"三个图层,并编辑各图层特性,如图 15-48(b)。

①单击"图层特性",在弹出对话框中新建三个图层,并选中图层,单击键盘上"F2"按钮将图层名称更改为"中心线"、"轮廓线"和"填充线"。

②更改"中心线"图层颜色为红色,线性为"CENTER",线宽默认。其中线性中若没有所需要的"CENTER"线型可通过加载获取。"轮廓线"图层颜色为黑色,线型为默认"continuous",因在机械绘图中轮廓线应为加粗黑色实线,所以线宽设置为 0.3 mm。"填充线"图层各项特性均设置为默认即可。

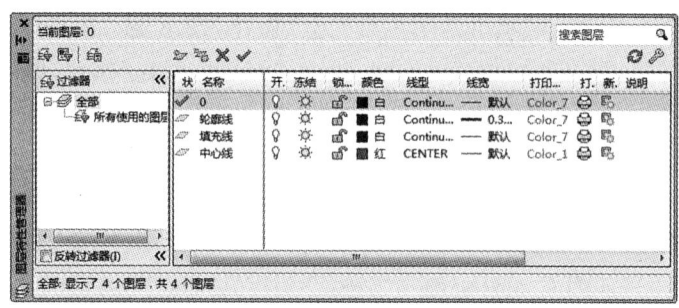

图 15-48(b) 图层的创建

3. 绘图操作过程

首先设置中心线图层为当前图层,单击"绘图"工具栏中的直线命令,绘制中心线。然后将当前图层设置为轮廓线层,单击"绘图"工具栏中的圆命令,绘制左视图中的轮廓圆,如图 15-48(c)所示。

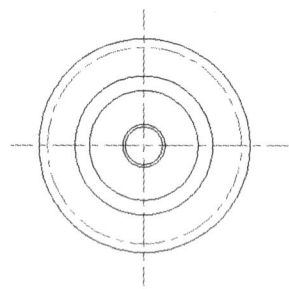

图 15-48(c) 左视图轮廓绘制

使用直线、偏移、镜像、修建、删除命令绘制键槽,如图 15-48(d)所示。

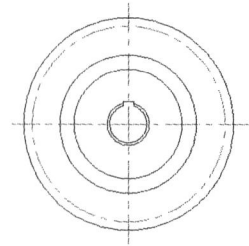

图 15-48(d) 左视图键槽绘制

根据已完成的左视图,使用直线命令绘制辅助线,如图15-48(e)所示。

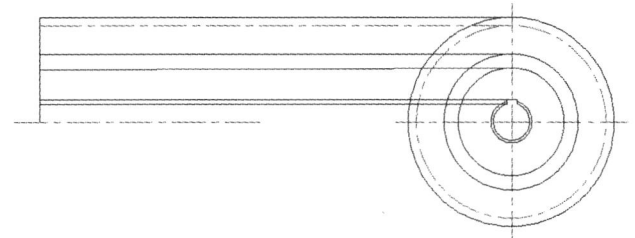

图15-48(e)　主视图水平辅助线绘制

使用偏移命令作主视图竖直辅助线,如图15-48(f)所示。

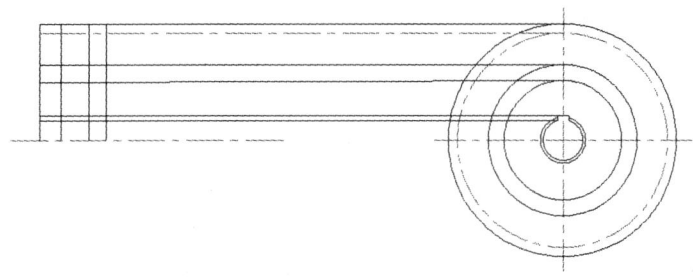

图15-48(f)　主视图竖直辅助线绘制

使用修建和直线命令,修改图形。对于比较复杂的图形,需要修建的直线比较多时,可以由外望内修建,直至完成。修改结构如图15-48(g)所示。

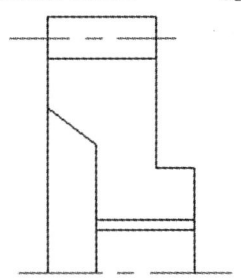

图15-48(g)　主视图修剪

使用圆命令绘制主视图上的两端小圆弧,如图15-48(h)所示。

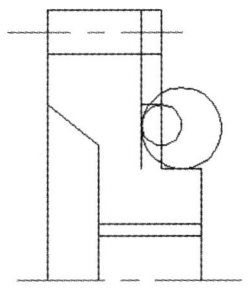

图15-48(h)　主视图小圆弧绘制

修剪并倒角,结果如图15-48(i)所示。

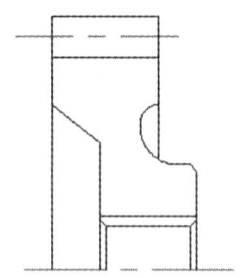

图 15-48(i)　主视图修剪、倒角

使用镜像命令,完成主视图的绘制,并利用图案填充绘制剖面线,如图 15-48(j)所示。

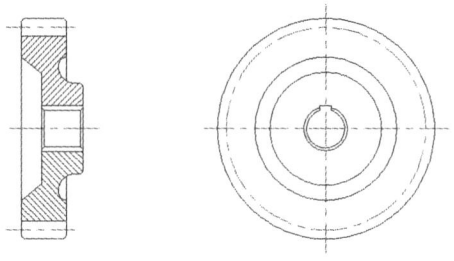

图 15-48(j)　主视图完成

4. 保存退出

单击"文件"|"保存",或单击常用工具栏上"保存"按钮 ,在"图形另存为"对话框中,选择某一文件夹;并在"文件名"中输入"齿轮",单击"保存"按钮,保存图形文件。

15.4　机械综合图绘制实例

要求绘制图 15-49(a)所示的压盖零件图,首先应根据经常性的制图任务内容,按照图幅和零件类型做好多个典型模板,把自己制图的模板设置保存好,然后方便以后绘图过程中调用,提高绘图效率。

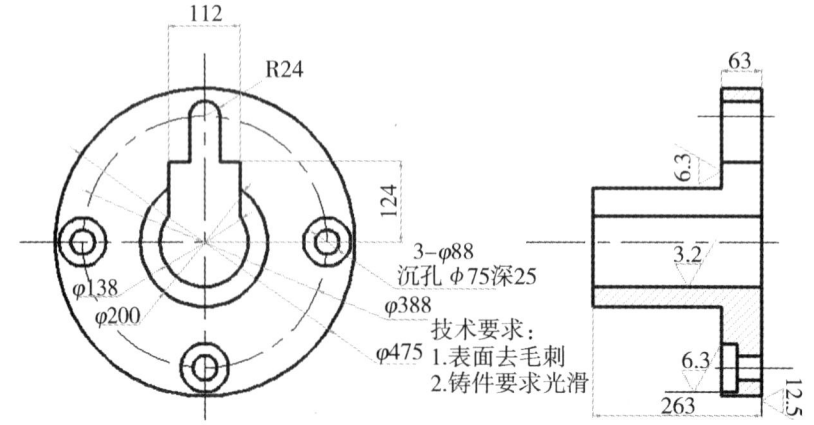

图 15-49(a)　压盖零件图

15.4.1 机械制图模板的创建

1. 设定图形界限和图形单位

单击"新建"文件按钮,打开一个新的文件,单击"格式"菜单中的"图形界限"命令,设定图形界限为左下角(0,0),右上角为(2000,2000)。并用 Z 命令缩放视图到全视图模式。

单击"格式"菜单中的"单位"命令,打开"单位设定"对话框,设定图形单位精确到小数点后一位即0.0。

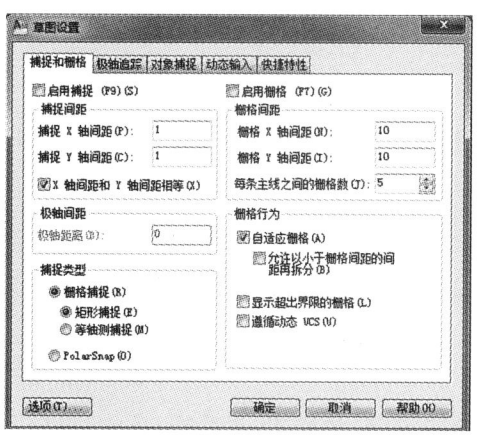

图 15-49(b) 捕捉和栅格的设定

2. 设定对象捕捉和栅格捕捉

单击打开状态栏上的"对象捕捉"设置对话框,将捕捉 x、y 轴的间距设定为 1,并将对象捕捉、栅格捕捉启用,如图 15-49(b)所示。

3. 设定机械绘图常用图层

按照图 15-49(c)所示,设定线型、图层颜色以及线宽。

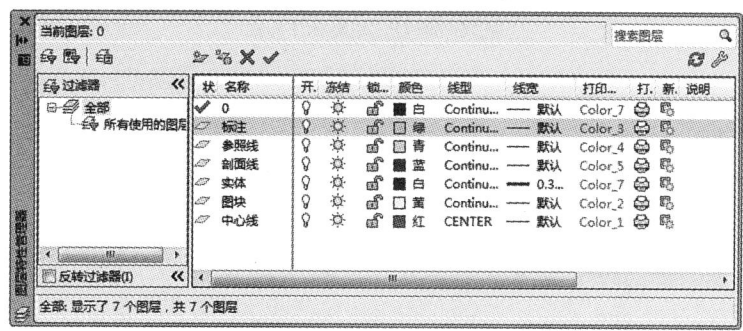

图 15-49(c) 设定图层

4. 设定文字样式

单击打开"格式"菜单中的"文字样式"对话框,新建一文字样式,命名为"mechanical"样式,如图 15-49(d)所示。然后根据具体工作环境和书写要求,选择相关的字体名、字体样式等,本例中我们选择"仿宋"字体,文字宽度为 0.7。单击"应用"按钮,退出"文字样式"管理对话框,如图 15-49(e)所示。

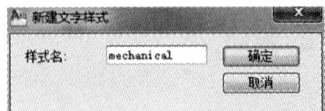

图 15-49(d) 新建文字样式

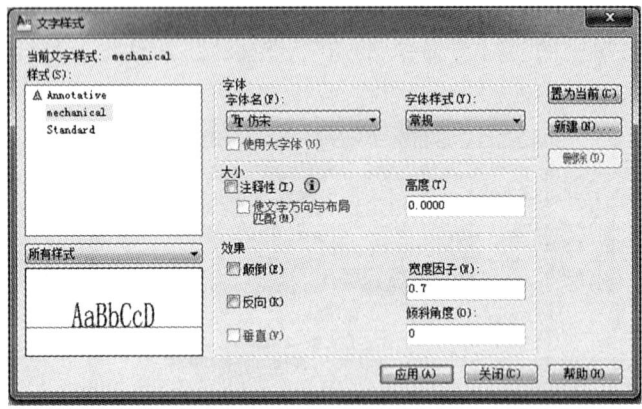

图 15-49(e) 设定文字样式

5. 设定标注样式

单击打开"格式"菜单中的"标注样式"对话框,新建"机械"标注样式,如图 15-49(f)所示。单击"继续"按钮弹出"新标注样式:"机械"对话框,如图 15-49(g)所示。

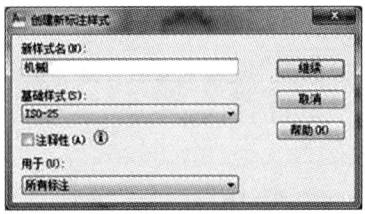

图 15-49(f) 新建标注样式

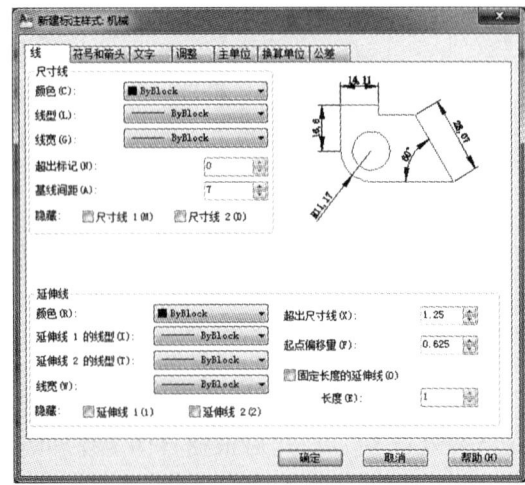

图 15-49(g) 设定标注样式

在"新标注样式:机械"对话框中,调整"线"选项,基线间距调整为7。调整"符号和箭头"选项,更改箭头大小为5。继续在"新标注样式:机械"对话框中,调整文字选项,文字高度设置为5,文字标准设置为ISO标准,如图15-49(h)所示。

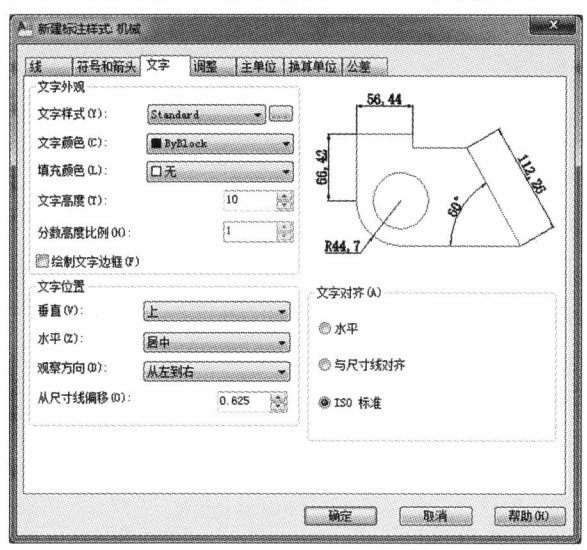

图15-49(h)　设定标注样式文字参数

6.保存文件

将建立好的绘图模板存盘,便于以后使用过程中调用。单击"文件"菜单栏下的"保存"按钮,弹出"保存"对话框,将其保存为"机械"图形模板。

15.4.2　基准线的绘制

在开始正式绘图之前,应首先绘制中心线,下面介绍主视图和左视图中心线的绘制。由于主视图用于反映实形特征,那么应先绘制主视图的中心线。

①将中心线图层选为当前图层,然后在绘图区域适当的位置画出直径为338mm的中心线圆,如图15-50(a)所示。打开"捕捉"、"正交"功能,待捕捉到圆的中心后画出水平中心线、垂直中心线。

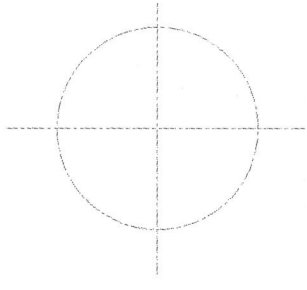

图15-50(a)　绘制中心线

②利用象限捕捉工具,依据高平齐、长对正原则,画出左视图沉孔的中心线。利用象限捕捉绘图功能绘制,如图15-50(b)所示。

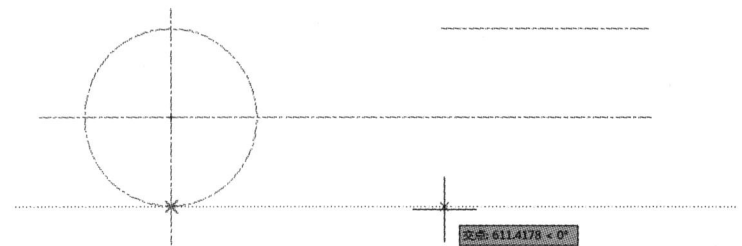

图 15-50(b)　绘制左视图中心线

③中心线绘制完成效果图,如图 15-50(c)所示。

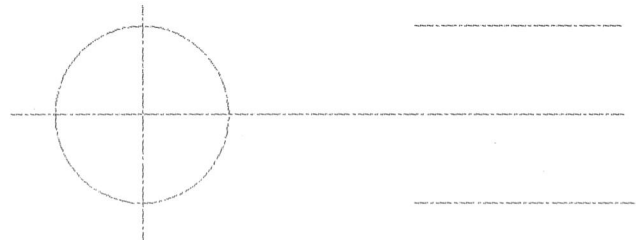

图 15-50(c)　中心线完成图

15.4.3　绘制主视图

①首先将实体图层设为当前图层,然后绘制压盖大端直径为 475 的外轮廓圆,如图 15-51(a)所示。

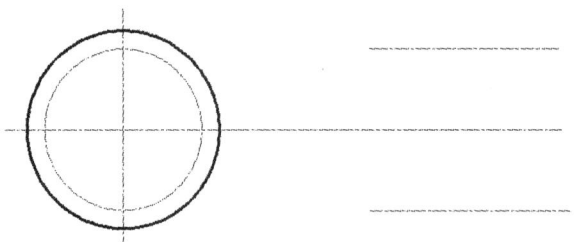

图 15-51(a)　绘制压盖外轮廓圆

②绘制压盖端面上的三个沉孔。首先在图 15-51(b)所示的位置绘制直径为 75、38 的两个同心圆。然后利用"复制"命令,将两个同心圆复制到水平轴线与中心圆相交的位置上,如图 15-51(c)所示。

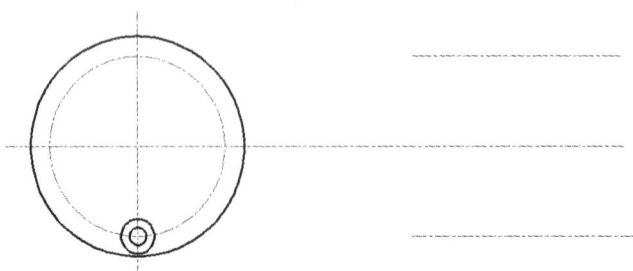

图 15-51(b)　绘制沉孔同心圆

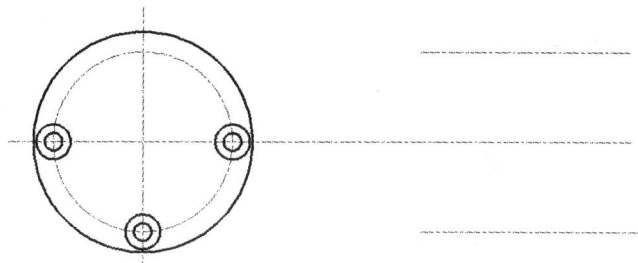

图 15-51(c)　复制同心圆

③绘制压盖内导柱体部分。

先画出导柱内、外圆,其直径分别为 158 和 200,如图 15-51(d)所示。

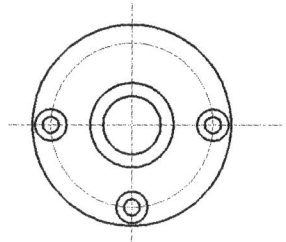

图 15-51(d)　绘制导柱内、外圆

然后绘制导柱及压盖切掉的部分形状:先画出如图 15-51(e)所示的方框,其两端离中心的距离是 56、高度是 124;然后利用"修剪"功能剪去多余的线段,如图 15-51(f)所示。

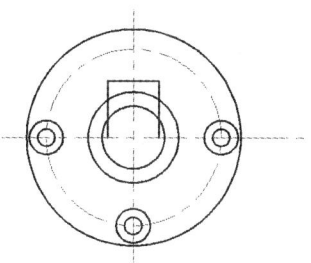
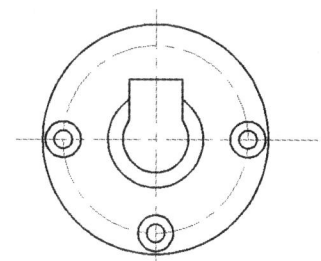

图 15-51(e)　绘制方框　　　　图 15-51(f)　修剪相交部分

④在中心线与中心圆交点处画一半径为 24 的圆,并从圆与中心圆的交点处作两条垂线与矩形线框相交,如图 15-51(g)所示。修剪多余线段使中间成一个孔状,完成的主视图如图 15-51(h)所示。

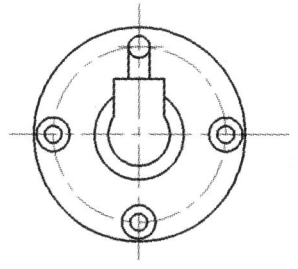
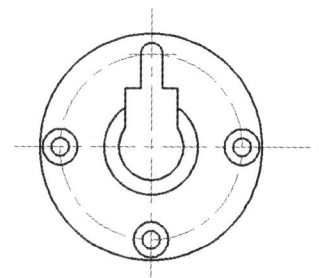

图 15-51(g)　绘制圆与两切线　　　　图 15-51(h)　修剪相交部分

15.4.4 绘制左视图

①根据视图关系,绘制压盖的底面线,如图15-52(a)所示。

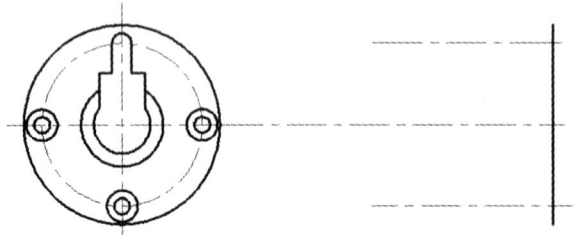

图 15-52(a)　底面线绘制

②利用"偏移"命令,绘制距离底面线分别为63、263的两根平行线段,如图15-52(b)所示。

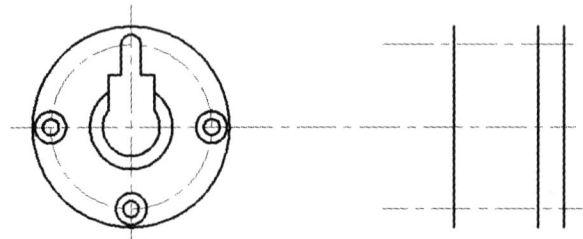

图 15-52(b)　绘制两平行线段

③绘制压盖底盘面及上、下边线的投影线,如图15-52(c)所示。

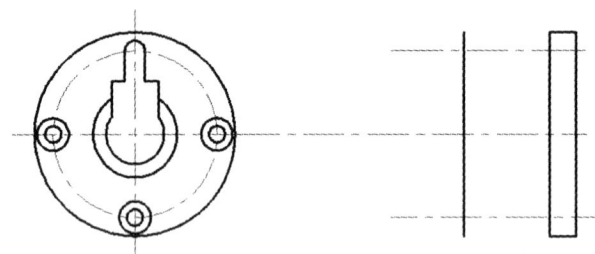

图 15-52(c)　绘制上、下边线

④利用投影关系绘制压盖导柱的边框投影线,如图15-52(d)所示

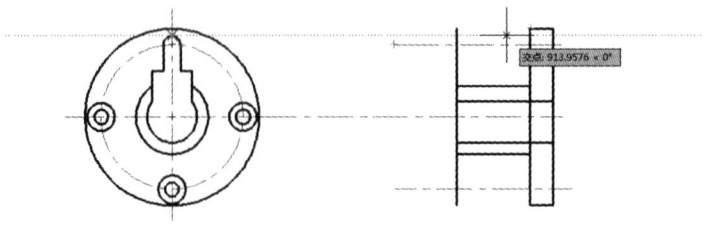

图 15-52(d)　绘制导柱投影线

⑤绘制通孔在压盖盘体上的部分,如图 15-52(e)所示。

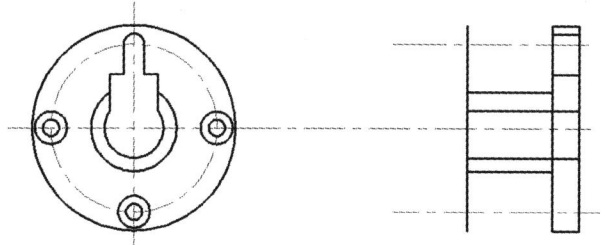

图 15-52(e)　绘制通孔

⑥修剪多余线段后完成柱体部分绘制,如图 15-52(f)所示。

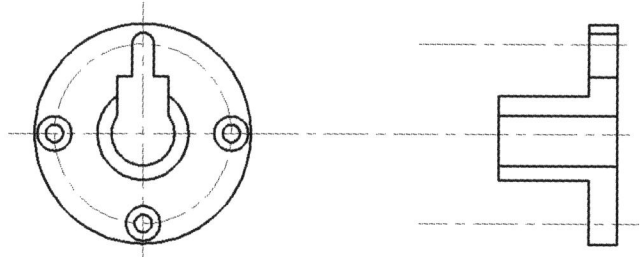

图 15-52(f)　修剪多余线段

⑦绘制沉孔。还是利用"象限捕捉",绘制一深度为 25mm 的沉孔,如图 15-52(g)所示。

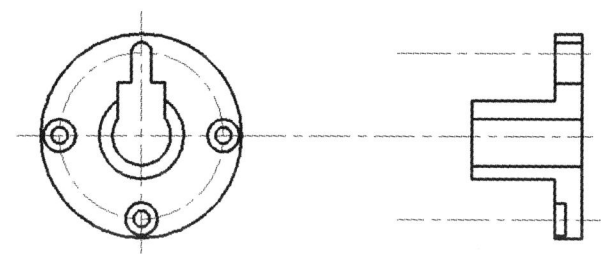

图 15-52(g)　绘制沉孔一

⑧补齐通孔线条完成左视图绘制,如图 15-52(h)所示。

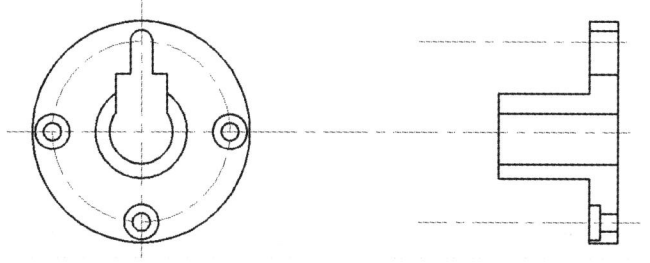

图 15-52(h)　绘制沉孔二

15.4.5 尺寸标注

①调整标注图层为当前图层,当前标注样式为机械样式,修改机械样式的全局比例为2,如图15-53(a)所示。

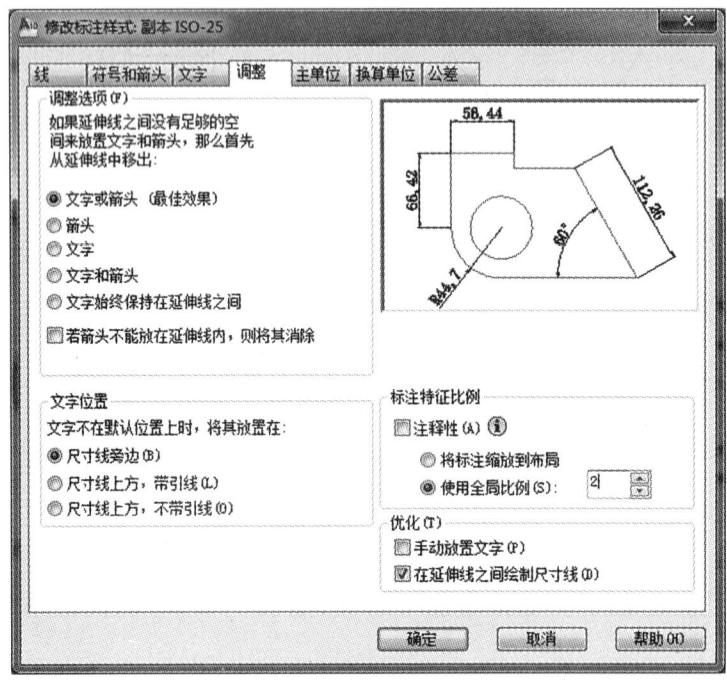

图15-53(a) 修改标注样式

②标注主视图几个同心圆的尺寸,如图15-53(b)所示。

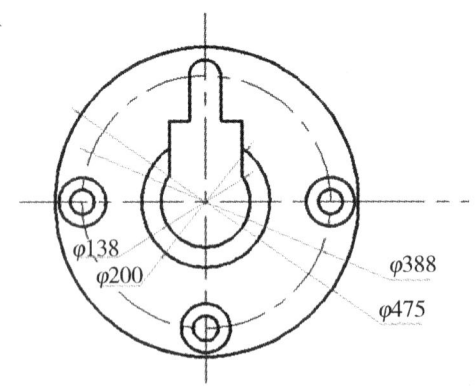

图15-53(b) 同心圆尺寸

③利用"直径标注",标注图中沉孔的尺寸。选中沉孔内径,拖动鼠标到图示位置;单击鼠标右键弹出菜单,选"多行文字"选项。在弹出的"多行文字"对话框中,调整文字高度为5。在文字编辑框中输入"3-φ38 沉孔％％c75 深25",如图15-53(c)所示。图中,φ用前缀"％％c"来表述,如图15-53(d)所示。

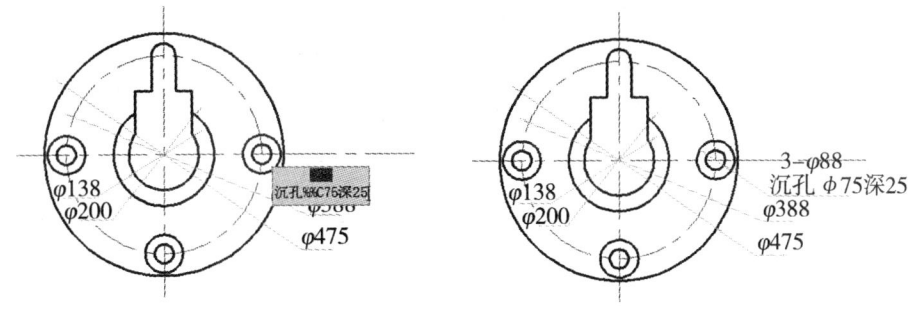

图 15-53(c) 输入沉孔的参数　　图 15-53(d) 标注沉孔尺寸

④标注主视图中的其他尺寸。半径为 24 的内孔半圆,线形尺寸宽 112、高 124,如图 15-53(e)所示。

⑤标注左视图尺寸。主要是压盖厚度 63 以及导柱深度尺寸 263,如图 15-53(f)所示。

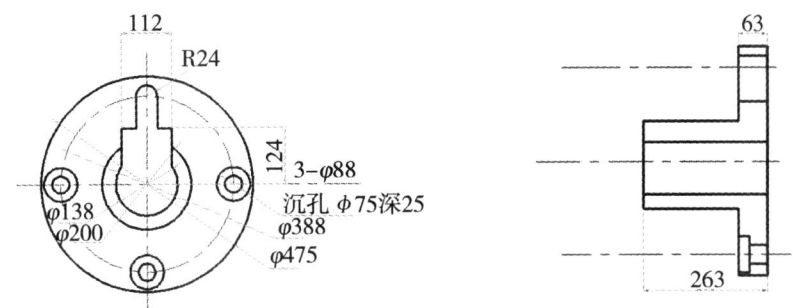

图 15-53(e) 标注主视图尺寸　　图 15-53(f) 标注主视图尺寸

⑥在图形下方空白处标注技术要求。技术要求采用绘图工具栏的多行文字完成,完成后可以根据版面移动到合适位置,如图 15-53(g)所示。

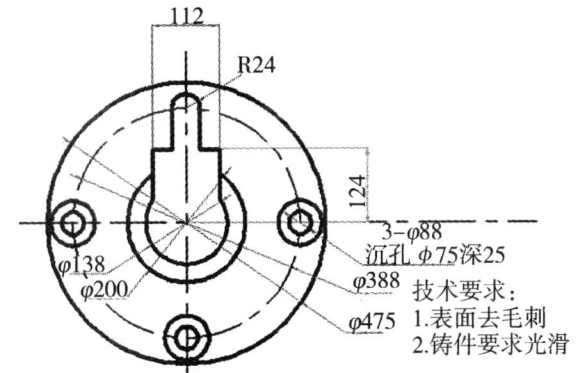

图 15-53(g) 多行文字编写技术要求

15.4.6　粗糙度与剖面线编辑

①按照图 15-54(a)所示,在标注层中绘制表面粗糙度符号。然后单击"绘图/块/定义属性",出现"属性定义"对话框,如图 15-54(b)所示。在"标记"框中输入 6.3,在提示框中输入粗糙度。单击"拾取点"按钮,拾取粗糙度上边靠右位置,然后在"属性定义"对

话框中"对正"选择右下,单击"确定",出现图 15-54(c)所示图形。至此表面粗糙度块建立完成,在需要位置插入块,然后完成粗糙度标注,如图 15-54(d)所示。

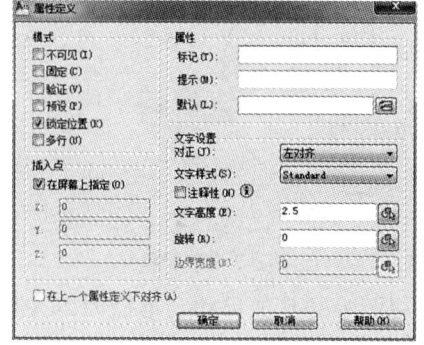

图 15-54(a)　粗糙度符号　　　　　　　　图 15-54(b)　块属性定义

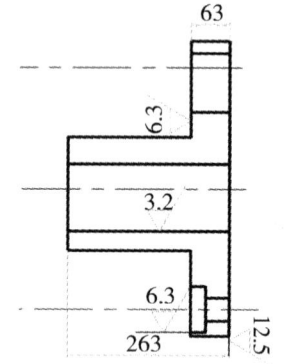

图 15-54(c)　粗糙度块的创建　　　　　　图 15-54(d)　粗糙度标注

② 调整图层到剖面线图层,单击"绘图"菜单下的"图案填充"命令,选择图案为 ANSI31,调整比例为 3,如图 15-54(e)所示。

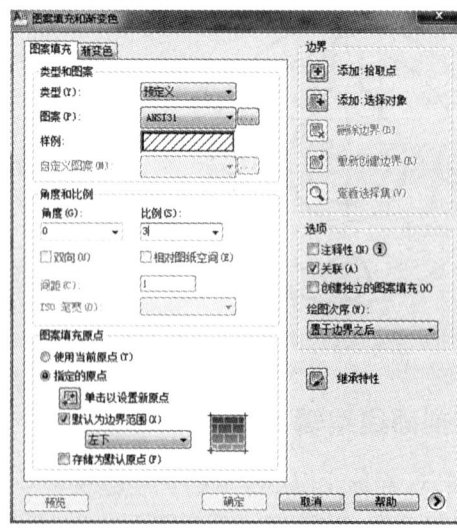

图 15-54(e)　剖面线设置

③选择对话框中的"添加:拾取点"选择要打上剖面线的区域,单击确定完成图案填充,如图15-54(f)所示。

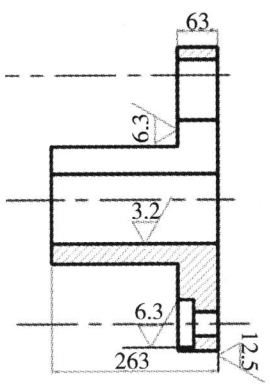

图15-54(f) 完成剖面线填充

15.4.7 图形修整

利用修剪、打断等工具,将过长的中心线修整、删除作图辅助线,得到最终效果图。

附录　AutoCAD主要命令与快捷键汇总附录

快捷键	执行命令	命令说明
A	ARC	圆弧
AA	AREA	周长
AL	ALING	指定一对、两点或三对原点和定义点,以对齐选定对象
AR	ARRAY	阵列
B	BLOCK	创建块
BO	BOUNDARY	创建封闭边界
BR	BREAK	打断
C	CIRCLE	圆
CHA	CHAMFER	倒角
CO	COPY	带基点复制
COL	COLOR	选择颜色
CLI	COMMANDLINE	调入命令行
Ctrl+9	COMMANDLINEHIDE	隐藏命令行
DT	TEXT	单行文字(可旋转)
DDPTYPE	DDPTYPE	点样式
DAL	DIMALIGNED	对齐标注
DAN	DIMANGULAR	角度标注
DAR	DIMARC	圆弧长度标注
DBA	DIMBASELINE	基线标注
DCE	DIMCENTER	圆心标记
DCO	DIMCONTINUE	连续标注
DDI	DIMDIAMETER	直径标注
DED	DIMEDIT	编辑标注
DJO	DIMJOGGED	折弯半径标注
DLI	DIMLINEAR	现行标注(水平)
DOR	DIMORDINATE	坐标标注
DRA	DIMRADIUS	半径标注
D	DIMSTYLE	标注样式设置
DIV	DIVIDE	定数等分
DO	DOUNT	圆环
E	ERASE	删除
EL	ELLIPSE	椭圆
EX	EXTEND	延伸
ED	DDEDIT	编辑单行文字
F	FILLET	圆角

快捷键	执行命令	命令说明
H	HATCH	图案填充
I	INSERT	插入块
J	JOIN	合并
L	LINE	直线
LA	LAYER	定义图层
LE	QLEADER	引线标注
LEN	LENGTHEN	调整长度
LT	LINETYPE	线型管理
LW	LWEIGHT	线宽设置
LI	LIST	对象特性列表
M	MOVE	移动
MA	MATCHPROP	特性匹配
ME	MEASURE	定距等分
MI	MIRROR	镜像
ML	MLINE	绘制多线
MLEDIT	MLEDIT	多线编辑
MLSTYLE	MLSTYLE	多线样式
MT	MTEXT	多行文字
O	OFFSET	偏移
OOPS	OOPS	恢复上一个动作
OP	OPTION	自定义 CAD 设置(选项)
OS	OSNAP	设置捕捉模式
P	PAN	实时平移
PL	PLINE	绘制多段线
PE	PEDIT	编辑多段线
PO	POINT	绘制点
POL	POLYGON	绘制正多边形
PU	PURGGE	清理无用对象
TOL	TOLERANCE	行位公差标注(无引线)
RAY	RAY	射线
REC	RECTANG	绘制矩形
RO	ROTATE	旋转
RE	REGEN	重生成
REDO	REDO	恢复上一个用 UNDO 或 U 命令放弃的效果
REN	RENAME	重命名
REVCLOUD	REVCLOUD	修订云线
S	STRETCH	拉伸
SC	SCALE	比例缩放

快捷键	执行命令	命令说明
ST	STYLE	文字样式
SPL	SPLINE	样条曲线
T	MTEXT	多行文字输入
TB	TABLE	插入表格
TS	TABLESTYLE	表格样式
TR	TRIM	修剪
U	—	撤销上一次操作
UN	UNITS	图形单位
UNDO	—	撤销命令效果
V	VIEW	视图管理器
VP	DDVPOINT	试点预置
X	EXPLODE	分解(爆炸)
XL	XLINE	构造线
Ctrl+1	—	修改特性
Ctrl+2	—	设计中心
Ctrl+O	—	打开文件
Ctrl+N	—	新建文件
Ctrl+P	—	打印文件
Ctrl+S	—	保存文件
Ctrl+Z	—	放弃
Ctrl+X	—	剪切
Ctrl+C	—	复制
Ctrl+V	—	粘贴
%%D	—	度(°)
%%P	—	正负号(±)
%%C	—	直径(Φ)
F1	—	帮助
F2	—	图形/文本窗口切换
F3	—	对象捕捉(开/关)
F7	—	栅格模式(开/关)
F8	—	正交模式(开/关)
F9	—	捕捉模式(开/关)
F10	—	极轴追踪(开/关)
F11	—	对象捕捉追踪(开/关)